山东大学"考古与历史学一流学科建设"
优秀学术著作出版资助项目

山大史学丛刊

# 1949年至1966年的中国档案学
——作为一门独立学科的创建

闫静 著

中国社会科学出版社

# 图书在版编目（CIP）数据

1949年至1966年的中国档案学：作为一门独立学科的创建 / 闫静著. —北京：中国社会科学出版社，2021.9
（山大史学丛刊）
ISBN 978-7-5203-8594-7

Ⅰ.①1… Ⅱ.①闫… Ⅲ.①档案学—学科发展—研究—中国—1949-1966 Ⅳ.①G279.2

中国版本图书馆 CIP 数据核字（2021）第 110387 号

| 出 版 人 | 赵剑英 |
| --- | --- |
| 责任编辑 | 程春雨　田　文 |
| 责任校对 | 张爱华 |
| 责任印制 | 王　超 |

| 出　　版 | 中国社会科学出版社 |
| --- | --- |
| 社　　址 | 北京鼓楼西大街甲 158 号 |
| 邮　　编 | 100720 |
| 网　　址 | http://www.csspw.cn |
| 发 行 部 | 010-84083685 |
| 门 市 部 | 010-84029450 |
| 经　　销 | 新华书店及其他书店 |

| 印　　刷 | 北京君升印刷有限公司 |
| --- | --- |
| 装　　订 | 廊坊市广阳区广增装订厂 |
| 版　　次 | 2021 年 9 月第 1 版 |
| 印　　次 | 2021 年 9 月第 1 次印刷 |

| 开　　本 | 710×1000　1/16 |
| --- | --- |
| 印　　张 | 23.25 |
| 插　　页 | 2 |
| 字　　数 | 377 千字 |
| 定　　价 | 119.00 元 |

凡购买中国社会科学出版社图书，如有质量问题请与本社营销中心联系调换
电话：010-84083683
**版权所有　侵权必究**

# 序

我国学术界对学术史的研究滥觞于黄宗羲的《明儒学案》。直到梁启超著《中国近三百年学术史》直书作学术史的四个条件，学术史研究才逐渐成为清末民初的显学，受到越来越多的重视。进入现代以来，学术史研究相继出现了几次高潮，其学术地位得到更多的认可，并逐渐从一个"学科随想"发展到一门独立的治学科目。档案学史研究则伴随着这几次高潮而不断得以提倡，虽未成热点，但却是档案学走向学科成熟历程中，纠正时弊、自我训练与引领学风所不可回避的一个重要课题。

如果做一个归纳，目前已有的档案学史研究书写方式可分为四种：编年体法、进化论法、纪事本末法和范式分期法。编年体法，即按照历史分期从古代档案思想的萌芽期开始，研究档案学的演进历程；进化论法，即以"创立—发展—繁荣成熟"为进化脉络，研究档案学的"产生与初步发展、重构与渐进发展、完善与繁荣发展"的阶段划分；纪事本末法，即以历史事件或学术争论的完整叙述为主轴，讨论档案学史中某一专题的前因后果；范式分期法，即以托马斯·库恩的范式转换理论为工具，以"前科学—常规科学—危机—科学革命—新的常规科学"划分学科的发展历程。在这四种档案学史研究书写方式的选择上，前两者注重历时性分析，后两者则注重共时性探究。历时性研究观照从时间发展的线索中考察事物的变化，以线性的思维思考问题；而共时性研究则以问题为中心，考察系统内部各项因素的相互关系及综合作用，即以非线性的思维思考问题。二者结合，就如同构建了研究问题的"五线谱"，从纵向和横向解构档案学发展的脉络、探析档案学与历史环境之间的相互关联，并在历史脉络中构建一个纵横交错的关系群，展现档案学发展的时空链条，使得档案学史研究更加生动而富有意义。

档案学史研究在上述书写方式的指引下，不断探寻档案学发展与演变的历史过程，并对档案学的学理内涵予以揭示和验证，这对档案学乃至中国学术的"自我省思"意义重大。从宏观层面而言，档案学史研究是实现学术话语体系创新的重要一环。中国学术界要通过"自我讲述"的模式阐释"中国经验"，就需要通过学术史的梳理增强学术自信，从而构建中国学术话语体系的自觉意识，方可实现与全球学术思想的同步共振。作为哲学社会科学中的"冷门"学科，档案学的学问彰显往往沉潜在历史考察之中，对档案学史的深切把握则与构建中国风格、中国气派的哲学社会科学体系不谋而合，是对哲学社会科学工作者"立时代之潮头、通古今之变化、发思想之先声"倡议的积极响应，是打造中国档案学派、构建具有中国特色和中国话语权的档案学理论体系的内在要求。从中观层面而言，档案学史研究是学术史研究理论的验证与补充。学术史强调"分其宗旨、别其源流"，强调"辨章学术、考镜源流"。"宗旨"乃是对学术观点与学术方法的深度凝练与概括，以反映学术史发展的内涵与关联性动因；"源流"乃是学派、学脉、学统的承袭关系，以及学者个人学术思想的演变历程。档案学史研究既观照档案学术领域、学术人物、学术话语、学术著述、学术传统、学派与师承等方方面面，又观照这些"学术成果"背面的历史哲学，二者结合可丰富学术史研究的相关理论内涵。从微观层面而言，档案学史研究可视为档案学科基础的学术回归。档案学史研究如同一部"时光放映机"，透过对"过去影像"的回顾以呈现档案学的发展脉络，并对研究现状以理性的思考和批判，从而对档案学未来的发展方向有所启迪。这种学科的"后瞻"与"前瞻"，不仅蕴含着学科的反思意识与学术史意识的觉醒，同时也昭示着档案学在新的时代背景下，其发展前景与研究进路。

但档案学史研究亦困难重重，尤其是探究1949年以来中国档案学的历史进程更是如此。一则，"当代"或"现代"学术如何成"史"这一命题一直备受争论。因"当代"或"现代"学术似乎近在眼前，且仍在进行，缺乏沉淀，如若撰史，尤其是撰写针砭得与失的学术史，似乎不太适合。加之学史上的诸多学人或且在世，评价起来似乎也难以做到客观公正，分寸把握起来较为困难。由此，学术史往往追求长远眼观，需要长时段考量。二则，档案学史研究需要以恰当的书写方式和理性精神揭示中国档案学的学术结构，说明这个结构的起源和发展，并从中反思经验和不足，把握中国档案学的未来走向。这其中需要树立起正确的学科史观和学史意识，将档案学史观念、档案学史料、档案学史写作实践三者有机融合。三则，撰写学术史，还涉及学术分期的问题。学术分期是学术史研究的基础，也是研究学术的一种方法。通过分期，揭示学科发展的不同时期或阶段中的质的区别和各种联系，进而使学人在各个学术发展时期可以深入地研究。但由于中国档案学目前并无明显的学派分化，且发展时期的划分也是众说纷纭、难有统一。尤其是在1949年从民国学术到共和国学术的转型时期，如何既宏观又微观地把握中国现代档案学"质"的区别及其与社会环境之间的种种关联十分重要。但也正是由于学术史研究的上述诸多难点才更加凸显其研究的价值与意义，这一课题才更值得被关注。

总之，正如无数先贤对历史研究重要性的论述那般，它是照射现实的根源与"镜子"。尤其当前正值百年未有之大变局的关键时期，审视百年之变更加需要历史性的回顾和分析，学术史研究则是科学研究领域历史与现实同步交织的重要纽带。档案作为最重要的历史记录，见证了中华民族5000余年的文明史、中国共产党百年的奋斗史、中华人民共和国70余年的发展史，对档案学史进行研究，亦可为理解大变局中的中国与世界提供独特视角。

眼前闫静博士所呈现的书稿《1949年至1966年的中国档案学——作为一门独立学科的创建》即是档案学史领域的一本研讨性著作，书中提出的核心问题则是"中国档案学是如何作为一门独立学科创建的"。围绕这一问题，闫静博士从内在观念建制和外在社会建制两方面详细地对十七年来中国现代档案学的发轫与发展进行条分缕析，并从学科视域、学理视域、历史视域和现实视域对这一段学术遗产进行多维审视和历史哲学层面的省思，勾勒出这段时期中国档案学在整个档案学史中的学术地位和历史贡献。尽管对1949年至1966年中国档案学的研究在不少学术著作中均有涉及，但对这一段学术史揭示与剖析得如此清晰与透彻，却是作者的一大贡献，书中对中国档案学独立化建制的历史考察亦不失为这部书稿对档案学研究的一大推动。当然，瑕不掩瑜，书中难免有些缺点，如尽管书中基于"学术成果"的"历史哲学"思考较有见地，但这其中"时间性"论述中的历史延展线以及"空间性"论述中的不同地域档案学的对比研究仍有待进一步深入挖掘，希望这些不足可以开启新议题的探讨与思考。

闫静是我指导的第一名博士。她治学严谨、功底扎实、著述颇丰。在读博士期间荣获中国人民大学学生的最高荣誉——吴玉章奖学金，毕业后即获聘山东大学副研究员。最难得的是，她对档案学具有深厚情怀和献身精神，实乃档案学界之幸。

对于闫静的此书，作为导师，本人不便过多评价，读者自可评判。但学术史研究作为基础学科的学术回归，对于一门渐趋走向成熟的学科而言尤为重要。我们期待，日后会有更多的青年才俊勇于深耕学术史研究这一颇具挑战的领域；同样让我们期待，一个不断更新与充满活力的档案学以更加坚挺的姿态屹立于学科体系之林。

是为序。

2021年5月

# 目　　录

第一章　绪论 …………………………………………………………（1）
　一　研究的源起：历史命题与时代挑战 ……………………………（1）
　二　研究的基础：中外思想会通下的档案学史研究 ………………（11）
　　（一）概念界定 ………………………………………………（11）
　　（二）国外档案学史研究现状 ………………………………（23）
　　（三）国内档案学史研究现状 ………………………………（28）
　　（四）对现有研究的评述 ……………………………………（32）
　三　研究的范围：方向、内容与框架安排 …………………………（35）
　　（一）研究方向与内容 ………………………………………（35）
　　（二）研究框架安排 …………………………………………（37）
　四　研究的实现：方法与资料支持 …………………………………（39）
　　（一）文献研究与文本分析法 ………………………………（39）
　　（二）历史考据与深度访谈法 ………………………………（40）
　　（三）共时性与历时性分析法 ………………………………（41）
　五　研究的贡献：价值及可能的创新 ………………………………（42）
　　（一）研究的价值所在 ………………………………………（42）
　　（二）可能的学术创新 ………………………………………（44）
　六　研究的不足 ………………………………………………………（47）

第二章　1949年至1966年中国档案学的社会背景与建设成就 ……（49）
　第一节　1949年至1966年中国档案学创建的社会情境 …………（49）
　　一　档案事业及实践发展对档案学术的需求 ……………………（50）
　　二　学习与借鉴苏联的档案理论体系 ……………………………（54）

三　批判与继承"旧中国"的档案学术思想……………………(59)
　第二节　1949年至1966年中国档案学的发展进路……………(63)
　　一　现有学术史分期及其依据与缺陷……………………(63)
　　二　1949年至1966年中国档案学的历史脉络……………(67)
　第三节　1949年至1966年中国档案学的建设成就……………(72)
　　一　作为一门独立学科的中国档案学研究………………(72)
　　二　建设成就的具体表现…………………………………(80)

**第三章　1949年至1966年中国档案学的外在社会建制**…………(88)
　第一节　档案学的学术研究机构……………………………(88)
　　一　档案学教育机构的建立………………………………(89)
　　二　档案学研究团体与机构的成立………………………(106)
　第二节　档案学的学术交流平台……………………………(110)
　　一　档案学期刊的出版……………………………………(110)
　　二　档案行业会议的召开…………………………………(122)
　第三节　档案学研究主体的形成与分化……………………(125)
　　一　"外来专家型"档案学者群体………………………(126)
　　二　"革命者型"档案学者群体…………………………(135)
　　三　"'民国遗老'型"档案学者群体……………………(149)

**第四章　1949年至1966年中国档案学的内在观念建制**…………(165)
　第一节　档案学术的探索与争鸣……………………………(165)
　　一　陆晋蘐的《档案管理法》及其讨论与批评…………(167)
　　二　档案与资料问题的大讨论……………………………(174)
　　三　"以利用为纲"方针的提出与争辩…………………(179)
　　四　档案学学科意识的觉醒………………………………(182)
　第二节　档案学学科体系建设的开展………………………(185)
　　一　档案学学科体系建设的起点与整体情况……………(186)
　　二　档案管理学与技术档案管理学………………………(194)
　　三　文书学…………………………………………………(202)
　　四　中国档案史与世界档案史……………………………(208)
　　五　从文件材料保管技术学到档案保管技术学…………(222)

  六 从文献公布学到文献编纂学 …………………………… (230)
  七 档案学概论与档案学基础 …………………………… (240)

**第五章 1949 年至 1966 年中国档案学的多维审视** ……………… (248)
 第一节 学科视域的审视："由外而内"的学科创建路径 …… (249)
  一 1949 年至 1966 年中国档案学的学科创建路径 ……… (250)
  二 1949 年至 1966 年中国档案学的特点与规律 ………… (252)
 第二节 学理视域的审视：档案学的"自我改造"与价值
     定位 ……………………………………………………… (259)
  一 档案学的"自我改造" ………………………………… (259)
  二 档案学的价值定位 ……………………………………… (265)
 第三节 历史视域的审视：档案学的外在环境归因 ………… (270)
  一 对民国档案思想的矛盾心态 …………………………… (271)
  二 对苏联档案理论的微妙转变 …………………………… (276)
  三 对我国档案实践的坚实拥趸 …………………………… (279)
 第四节 现实视域的审视：坚守、批判、拓展、反思 ……… (283)
  一 坚守档案学的独立性 …………………………………… (284)
  二 批判档案学的附庸性 …………………………………… (287)
  三 拓展档案学的包容性 …………………………………… (289)
  四 反思档案学的时代性 …………………………………… (292)

**第六章 中国档案学的哲学反思** …………………………………… (296)
 第一节 档案学的时间性 ………………………………………… (300)
  一 对待档案学的"历史遗产" …………………………… (300)
  二 对待档案学的"当代发展" …………………………… (303)
  三 对待档案学的"未来图景" …………………………… (305)
 第二节 档案学的空间性 ………………………………………… (307)
  一 自然空间之档案学进程中的地理基础 ………………… (308)
  二 社会空间之权力因素、史学传统与技术发展 ………… (310)
 第三节 档案学中客观条件与主观创造的互动性 …………… (316)
  一 框架——档案学的结构功能及其叙述 ………………… (316)
  二 前景——档案学的社会意义及其重读 ………………… (319)

**第七章　结论：回顾·省思·前瞻** …………………………………（322）
　一　回顾：1949年至1966年中国档案学的外在社会建制与
　　　内在观念建制 …………………………………………………（323）
　二　省思：1949年至1966年中国档案学的特点与偏弊………（325）
　三　前瞻：中国档案学的历史基因与后续命题
　　　——从独立学科走向成熟学科 ………………………………（328）

**参考文献** ……………………………………………………………（332）

# 第一章 绪论

本书属于"档案学史"的研究范畴，只不过相较于宏观层面的学术史研究，更偏向于微观层面的学术史探索。既然是研究档案学史，那么本章即从档案学发展史的"轴心时代"谈起，以"为何研究""已有哪些研究""研究什么""怎样研究""研究意义何在"等方面为思考线索，明晰档案学史研究的基本含义及现有研究的基本情况，从而得出全书的研究设计，以为后续研究提供基础。

## 一 研究的源起：历史命题与时代挑战

如果借用德国哲学家卡尔·西奥多·雅斯贝斯（Karl Theodor Jaspers）的著名命题——"轴心时代"[①]来审思世界档案学的发展历程，那么，20世纪五六十年代堪称世界档案学史上的"轴心时代"。

第二次世界大战结束以后，20世纪五六十年代世界各国在政治、文化、经济和社会生活的方方面面都面临着一个新的发展契机。在这种

---

[①] "轴心时代"这一概念是雅斯贝斯于1949年在其著作《历史的起源与目标》（1949年的为德文版Vom Ursprung and Ziel der Geschichte，慕尼黑出版社出版；1953年该书被译为英文 The Origin and Goal of History，耶鲁大学出版社出版）中提出的。作者在书中认为，公元前800年至公元前200年，尤其是公元前600年至公元前300年间，人类文明在世界各地不约而同地迅速发展。这一时期，古希腊文明和中华文明都出现了一批对人类文明具有杰出贡献的思想领袖——古希腊的苏格拉底、柏拉图、亚里士多德等，中国的孔子、老子、墨子、庄子等。虽然相距万里，但他们的思想却有很多相同之处，均开始用道德和理智对原始文化进行超越和突破。这些哲人们对外部世界和人类自身各种问题的思考，是两千多年来人类不竭的思想源泉和精神动力。这就是雅斯贝斯所称为的"轴心时代"。雅斯贝斯进一步认为，直至今日，人类一直靠轴心时代所产生、思考和创造的一切而生存。（[德]卡尔·雅斯贝斯：《历史的起源与目标》，魏楚雄、俞新天译，华夏出版社1989年版。）

全球变革的潮流下,世界各国的档案事业和档案学也面临着发展的转折与变革。大洋洲、美洲、欧洲都处于这种"档案变革"的核心位置,许多著名的档案理论与学术问题在这一阶段得以形成并影响至今,其中涌现出来的档案学家及其档案思想直至今日仍被视为档案学界的典范而被铭记与传颂。

处于大洋洲的澳大利亚,自20世纪40年代晚期开始,档案职业才正式独立存在,并开启了本国档案学的快速发展进程,尽管当时联邦政府和州政府的档案工作者仍需在图书馆框架内任命履职。英国著名档案学家希拉里·詹金逊(Hilary Jenkinson)的档案思想先后经由图书馆员哈罗德·怀特(Harold White,联邦国家图书馆馆员,1947—1960;国家图书馆馆员,1960—1970)和档案馆员伊恩·麦克林(Ian Maclean,澳大利亚档案馆奠基性档案馆员)而被澳大利亚档案学界和实践界理解、认可并接受。[1] 而在1954年,美国档案学家西奥多·谢伦伯格(T. R. Schellenberg)漂洋过海来到澳大利亚,在此开始撰写其第一部关于档案管理、著录与编目的著作,并于1957年和1958年在澳大利亚档案学刊物《档案与手稿》(Archives and Manuscripts)上发表了两篇关于私人手稿编目问题的论文[2],其最富影响力的《现代档案:原则与技术》(Modern Archives: Principles and Techniques)一书于1956年在墨尔本出版(Melbourne, F. W. Cheshire)。书中所倡导的"文件组合"(records group)思想也在澳大利亚档案实践中成为广为接受的原则。可以说,20世纪五六十年代的澳大利亚档案学在欧美的影响下不断发展,并开始对档案学中的元问题进行理论性探索。那时的澳大利亚就将档案学研究的关注焦点放在"现在"而非遥远的过去。[3]

再将空间视野转向古老的欧洲。1947年10月14日,英国著名档案学家詹金逊爵士正式在英国伦敦学院就职,开始负责伦敦学院的档案管

---

[1] 比较典型的是,詹金逊《档案管理手册》中的原则与方法于20世纪40年代后期开始就被用于澳大利亚联邦档案馆档案的登记、编目与著录工作。

[2] 两篇论文分别为:T. R. Schellenberg, "The Arrangement of Private Papers", Archives and Manuscripts, Vol. 1, No. 4, August 1957, pp. 1–20; T. R. Schellenberg, "The Description of Private Papers", Archives and Manuscripts, Vol. 1, No. 5, August 1958, pp. 1–19.

[3] Peter Biskup, Kathryn Dan, Colleen McEwen, et al., eds., Debates and Discourses: Selected Australian Writings on Archival Theory 1951–1990, Canberra: Australian Society of Archivists, Inc., 1995.

理教育项目。此时他那本声名远扬的《档案管理手册》(*A Manual of Archive Administration*) 距其1922年于伦敦出版以来已过去了25年，但书中的档案思想仍在欧洲大陆发挥着持久的影响力。在就职演讲中，詹金逊发表了他对"档案"定义的看法，其中对"档案"与"文件"的界定开启了接下来数十年档案学术界研究的一个重要议题。①

作为档案理论创新的先锋国家，美国于1934年成立了国家档案馆（The National Archives），该机构起初只是作为一个处理联邦政府历史档案的文化部门。但很快，20世纪40年代开始，随着美国联邦政府职能的不断扩展，管理现代文件逐渐成为一项迫切任务。1941年"文件管理项目"（Records Managemet Project）的开展、1943年《文件处置法》（*Records Disposal Act*）的颁布、1946年《9784号行政命令》（*Executive Order* 9784）的出台，直至1948年胡佛委员会（The First Hoover Commission, 1947—1949）通过了政府行政分支组织所提议的将国家档案馆和文件管理署合并为一个机构，归总局服务办公室（Office of General Services）统一领导。在接下来的数十年中，这种行政上的安排使得美国国家档案馆（后来改称为美国档案与文件管理署，National Archives and Records Administration）成为档案管理和现行文件管理以及档案工作者和文件管理者的专业认同机构。② 1949年，公共行政服务部（Public

---

① 尤其是20世纪七八十年代开始，欧美档案学界对档案与文件管理的理论和方法产生了持续且高涨的兴趣。从杰拉德·汉姆（F. Gerald Ham）于1975年对实证主义理论的质疑开始，《美国档案工作者》（*The American Archivist*）和加拿大《档案》（*Archivaria*）陆续刊登了系列论文探讨档案的理论与方法问题，其代表人物有弗兰克·博克（Frank G. Burke, 1981）、金博尔（Kimball, 1985）、罗伯特（J. W. Roberts, 1987）、特里·伊斯伍德（Terry Eastwood, 1994）、纳史密斯（Nesmith, 2002）、特里·库克（Terry Cook, 2013）等。参见：Caroline Brown, "Introduction", in Caroline Brown, ed. *Archives and Recordkeeping: Theory into Practice*, London: Facet Publishing, 2014, pp. XI – XXIII; Burke, F. G., "The Future of Archival Theory in the United States", *The American Archivist*, Vol. 44, No. 1, 1981, pp. 40 – 46; Kimball, G. D., "The Burke-Cappon Debate: Some Further Criticisms and Considerations for Archival Theory", *The American Archivist*, Vol. 48, No. 4, 1985, pp. 396 – 376; Roberts, J. W., "Much Ado about Shelving", *The American Archivist*, Vol. 50, No. 1, 1987, pp. 66 – 74; Eastwood, T., "What Is Archival Theory and Why Is It Important?", *Archivaria*, Vol. 37, 1994, pp. 122 – 130; Nesmith, T., "Seeing Archives: Postmodernism and the changing intellectual place of archives", *The American Archivist*, Vol. 65, No. 1, 2002, pp. 24 – 41; Cook, T., "Evidence, Memory, Identity and Community: Four Shifting Archival Paradigms", *Archival Science*, No. 2, 2013, pp. 95 – 120.

② Richard J. Cox, *Closing an Era: Historical Perspectives on Modern Archives and Records Management*, London: Greenwood Press, 2000, Chapter 1.

Administration Service Department）出版了美国国家档案馆先驱馆员之一菲利普·C. 布鲁克斯（Philip C. Brooks）的《公共文件管理》（*Public Records Administration*）手册。该手册出版约二十年后，弗兰克·埃文斯（Frank Evans）对此予以高度评价，称之"在档案工作者和文件管理者二者的职业关系发展史中，标志着一个时代的结束和另一个时代的开始"①。这一期间，美国档案学家对档案管理和文件管理问题的研究在"新的时代"下日趋深化，被誉为美国"现代档案鉴定之父"的谢伦伯格在此期间完成了他的著名论著，其档案思想也远播全球。②

同样作为北美国家的加拿大，在档案学发展历程中，其多元文化背景及英语、法语双语种的语言优势使其对欧洲尤其是英国的档案传统坚信甚笃，并积极尝试一种与美国不同的学科认同路径。20世纪40年代后期至60年代末，加拿大正值W. 凯伊·兰姆（W. Kaye Lamb）担任第四届国家档案馆馆长的20年发展时期（1948—1968），也是被威廉·G. 奥姆斯比（William G. Ormsby）③和特里·库克（Terry Cook）④称之为加拿大档案事业及档案学术变革的关键时期。⑤

通过对世界各大洲档案工作与档案学发展历程典型性而全景式的扫描，在档案学术历程中，20世纪40年代末至60年代这段时期显然是一个颇具变革的时代，各国在这一阶段涌现了经典的档案思想，经历了重要的档案革新。其中，20世纪40年代之后，档案学研究的一个主要趋势发生在"一般档案学"（general archival science）与"专门档案学"

---

① Frank B. Evans, "Archivists and Records Managers: Variations on a Theme", *The American Archivist*, Vol. 30, No. 1, 1967, pp. 45 – 48.

② 此外，自20世纪60年代后半期起，美国国家档案馆开始试图在管理机读文件（machine-readable records）方面作出努力，开启了档案学研究的一个崭新"纪元"。

③ William G. Ormsby, "The Public Archives of Canada, 1948 – 1968", *Archivaria*, Vol. 15, Winter 1982 – 1983, pp. 36 – 46.

④ Terry Cook, "An Archival Revolution: W. Kaye Lamb and the Transformation of the Archival Profession", *Archivaria*, Vol. 60, Fall 2005, pp. 185 – 234.

⑤ 事实上，1948年之前，加拿大公共档案馆系统已处于财政极度紧张的状态下20年之久了，档案实践和档案学术发展步履维艰。而接下来的这20余年见证了加拿大档案鉴定、档案服务、文件管理领域理论与实践的巨大变革。在兰姆退休前的几个星期，他在美国档案工作者协会发表了著名演讲，称"当今世界的档案革命，它们中的绝大部分发生在我所毕生工作的时代。（且档案的变革）已经发生并在不同地点发展到不同的阶段"。参见Terry Cook, "An Archival Revolution: W. Kaye Lamb and the Transformation of the Archival Profession", *Archivaria*, Vol. 60, Fall 2005, pp. 185 – 234.

（special archival science）的分化上。① 自此之后，档案学文献沿着两条主线发展：一种是旨在概括所有档案理论、方法和实践的复杂而综合的著作，学术论文强调理论和方法论问题；一种是通过案例研究关注特殊类型和特殊群体的档案与文件管理，学术论文强调实证问题。另外，从范式理论看西方档案学的发展，20世纪五六十年代，西方档案学正处于历史—技术主义（historical-technical）范式向科学—信息（scientific-information）范式的转变之际，试图对档案学进行重新构建与重新思考。②

世界各国在其国家发展框架内结合各自的档案传统书写着自身的档案学发展史。那么，将视线转向亚洲、转向中国，中国的档案学在同一时段经历了怎样的发展历程，它与世界各国的关系怎样，其中涌现出哪些学术事件和代表人物……考虑到20世纪五六十年代这一时期在中国历史上的特殊地位，本书试图在档案学术版图上寻找并放大同一时期中国的"声音"，探究中国档案学在这一特殊历史时期的发展沿革，通过对学术研究进程的回顾，以了解这一学科发展道路之曲折、演化过程之迂回，从而厘清学科发展脉络、探究学科发展规律、剖析学科发展成败，为档案学的现状和未来发展做好资料的储备和经验的积累，并彰显与揭示档案学科的社会价值与理论意义。实际上，不仅对于档案学而言，对于任何一门渐趋成熟的学科来说，学术史都是必然面临的一个研

---

① Luciana Duranti 对 Archival Science 的解释，英属哥伦比亚大学（University of British Columbia, UBC）内部文献。

② Fernanda Ribeiro, "Archival Science and Changes in the Paradigm", *Archival Science*, No. 1, 2001, pp. 295 – 310. 补充说明：通过简单回顾20世纪五六十年代世界不同区域与国家档案学的发展历程，我们可以发现，北美的档案学传统与欧洲的档案学传统大为不同，前者是基于法学的方法，而后者是基于历史学的方法开展档案学研究。但二者也有相似之处——"法学方法与历史学方法的对比在某种程度上对我们理解档案史十分有益。" R. C. Sharman, "Causation in Historical Study", in *Proceedings of the 15th Biennial Conference of the Library Association of Australia*, Sydney: The Society of Australian Archivists, 1971, pp. 369 – 381. 而档案知识与法学的互动决定了档案学与哲学类科学的分离，同时，档案学与历史学的密切关系使得档案学被誉为"历史学的辅助学科"。在西方国家，法学和历史学成为档案学发展的历史线索和逻辑线索。但在发展程度上，第二次世界大战之后，欧洲社会在官僚结构、行政程序和司法框架内一直保持着相对稳定的状态，这就使得新的信息技术在档案学研究中引进得十分缓慢、谨慎而又保守，而北美和澳大利亚这些组织结构根基不稳定的国家，其所面对的创新和变革就较为剧烈。可以说，欧洲精神确保了档案学随环境变化坚守自我特色，而北美和澳大利亚则在环境变化中重新发现了档案学。

究课题。

　　与欧美档案学颇为相似的是，这一历史时期在中国档案学史上也是一个崭新的开端。中华人民共和国成立之初，全国各项事业百废待兴，档案事业和档案学术研究也在摸索中不断成长，对民国时期档案学术思想的批判与继承、对苏联档案学术思想的吸收与借鉴，促使了新中国档案学的初创与发展。档案学教育机构建立、档案学研究团体与机构成立、档案学期刊纷纷出版、档案行业会议相继召开、档案学研究群体逐渐形成、档案学术的探索与争鸣不断涌现、档案学的学科建制初具规模……而在档案学研究中，对传统档案学术的反思与档案学本质属性的规定、对档案学学理与术业关系的辨析、对档案学知识体系的构想，也相应地回答了"档案学是一门什么样的学科""档案学不可被其他学科所替代的特殊性何在""档案学包含哪些具体的研究对象和学科特殊研究领域"等涉及"科学意义上独立学科"的根本问题。基于对这些根本问题的探讨以及社会制度化的支持，档案学相对独立的学术范畴逐步明确，档案学相对独立的组织结构基本构建，档案学相对独特的学科文化初步形成。与此同时，伴随着这些"实质性"研究的开展，1956年发布的《1956—1967年哲学社会科学规划纲要（修正草案）》则对档案学作为一门独立学科的属性与地位予以了"官方性"的明确规定。从此，档案学在学科之林有了一席之地，尽管孱弱，但对于档案学的发展而言，却是一个伟大的开端。

　　通过以上对世界档案学发展的概况式扫描，加之新中国成立后1956年所发布的《1956—1967年哲学社会科学规划纲要（修正草案）》对于中国档案学的历史性意义，笔者之所以对1949年至1966年中国档案学的独立化建制予以历史考察，还有三方面的考量。从宏观上来看，学术史研究响应了构建国家学术创新体系、超越"西方中心主义"的号召；从中观上来看，学术史研究随历史的发展已从一个"随想"发展为一门独立的研究科目，成为成熟学科不能忽视的重要研究议题；从微观上看，档案学史研究可视为档案学科基础的学术回归，促进档案学界学术史意识的觉醒，从而对学科史观和方法论产生积极影响。

　　首先，从宏观层面来看。如何建立国家创新体系、推动学术创新与学术话语权的构建、坚持中国特色社会主义文化自信日益成为学术反思与学术发展的重要议题，这不仅是学术发展的内在要求，同时也是党的第十九次全国代表大会上所强调的"四个自信"的具体体现。目前，在学术国际化趋势的影响下，中国学术话语体系渐趋受"西方中心主义"逻辑和方法的裹挟。当然，中西之间的国际性学术交流与思维碰撞是学术发展与学术进步的必由之路，但"如果把西方学术界相关理论和术语无批判地照搬，并将'中国经验'仅仅作为其中的一种注释，那就有问题了"①。这里所提及的构建"中国经验"就要求我们回顾历史，从历史的发展长河中提取中国学术的发展脉络，以求通过"自我讲述"的模式阐释"中国经验"，通过学术史的梳理增强学术自信，从而"构建中国学术话语体系的自觉"②意识，以正确而平等的心态把握中西方之间的学术思想碰撞。为了实现上述目标，就需要对中国的学术历史进程予以深入关注和深切解读，"只有从现代中国学术思想史的内部发现既具有现代中国学术思想演进的内在必然性、又与全球学术思想的转型变迁趋势'同步共振'甚至'预流'的'问题谱系'和'方法路径'，然后通过对这些'问题谱系'的反思和'方法路径'的推进，提炼出新的命题与理论假说"③，才能实现中国学术话语体系的创新。再者，通过对学术发展史的回顾，增强学术的主体性与反思性，才能构建一条中国风格的学术之路，打破西方学术话语权的垄断地位，有助于具有世界影响的"中国学派"的产生和发展。

其次，从中观层面来看。我国学术界对学术史的研究滥觞于黄宗羲的《明儒学案》，古代的"学案"，实则为今天所说的"学术史"。中国近代思想家、史学家梁启超对《明儒学案》予以高度评价："大抵清代经学之祖推炎武，其史学之祖当推宗羲，所著《明儒学案》，中国之有学术史，自此始也。"④《明儒学案》以《师说》开篇，对有明一代二百一十位一流学者进行了个案研究。黄宗羲本人在《明儒学案》中着重强调学案研究要"分其宗旨、别其源流"，这种"明宗旨，别源流"的"学案体"开我国学术史研究之先河，其研究体例对后世的学术史研究

---

① 叶险明：《中国学术话语体系超越"西方中心主义"的逻辑和方法》，《中共中央党校学报》2015年第8期。

② 叶险明：《中国学术话语体系超越"西方中心主义"的逻辑和方法》，《中共中央党校学报》2015年第8期。

③ 戴登云：《中国学术话语体系的创新何以可能？——基于当代中国学术史和思想史的反思》，《西南民族大学学报》2015年第8期。

④ 梁启超：《清代学术概论》，复旦大学出版社1985年版，第14页。

颇具影响，后来的《宋元学案》《清儒学案》《民国学案》等都延续了学案体的体例与风格。黄氏所明的"宗旨"乃是对学术观点与学术方法的深度凝练与概括，以反映学术史发展的真实内涵与关联性动因；所别的"源流"乃是学脉、学派、学统的承继关系，以及学者个人学术思想的演变历程。随后，清代史学家、思想家章学诚在史学研究中提出了"辨章学术，考镜源流"的宗旨，该宗旨虽为我国古典目录学思想的核心命题，但却关乎"学术"的考辨与"学术史"的梳理，对后世学术史研究颇具启迪。直到梁启超著《中国近三百年学术史》直书作学术史的四个条件[①]，学术史研究才逐渐成为清末民初的显学，受到越来越多的重视。进入现代以来，特别是从20世纪后半期至今，学术史研究相继出现了几次高潮，尤其是20世纪八九十年代的"学术规范化"大讨论掀起了学术史研究热潮，学术史研究的学术地位逐渐得到更多的认可，并从一个"随想"发展到一门独立的治学科目，各学科开始对自身学术史研究的进展程度予以系统论述。近年来，图书馆学、新闻学、社会学、史学等科目的学术史研究类论著层出不穷，学术史研究的学术地位也日渐增强。

再次，从微观层面来看。既然学术史研究已发展成一门独立的治学科目，那么档案学史的研究则属于科学史学科的一小分支，或者说是科学史学科的一小部分。"科学史学科是科学与历史的交叉学科。它虽然属于历史学科，但却是以科学和科学观念的沿革、以作为科学主体的科学家的活动历程为研究对象的。科学史学科是科学与人文结合得相当完美的学科，是把科学中的人性和科学的人文精神阐释得相当精彩的学科。"[②] 这道出了科学史学科的研究对象和研究精华所在，而其中关于科学思想观念沿革的梳理、关于科学主体活动的探究，对于任何学科发展而言，就如同一部"时光放映机"，透过对"过去影像"的"放映式"回顾，以最佳视角呈现学科的发展脉络，对研究现状加以理性的思

---

[①] 梁启超：《中国近三百年学术史》，中国人民大学出版社2012年版，第51页。其中梁氏对四个必要条件的论述原文是："第一，叙一个时代的学术，须把那时代重要各学派全数网罗，不可以爱憎为去取；第二，叙某家学说，须将其特点提挈出来，令读者有很明晰的观念；第三，要忠实传写各家真相，勿以主观上下其手；第四，要把各人的时代和他一生经历大概叙述，看出那人的全人格。"

[②] 李醒民：《科学与人文》，中国科学技术出版社2015年版，第68页。

考和批判，并对未来的发展方向有所启迪。档案学界对档案学史的研究，从学术史的认定要素来讲，可以说始于吴宝康20世纪80年代所著《档案学理论与历史初探》，随后又有不同论著从不同角度出发对档案学史予以回顾式探索。然而，三十余年来，专门进行新中国档案学的学史研究，因其时间跨度、资料收集、概念界定等因素的困扰而少有学者问津。但"少有问津"的现状并不代表档案学史研究不重要，尤其对于档案学而言，学术史研究对于学科自信的确立至关重要，因为学科自信需要建立在学术反思的基础上，而"学科的反思意识，……从学术发展脉络中来"[①]。在查阅相关文献过程中，笔者亦从时间跨度、资料收集、概念界定等方面因素进行考量，最终确定了1949年至1966年这十七年作为研究的主要时间范畴。一则从当今视角审视半个多世纪前的新中国档案学恰逢其时，半个世纪以来中国档案学经历了巨大的变化，学术的进步及其国际影响力持续提升，探寻新中国档案学发轫之初的历史脉络对于当代档案学的发展十分重要；二则20世纪五六十年代对于中国历史而言，正值新中国成立伊始、新政权建立与巩固阶段百废待兴的关键时期，这一时期的中国档案学涌现出很多宝贵的学术遗产，而这些学术遗产至今却并没有得到足够的重视，当时很多颇具影响力的档案学家也未得到足够的认可；三则国内外档案学界在面对日益出现的新兴档案现象和理论问题时，尤其是在一些基本概念的理解上发生了分歧，甚至出现了很多值得商榷的观念。然而实践证明，概念的厘清与探究需要从学科本源、学术历史中寻找答案[②]，而档案学史研究可视为档案学科基础的学术回归。鉴于以上，笔者选择在学术史方向下，以1949年至1966年的中国档案学作为一门独立学科的创建为研究问题与主要线索，意图探究新中国成立初期档案学的曲折历程。

既然只将1949年至1966年中国档案学十七年的学术发展史作为本研究的时间视域，这也许会引起一些"不解"或"疑惑"：这个阶段实则并未取得实质性的学术成就，最多仅是基础而已。诚然，这一段时期并不像20世纪八九十年代改革开放之后"科学的春天"里出现了很多

---

① 徐拥军：《档案学的学科自信》，载赵彦昌主编《中国档案研究》（第四辑），辽宁大学出版社2017年版，卷首语。

② 如西方国家对古文书鉴辨学（Diplomatics）予以重新发现，将其应用于电子时代档案学问题的解决之中，并发展出了Digital Diplomatics。

标志性的、算得上创举的学术成果;也不能因为本书中研究这一段学术史,而忽略其"基础"的地位,过分抬高它的价值和历史贡献。但正如金字塔一样,难道因为仅看到它的高大宏伟而就理所当然地忽略它的"地基"么?再者,如果问及,新中国档案学是如何开始创建、成长、中断,又是如何再生与复兴的?这期间的"故事"是否已然十分明了?它到底经历了怎样的历程?那些伴随着它创建与成长的老一辈档案学人经历了哪些鲜为人知的过往?我国档案学是如何一步一步变成今天这般模样?恐怕我们大多数人也都是一知半解,当然笔者也不例外(尽管本书以这段历史时期作为选题,但仍不能尽全面地把其中的个中原委事无巨细地交代清楚,而只能尽量将这段历程的曲折与艰辛、成果与成就展现出来)。胡鸿杰曾将档案学者群体分为"启蒙者""开拓者"和"继承者",并认为"之所以称为'继承者',是因为他们没有带来中国档案学根本性的改观。这种改观应当主要体现在学科的基本结构及其功能方面。他们的学科是继承而来的,与此一起继承来的还有那些学科的体系、结构。他们的出现只是使学科在局部问题上更加丰满、圆润,而没有实质性的突破"[①]。这从侧面颇有见地地表现出开拓者们的学术探索精神,而在开拓者学术精神指引下那些开创性的学术探索与学术成就就是笔者在本书中意图研究的主要内容。

当代学术史家陈平原曾提倡以问题为中心的学术史研究,而非编写各种通史,"(通史)表面上看,学界一片繁荣,拿出来的书,全都沉甸甸的,很有分量;(但实际上)'著述'变成了'编纂'。不能说学者不努力,或者毫无见地,只是那点独特的发现,在汇入'通史'这部大书时,被彻底'稀释',以致被'淹没'了。……这样的话,更应该以问题为中心"[②]。这里所提及的"以问题为中心"也成为笔者行文的目标与追求,于是便促成了这本档案学微观层面的学术史探索,促成了"中国档案学是如何创建为一门独立学科的"这一问题的产生,促成了对1949年至1966年中国档案学独立化建制的历史考察。

---

[①] 胡鸿杰:《中国档案学的理念与模式》,中国人民大学出版社2005年版,第130—131页。
[②] 陈平原:《"当代学术"如何成"史"》,《云梦学刊》2005年第4期。

## 二 研究的基础：中外思想会通下的档案学史研究

### (一) 概念界定

概念是研究的基础，概念的清晰界定对于研究对象和研究范围的明晰具有重要的指导意义，只有研究对象和研究范围明晰之后，才能对所研究的问题进行系统诠释。因本书属于微观层面的学术史探索，而为了探究档案学史的概念，首先应从其上位概念出发，了解什么是"档案学"、什么是"学术史"，进而区分档案学史、档案事业史、档案史、档案思想史、档案学科史的边界。

1. 对"档案学"的界定

在中国传统语境中，"学术"始指学说、学问、方法和道术，在现代逐渐演变成为系统而专门化知识体系的统称，如"人文社会科学领域内诸多知识系统和方法系统，以及自然科学领域中的科学学说和方法论"[1]。自20世纪开始，中西方文化开始交汇，"学术"一词在内涵上又几经演化与发展。而在西方现代语境中，"学术"与学科分类、学科制度密切相连，被认为是"以学科分类为标志，以学科制度为基础，拥有完整而融贯的理论传统与认真而严格的方法论的知识范式"[2]。从中西方对"学术"的认知上，我们可以看出，现代意义上的"学术"既包括对已有学说所蕴含的知识论的探讨，也包括方法论的统一。只是由于历史条件和地理空间的不同，"学术"的概念在时空的转换中不断嬗变，但其概念内涵却不断趋于统一。

"档案学"实则可理解为关于档案或与档案相关现象的学术性问题，之所以称之为"学"，按照上述对"学术"的界定，乃是一种系统化而专门化的知识体系，既包含与档案相关的知识论也包括与之相关的方法论。我国对"档案学"概念的理论性研究并不深入，少有较为系统而深刻的思考，似乎学界已形成一种共识，那就是"档案学"已成

---

[1] 张立文：《中国学术的界说、演替和创新——兼论中国学术史与思想史、哲学史的分殊》，《中国人民大学学报》2004年第1期。

[2] 李道新：《重构中国电影——从学术史的角度观照改革开放以来的中国电影史研究》，《当代电影》2008年第11期。

为大家公认的一个概念，对其含义的理解在档案学界已然达成一致的看法且无需赘言。在这一思想认识或"学术共识"的影响下，我国档案学研究的"泛化"现象日趋严重。研究边界的扩展对于学科的发展如同"双刃剑"，虽然增加了学科发展的活力与潜力，但却易使学科本身的特质逐渐消解在学科内涵的模糊困境中。在我国，对"档案学"最大的共识就是在潜意识中将档案学的"学术"等同于"档案理论"，这又造成了研究视域的狭隘，与前面提到的"泛化"相互矛盾。相比较而言，西方国家对"档案学"的认知也有类似的情况。在英语世界中，"档案学"一般用 archival science 这一词语来表达，但在不同的语境中也有 archival studies、archival scholarship、archival research、archival discipline 等表述，甚至一些欧洲国家如瑞典、意大利等国的档案学者用 archivology、archivistics 等更为多样化的表达形式来指称"档案学"概念。如同表述的多样性一样，"这个词语及其含义也是无形而又富有迷惑性的"[①]。对于有着悠久历史的欧洲档案学而言，"档案学"已深深根植于其学者的专业思想之中，甚至在著述中已不再为档案学作出明确的定义或解释，因为他们已经在思想意识中假定读者对档案学意味着什么有着清晰的界定。而在北美语境中，所有的专业知识似乎都成了档案学所包含的智慧框架，这其中既有档案理论、档案历史、档案战略、档案方法论甚至还包含关乎文件管理的古文献鉴辨学，但在更多情况下，档案学（archival science）似乎仍等同于"档案理论"（archival theory），更确切地说是关于档案编目与著录的概念以及保护档案的来源及背景完整性的知识体系。这种认知与我国对"档案学"的认知异曲同工，但却仍有部分学者专门就这一概念的内涵与外延及其重要性予以系统而深入的研究。

加拿大著名档案学家露西安娜·杜兰蒂（Luciana Duranti）在论述档案学的起源、演变、发展历程时，开宗明义将档案学定义为："关于档案及档案工作本质与特点的知识整体，这些知识被系统地组织成为理论、方法论和实践。档案理论是档案工作者所持有的关于档案材料是什么的全部观点的集合；档案方法论是档案工作者所持有的关于如何对待

---

① Terry Cook, "Archival Science and Postmodernism: New Formulations for Old Concepts", *Archival Science*, No. 1, 2001, pp. 3 – 24.

档案材料的全部观点的集合；档案实践是档案理论和档案方法论的观点在现实具体情况中的应用。"[1] 随后在其2015年最新编纂出版的档案学大百科全书中，杜兰蒂又一次强化了"档案学"（Archival Science）的定义[2]，并认为"档案学研究深刻地根植于档案教育中"[3]。自此，杜兰蒂以严谨的学术态度着重强调了档案学中的理论、方法论和实践问题，并将三者有机结合，统一在"档案学"研究框架之中。这种学术观点也代表了西方国家对"档案学"的普遍认知，即档案理论、档案方法论和档案实践一并构成了理论档案学和应用档案学的全部内容，理论档案学和应用档案学是档案学这枚"硬币"的两面。

  西方档案学者进而又溯源"理论"的界定这一复杂问题。数个世纪以来出现的多种对"理论"的解释不外乎两点：一是从哲学层面将"理论"视为基于理解事件本质目的而进行的沉思；二是从学科知识体系构建层面将理论视为解释或阐释所观察事实或现象的系统观点。理论与假设不同，理论并非是激发沉思的假设，而是为解释事件本质而在系统的观察与思考中所进行的脑力构建。关于"档案理论"是否存在以及其到底是什么的问题，档案界曾出现过争论。加拿大档案学家特里·伊斯伍德（Terry Eastwood）曾批判约翰·罗伯特（John Roberts）的错误观点[4]，他认为，档案理论不仅存在而且十分重要，它关乎需要保护的档案资源是什么以及为什么的问题，对这些问题抽象而富有逻辑的分析概括就成为了档案理论。其中档案的本质特性处于档案理论的核心位置，因历史学、图书馆学或其他任何科学都不能解释档案的本质特性，这就奠定了档案学独特学科地位的根基，进而在理论上、方法上和实践

---

[1] Luciana Duranti 编写的 Archival Science，英属哥伦比亚大学（University of British Columbia, UBC）内部资料。

[2] Luciana Duranti 在此将档案学分为理论档案学和应用档案学。

[3] Luciana Duranti and Patricia C. Franks, eds., *Encyclopedia of Archival Science*, Maryland: Rowman & Littlefield, 2015, pp. 84—86.

[4] John Roberts, "Archival Theory: Much Ado about Shelving", *The American Archivist*, Vol. 50, No. 1, 1987, p. 70.; John Roberts, "Archival Theory: Myth or Banality?", *The American Archivist*, Vol. 53, No. 1, Winter 1990, p. 117. John Roberts 将档案的本质视为历史材料，将档案方法与实践视为为历史研究提供服务，其价值在于社会中对历史的理解力，这也可视为档案理论，但是对于档案工作者而言完全是空泛的，而且毫无意义。Terry Eastwood 批判其将档案定位于历史资料，将档案的作用定位于历史书写，将历史主义的方法价值视为理解过去所有问题的工具，罗伯特诋毁了档案理论的概念。

上予以探索并最终构建一个内在的知识体系。①

方法论问题在我国学术研究界定中及欧美国家的人文与社会科学研究中都被放在十分重要的位置。而在档案学领域，欧美档案学家特别重视对方法论的阐述，他们认为这是学科发展的重要组成。"学科需要用一种独特的获取知识的方法论来表征其研究方式。一个学科既包括其获取知识的方式——规制学者研究的程序原则——也包括所产生的知识本身。"② 对方法论界定更为普遍的说法是："在实践中经常表述、随研究不断变化和扩展的知识体系。"③ 方法论保证"一门学科基于清晰界定的模型及程序而进行系统有序的研究"④。杜兰蒂认为"方法论构成了档案知识体系的一个内在组成部分。方法论可以看作是观念、原则、进程与程序的综合体系"⑤。

伊斯伍德早在20世纪90年代就以其丰富而敏锐的学识概括了档案理论、方法论和实践三者的关系，对档案学的界定作了明确的注脚："档案方法论作为理论和实践之间的桥梁，包括基于怎样对待档案的理论以及处理原则的观点。因此，关于档案是什么的观点是理论，关于怎样对待这些档案的观点是方法论，在对待档案方面的方法论的应用就构成了实践。而理论、方法论和实践共同构成了档案学。其中，纯粹的部分成为理论，应用的部分构成了方法论和实践。"⑥ 其观点与杜兰蒂的观点不谋而合。西方国家对档案基本术语细微而专深的研究，保证了学术话语的概念认同，利于学术的交流。

本书则认同杜兰蒂和伊斯伍德的学术观点，将"档案学"界定为档案理论、档案方法论和档案实践的统一。

---

① Terry Eastwood, "What is Archival Theory and Why is it Important?", *Archivaria*, Vol. 37, 1994, pp. 122 – 130.

② Livelton, Trevor, *Archival Theory, Records, and the Public*, London: The Scarecrow Press, 1996, p. 44.

③ Doheny, Margaret O., Christina Cook, and Mary Stopper, *The Discipline of Nursing: An Introduction*, 2nd edition, Appleton & Lange: Norwalk, Connecticut, 1987.

④ Snodgrass and Anthony, *An Archaeology of Greece: The Present State and Future Scope of a Discipline*, Berkeley: University of California Press, 1987.

⑤ Luciana Duranti and Giovanni Michetti, "The Archival Method", https://www.academia.edu/11567349/Archival_ Method_ – – _ Pre-print. UBC.

⑥ Terry Eastwood, "Nailing a Little Jelly to the Wall of Archival Studies", *Archivaria*, Vol. 35, Spring 1993, pp. 232 – 252.

2. 对"学术史"的界定

"学术史",精炼地讲,即关于"研究的研究"[①];简单地讲,就是学术发展的历史,即以历史的方法呈现出学术发展的脉络和趋势。学术史往往"以特定的学术领域、学术人和学术话语及其在特定的时空背景下的历时性推演为主要研究对象,力图从更高的层面上关照并审视特定的学术传统及其现实状况和发展前景"[②]。由此看来,有什么样的学术,就会呈现出相应的学术史。但由于学术的发展受限于特定的时空背景,学术史的书写受限于学风、学说及所掌握的学术成果,在不同的时代语境和表达方式影响下会呈现出多样性和多元化的趋势。

著名国学家、思想史家张岂之在《中国史学学术史·序》中对"学术史"的内容有这样的理解:"顾名思义,学术史必须研究'学术',而学术的载体主要是学术著作。……因此,要求学术史研究并评论有代表性的学术成果,以阐明其学术意义(在学术史上有什么地位与作用)和历史意义(对于当代社会以及后来社会有何影响)。……我所设想的学术史大体上包含两方面内容,其一是学术成果,其二则是历史哲学和方法论。"若干年后,张岂之又一次阐明其"关于学术史的理解还是如此,没有什么变化"[③]。

通过对"学术史"一般性及典型性的概念剖析,学术领域、学术人物、学术话语、时空背景、学术著作、历史哲学和方法论、学术传统、学派与师承……构成了学术史研究的关键问题。张立文就将学术史的研究对象概括为"学术宗旨、治学思路、方法、范围、成就、学术源流、派别,各个时期有代表性的专门学术、学术事件、活动的记录"[④],以上种种所构成的小到学术思想大到学术思潮演变趋势的综合,都可视为学术史的研究对象,这也为治学术史指明了一个大致的方向。张岂之将学术史上升到历史哲学的层次,则更加强调从思辨与哲学的视角审视学

---

① 余三定主编,钟兴永、杨年保、鲁涛副主编:《当代学术史研究》,人民出版社2009年版。该书中余三定写的代序名称即为《学术史:"研究的研究"》。

② 李道新:《重构中国电影——从学术史的角度关照改革开放以来的中国电影史研究》,《当代电影》2008年第11期。

③ 张岂之:《学术史与"学案"体——序〈民国学案〉》,载余三定主编,钟兴永、杨年保、鲁涛副主编《当代学术史研究》,人民出版社2009年版,第12—13页。

④ 张立文:《中国学术的界说、演替和创新——兼论中国学术史与思想史、哲学史的分殊》,《中国人民大学学报》2004年第1期。

术延续的历史血脉和未来趋势，而并非仅对学术思想、学术事件、学术人物、学术流变的现象与规律作出简单的陈述。当然，按照张岂之的逻辑，在学术史研究中，学术成果是基础，历史哲学和方法论乃是更高层次的抽象与升华，这也体现出学术史研究的更大价值与意义，二者不可偏废。

如果从历史哲学与方法论的视角审视学术史与思想史及学科史这三个极易混淆的概念，那么就不难发现三者实际上存在着密切的联系，甚至是统一。历史哲学是对历史和历史学的哲学式思考，归根结底是对人的存在的思考，而人的存在实质上就是思想的存在。从这个意义上讲，"学术"研究必然涉及"思想"，"学术"与"思想"密不可分，唇齿相依。但实际研究中，"学术史"和"思想史"二者错综复杂的关系并未得到很好的厘清，学界为此进行了长期的讨论，其中形成了两方不同的观点——李泽厚秉承"学术家凸显，思想家淡出"[①]的理论，即把学术和思想分开对待；王元化则提出"有思想的学术和有学术的思想"[②]，以表明二者并非截然对立，而是相辅相成、相互贯通的关系。笔者较为倾向王元化的观点，学术和思想本就难分彼此，学术史本身就渗透着学者的思想活动和心路历程，作为学术外在表征的学术著作，本就是作者学术思想的凝结和精炼。罗志田曾以思想史和社会史与政治史的关系作为切入口阐述思想史和学术史的关系问题，他认为："昔人以及今人都不曾也不会在做事时先想到这是我的'思想'、那是我的'社会行为'或'政治举动'等等，则所谓思想史与社会史和政治史等的分类实未必有充分的依据，更未必存在不可逾越的边界，遑论本来就有内在联系且在20世纪的整个进程中一直相互关联的思想史和学术史了。"[③]而以学科分类为基础的学科史研究也不过是基于研究方便的考量，作专门科目的学术与思想研究。如果在学术史研究中，非要将学术史和思想史及学科史分出厚此

---

① 《李泽厚答问》，转引自戴登云《中国学术话语体系的创新何以可能？——基于当代中国学术史和思想史的反思》，《西南民族大学学报》2015年第8期。

② 傅杰（问），王元化（答）：《关于近年的反思答问》，《文艺理论研究》1995年第1期。

③ 罗志田：《探索学术与思想之间的历史》，《四川大学学报》（哲学社会科学版）2002年第3期。

薄彼的关系，那反而会适得其反，甚至阻碍学术史的研究以及学术思想的辨析。另外，除了学术著作（学术成果）这一鲜明的学术史外在表征之外，学术事件、学术人物和学术流变的研究也使得学术史的研究变得更加饱满鲜活。

综上所述，"学术史"是一个包罗万象的概念。学术领域、学术人物、学术话语、时空背景、学术著作、学术传统、学派与师承等构成了"学术成果"的方方面面，而对这些"学术成果"予以透视、审思所获得的更高层面的抽象与升华，则将学术史上升到历史哲学的层次，从而实现学术史与思想史、学科史的密切联系。

3. 对"档案学史"的界定

关于"档案学史"（表1-1）的界定，国内学者并未从"档案学"与"学术史"的概念出发进行层层明晰，而是将"学科"作为其上位概念，直接采用列举的方式将档案学史的研究对象和研究内容予以阐述。在相近概念辨析中，鉴于目前对档案学史研究较少，更没有关于档案思想史和学科史的研究著作，因此学界对"档案学史""档案学思想史""档案学学科史"的关系也没有过多探讨，而是将更多笔墨用于"档案学史""档案事业史""档案史"的辨析之中。

表1-1    关于"档案学史"的代表性界定

| 代表人物 | 代表观点 | 关键问题 |
| --- | --- | --- |
| 吴宝康（1986）[①] | 一般说来，研究档案学史就是研究档案学的理论和思想的发展历史。具体说来，也就是研究如下几方面的内容：（一）档案学的一般概念、定义、原则、制度、思想和观点等在各个历史阶段中的变化与发展；（二）档案学史上不同见解的档案学家以至学派及其思想观点的产生和形成；（三）档案学家的历史及其所写著作的社会背景；（四）档案科学发展历史上的重大事件和有关措施；（五）档案学史上的重大理论或者学术问题的争论；等等 | 档案学的理论与思想、"档案学"的界定问题、档案学家和学派、论著、重大事件、学术争论 |

---

[①] 吴宝康：《档案学理论与历史初探》，四川科学技术出版社1986年版，第108、154页。

续表

| 代表人物 | 代表观点 | 关键问题 |
|---|---|---|
| 吴宝康、冯子直（1994）① | 档案学史是档案学分支学科之一，研究档案思想、理论形成和发展历史过程及其规律性。主要内容包括：档案学产生、形成的时代背景和历史条件，档案学的思想、理论、原则及其基本概念在各个历史时期的发展和演变，各国档案学家的理论观点及其代表论著的研究，档案学派的形成过程及其创始人的观点和主张，档案学发展史上的重要事件以及发展档案学的重要措施，重要的档案学术探讨和争论等 | 档案思想、档案理论、历史规律、时代背景、历史条件、档案论著、档案学派、档案事件、探讨与争论 |
| 王续琨、冯欲杰、周心萍等（1999）② | 档案学史是研究档案学发展历程的学科，是介于档案学和历史学之间的边缘学科。档案学史的主要内容包括：档案学产生前档案工作经验的积累与档案学思想的萌芽，档案学产生的背景、标志，档案学不同发展阶段的档案学家及其代表作评价，档案学重要流派、思想观点的发展与嬗变，档案学发展史上的重要事件等 | 背景、档案学家、代表著作及评价、档案流派、思想观点、重要事件 |
| 黄世喆、陈勇、麻新纯等（2005）③ | 档案学史，是专门研究档案学思想、理论发展过程及其规律性的学科。其中包括：档案学产生的条件及其在各历史阶段研究的特点、范围、领域以及方式和规律；不同档案学流派的观点及其学术思想；对档案学发展趋势作出比较科学、准确的判断和预测等 | 档案学思想、理论、规律、档案学流派、发展趋势 |
| 冯惠玲、张辑哲（2006）④ | 档案学史主要研究世界各国档案学思想、理论的形成和发展的历史过程及其规律的特点。其学科内容应当包括：档案学的产生、形成的时代背景和历史条件；档案学的发展历程；档案学的思想、理论、原则及其概念在各个历史时期的发展和演变；档案学家的代表性学术观点和相关著作；重要的档案学术活动、学术讨论等 | 档案学思想、理论、规律、历史条件、档案学家、学术活动、学术讨论 |

上述对"档案学史"概念的界定均从"学科"的角度出发，将档案学史视为档案学的分支科目之一，是对档案学发展历程的研究。从学科视角看待"档案学史"，可以说它是一门跨学科研究，既可看作是从历史学的角度研究档案学的发展沿革，又可看作是以档案学为研究对象的史学领域的专门史研究。甚至有研究将档案学史视为"档案学与管理

---

① 《档案学词典》编委会：《档案学词典》，上海辞书出版社1994年版，第6页。
② 《社会科学交叉科学学科辞典》，大连海事大学出版社1999年版，第446—447页。
③ 黄世喆、陈勇、麻新纯等：《边疆地区档案学高等教育教学改革理论与实践》，广西人民出版社2009年版，第64页。
④ 冯惠玲、张辑哲：《档案学概论》，中国人民大学出版社2006年第2版，第204页。

学、历史学、考古学等多门学科联姻的结晶"①,进而以列举的方法阐明档案学史的研究对象和研究内容,其核心不外乎档案学家、档案成果及评价、档案思想、档案学流派、档案学事件、时代背景与历史条件等。根据"学术史"的界定要素,可以说,上述代表性"档案学史"概念基本涵盖了著学术史的必备内容和研究目的,但按照张岂之的观点,定义中似乎对"其一的学术成果"关注较多,而对"其二的历史哲学和方法论"观照不足,以致目前档案学史研究的学术性和理论性不强,甚至有人将学术史研究视为"前沿性学问的总结和附庸,做的再好,也只能算是二等的学问"②,类似这种"执拗的低音"不单指向档案学,而针对的是学术史合法性的元理论问题。因此,笔者认为,在研究档案学史之前,在对"档案学史"进行概念界定之时,应从档案学与学术史的双重视角出发,以档案学思想、档案学术发展为主要线索,以档案学者群体、档案学教育机构与研究团体、档案学著作与刊物、档案学术事件为具体内容,观照档案学发展历程中的时空背景与社会环境乃至人文思潮,进而在历史哲学层面探析档案学发展的规律及方法论意义。

而在"档案学史"概念探讨中,"档案史"和"档案事业史"(表1-2)是与之相关且十分密切的两个概念。正因其关系密切、含义相近,因此在研究时不免会出现研究范围的重合、研究内容的交叉、研究体例的类似等现象。

表1-2 关于"档案史""档案事业史"的代表性界定

| 概念 | 代表人物 | 代表观点 | 评论 |
| --- | --- | --- | --- |
| 档案史 | 中国人民大学历史档案系(1956)③ | 中国档案史是中国历史科学的辅助课程之一,是专门研究祖国各个历史时期档案工作发展的历史。中国档案史主要研究中国各个历史时期的档案工作;档案馆和档案管理机关的活动和发展情况;档案馆所保存档案文件的成分、整理制度和规则;历代统治者对档案工作的看法、措施和档案工作的法律依据;档案文件的利用和档案工作人员的条件、培养和教育等问题 | 这是资料可考的最早关于"档案史"研究内容的界定,其研究对象主要为档案工作、档案管理活动的历史。与"档案事业史"的界定十分相近 |

---

① 王向女:《中国档案学史研究述评》,《档案学研究》2016年第5期。
② 邱焕星:《学术史合法性的元理论探讨》,《史学理论研究》2014年第3期。
③ 中国人民大学历史档案系:《中国档案史(绪论·第一章)》,中国人民大学内部资料,1956年,第1页。

续表

| 概念 | 代表人物 | 代表观点 | 评论 |
|---|---|---|---|
| 档案史 | 韦庆远（1957）① | 中国档案史，是专门研究我国各个历史时期档案工作发展的历史课程。中国档案史主要是研究我国各个历史时期档案馆、档案管理机关、档案教育机构的活动情况和发展变化的历史过程，档案馆保存档案文件的成分和整理、保管、利用的变化情况，国家对档案工作的行政与立法措施，以及档案学的理论发展 | 中国档案史研究对象集中在档案事业发展的方方面面，其中还包括档案学的理论发展沿革。那时并未对档案史、档案事业史和档案学史作出明确的区分 |
| | 吴宝康、程桂芬（1994）② | 中国档案史是档案学的组成部分，也是中国历史科学的课程之一，是专门研究我国各个历史时期档案工作发展的历史。中国档案史主要研究中国各个历史时期的档案工作，档案馆和档案管理机关的活动和发展情况，档案馆所保存档案文件的成分、整理制度和规则，历代统治者对档案工作的看法、措施和档案工作的法律根据，档案文件的利用和档案工作人员的条件、培养和教育等问题 | 将档案史等同于档案工作发展史，并延续了1956年中国人民大学历史档案系关于档案史的概念界定要素 |
| | 胡鸿杰（2005）③ | 中国档案史，是研究我国档案及其管理活动的产生、发展及其规律的一门学科，是档案学的科学科目之一。它是一部专业史，也是我国文明史的组成部分。在中国档案史著作中，具体指称的名称有所不同。一种是直接以中国档案史命名的，另一种是以中国档案事业史命名的。尽管名称不同，但是它们对于研究对象的认识基本上还是一致的 | "档案史"一定程度上与"档案事业史"存在研究内容的交叉，二者并不能做到明显的区分 |
| | 赵彦昌（2012）④ | 中国档案史，主要研究我国档案、档案工作、档案事业，以及档案学等的产生、发展、辉煌的历史，涉及档案起源、档案种类、档案管理、档案职官、档案馆库、档案法治以及档案学等系列学术问题 | "档案史"的研究对象十分宽泛，包括档案、档案工作、档案事业、档案学等方方面面 |

---

① 韦庆远：《中国档案史稿（前言）》，《档案工作》1957年第1期。
② 吴宝康、程桂芬：《中国档案近现代史稿》，《兰台世界》1994年第1期至1995年第11期。
③ 胡鸿杰：《中国档案学的理念与模式》，中国人民大学出版社2005年版，第206—207页。
④ 赵彦昌：《中国档案史研究史》，世界图书出版公司2012年版，前言。

续表

| 概念 | 代表人物 | 代表观点 | 评论 |
|---|---|---|---|
| 档案史 | 王向女（2016）① | 档案史是研究档案事业发展、演变历史过程的学科。既是档案学的分支，又是历史学的一个部门。"档案史"与"档案学史"在定义和研究内容上并无本质区别 | 将"档案史""档案事业史""档案学史"三者混同 |
| 档案事业史 | 邹家炜、董俭、周雪恒（1985）② | 档案事业史是研究档案、档案工作以及档案学的产生、发展历史的一门学科。研究对象包括三个方面：研究档案的起源和产生及其发展演变的历史；研究我国各个历史时期档案管理的程序、制度、律令及其机构、人事和有关事件；研究我国档案学思想的萌芽及其理论的形成与发展的历史 | 将"档案事业史"视为一个大的概念，包括了通常所界定的"档案史""档案事业史"和"档案学史"三部分内容。这不免造成了概念扩大化、概念界定不清的困扰 |
| 档案事业史 | 陈兆祦、王德俊（1995）③ | 中国档案事业史，它是以中国历史演进时期为线索，基于翔实的历史资料对中国档案、档案工作、档案事业的产生、发展及其规律开展研究的档案专业史分支学科 | 此处"档案事业史"研究范围涵盖"档案""档案工作""档案事业"的历史沿革 |
| 档案事业史 | 冯子直（2013）④ | 中国档案事业史，古代各个朝代和近现代国家的档案工作（事业）和国家对档案工作（事业）的管理，包括国家档案法律制度；档案室档案馆、档案行政管理等档案机构；从事档案工作的官吏（人员）；档案工作的对外交流；档案工作对资政、修史以及对社会经济、政治、文化等所发挥的重大作用 | 将档案事业史界定为档案工作（事业）的发展史和管理史，基本涵盖了档案事业史研究的内容 |
| 档案事业史 | 王向女（2016）⑤ | 档案事业史是研究档案和档案工作发展历史的学科，是介于档案学和历史学之间的边缘学科。档案事业史主要是研究档案工作的一门学科，其内涵要小于档案学史 | 将"档案事业史"和"档案学史"区分开来，但前者比后者的内涵要小，此说法似有不妥 |

---

① 王向女：《中国档案学史研究述评》，《档案学研究》2016年第5期。
② 邹家炜等：《中国档案事业史函授学习指导书》，中国人民大学内部资料，1985年，第1页。周雪恒1994年版《中国档案事业史》继承了1985年版对"中国档案事业史"的界定——"《中国档案事业史》是一门研究我国档案、档案事业、档案学产生、发展的专业历史课程。"（前言）。
③ 陈兆祦、王德俊：《档案学基础》，中国档案出版社1995年版，第153—155页。
④ 冯子直：《希冀中国档案文化史取得新的研究成果——在〈中国档案事业史〉学术讨论会上的发言》，《档案学研究》2013年第1期。
⑤ 王向女：《中国档案学史研究述评》，《档案学研究》2016年第5期。

从上述几种代表性概念界定中，可以看出，目前对档案学史、档案史、档案事业史等概念的界定仍存在诸多问题，如概念宽泛化，概念同质化（尤其是"档案史"和"档案事业史"的研究对象很难明确区分开来），相关定义的种属概念界定不清，概念内涵重合现象严重等。概念的界定不清，难免使得研究边界变得模糊，这对开展档案学史、档案史、档案事业史研究十分不利。但是，虽然档案学史不是档案史，也不是档案事业史，三者却并非毫无联系，因为完全脱离档案史和档案事业史的档案学史虽也是可能的，但是将档案学的发展置于档案事业发展进程中考量，并置于国家和社会的时代背景下进行考察，更能丰富档案学史的论述内容。因此，档案史、档案事业史、档案学史三者相辅相成，尤其是档案学史和档案事业史二者的关系尤为密切。虽然档案学史不等同于档案事业史，但档案事业史是学术史研究的依托，档案学史是档案事业发展进程中涌现出来的理论与实践成果的精炼呈现。档案事业史所涉及的档案事业发展过程中的方针政策、历史事件、关键人物、特点规律等为档案学术的发展提供了背景支撑，为档案学史研究所涉及的学术思想、学术人物、学术流变的剖析和演化提供了背景信息。因此，在论述档案学发展史时不能无视贯穿其中的重要史实，只有当档案学术史和档案事业史发生必要的重合时，才能看到正确而全面鲜活的档案学史（图1-1）。

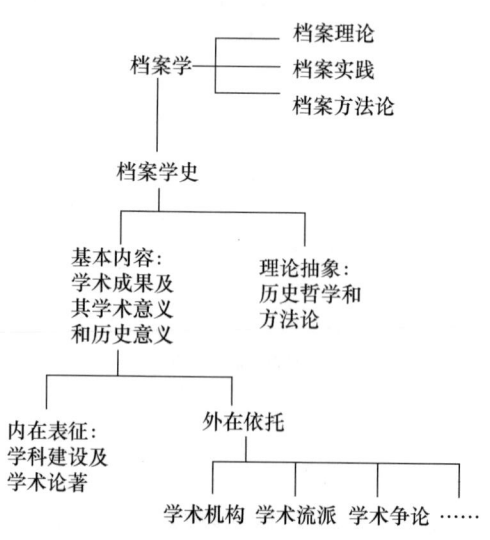

图1-1　档案学与档案学史概念框架

### (二) 国外档案学史研究现状

就本书所要研究的1949年至1966年的中国档案学而言，西方学者几乎没有相关的研究成果著述，他们的研究兴趣主要集中在欧美档案学的发展沿革，即使有个别著作涉及有关中国档案学的文字论述[①]，也是基于对比或注解的目的，而没有系统的研究。因此，对这段时期中国档案学发展史的研究成果，主要集中在中国学者群体，本无可厚非。但中国档案学史研究是世界档案学史研究的一个重要组成部分，探讨中国档案学发展的历史有必要首先对世界档案学历史有一个大概的了解，这不仅对我们认识中国档案学研究的国际学术背景有一定意义，而且对分析中国档案学研究的特色、成绩、问题及其在世界中的地位也有重要帮助。随着中国档案学的日益发展、中国档案学者在世界舞台发挥的作用越来越得到国际认可，在研究中国档案学史的同时尝试聆听世界的"声音"，尤其是在学史研究方法和研究视角上得到些许启迪，对我国档案学史研究将大有裨益。虽然中西档案学发展路径与发展起点及根基不同，各自语境中对"档案学史"的定义及其内涵阐释也略有不同，但笔者认为西方语境中对档案学史的研究路径和相关理论，有助于推动我国档案学史的纵深发展。

西方国家对档案学史的研究十分重视。[②] 西方档案学家从档案职业与档案使命的视角出发，以期通过对档案学历史的洞察"为档案工作者提供回答目前和未来挑战的视角，在档案学者和实践者之间架起一座桥梁，以促进现代档案工作的职业认同"[③]。自2003年起，西方档案学者发起举办了关于档案与文件管理及学术史的国际会议（International Conference on the History of Records and Archives, I-CHORA），第一届会议强调档案学史研究之所以重要是因其为人类经历和人类需求提供了更好的理解。随后，I-CHORA会议在阿姆斯特丹（2005）、波士顿

---

① 如 *What Is This Thing We Call Archival Science? A Report on an International Survey* (Borje Justrell, Printed in Sweden 1999 by Tryckeri AB Smaland Quebecor) 一书中就对中国档案学发展情况予以调查，且对中国秦代"焚书坑儒"的历史有所记述，但着墨并不多。

② 档案学大百科全书中将"Archival History"作为单独的词条。（Luciana Duranti and Patricia C. Franks, eds., *Encyclopedia of Archival Science*, Maryland: Rowman & Littlefield, 2015, pp. 53–58）

③ Luciana Duranti and Patricia C. Franks, eds., *Encyclopedia of Archival Science*, Maryland: Rowman & Littlefield, 2015, pp. 53–58.

(2007)、佩斯(2008)、伦敦(2010)和德克萨斯州(2012)相继举办。相关研究论文发表在《档案》(Archivaria)、《档案学》(Archival Science)和《图书馆与文化文件》(Libraries & the Cultural Record)等刊物上。这也彰显出西方国家对这一主题研究的重视与兴趣。

对于学术史研究,西方学者也坦诚这并非一件易事,借用加拿大先驱所言:"撰写学术史、知识史或思想史,就如同尝试将果冻钉在墙上一样。"[1] 正因其研究的难度,西方档案学者另辟蹊径从不同视角将档案学史研究予以细化,力求从"微小"中窥探档案学发展的"宏大"背景。另外,西方档案学者并未因其研究的难度而忽视档案学史研究的重要性,而是在研究中对其重要性予以着重阐释,芭芭拉·克雷格(Barbara Craig)将档案学史研究视为塑造职业认同的重要方式[2],特里·库克(Terry Cook)则借用莎士比亚"过去即为序曲"的著名论断说明对过去持续性探索的重要性。[3] 既然中西档案学史在研究内容上并无太多交集,笔者仅从西方档案学史研究的视角、方法等方面予以综述分析。

首先,以国家为论述对象的通史类档案学史研究。这类著作通常以时间为线索,详细而宏观地阐述本国档案学(档案理论与档案实践)的发展沿革与历史变迁,便于读者整体把握某个国家的档案学术历程。代表著作有理查德·C. 博纳(Richard C. Berner)的《美国的档案理论与实践:一种历史性分析》(Archival Theory and Practice in the United States: A Historical Analysis)[4]、维纳·哈里(Verne Harris)的《探索档

---

[1] S. F. Wise, in opening remarks to his graduate seminar on intellectual history at Carleton University, September 1969.

[2] Barbara L. Craig, "Outward Visions, Inward Glance: Archives History and Professional Identity", Archival Issues, Vol. 17, No. 2, 1992, p. 121. 在文中作者认为:"正如个人认同是个人历史意识的回响,职业认同也需要来自于一种持续性的体验,如果没有对过去的回顾(带有自豪感的),也不可能满怀希望地展望未来。"

[3] Terry Cook, "What is Past is Prologue: A History of Archival Ideas Since 1898, and the Future Paradigm Shift", Archivaria, Vol. 43, 1997, pp. 17–63. 在文中作者认为:"没有对过去持续性的探索,未来的方向将缺乏合法性。没有对前辈知识努力成果的理解,将无法吸收其经验的宝贵财富并避免犯同等的错误。正如莎士比亚所言'过去都是序曲',在档案工作者书写下个世纪的序曲时,他们需要了解他们的过去。"

[4] Richard C. Berner, Archival Theory and Practice in the United States: A Historical Analysis, Seattle and London: The University of Washington Press, 1983.

案：南非的档案观念与档案实践》（*Exploring Archives：An Introduction to Archival Ideas and Practice in South Africa*）①、尼尔斯·布吕埃巴克（Nils Rruebach）的《德国档案学——传统、发展及展望》（*Archival Science in Germany-Traditions, Developments and Perspective*）② 等。

其次，以小见大的研究视角。西方档案学者往往以典型学术人物为研究线索进行学术史的历时性研究，以鲜活学术人物为切入口的研究视角，新颖独特而又颇富感染力地阐明了学术发展的一隅图景。代表著作有约翰·利登讷（John Ridener）的《从滩涂荒地到后现代主义：档案理论简史》（*From Polders to Postmodernism：A Concise History of Archival Theory*）③、威廉·奥姆斯比（William G. Ormsby）的《加拿大公共档案馆：1948—1968》（*The Public Archives of Canada, 1948-1968*）④ 以及特里·库克（Terry Cook）的《档案变革：凯伊·兰姆与档案职业的转变》（*An Archival Revolution：W. Kaye Lamb and the Transformation of the Archival Profession*）⑤。这些论著均以人物为线索，叙述档案学术尤其是档案理论发端与演变的历史进程。以约翰·利登讷的文本为例，作者在行文中仅选取各个时期代表性学术著作和学术人物及其学术思想予以介绍，并在这些论述文本中勾勒出档案（鉴定）理论发展的历史图景，总结档案学的发展规律及影响因素。特里·库克为该书作序时写道："利登讷的方法，欣然接受了历史的主观性特点，聚焦于几位典型的档案思想家，勾勒出档案学范式转变的线条，而不是将所有的档案学理论家予以涵盖。该书聚焦于范式，而非全面地呈现档案理论发展历史。"⑥ 帕累托（Reto Tschan）的《谢伦伯格与詹金逊鉴定理论比较研

---

① Verne Harris, *Exploring Archives：An Introduction to Archival Ideas and Practice in South Africa*, Pretoria：National Archives of South Africa, Second Edition, 2000.

② Nils Rruebach, "Archival Science in Germany-Traditions, Developments and Perspective", *Archival Science*, No.3, 2003, pp.379-399.

③ John Ridener, *From Polders to Postmodernism：A Concise History of Archival Theory*, US：Litwin Books LLC, 2009.

④ William G. Ormsby, "The Public Archives of Canada, 1948-1968", *Archivaria*, Vol.15, Winter 1982-1983, pp.36-46.

⑤ Terry Cook, "An Archival Revolution：W. Kaye Lamb and the Transformation of the Archival Profession", *Archivaria*, Vol.60, Fall 2005, pp.185-234.

⑥ Terry Cook, "Foreword", in John Ridener, *From Polders to Postmodernism：A Concise History of Archival Theory*, US：Litwin Books LLC, 2009.

究》(A Comparison of Jenkinson and Schellenberg on Appraisal)[①] 同样属于档案学人（比较）研究的典范。这种以档案学者或学者群体为论述焦点的学术史研究视角秉承了西方档案学注重学术思想研究的历史传统，也为后续学术史研究提供了范例。

再次，通过对档案学元理论的探讨，引出档案学史研究的重要议题。代表著作有《我们称之"档案学"的是什么？——一项国际调查报告》(What Is This Thing We Call Archival Science? A Report on an International Survey)[②]、伊丽莎白·简·谢泼德（Elizabeth Jane Shepherd）的《通向专业主义？——20世纪英国的档案学和档案学家》(Towards Professionalism? Archives and Archivists in England in the Twentieth Century)[③]等。其中前者为1995年至1997年间瑞典斯德哥尔摩大学历史系受资助开展的一项名为"档案学：一种国际性视角"（"Archival Science: An International Overview"）的研究项目。该项目主要通过问卷的形式调查了当时ICA成员国共计156个国家和地区的档案学发展情况，以了解各国的档案学本质、档案学教育以及欧洲档案传统对世界各国的影响等内容，最终形成了这份报告。该报告以探究"档案学"是什么为核心，回顾了各个国家乃至整个世界档案学的发展简史。其中，作者从各国档案学的发展史出发，以古代中国和古代德国为例，阐释了档案学与社会环境变革的密切关联，概述了档案学从"司法—行政"到"社会—文化"转变的重要节点。值得注意的是，书中第六章"欧洲档案传统的影响：纯粹的欧洲中心主义还是一种职业视角？"基于与欧洲档案学进行对比的写作目的，作者对中国古代的档案学予以介绍，并将1949年视为中国从早期档案学到以西方为导向档案学的转捩点，且自此之后中国档案学进入了发展的快车道。[④] 后者则以"档案职业化"为核心概念和研究线索，探讨20世纪英国档案学术的发展和档案学家尤其是女性

---

[①] Reto Tschan, "A Comparison of Jenkinson and Schellenberg on Appraisal", *The American Archivist*, Vol. 65, No. 2, 2002, pp. 176 – 195.

[②] Borje Justrell, *What Is This Thing We Call Archival Science? A Report on an International Survey*, Sweden: Tryckeri AB Smaland Quebecor, 1999.

[③] Shepherd, E., *Towards Professionalism? Archives and Archivists in England in the Twentieth Century*, Aldershot, Hants: Ashgate, 2009.

[④] Borje Justrell, *What Is This Thing We Call Archival Science? A report on an international survey*, Sweden: by Tryckeri AB Smaland Quebecor, 1999, p. 78.

档案研究先驱的档案思想。类似学术史研究路径在探求"档案学是什么"的"元问题"过程中，试图在历史中寻找答案，并结合实证调查的方法，使学术史研究更富理论意义。

最后，明确学术史发展的线索与主要问题。档案学术纷繁复杂、包罗万象，在一本学史类学术专著或一篇学史类学术论文中，恐怕很难涵盖档案学的所有问题，"挂万漏一"本就难以企及，那么，在明确研究线索与主要问题的情况下，"挂一漏万"式的研究同样不失为一种明智之举。代表著作有特里·库克的《过去即序曲：1898年以来档案观念的历史及未来档案范式的转化》（What is Past is Prologue: A History of Archival Ideas Since 1898, and the Future Paradigm Shift）[1]、理查德·考克斯（Cox Richard J.）的《一个时代的结束：现代档案及文件管理的历史视角》（Closing an Era: Historical Perspectives on Modern Archives and Records Management）[2]、赫曼（Hermann Rumschöttel）的《作为学术科目的档案学发展史》（The Development of Archival Science as a Scholarly Discipline）[3] 和约翰·利登讷的《从滩涂荒地到后现代主义：档案理论简史》。在此仍以约翰·利登讷为例，作者在《从滩涂荒地到后现代主义：档案理论简史》一书中以文献库为方法[4]，将档案理论等同于档案鉴定理论，其档案理论简史实则为19世纪下半叶至21世纪初期120余年来档案鉴定理论发展的历史。作者认为，档案理论的发展史其实就是档案鉴定理论的演变史，这部"档案理论简史"其实更恰当地来说就是"档案鉴定理论发展史"。当然，档案鉴定本是档案学研究中的关键问题，也被誉为档案工作与档案实践中最富挑战性与最难开展的环节，但将档案理论等同于鉴定理论未免有些牵强，作者也承认这种论断的不合理性，但却在行文中为自己找到了合理的支撑论述。同样，特里·库克的《过去即序曲：1898年以来档案观念的历史及

---

[1] Terry Cook, "What is Past is Prologue: A History of Archival Ideas Since 1898, and the Future Paradigm Shift", *Archivaria*, Vol. 42, Sping 1997, pp. 17 – 63.

[2] Cox Richard J., *Closing an Era: Historical Perspectives on Modern Archives and Records Management*, Westport, US: Greenwood Press, 2000.

[3] Hermann Rumschöttel, "The Development of Archival Science as a Scholarly Discipline", *Archival Science*, Vo. 1, 2001, pp. 143 – 155.

[4] 黄子欣、陈静昕编辑：《以文献库为方法》，http://www.aaa.org.hk/FieldNotes/Details/1201? lang = chi, 2016年12月20日。

未来档案范式的转化》一文也有异曲同工之妙,文中将档案学史的研究焦点放在档案职业的两大支柱——鉴定和编目、著录上,并通过1898年的"荷兰手册:被定义的档案原则""希拉里·詹金逊:宣称证据的神圣不可侵犯性""面对现代文件:谢伦伯格和美国的声音""社会分析与功能鉴定:通向更广阔的档案世界""来源的更新:加拿大和澳大利亚""重新发现档案:电子文件和档案理论"等几个部分阐述了世界范围内档案观念的发展历程。这种将"档案学"通过自定义方式缩小研究范围的方法,有助于集中研究内容,以此作为研究线索和主要问题,试图勾画出档案理论发展进程的方方面面,并将政治、文化、社会思潮等大的时代背景融入其中。

**(三) 国内档案学史研究现状**

我国自20世纪80年代末、90年代初开始,很多学人开始有意识地提倡对各门学科学术史的研究。20世纪80年代末期开始,天津教育出版社"学术研究指南丛书"的编辑出版掀起了学术史研究与写作的高潮。随后的二十余年中,学术史研究更加趋于系统规范,各学科学术史的研究体例也更加多元多样,编年体法、问题中心法、成果叙述法、深层理论探讨法等不一而足,极大地丰富了学术史研究的广度与深度。我国学者对档案学史的探索和思考自改革开放之后逐渐兴起,目前学界公认的系统而专深的首部档案学史著作当属吴宝康所著《档案学理论与历史初探》。自此之后,档案学史研究虽未成为热点问题,但仍陆续有相关著述问世。

综观已有的档案学史著述,大致可归纳为以下四种类型(表1-3):第一,与社会形态变迁相结合,并寓于档案事业史之中的档案学史研究。即将档案学发展历程与社会形态相结合,依据各个历史时期档案学发展的基本概况、研究特点和主要成就对档案学进行学术分期。此种研究将档案学发展史嵌入中国通史之中,以便阐述各种社会形态下档案学的发展变化情况,但档案学史的时期划分是否与中国通史的断代相一致还有待界定,且各种社会形态的本质差别是否折射到档案学史的发展脉络也很难阐明。这种以历史朝代的演进"束缚"或"规制"档案学发展脉络的书写样式,虽能详细地论述档案学史的方方面面、有助于宏观把握档案学的整体发展,但也可能遮盖档案学史的本来面目。目前,各类档案事业史著作中对档案学史的阐述基本沿用了此种思路。

第二，与档案学具体理论问题相结合的档案学史研究。即采取与梁启超提出的"史学史做法"中要求"注意对史官、史家、史学的成立和发展、最近史学的趋势"[①]相类似的档案学史研究样式，论述档案学理论、方法、思想、原则在不同历史时期的演进，考辨档案学不同流派的产生与形成，探析档案学家的个人历史和著作，展望档案学的发展趋势与前途……这种体例赋予了档案学史研究更为广阔的写作空间，但难免陷入因缺少主线所造成的研究内容条块分割的弊端。

第三，基于文献计量学的档案学史研究。即以文献计量学等现代研究方法为主，对某一特定时期范围内关于某主题的学术文献予以统计分析，通过归纳研究现状和研究特点，找出研究不足，进而预设未来的研究趋势。虽然以文献计量学为工具的专题性研究不是严格意义的学术史研究，也不能取代学术史研究的传统模式，但该研究方法因其相对精准的数据化表达更符合学科科学化和客观性的治学理念，确实可以帮助治学者通过数据化的比较分析，辨明学科发展趋势，并对学科未来走向作出相对科学的评估预测。近年来很多综述性文章就属于这种研究模式，但却存在研究目的不明确、"为综述而综述"的弊病。

第四，从档案学人角度出发的档案学史研究。即选取档案学发展史中的某一特定档案学人，对其从个人历史、学术思想、主要著述等方面进行个案剖析。这类研究在我国已逐渐成为一个独立的研究类别，日益成为学者探析学科发展、评价学术人物、彰显学术脉络的重要研究方式。但目前的档案学人研究范围往往过于狭窄，只涉及那些"众所周知"的个别学人，很多对于档案学发展至关重要但"鲜为人知"的学术人物却少有问津。这就造成一种趋势——那些"典型的"学人研究随着论述的增多，往往会出现研究选题的重复、研究视角的狭隘等问题（仅将档案学人视为单一的研究对象[②]），加之限于史料挖掘殆尽的困境，致使研究思路渐趋僵化，相关成果也很少有创新性

---

① 梁启超：《中国历史研究法（附补编）》，东方出版社1996年版，第316页。
② 闫静、徐传信：《从研究对象到研究视角——由吴宝康研究看档案学人研究的路径转换》，《档案学通讯》2017年第4期。

的突破。

表 1-3　　国内不同类别档案学史研究代表人物及其文献

| 类别 | 典型列举 |
| --- | --- |
| 与社会形态变迁相结合，并寓于档案事业史之中的档案学史研究 | 《中国档案史讲义》（中国人民大学校内资料，1961年初版，1980年再版）<br>《中国档案事业史》（周雪恒，1994）<br>《中国现代档案学史的分期及其启示》（黄存勋，1999）<br>《中国档案学史论》（李财富，2002年博士论文，2005年专著出版）<br>……<br>以及各类关于档案学史分期问题的论著 |
| 与档案学具体理论问题相结合的档案学史研究 | 《档案学的理论与历史初探》（吴宝康，1982年内部发行，1986年出版）<br>《回顾与展望——对我国档案学发展的历史考察》（王李苏、周毅，1988）<br>《评〈回顾与展望——对我国档案学发展的历史考察〉》（吴宝康，1990）<br>《中国档案学的理念与模式》（胡鸿杰，2002年博士论文，2005年专著出版）<br>…… |
| 基于文献计量学的档案学史研究 | 《从文献计量学角度探析我国档案学史研究》（杨晓晴，2006）<br>《关于文献计量的国内档案生态研究述评》（刘琳、康蠡、周铭，2015）<br>……<br>以及关于各类不同主题的档案学综述性论文 |
| 从档案学人角度出发的档案学史研究 | 《论档案学人》（胡鸿杰，2002）<br>《浅析中国档案学的学派问题》（汤黎华，2011）<br>《试论我国档案学学术共同体的沿革》（张盼，2013）<br>……<br>以及关于章学诚、曾三、吴宝康、周连宽等档案学家档案学思想的研究性论文 |

　　从以上对中国档案学史归纳的研究类别和代表性研究著述（表1-4）的分析中，我们可以得出以下结论：国内对中国档案学史的研究总体来看，讲求大而全式的研究模式。首先，国内档案学界对档案学史本身的关注就不够多，很少有学者将关注焦点或长期的学术抱负与学术研究目标锁定在档案学史方面；其次，档案学史的相关研究多集中在通史研

究，范围广泛，缺乏细化的研究，即档案学断代史研究较少（少部分研究集中在古代或民国时期）。故对于本研究涉及的1949年至1966年的中国档案学史尚缺少专门论述①，目前这部分内容在现有的档案学史研究中仅作为通史的一个阶段加以概述化讨论，且着墨较少。

表1-4　　　　　　　　国内档案学史代表性研究分析

| 作者 | 文献篇名 | 主要内容 | 研究方法与资料 |
| --- | --- | --- | --- |
| 吴宝康（1982）② | 《档案学理论与历史初探》（著作） | 档案学及其历史、新中国成立以来我国档案学的研究及其今后发展、档案学的若干理论问题、无产阶级革命导师和领袖与档案 | 该书是档案学史研究的代表著作，也是较早开始关注档案学史的著作，书中充满了历史哲学的睿智色彩，以马克思列宁主义为指导思想，深刻地论述了我国档案学史上的重要理论问题，对新中国成立后档案学的教育和发展都产生了重要的影响 |
| 李财富（2002）③ | 《中国档案学史论》（博士论文） | 对中国档案学（思想）的孕育期、创立期、发展期、停滞倒退期、恢复繁荣期各阶段的发展概况、基本特点、主要成就和存在问题予以论述，并对中国档案学的发展规律进行总结，对发展趋势进行展望 | 这是我国第一部直接以"档案学史"命名的学位论文（后出版为专著）。该研究采用历时研究法，以时间为线索阐述了自封建社会开始，中国档案学不同发展阶段的整体状况、基本特点、取得成就与不足之处，并对各时期档案学发展过程中出现的问题和对策进行剖析，最终揭示出档案学的发展规律与发展趋势 |

---

① 现可查这段时期档案学史研究的论文有方新德的《建国后17年档案学研究的时代特点》（《档案学通讯》1992年第5期），但论述内容较为宽泛。

② 吴宝康：《档案学理论与历史初探》，1982年内部初版，1986年四川科学技术出版社出版发行。

③ 李财富：《中国档案学史论》，博士学位论文，中国人民大学，2002年。2005年该论文正式出版。

续表

| 作者 | 文献篇名 | 主要内容 | 研究方法与资料 |
| --- | --- | --- | --- |
| 周雪恒等（2010） | "中国档案事业史"（国家社科基金重大项目） | 该项目总体架构是"三史一库"，"三史"是《中国档案史》《中国档案管理史》和《中国档案学史》，"一库"是"中国档案事业史知识库"。其中，《中国档案学史》按照历史阶段分为中国古代档案学史、中国近代档案学史和中国现代档案学史三卷，重点研究不同历史阶段档案学的发展沿革与演变规律 | 该项目是迄今为止关于档案学史的一次最为系统化研究，将档案学史与档案史、档案管理史关联起来，企图构建一幅全景式的中国档案事业史发展图景。而且，从这项课题的名称与内涵看，中国档案学史属于中国档案事业史的一部分，也就是说档案学术史包含在档案事业史之中，档案学的研究与发展属于档案事业的有机组成部分。"对于档案学科而言，这一课题实现了基础学科的学术回归"① |
| 连志英（2015）② | 《中国档案理念与实践发展史》（书目章节） | 对中国档案实践及档案理念自古代至现代再到当代的发展沿革作了线性分析，并探讨了档案工作者角色、档案价值、档案范式转变的政治、社会、经济和文化背景 | 该章内容采用历时性研究法，对我国从清代开始档案术语出现，到民国时期行政效率改革，到中华人民共和国成立初期直至今日社会转型、社交媒体、电子文件快速发展背景下中国档案思想和实践的演变历程等内容予以简要的概览性的论述 |
| 王向女（2016）③ | 《中国档案学史研究述评》（研究评述） | 档案学史相关概念界定、档案学史研究问题梳理、档案学史研究方法剖析 | 采用文献梳理法，资料来源于4本经典档案学史专著、1篇博士学位论文、93篇期刊论文 |

### （四）对现有研究的评述

国外档案学史研究无论是从研究视角、研究层次，还是在研究内容与研究方法上都有值得我国借鉴之处（表1-5）。从研究视角上，国外

---

① 周晓菲：《传承中华民族的历史文脉——国家社科基金重大项目"中国档案事业史"研究掠影》，《光明日报》2013年9月18日第11版。

② Zhiying Lian, "A History of Archival Ideas and Practice in China", in Anne J. Gilliland, Sue McKemmish, and Andrew J. Lau, eds., *Research in the Archival Multiverse*, Melbourne: Monash University Publishing, 2017, pp. 96-121.

③ 王向女：《中国档案学史研究述评》，《档案学研究》2016年第5期。

档案学史研究视角更加多样化，创新性较强，且大部分研究倾向于采用以小见大的研究视角，对档案学史的某一方面进行深入研究；从研究层次上，国外档案学史研究既有宏观层面的档案理论发展史，对数百年来档案理论的研究模式、研究趋势、代表观点予以历时性的宏观探讨，也有微观层面的学术史问题研究，更加集中深入地探讨学术发展历程中的代表性观点；从研究内容上，国外档案学研究十分注重对"档案学"元理论的探讨，并在元理论的探究中追溯西方世界档案学的发展历程，真正实现了档案学史研究的价值与意义，而且国外档案学史研究十分重视档案学人和档案学术机构的研究，并结合"断代"的方式在固有的时间视域对学术思想和学术观点予以综合性分析；从研究方法上，国外档案学史研究在文献库方法上的应用已趋于成熟，学术史著作的文献来源涵盖了现代英语和盎格鲁—撒克逊语的代表性文献，较为全面地反映出西方世界档案学的发展历程，而对比研究法和个案研究法在档案学史研究中也得到了极佳的运用。当然，国外档案学史研究仍存在一些不足和待提升的学术空间，如对档案学史整体性更为细化的研究著作尚为缺乏，在研究视角、研究方法上仍需拓展，在研究层次和研究内容上仍需深化。

综观我国的档案学史研究，从研究视角上来看，大部分学术史研究著作采用"编年体"研究框架，以传统的学术史研究模式开展"全景式"的研究较多。这种"进化论"式的学术发展史，力求通过学术史的追溯，找到"过去"和"现在"之间的因果链条，这也是目前比较常见的一种学术史研究模式。该模式将"今天"的学术发展现状视为学术发展的"结果"，而将过去的学术发展现状视为学术发展的"成因"，二者按照历代不同研究者的视角构建出一种前后相继、因果相承的关系链条。

从研究层次上来看，我国档案学史研究也开始注重从宏观转向微观，开始注重从学术史视野出发对档案学人予以研究，这是细化档案学史研究的一个良好趋势。但无论是由来已久的宏观研究还是新兴发展的微观研究，仍多停留在"撰述"阶段，以时间发展为主线，以学术分期为撰写纲领，以"发展特点、主要成就与不足、研究规律"为着力点，呈现出渐趋模式化的研究路径。而如何从"撰述"向"重写"过渡甚至转换是档案学史研究突破此前研究局限性的关键所在。在"重写"的过程中,将档案学史观念、档案学史料、档案学史写作实践三者融合,真正以一种历史观探究档案学的发展历程尤为重要。

从研究内容上来看,目前档案学史的研究主题多集中在档案理论研究和档案学人研究,而对档案学研究机构、档案学代表性论著的学术史意义以及档案学学术争鸣的研究并不深入,对"档案学"元理论的关注也较为欠缺。从时期划分上,现有成果主要集中在档案学通史研究而较少关注档案学"断代史"研究,即使有专门对某一时期档案学发展史的学理性探讨,也多集中在古代或近代档案学史研究,甚至有学者将古代档案学作为专门的研究方向和学术关注点,但目前对于新中国成立后20世纪五六十年代的中国现代档案学尚缺乏较为系统的梳理,缺少从历史视角对这段学术发展历程的反思与研究。

从研究方法上来看,我国档案学史研究也多采用文献库方法,通过对既有研究著述的梳理,并结合档案事业史的历史背景对档案学发展历程予以阐述。此外,近年来,我国各学科在开展学术史研究时将文献计量法引入其中,档案学大量综述性论文也将文献计量法作为主要研究方法,但在应用上仍处于一种较为浅显的层次。而对档案学人的研究则是个案研究法的典型应用,档案学人的研究路径也逐渐从将学人视为单一的研究对象到将学人视为一种研究视角转变,从学术史意义上扩宽档案学人及学人群体的研究路径正是未来档案学史研究的重要方向。但我国档案学史研究对以上研究方法的应用并非系统也不算成熟,在文献的历史考据方面仍存在不足,甚至有些史实存在错讹,史料的选择和应用仍有待加强。另外,从中外档案学史比较和档案学人群体比较的视域开展学术史研究的论著也少之又少。

表1-5　　　　　　　　对现有国内外档案学史研究述评

| 评述方面 | 国外档案学史研究 | 国内档案学史研究 | 后续研究空间 |
| --- | --- | --- | --- |
| 研究视角 | 视角多样,多采用以小见大的研究视角,揭示档案学史某一方面的发展历程 | 视角多样,但趋于传统,多将编年史与档案史结合研究 | 国外应继续拓展其研究视角,使学史研究更趋生动;国内应跳出"编年史"的研究窠臼,拓宽学术史研究视角 |

续表

| 评述方面 | 国外档案学史研究 | 国内档案学史研究 | 后续研究空间 |
|---|---|---|---|
| 研究层次 | 层次丰富，既有相对宏观的"档案理论"发展史，但更多从微观层面开展学术史研究 | 档案学史研究逐渐从宏观层次向微观层次转变，宏观层次研究以著作为主，微观层次研究以期刊论文为主 | 国外应继续加强对档案学史的整体性研究；国内应继续深化对档案学史的微观研究 |
| 研究内容 | 涉及"档案学"元理论研究、档案学理论研究、档案学人研究、档案学术机构研究等方面。既有"全景式"研究，也有"断代史"研究 | 涉及档案理论研究、档案学人研究。"全景式"研究较多，且档案学史研究与档案事业史研究结合密切 | 国外应继续深化学术机构研究和档案学"断代史"研究；国内应加强对"档案学"元理论研究和档案学"断代史"研究 |
| 研究方法 | 多采用文献库法和对比研究法、个案研究法 | 多采用文献库法、文献计量法、个案研究法、综述法 | 国外应继续深化文献库法，并拓展其他研究方法；国内可将对比法引进学史研究中，尤其是在学人群体比较方面加以应用，并继续深化其他研究方法 |

通过以上对研究视角、研究层次、研究内容、研究方法的剖析，档案学史的研究，既需要从大处着眼，在系统而全面地阐述档案学发展脉络的同时，综合考量档案学发展历程与时代政治、经济、文化等因素相互作用及相互影响，交叉绘制一幅社会文化关系图谱；也需要从微观着手，细致而深入地勾勒出档案学发展的重要学术事件、关键学术人物、代表性学术机构、典型性学术争鸣。在文献研究的基础上，注重历史的考据，宏观与微观相结合，于广阔的时代背景中纵深地挖掘档案学发展的历史脉络，客观地评述档案学历史上或某一时段的成败得失。这应是档案学史研究未来努力的方向。

## 三 研究的范围：方向、内容与框架安排

### （一）研究方向与内容

本书将坚持以辩证唯物主义和历史唯物主义为指导思想，以1949年至1966年中国档案学的内外部关系、学说、规律作为研究的重要方法论，力图做到历史与逻辑的统一。在探讨中国档案学所经历的不平凡

的历程中,既探究政治、经济、文化、科技的发展对档案学研究发展的影响和制约作用,又试图深入到档案学研究内部,探究档案学自身的发展逻辑和特殊规律,勾勒出新中国档案学创建时期的历史图景;同时,以实事求是的精神搜集、整理和分析历史资料,尽可能客观、公正地评价档案学史上的重要事件以及代表性的人物和成果,阐明新中国成立初期档案学内在观念建制和外在社会建制的具体情况,记述新中国成立后第一批档案学人的学术观点、社会实践和理论探索与争鸣,探析中国档案学与时代兴替、社会思潮的种种联系,力求对1949年至1966年的中国档案学在整个档案学史中的学术地位和历史贡献予以相对客观的评价。在这一方向的引领下,具体的研究内容包括:

1. 1949年至1966年中国档案学的社会背景与建设成果。包括1949年至1966年中国档案学创建的社会背景、发展进路、主要成果。

2. 档案学作为一门独立学科创建的内在理路与外在表征。包括档案学的外在社会建制与内在观念建制发展情况。

3. 档案学外在社会建制的基本情况。包括档案学的学术研究机构、学术交流平台、学术研究主体的形成与分化等方面的研究。

4. 档案学内在观念建制的基本情况。包括档案学术的探索与争鸣、档案学学科体系建设的开展等方面的研究。

5. 1949年至1966年中国档案学的多维审视。包括从学科视域审视档案学"由外而内"的学科创建路径,从学理视域审视档案学的"自我改造"与价值定位,从历史视域审视档案学的外在环境归因,从现实视域审视档案学的发展与偏弊以及未来方向。

6. 中国档案学的哲学反思。通过对1949年至1966年中国档案学研究的启示——从哲学层面对档案学元问题予以深入剖析。包括对档案学的时间性、空间性、客观条件与主观创造互动性等方面的哲学思考。

此外,作为档案学史研究的一个细化方面,本研究既从档案学立场出发,将档案学史视为档案学的重要组成部分,从档案和档案事业的发展历程考量档案学的发展史;又从历史学立场出发,把档案学史作为一种专门史或特殊史,运用历史的思维,在中国历史甚至世界历史的大背景下思考档案学的发展历程。尤其是这种断代性的档案学史研究,更需要观照时代发展变迁下档案学发展内部的关键性学术事件、重要的学术人物与学术机构,这对于档案学史研究的丰富与拓展十分必要,而这些都是现有学术史研究所欠缺的。

### （二）研究框架安排

按照历时性研究和共时性研究两种研究方法的界定，现有学术史研究可分为不同的模式，如历时性研究的"时间论说"模式，共时性研究的"人物论说"模式、"主题论说"模式等。综合来看，本书摒弃单一研究模式的框架安排。其一，如单按人物论说，本研究涉及的档案学人几乎都处于同一时代，不存在一个较长历史时期内的前后传承关系（档案学并无明显或公认的学派分化，至少在20世纪五六十年代这段时期档案学并未形成学派）；其二，如单按时间论说，本研究时段跨度较短，如划分过细则难以揭示出发展趋势和规律曲线，如划分过粗则难以实现研究目的，所以以时间为主要研究线索难以支撑起全篇的研究脉络；其三，如单按主题论说，本研究所涉时期学术研究指导思想较为单一，新中国档案学发端之际所涉及主题远未达到多元化的程度。因此，本书将不直接采用某种单一的论说模式，而是将三者有机结合，根据档案学发展的内在理路和外在表征，以"一门独立学科的创建"为导向，在时空线索中勾勒出这十七年的档案学学科创建史。

既然是以问题为导向的微观档案学史研究，而"一门独立学科的创建"就是导向研究构架的这一主要问题，笔者从"独立学科"的内部规定性和外部表征性这两个方面出发，即书中提及的"档案学的内在观念建制"和"档案学的外在社会建制"（第二章第三节"1949年至1966年中国档案学创建的成果与成就"部分会对这种双重建制内容予以详细论述）两方面构架全书的章节安排。而依据笔者的研究发现，1949年至1966年中国档案学的学科创建有别于传统学科"由内而外"的创建路径，而是采取了截然相反的创建路径——"由外而内"（第五章第一节"学科视域的审视：'由外而内'的学科创建路径"部分会对这一特点详细论述）。因此，在章节安排上，先以史实论述档案学的"外在社会建制"，后论述档案学的"内在观念建制"，这种章节的安排仅是由这段时期档案学作为一门独立学科的创建特点决定的，并非档案学"外在社会建制"和"内在观念建制"二者孰重孰轻的彰显。由此，依据以上所述研究问题和研究模式，本研究的框架与逻辑思路如图1-2所示。

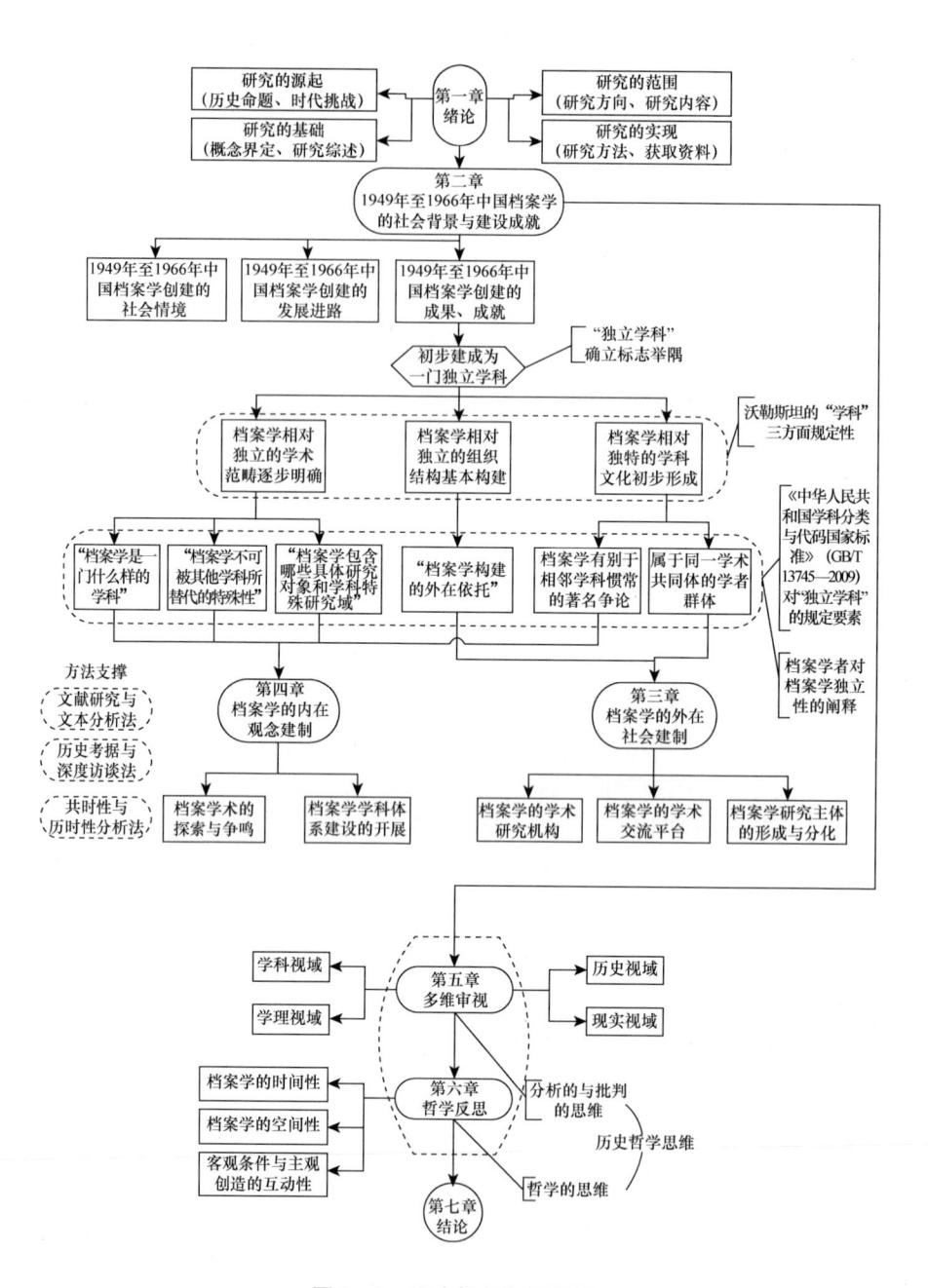

图 1-2 研究框架与逻辑图

## 四 研究的实现：方法与资料支持

除了文献库法、对比研究法、个案研究法、文献计量法、综述法等以上所述中外档案学史研究的常用方法外，现有档案学史的研究方法总体上还可进一步归纳为编年体法、进化论法、纪事本末法和范式分期法等4种方法。① 这4种与其称为学术史研究的具体方法，不如称作研究体例更为恰当。而其中的编年体法、进化论法、范式分期法严格来讲属于历时性研究方法，即按照时间顺序阐明档案学的发展历程，而纪事本末法则是以事件发展为线索，完整叙述历史事实的发展脉络，这种以主题为研究基调的方法更接近于共时性研究方法。本书结合研究主题涉及的时间范围和主要问题，并在对上述研究方法剖析的基础上，试图采用文献研究与文本分析法、历史考据与深度访谈法、历时性与共时性分析法等研究方法开展研究。

### （一）文献研究与文本分析法

本书将以传统的文献研究与文本分析法作为主要的研究方法，通过对新中国成立十七年来档案学著述成果的文本解读，分析这段时期档案学的主要研究内容与发展特点，考察档案学学术研究与交流的主要途径及其特征，进而探析档案学发展的内在理路与外在表征。另外，书中还对20世纪80年代至今有关档案学发展回顾式研究的文本予以细读，以辅助分析1949年至1966年中国档案学的历史地位和研究价值。

书中所参考的中文历史文献主要来自中国人民大学信息资源管理学院资料室和中国人民大学档案馆，外文文献主要来自加拿大英属哥伦比亚大学（University of British Columbia）图书馆。其中的中文文献主要包括学术著作类、学科教材类、学术期刊类、学术回顾类、编译著作类、学位论文类、其他资料类等。其中所选取的文献资料，很多还是油印版和铅印版，且由于"文化大革命"的破坏已不再完整，加之出版条件的简陋，很多文献处于零散状态，有些甚至编写年月也无处可查，而且其中的绝大多数资料在当时属于"内部参考"之用，在那个时代甚至

---

① 王向女：《中国档案学史研究述评》，《档案学研究》2016年第5期。

之后都没有公开出版发行,更别说被今天的档案学界甚至广大公众所熟知。书中试图通过对这些文献的解读,发掘那些从未公开发表的历史资料,并对很多被湮没的颇富学术价值的原始资料予以整理分析,对现有档案学史研究成果予以补充完善。

### (二) 历史考据与深度访谈法

"历史研究法是……通过科学的方法,收集过去的事实,考证其正确性和价值,加以系统的分析综合,以严谨的态度寻求其变化与因果关系,并加以合理的解释,以重建过去,并作为当代的指导和未来的借鉴。"[①] 而历史考据法作为历史研究法的一种,是微观史学研究领域必不可少的基础性方法,目的在于对史料及文献进行辨伪存真,通过筛选与辨明史料及文献信息以达到考察、证明与说明研究问题的目的。为辨别史料的真伪,历史考据需要在解读史料的基础上,将孤立的历史片段放在历史发展的关系链条中,在历史背景和历史关联中最大限度地辨明材料的真实性,并以相对真实的史实复原历史的本来面貌,这也是史学研究中独特的研究方法。历史考据要求对"文本"持有一定的怀疑态度,虽然"在历史研究中'文本'十分重要,但历史类研究一定不能'唯文本',而是要探索'文本'背后的历史"[②]。这是因为"文本"的书写往往会受多种因素的影响,如时代的"禁忌"、学者的"偏好"、语境的"限定"等,这些都可能导致我们可见的"文本"与真实的"历史"有所偏离或差距,这也为"'文本'留下了更加巨大的空白"[③]。为了给历史考据提供必要的时代背景信息,书中将开宗明义对新中国档案学的时代背景甚至社会思潮进行分类详述,将档案学发展放在相对具体的历史时间与空间视域中,力求证明档案学发展及相关表述的"合理性",并对其中的"不合理"成分进行原因探析。

历史考据的另一种途径就是在一定条件下,吸纳口述史料与文字史料相互补充、相互佐证。如上所述,文字性史料有时难免会存在记载偏差、观点片面的问题,而口述史可以很好地对文字史料进行有益的补

---

① 王梅玲:《台湾图书馆学教育史》,《图书与资讯学刊》2007年总第63期。
② 雷颐:《"精神年轮":学术史与思想史的统一》,《博览群书》2012年第11期。
③ 雷颐:《"精神年轮":学术史与思想史的统一》,《博览群书》2012年第11期。

充，提供研究历史的一种新视角。当然，这其中难免会存在另外一个问题，那就是通过口述所得到的"记忆的过去"有时也并非是"真实的过去"，就如同文字所"记载的过去"也不完全是"真实的过去"一样，这种类似的偏差有待在后续的口述访谈或者是文字资料中继续予以考证。

深度访谈法作为"口述历史"的一个重要组成部分，一则通过对那些亲历者学术生涯的口述采访，探求第一手的学术资料，这对于纠正文字史料的讹误，与文本性史料相互映衬或相互补充具有重要意义，对于我们还原学术发展史实起到一定的辅助作用。二则深度访谈还可以在挖掘珍贵史料的同时抢救那些即将消失或亟须保护的历史素材，这对于档案学的发展无疑是一笔宝贵的"学术遗产"。书中的深度访谈对象主要集中在老一辈档案研究者和工作者，如韩玉梅、周雪恒、冯乐耘、黄坤坊、陈智为、韩宝华、李毅、吴以文、王德俊、张碧君等，他们中的大多数或是新中国成立以来现代档案学的创立者，或是我国现代档案教育培养的首批研究者，或是新中国档案学的亲历者和见证人（及其后代）。通过对这些学者的深度访谈所得到的自述性珍贵史料，既可以呈现出档案学发展的学术次第，又可以对既有的文本资料予以佐证，尤其是回忆中所呈现的对师承、学谊、渊源背景的追溯，对于学术史的构建起到了立体生动的补充。

### （三）共时性与历时性分析法

法国人类学家克洛德·列维-斯特劳斯（Claude Lévi-Strauss）所构建的结构主义思想对人类学和语言学等学科具有深远影响，他认为："几乎所有的文化都可以作为一种语言组建起来。即文化意义有着语言的双重表达，并且根据两个维度建立起来，一是历时研究，一是共时研究，而文化的意义也正是这两个轴线链接并置的产物而已。"[①] 列维-斯特劳斯受索绪尔（Ferdinand de Saussure）影响所提出的历时研究和共时研究，不仅对于人类学具有重要的启示意义，而且对于探究社会科学的任何领域都有着方法论的指导。历时性研究是从时间发展的线索中考

---

[①] 转引自祁进玉《历史记忆与认同重构：土著民族识别的历史人类学研究》，学苑出版社2014年版，第51—52页。

察事物的变化,即以线性的思维思考问题;共时性研究是以问题为中心,考察系统内部各项因素的相互关系及综合作用,即以非线性的思维思考问题。历时性研究和共时性研究相结合,就如同构建了研究问题的"五线谱",从纵的方面和横的方面解构问题发展的脉络、探析事物与周围环境因素的相互关联,即在历史脉络中构建出一个纵横交错的关系群,而在这种关系群中,各个历史节点也许是分离的甚至错乱的,但是通过时间和空间的重新组织就可以构建一种清晰的脉络和网格,展现事物发展的关系链条,使研究更加生动而富有意义。

书中将综合运用历时性与共时性分析法。一方面以时间为轴,相对宏观地进行全景式研究,从时间发展的角度厘清1949年至1966年中国档案学的整体脉络,对这段时间范围内档案学的成长历程予以历时性分析,力求简单明了地表明档案学术发展的沿革与变迁。另一方面试图在全景式研究的基础上将"点"与"面"结合起来,对档案学史中的关键性学术事件、学术成果及代表性的学术机构和学术人物等"主题"予以详细的论述和分析,并在相关问题上作出评判与反思性审视。这种综合研究基础上的"个案"研究,既能探析档案学发展的整体性特征,又能对典型"学术表征"予以专门性探索;既能分析档案学教育机构、档案学研究机构、档案学术期刊及著作的总体发展情况,又能对那些颇具影响力的机构和刊物的发展与贡献详细论述。从这点上来看,共时性与历时性分析法实则做到了历史与逻辑的结合,既比较宏观和全面地对学术史予以全景式的学术扫描,又比较微观而具体地进行个案分析,利于全面而立体地看待所要研究的学术史问题。

## 五 研究的贡献:价值及可能的创新

### (一) 研究的价值所在

年鉴学派创始人之一的吕西安·费夫贺(Lucien Febvre)曾指出:"提出一个问题,确切地说来是所有史学研究的开端和终结。没有问题,便没有史学。"[①] 学术史作为史学研究的一个特殊类别,从大处着眼,

---

[①] 转引自姚蒙《法国当代史学主流——从年鉴派到新史学》,香港三联书店1988年版,第47—48页。

其本身就可视为史学研究的一个重要议题；从小处着眼，学术史研究亦需要严谨而确切的问题导向。笔者选取对中国档案学的独立化建制予以历史考察，则属于以学科创建为问题导向的学科断代史研究。

就档案学而言，本书既可丰富现有档案学的基础理论，完善档案学社会功能和学术价值的理论阐释；又可从历史视角思考学科发展和事业发展的相关问题，促进档案学界学术史意识的觉醒，从而对学科史观和方法论产生积极影响。具体而言，这种学科断代史研究的价值主要体现在以下方面。

从学术价值上看，本书并非填补学术空白式的研究，而是丰富现有研究成果式的研究——丰富档案学基础理论的现有知识内容，细化档案学史研究的范围，推动中国档案学理论的反思和发展。由前所述，档案学史的研究是对过去档案学发展与演变的探究与叙述过程，并对档案学的学理内涵予以揭示和验证。档案学学问的彰显往往沉潜在历史考察之中，只有把握档案学的发展历史，检验档案学发展的真实状况，才能为档案学现在及未来发展打好基础。但从目前研究成果的综述中得知，新中国成立初期的档案学史并未得到系统的研究，其学术价值也未得到全面的认知。

从实践价值上看，现今档案实践领域与理论界的联系日益密切，且档案实践发展日趋多元化和技术化，但仍存在很多症结与困惑，这些问题往往可追溯到现代档案学发端之初的历史背景中，加之20世纪五六十年代在中国历史进程中的重要性毋庸置疑，因此对半个世纪前新中国档案学的历史进程进行回顾式探索，既是对由"术"到"学"发展历程的反思，也可通过那些成功或失败的治学经验及档案思想在档案实践方面的折射，进行总结、吸收或借鉴。虽然随着时空的更替，很多学术事件和学术人物已离我们远去，根植其中的政治、经济和文化背景也发生了极大的变化，但是档案学发展的理论和方法精髓及其对档案实践的指导意义仍值得我们回味。

此外，档案学史研究对确定档案学的重要性、扩大社会对档案学的认知起到良好的媒介作用。学术史研究是一个探索的过程，可以带领我们探索那一时代的学者群体对学术问题的认识与理解，这种认识论层面的考察，通过对当时的学术思想予以系统的总结整理，不仅能为现在及未来的研究提供启迪，而且还能彰显档案学的学科重要性，促进其他知识领域对档案学的认知与理解,扩大档案学的社会影响力。正是对档案学中基本概念、历史进程、发展目标的回顾与分享,才使这样一群人团结在一起并加强了他们之间及其与外界之间的相互理解与认同。另外,中国档案学史研究也有助于西方对我国档案学发展的了解,增进中西方的学术对话和学术交流,增强中国档案学的国际影响力。

总之,本书希望通过这种微观层面的档案学史研究,发现一些之前学术研究活动中错过但却值得留意的事件或知识,或者是研究中提出的一些问题或观点,不论是富有挑战性还是争议性,能够激励越来越多的学者通过自身的思考方式和研究角度来审视中国档案学的过去和未来,深入探索档案学发展的历史规律,从历史视角积极思考学科发展进程中的关键性问题,树立一种恰当的学科史观,构建学史意识。

### (二) 可能的学术创新

与现有的档案学史研究相比,书中的研究对象更为集中,仅选取了1949年至1966年这一相对集中的时间段。笔者认为,书中可能的创新之处主要体现在以下几方面。

一是学术观点方面。笔者通过学术史的梳理和挖掘,提出1949年至1966年这一时期在中国档案学史上的历史贡献在于——档案学作为一门独立学科得以创建这一学术观点。档案学作为一门独立学科的创建,为这一学科赢得了合法性地位,使得档案学获得了更多的社会制度支持。尤其是在学科步入制度化发展的轨道后,通过专业教育的开展,档案学的后续发展拥有了源源不断的后备力量,档案学研究者之间通过正规而专业化的交流途径开展学术探讨,档案学研究团体成立并继续壮大,档案学刊物相继出版并趋于规范,从而促使档案学研究成果不断累积与完善,档案学逐渐走向成熟。由此,档案学创建为一门独立学科是所有后续发展的重要基础,了解档案学是如何创建为一门独立学科的,对于档案学的长远发展和后续研究具有重要的理论意义和现实意义。

二是研究内容方面。本书拓展了现有档案学史研究的内容体系,从"学术成果"的观照上升到"历史哲学"的思考,更加凸显了档案学史研究的学术地位和理论意义。一者,从"学术成果"来看,档案学史不仅局限于档案理论发展史,还涉及档案实践与档案方法论的发展与渐趋成熟;二者,档案学的"学术成果"不仅内化于档案学的学术争鸣、学科建设及其主要的学术著作，还外化于档案学的学术研究机构和交流平台（教育机构、研究机构、专业期刊、行业会议等）、档案学的学者群体等方方面面；三者，"学术成果"基本史实的描述和历史评价的梳理，只是档案学史研究的基本层面，而从"历史哲学"及其方法论层面对档案学史的反思则更加强化了档案学的"学科意识"与"学术自觉"。从这种理念出发，研究档案学史，既要从进化论的视角探寻档案学的发展规律，又要反思档案学的元问题以及档案知识的性质。

三是研究视角方面。书中采取宏观综合与微观构建相结合的研究视角，且主要以微观研究为主。这也是由研究主题所决定的，因为1949年至1966年本是一段不算长的历史，只有微观研究才能构建出较为全面而鲜活的学术发展史。在这一思想指导下，书中首先进行相对宏大的社会背景研究，以及以时间为发展脉络的学术史发展进程等"面"的研究，这部分采用了"宏观综合"的研究视角。继而对档案学外在社会建制和内在观念建制中具体内容等"点"的研究，探究学术史中细小但影响重大、意义深远的学术史事件和学术史人物。尤其是在学者群体的形成与分化中将新中国成立初期档案学研究主体分为三个类别，这是之前从未有过的分法，而现有研究多将这一时期的学人聚焦于曾三、裴桐、吴宝康、王可风等老一辈档案学者身上，但对诸如殷钟麒、傅振伦、张德泽等"民国遗老"的思想转变及其在新中国成立后的档案学理论著作及学术成果关注较少，对新中国成立后培养出来的档案学人才的关注也不多。本研究试图通过对档案学人及学人群体的研究，传扬中国现代档案学发展中的开拓性人物，弘扬其中体现出的学术思想和学术品格。

四是研究方法方面。书中采取历时性与共时性相结合的研究方法，且注重历史考据法的应用。本书仅选取了较短的时间跨度，以档案学创建为一门独立学科为研究对象。鉴于研究问题的"微小"、研究跨度的"狭窄"，历时性研究难以细致入微地勾勒出这段历史时期档案学发展的历史面影，共时性研究则难以清晰地揭示出学科发展的历史脉络。而采取历时性与共时性相结合的研究方法，探究二者之间的中间道路，在掌握学科发展脉络的同时，又能深刻洞悉学科学术史发展过程中的历史事件，并通过典型的学术史人物揭示学术发展的动因与趋势，这种"虚""实"结合，时间与空间相互佐证、补充的方式使得学术史研究更加深刻而生动。本书秉承这一思路，对新中国成立初期档案学的历史进路采取"历时性"研究方法，而在细化探究那一时期档案学外在与内在建制问题中采取了"共时性"研究，这样将档案学学术史层层解构，最终力图构建出一个立体而生动的档案学术发展图景。

五是研究史料方面。书中较为系统地梳理和挖掘了20世纪五六十年代中国档案学建设和发展过程中的有关史料。实际上，学术史研究本是一件千头万绪的事情，作为史学研究的一类，在学术史探索过程中，观点的创新实则很难突破，至于新资料，笔者不敢说发现了新资料，但起码从目前的有关论述中，笔者发现关于1949年至1966年的中国档案学，尚有知识需要挖掘。尤其是对中国档案学的研究重镇——中国人民大学信息资源管理学院（原档案学院）资料室及档案馆所藏诸多未公开发表、未及时出版发行的那些内部著作、刊物、教材的挖掘还远远不够。当然，随着科学知识日新月异的翻新，那些泛黄的纸页想必是没有最新的理论技术那样更具有吸引力的了。但如果让它们静静地躺在那里，对于学者来说，不啻为一种失职。此外，本书在写作过程中还使用了大量的直接材料，如当事人的日记（如张德泽手稿）、档案（如吴宝康人物档案全宗）、回忆录（如程桂芬、傅振伦的诸多回忆传记及部分学者的访谈资料），以及当时的通讯、报道等即时性信息，以求解释20世纪五六十年代中国档案学科建设的历史面貌。当然，对于回忆性材料和推论性材料，笔者尽量将多种材料来源予以对比分析，而对于材料的出处和相关记载，笔者均在脚注中进行说明，供后来者参考或继续挖掘。

此外，本书注重历史考据法的应用，并非以标榜"求真"为终极目标，从而抹杀"想象"的重要性，专注于埋首勾陈。而是通过历史考据，从微小的文献史实中发现些许学术史发展线索，尤其是对学人"学术踪迹"的研究，全面地反映档案学史的前后相继和曲折历程，试图通过学术追溯发掘学术史研究的温度，而不仅是"冷冰冰的趋势与规律的符号表征"[1]。

---

[1] 杨念群：《中层理论：东西方思想会通下的中国史研究》，江西教育出版社2001年版，自序第5页。

## 六 研究的不足

本书希冀立体呈现1949年至1966年中国档案学的曲折历程，并对其间所涉及的时代背景、发展进路、成果成就、档案学内外建制等问题进行全方位的阐释，尤其是对学术交流平台、研究主体分化、学术探索争鸣中那些以往不受广泛关注的、未被历史主流"选择"的学术事件与学术人物等"显历史"背后的"潜历史"进行些许探索。但本研究仍存在诸多不足之处。

首先，对新史料的挖掘以及对"显历史"背后"潜历史"的研究存在不足。一则，"文化大革命"期间对新中国成立初期档案学的破坏导致这段时期档案学发展成果收集困难。经过前期对那些仍健在亲历者的访谈得知，"文化大革命"期间很多历史资料、档案学研究成果均被破坏殆尽。吴宝康在《我的回忆》中写道，"文化大革命"开始之后，中国人民大学历史档案系的消存历经周折，最终于1974年停办，"就这样，档案系面临着真正解散的命运。资料大多送造纸厂，图书则转送中央档案馆明清部，实验设备则由有关中学来领取"[①]。可见，作为档案学研究的重镇，中国人民大学档案学专业被迫停办，由北京师范大学暂为管理无果之后，新中国成立十七年积累起来的档案学资料也都销毁殆尽，实验设备移走、图书分散、资料难以逃脱掉"送造纸厂"的命运，这种状况不仅对于"文化大革命"后档案学的恢复与发展十分不利，而且对于档案学史的回顾尤其不利。这种因资料缺乏造成的学术史研究可能的片面，无疑成为本研究的不足之处。二则，正如左东岭所言："阅读学术著作和论文，要具有看到纸的'背面'的能力。凡是真正做过研究的人都清楚，要真正了解掌握一种研究理论都不是一件容易的事情，更何况要去理解把握各种理论方法与学术流派。"[②] 本书试图通过那些珍贵的学术论著探索档案学史上所忽视的学术人物和学术事件，在"显历史"背后发掘那些意义重大却又被忽略的"潜历史"，并通过学

---

[①] 吴宝康：《我的回忆》，《档案学通讯》1997年第1—2期。

[②] 左东岭：《我们需要什么样的学术史——以中国古代文学研究为中心》，《文史哲》2016年第1期。

人群体的研究理解所呈现的档案学理论方法及可能的学术分化，但对"各种理论方法与学术分化"的"学术动机"理解不深、把握不够同样构成了本研究的不足之处。再者，书中对史料的搜集、挖掘、组织、编排是以"作为一门独立学科的创建"为问题导向的，故是否可以较为全面地反映这十七年的档案学全貌，笔者不敢妄言。

其次，本研究在框架设计时几乎没有对中国香港、澳门、台湾地区在同一时期档案学的发展情况予以对比性或融合式论述。实际上，在台湾地区，档案学研究主要承袭民国，与大陆地区的研究完全呈现出两种不同的模式和方向。其研究主力陈国琛在民国时期是行政效率运动的主要参与者和实施者，他曾在福建省试行文书档案改革运动，并取得了一定的成果。1946年，陈国琛前往台湾，将文书档案连锁法应用于台湾的行政机关，推动了台湾地区档案管理实践活动的进程。至于学术研究，20世纪40年代，新中国成立之前，陈国琛在台湾地区推广的档案管理法一直影响了台湾数十年的档案学研究方向。而新中国成立以后，20世纪五六十年代，台湾"本土"的档案学者大多具有留学背景，尤其是从行政学的视角研究档案学问题，如张金鑑所著《行政学典范》于1957年由台北中国行政学会出版，其中第四十六章和四十七章对文书处理和档案管理的内容有较为详细的叙述，而张金鑑本人曾于20世纪30年代留学美国，并于1935年出版了中国第一本行政学著作《行政学之理论与实际》。而香港和澳门的档案学发展也大都"取经"于台湾，"自我特色"较为缺乏。鉴于研究的篇幅与框架，以及港澳台地区在同一时期档案学研究成果的"甚微"，本书并未将中国香港、澳门、台湾地区的档案学史相关内容涵盖其中。

# 第二章 1949年至1966年中国档案学的社会背景与建设成就

1949年至1966年的中国档案学，在全国上下巩固政权与恢复经济的社会主义改造时期，在档案实践对档案理论的迫切呼唤中，在苏联档案学与"旧中国"档案学术思想的复杂交织中，开始了其作为一门独立学科的建设之路。此期间，中国档案学历经了1949年至1951年的迷惘期、1952年至1955年的摸索期、1956年至1962年的基本成型期、1963年至1966年的回落期等阶段，一批研究者因档案学问题聚集在一起，开始对档案学本质属性进行探索、对档案学理与术业关系进行辨析、对档案学相对独立的知识体系予以创建、对档案学科社会运行机制予以建构、对学科内一些惯常的问题开展争论，从而促进了档案学相对独立的学术范畴逐步明确、相对独立的组织结构基本构建、相对独特的学科文化初步形成，促使档案学无论是从形式上还是实质上，基本完成了其独立化的创建过程。

## 第一节 1949年至1966年中国档案学创建的社会情境

学术带有浓厚的时代性色彩，一则学术乃一个时代的学术，时代精神和社会思潮必然会渗透到学术发展脉络中来；二则学术的发展变革也反过来对社会思潮起到一定的比照作用，学术的书写风格、表达方式形塑了其所处时代面对的冲突与问题。可见时代思潮对学术发展的重要影响，而这种时代思潮可具象为社会情境。关注社会情境就是在关注学术变迁内在理路的基础上，关注那些或是宏观或是微观的外在动因，关注引起学术变迁背后深层次的历史逻辑。

　　具体在探索1949年至1966年中国档案学的社会情境时，我们首先要关注当时整体的社会形势、国家政策、学术环境、治学氛围，因为这种"时代发展大背景"为新中国档案学奠定了一个基本的历史框架。而新中国成立后，最鲜明的"时代发展大背景"即为巩固新生政权，进行新政权的建设工作。这其中，档案即为新政权建设的命脉，尤其在接管城市、恢复经济、稳定社会秩序、开展国家外交过程中具有至关重要的作用。新中国成立初期，社会秩序新旧交替、国际形势纷繁复杂，为巩固新兴政权，中央人民政府政务院组织成立的接收工作委员会，就将档案的征集、接收、集中管理作为一项重要任务，时任总理兼外交部部长周恩来也提出要"保护一切资财、图表、账册和档案"[①]，足以见得档案在新政权建设中的重要地位。正是新政权建设对档案的重视、对档案事业的依靠，才导致档案实践对档案理论的迫切需求；正是新政权建设过程中国际形势和国家政策的导向作用，才驱使"亲苏"的外交方针下档案学科建设的"以苏联为师"；正是新政权建设中新旧交替的社会秩序，才促使新中国档案学建设过程中对"旧中国"档案学术思想的批判与继承。因此，"档案事业及档案实践的发展需求""步武苏联""档案学术发展的前后承继脉络"这三个层次，就构成了1949年至1966年新中国档案学创建的社会情境。

### 一　档案事业及实践发展对档案学术的需求

　　新中国成立初期，全国各项事业百废待兴，社会主义秩序尚未形成，以政治力量为中心的社会形势使得经济、文化和思想高度整合。在这样的社会背景下，我国档案事业随着社会主义建设热潮、随着"大跃进"的开展、随着各种革命化运动而迅速发展，国家档案局、中国第一历史档案馆、中国第二历史档案馆相继建立，地方集中性质的档案行政部门和档案管理机构也纷纷建立。从国家到地方的档案事业建设迫切需要具有一定理论水平和实践经验的档案干部。档案行政机构及管理机构的建立、档案管理实践的开展对档案理论研究提出了新的需求，也为档案理论研究提出了新的议题，促进了档案学术研究的开展。

---

① 裴桐主编：《当代中国的档案事业》，中国社会科学出版社1987年版，第31页。

由故宫博物院文献部发展而来的中国第一历史档案馆在古代档案管理尤其是明清档案管理过程中，在对历史档案的分类、编纂等管理实践环节中，迫切需要理论的指导。中国第一历史档案馆保管的档案主要有内阁大库档案，宫中军机处、内务府、清史馆档案，宫外宗人府、刑部、农工商部、溥仪、长芦盐运使司档案，另外还存有部分外国移交档案和购入档案，十分珍贵。新中国成立后，虽然中国第一历史档案馆历经数次变动，机构设置和人员设置尚未稳定下来，但馆内档案工作者仍结合档案管理的业务经验，撰写了十余篇业务研究类文章，并在《光明日报》《档案工作》等报刊上发表。此外，中国第一历史档案馆从1955年开始先后自编或与其他单位合作编著出版档案史料汇编，取得了显著成果，为社会提供了丰富的史料汇编资料，如1955年出版的《中法战争》、1957年出版的《辛亥革命》、1958年出版的《戊戌变法档案史料》、1959年出版的《宋景诗档案史料》《义和团档案史料》和《清代地震档案史料》、1961年出版的《洋务运动》等总计有六百零一万字的资料汇编。① 以上业务研究活动对历史档案的整理方法、编纂原则、内容开发等相关理论提出了需求，丰富了相关研究成果。

同样，由中国科学院近代史研究所南京史料整理处发展而来的中国第二历史档案馆在旧政权档案管理，尤其是国民党从南京逃亡时遗留在重庆、成都等地的近百万卷档案资料的管理过程中，迫切需要理论的指导。这些旧政权档案反映了1912年至1949年旧政权中央机关的活动和发展情况，是历史研究的极好素材。由于国民党政府时期档案整理方法不统一，很多档案的整理工作仍比较粗略，基本沿用清末及北洋政府时期的一套方法，甚至杂乱无章。南京史料整理处采用清检法、标题法、分类校对法、编号登记法、分类索引法、档案库上架法等方法整理收集来的旧政权档案，使这些档案逐渐条理化，为编纂研究打好基础，并先后完成了四辑《中国现代政治史料汇编》、七十五个专题档案史料汇编、1927年至1949年的大事月表和参考工具书等数千万字的史料汇编工作。南京史料整理处1956年3月发布了《关于南京史料整理处十二年远景规划的意见》书，在整理处的发展前途和组织编制、完成民国时

---

① 邹家炜、董俭、周雪恒：《中国档案事业简史》，中国人民大学出版社1985年版，第263页。

期全国性历史档案的集中工作、组织基本建设工作、完成1955年以前接收的历史档案的初步整理、纠正过去混淆的全宗并按立档单位整理、开展第二步复整工作、加强"类目索引"工作（尤其是"专题索引目录"工作）、开展文献公布工作、编纂出版业务书籍、建立保管制度和阅读制度、举办展览与培养干部等十二项工作中提出了具体的远景规划，促进历史档案的整理与研究。而对旧政权档案的整理与开发，也促使了档案学和史料学研究成果的问世，进一步明晰了档案学与历史学的关系问题。

由中央档案馆筹备处和中华人民共和国档案馆筹备处合并并统一筹建的中央档案馆，在集中保管党和国家中央一级机关的档案文件时也对档案理论提出了迫切需求。1963年国家档案局将"熟悉档案内容，汇编档案史料，参加历史研究，提高服务质量，使档案馆能够在历史研究中发挥一定的作用"作为奋斗目标之一。在此"方针"的影响下，据不完全统计，到1965年，中央档案馆为编辑中央文件汇编、中央文件选集以及为中央领导工作和社会各方面提供了档案材料十五万件。[①] 在这一过程中对档案编纂、档案利用、档案鉴定等理论提出了迫切需求。除此之外，中央档案馆在档案管理原则、档案分类方法等方面也亟须理论的指导。

1954年，在苏联专家建议下、在国家领导人关注下成立的国家档案局，作为统筹全国档案事业的最高行政机构，在档案管理体制的确立、档案管理原则的形成中也迫切需要理论的武装。尤其是国家档案局刚成立不久，在推动文书处理部门立卷、建立正确的归档制度、推动各机关迅速整理积存档案以为开展机关档案室工作创造条件、筹建国家档案馆网、建立健全档案管理机构等方面的任务[②]对档案理论研究提出了更多更高的要求。

除此之外，地区级甚至县级的档案管理机构和行政机构也于20世

---

[①] 邹家炜、董俭、周雪恒：《中国档案事业简史》，中国人民大学出版社1985年版，第263页。

[②] 张中：《目前档案工作的基本情况和今后的任务》，选自中国人民大学历史档案系档案史教研室编《中国档案史教学参考资料（新民主主义革命和社会主义革命与建设时期）》，中国人民大学内部资料，1961年，第227—240页。此文为国家档案局时任副局长张中于1956年12月向全国档案工作会议的报告。

纪五六十年代纷纷成立。自1954年起，为了集中保管撤销机关的档案和革命历史档案，先后成立了东北、西北、华东、中南、西南、华北六个大区的临时档案保管处（组）。1956年，国务院发布了《关于加强国家档案工作的决定》，以及同年6月国务院科学规划委员会制定的《1956—1967年哲学社会科学规划纲要（修正草案）》都提出建立地方性国家档案馆的要求。伴随着基层县档案工作如火如荼的开展，20世纪50年代中后期，全国各县纷纷筹备与建立档案馆，开展档案的收集与管理工作。1958年5月27日，全国第一个县级档案馆——河南省襄城县档案馆建立，经过1958年、1959年两年的发展，到1960年初，县级档案馆从1958年的1200个增加到1509个，而且有十二个省已县县设馆，有十个省百分之八十至九十的县设立了档案馆；到1965年，我国除台湾省外，二十九个省、直辖市、自治区都建立了档案馆，专、县级档案馆也发展到2000个左右，全国从中央到省级、到县级的档案馆网体系已经形成。[①] 这一方面是在"大跃进"的全国形势下发展起来的县档案馆建设热潮，但是另一方面县档案馆的建立确实为基层档案工作的开展、国家档案馆网的形成奠定了基础。而当时建立的县档案馆，"大部分是'五合一'的机构，既是县的党政合一的档案馆，又是县委、县人委的档案室，也是全县档案工作的业务指导机构，还是档案教育机构，同时也是资料馆"[②]。这种"身兼多职"的设置特色，使得县档案馆的功能趋于多样化，关于县档案馆的研究内容也十分丰富。此外，1958年，全国地质资料馆建立，这是新中国成立以来最早建立的专业系统档案管理机构。随后，中国电影资料馆（1958）、测绘资料馆（1958）、辽宁抚顺城市基本建设档案馆（1960）、各个机械工业部和铁道部等专业系统档案馆（20世纪60年代后）纷纷成立，集中保管本系统内的档案文件，对国家建设具有促进作用。[③]

以上档案管理机构和档案行政机构的建立，对档案事业的发展起到了极大的推动作用，也为档案学术研究的开展提供了良好的条件，尤其是档案的整理、编纂、分类和鉴定工作及其有关研究取得了一定的进展。

---

① 邹家炜、董俭、周雪恒：《中国档案事业简史》，中国人民大学出版社1985年版，第263—264、267页。
② 档案工作社编：《县档案馆介绍》，内部资料，1958年，编者的话。
③ 裴桐主编：《当代中国的档案事业》，中国社会科学出版社1987年版，第207页。

## 二 学习与借鉴苏联的档案理论体系

1949年新政权的建立不仅对国内政治形势和国家政策产生了翻天覆地的影响，而且对国际政治形势具有变革性的改观。由于新政权的社会主义性质，中国与以苏联为首的社会主义阵营内国家形成了密切的交往。为了建立并巩固我国新兴政权与苏联"老大哥"的关系，"毛泽东在1949年宣布'一边倒'以反对'带有资本主义特征的帝国主义'的政策以后，在莫斯科花了9个星期（1949年12月至1950年2月），进行了艰苦的讨价还价，最后签订了为期30年的中苏友好同盟互助条约"①。自此之后，这项"一边倒"的国家政策奠定了新中国成立初期各项决策的主要基调，也决定了国家建设进程中各行各业所选择的发展模式。如关涉国家发展命脉的经济建设就是依照苏联经验而采取的"计划经济"模式，与经济建设相关的经济学研究问题，也深受苏联的影响，"基本上承袭苏联的政治经济学体系，在基本内容、研究范式及学术取向上，大致与苏联的政治经济学保持高度一致"②。

在这种国际形势和国家政策的影响下，新中国档案学也走上了一条步武苏联的道路，尤其是"苏联式教科书"的体系、结构和内容深深地影响了当时的整个档案教育界和学术界。直到斯大林逝世、赫鲁晓夫上台，苏联的发展模式逐渐暴露其弊端。1956年4月，在总结社会主义建设发展经验教训的基础上，毛泽东发表了《论十大关系》，批判了教条主义，重申了结合中国实际建设社会主义的观点。档案学也开始不断强调"中国本位"的学术发展道路，不再继续使用"苏联教科书"的翻译版本，而是由中国学者结合本国实际自行编写教材。尽管如此，由我国档案学者编写和出版的档案学各类著作尤其是教材仍基本上借鉴和发展了苏联教科书的体例与模式，在研究方法、基本观点、论述对象、写作框架等方面仍然沿袭了苏联的传统。

新中国档案学发展过程中效仿苏联的原因，国际形势和外交政策只是一个方面，另一方面得益于苏联档案学在当时的"先进"和"发

---

① ［美］费正清：《美国与中国》，张理京译，世界知识出版社1999年第4版，第368—369页。

② 唐文文、吴汉全：《继承中的创新：苏联政治经济学体系与建国初期的中国经济学》，《宁夏师范学院学报》（社会科学）2015年第2期。

达"。纵观苏联档案学发展史，20世纪五六十年代的苏联档案理论发展已趋于成熟，档案学各科目均有较为系统的学术性专著或教材问世。实际上，苏联对档案理论与实践问题的研究自20世纪30年代起即已陆续出现相关成果。1935年克雅捷夫所著《档案工作理论与技术》一书在列宁格勒出版，此书在统一档案术语和探究档案工作理论方面具有突出贡献。1944年，莫斯科历史档案学院将许多已发表的有关档案工作理论与实践方法论问题的文章和有关各种载体文件管理办法的文章结集汇编成论文集。1946年米加耶夫著的《档案工作理论与实践》一书出版，该著作论述了苏联自20世纪40年代以来的档案学理论研究成果。1958年苏联档案管理总局编著的《档案工作理论与实践》则系统论述了苏联20世纪50年代的档案学理论发展进程。这期间及随后的一段时期苏联档案学界就档案学的理论与实践管理问题又进行了多次探讨，出版了诸多理论性与实践性兼备的著作、教材。

在这两方面原因的推动下，新中国档案学学习苏联的方式主要有两种，一种是大量地翻译苏联的档案学著作、教材、文集、报告、规章制度条例等，供我国学术研究参考借鉴，或供教育培训资料之用；另一种是聘请苏联档案专家来华任教讲学或作学术报告，以便更好地将苏联档案理论在我国传扬与发展。首先，在新中国成立初期，为了将苏联档案著作翻译成中文，档案学术界和行政界特此从中央编译局调配过来一批懂俄语的翻译人员，并在档案著作翻译过程中，逐渐加强这些翻译人员的档案业务水平，改善翻译的准确性。韩玉梅、吕洪宇、苏秀云、孙敏等就是这批最早的"翻译官"，在他们的努力下，20世纪五六十年代我国翻译了大量的苏联档案著作及苏联专家讲稿、报告，这些翻译资料为新中国成立初期档案学的建设与发展提供了启示与借鉴。当时翻译的苏联著作（表2-1）主要包括各种系统性的档案学术专著和在苏联出版的有关历史档案杂志和文集中选取的论文，其中有介绍苏联档案馆及其管理任务的，有关于档案全宗的区分、档案的整理与鉴定、档案的编目与参考工具的编制以及提供档案利用的理论研究与实践经验总结的，有关于底图、影片、照片和录音档案管理原则和方法的，还有关于其他社会主义国家和资本主义国家档案工作组织情况介绍的。除了翻译各类苏联档案学著作外，当时我国还利用各种机会派代表赴苏联考察档案工作实际和档案学发展状况。如1957年，时任中共中央办公厅秘书局副局长的裴桐和田凤起、吴善昌专程去苏联访问,参观了苏共中央马列主义研究院中央档案馆、十月革命与社会主义国家中央档案馆和列宁格勒州委档案馆等机构。这也是新中国成立后,中国档案工作者第一次出国考察,足以见得中国和苏联档案学界之间的密切交往与联系。1958年,时任国家档案局局长的曾三和吴宝康、林德明组成的中国档案工作者代表团在出席捷克斯洛伐克全国档案工作者代表会议的同时,应苏联内务部档案管理局的邀请再次赴苏联进行参观访问。

表 2-1　　20 世纪五六十年代我国翻译苏联档案学著作列举

| 书名 | 原作者/译者（均为中译版） |
| --- | --- |
| 《苏联档案史与组织》 | [苏] 切尔诺夫著（1940），中国人民大学档案教研室编（1953） |
| 《苏联档案史》 | [苏] 谢列兹聂夫著,中国人民大学档案教研室译（1953） |
| 《苏联机关的文书处理工作》 | [苏] 弗罗洛夫著,苏联国家法律书籍出版社 1952 年出版,中国人民大学档案教研室译,并由中国人民大学出版社出版（1954） |
| 《苏联档案工作的理论与实践》 | [苏] 谢列兹聂夫著,韩玉梅、吕洪宇、苏秀云译（1953 年初版,1955 年修订再版） |
| 《苏联文献公布学》 | [苏] 谢列兹聂夫著,韩玉梅、吕洪宇、苏秀云译,由中国人民大学出版社出版（1955） |
| 《档案工作的理论与技术》 | [苏] 克雅捷夫著,韩玉梅、吕洪宇译（1956） |
| 《苏联档案工作的历史与组织》 | [苏] 切尔诺夫著,中国人民大学出版社出版（1956） |
| 《苏共省委、边疆区委和加盟共和国共产党中央档案馆工作条例汇编》 | 国家档案局编译室编译,中共中央办公厅秘书局印（1956） |
| 《〈苏联史料学〉课程大纲》 | 中国人民大学历史档案系编译（1956） |
| 《苏联大百科全书选译：档案馆》 | 孙敏译,吕洪宇校订（1957） |
| 《文书处理工作与档案工作》 | [苏] 米加耶夫著,韩玉梅、苏秀云、吕洪宇、孙敏译（1957） |
| 《文件材料保管技术学》 | [苏] 米津、采列维吉诺夫著,孙敏译（1957） |
| 《文件技术检验》 | [苏] 捷尔基耶夫著,司法鉴定科学研究所译（1958） |

续表

| 书名 | 原作者/译者（均为中译版） |
|---|---|
| 《档案工作的理论与实践》 | ［苏］米加耶夫著，历史学博士马雅科夫斯基教授校订（1946），中国人民大学历史档案系译（1959） |
| 《苏联档案工作的理论与实践》 | ［苏］别洛夫、洛吉诺瓦、米加耶夫、普罗科品科等合编（1958），中国人民大学编译室译（1959） |
| 《技术档案的整理与保管》 | 中国人民大学历史档案系编译（1959） |
| 《档案学译文选集》（第一辑） | 中国人民大学历史档案系编译（1961） |
| 《档案学译文选集》（第二辑） | 中国人民大学历史档案系编译（1961） |
| 《技术档案的管理》 | ［苏］库津著，苏秀云、刘震岑、韩玉梅译（1962） |
| 《苏联技术档案工作文件汇集》 | 中国人民大学历史档案系资料室编（1962） |

其次，1949年至1966年，苏联档案专家的代表米留申、姆·斯·谢列兹聂夫、格·伊·沃尔钦科夫和舍皮波娃[①]先后来华传播苏联档案学术和档案实践，为新中国档案学带来了直接的苏联经验。在新中国成立之初的1949年11月，时任苏联中央档案管理局副局长的米留申来华指导档案工作，并将苏联档案管理经验以报告的形式传递给我国的档案干部，在其回国之际还帮助起草了数份档案管理指南，并提出了多项关于发展我国档案事业、创建我国档案高等教育、发展我国现代档案学的宝贵建议。随后，为了开办新中国第一所正规档案高等教育机构的需要，在周恩来总理的亲自协调下，苏联莫斯科历史档案学院的历史档案专家、档案学副博士谢列兹聂夫千里迢迢来到中国，并在中国人民大学工作了三年之久，为我国档案高等教育培养教员和学生，其档案学著作、教材提纲、课程讲稿、专家指导、学术报告均被悉数译成中文，在我国档案教育和档案人才培养中发挥了重要的作用。待谢列兹聂夫回国后不久，苏联档案专家沃尔钦科夫和舍皮波娃先后来华，并在访华期间

---

① 这些人名均为中文音译，其详细的名字俄语书写已不可查。因此，本书延续了以上人名的中文称法，而没有追溯其原文及其正确译法。如"谢列兹聂夫"还有"谢列兹涅夫"译法，"舍皮波娃"还有"舍皮洛娃""谢皮洛娃"等译法，现在已不可考哪种为确切译法。

作了多场学术报告，介绍苏联档案工作的开展情况及学术研究进展。

苏联档案学为新中国档案学带来理论和实践的指引外，还不可避免地将其所宣扬的意识形态渗透到新中国档案学的脉络中，其中最明显的是我国基本认同了苏联对西方资本主义档案学的批判态度，并深受影响。苏联莫斯科历史档案学院档案学教研室在编写《档案工作理论与实践》一书时，在序言中直言西方资本主义档案学的缺陷与不足，甚至认为西方的档案学思想"与苏联档案建设的出发点是根本对立的"①。正是在苏联的影响下，新中国成立之初在发展档案学时，人为地以阶级性和党性为标准自动将档案学分为资本主义档案学和社会主义档案学两大阵营，并认为"以苏联为代表的社会主义档案学，其无比优越性表现在各种或一切档案学的基本问题上，例如按芬特来保管文件的问题，只有苏联才能正确地解决，在其他任何一个资本主义国家内不能也没有能正确解决的，又如整理文件的原则，这一问题亦是一切资本主义国家不能也没有解决的问题，再如整理文件的方法学，即编制科学参考工具书、编目等，亦是如此"②。

受两大阵营思维的影响，除苏联外，20世纪五六十年代，我国档案界也与社会主义阵营内其他国家如东欧、朝鲜、越南、德意志民主共和国、南斯拉夫、阿尔巴尼亚等社会主义国家有些许往来。如1961年8月，越南劳动党中央办公厅档案处来电，索要档案学专业教科书。同年11月，应我国政府外交部的邀请，朝鲜民主主义人民共和国外务省档案工作考察团来我国进行友好访问。同年，中国人民大学历史档案系还接收到印度历史档案委员会发出的参会通知。1963年4月，阿尔巴尼亚国家档案局局长季米特尔·科蒂尼为首的阿尔巴尼亚档案工作者代表团前来中国人民大学历史档案系参观访问。此外，我国档案学刊物上还有对德意志民主共和国（《档案通报》）、南斯拉夫（《档案工作者》）、捷克斯洛伐克（《档案》）等社会主义阵营国家档案学及档案事业发展情况的介绍。

---

① [苏] 米加耶夫：《档案工作的理论与实践教材》，中国人民大学历史档案系译，中国人民大学出版社1959年版，第1—2页。

② 《谢列兹聂夫论文报告辅导记录集（1952—1955）·中国人民大学档案系专家辅导（第一部分）》，中国人民大学内部资料，1957年，第26页。该篇显示为1953年9月记载。

### 三 批判与继承"旧中国"的档案学术思想

因我国古代档案思想并未上升到"学"的高度，且比较零散，加之新中国成立初期对古代档案思想尚未进行系统的总结，所以谈不上批判与继承的问题，古代档案思想更多的是作为一个研究对象而在现代档案学术体系中得以呈现。因此，这里所说的"旧中国"的档案学术思想确切来讲是20世纪三四十年代涌现出来的档案思想。

由于民国档案学是国民党统治时期，尤其是"行政效率运动"中形成的档案思想，因此，新中国成立初期在建设社会主义档案学过程中，如何对"旧中国"的档案学予以合理评价就成为一个重要的问题，而对"旧中国"档案学的态度也随着档案事业的发展、档案学术研究的进步而逐渐发生转变。新中国成立初期，对旧政权资本主义的批判导致当时对遗留下来的各种文化遗产也采取批判的态度，那时对旧档案学的评价也带有一定的片面性，如对民国时期档案学研究取得成绩的忽视，对十进分类法、纲目分类法、类户分类法的批判等都体现了当时对旧档案学的否定。比较典型的是，新中国成立初期认为"十进分类法"是来源于"美国及其他资本主义国家的图书分类法"，是"过去国民党反动统治时期有人把美国的图书分类法机械地搬用到档案工作中来，以致流传到今天，这正是旧中国半殖民地依赖性的结果"。[1] 1952年在创办新中国档案高等教育时所强调的"一无教员、二无办档案学的经验、三无教材"也表明新中国对民国档案学的摒弃——"不是没有，而是没有符合条件的教员、办学经验和教材"[2]。时任国家档案局副局长的张中在1956年于全国档案工作会议上所作的报告《目前档案工作的基本情况和今后的任务》中对民国时期的档案改革有过如下评论："国民党反动政府曾经闹了几年所谓'档案改革'，但是除了生硬地搬用图书管理法等方法以外，在档案科学方法方面，遗留下的可用的东西是不多的。国民党反动统治时期曾经有一些人专心研究档案学方面的问题，但是他

---

[1] 中国人民大学历史档案系编:《档案工作文件和论文选编（第一集，1931—1957）》，中国人民大学内部资料，1961年；吴宝康:《国家过渡时期档案工作的任务及其改革》，《教学与研究》1954年第6期。

[2] 张衍:《海峡两岸档案学教育之沿革与发展研究》，博士学位论文，台湾政治大学，2017年。

们的研究带有很大的局限性，同时得不到应有的重视和支持，因此，在旧中国不可能建立一门科学的档案学课目。"① 对民国档案学持有相同态度的还有苏联历史档案专家谢列兹聂夫，1956年谢列兹聂夫在《教学与研究》上发表《中华人民共和国的档案建设》一文，其中对私立武昌文华图书馆专科学校和重庆崇实档案函授学校的建立与档案人才的培养主要持批评与否定的态度："国民党政府教育部于1940年在湖北武昌文华图书馆学专科学校内附设了一个档案管理专科。但有意思的是，国民党政府不颁发组织档案管理专科所必需的经费，而只能从在华美国教会当局领取补助金。""革命前的中国除了这个档案管理专科之外，于1946年3月，在重庆还创办了一个私立档案训练班，其修业期限为3个月，然而却大吹大擂地称之为'档案学校'。""国民党政府统治时期的档案工作是分散地进行的，既没有任何统一的文件材料整理方法，也没有关于全宗的科学概念。资本主义国家档案工作方面的反历史的资产阶级观点，得到了广泛传播。国民党制度下档案工作的悲惨状况还表现在，文件材料经常被盗窃和在市场上出卖，因而落入私人手中，形成巨大的私人档案文件汇存。国民党政府从未同盗窃和买卖文件的行为进行过严肃的斗争。"② 在谢列兹聂夫的论述中，无论是民国时期的档案工作开展情况、档案学教育的组织情况、档案学术研究的发展情况等都是不科学与不完备的。这种论述在今天看来不免趋于片面、有失偏颇。由此可见，新中国成立初期，对"旧中国"尤其是民国时期的档案学及档案改革主要持否定的态度。

但到了20世纪50年代后半期，随着对档案史研究的逐步深化，档案学界开始认识到继承我国档案学历史遗产的重要性，认识到在学习苏联的基础上，还要不断地吸收原有的历史经验，借鉴和研究旧档案学的思想精髓。这种转变在1958年得到了集中体现。1958年中国人民大学历史档案系以内部资料的形式挑选并系统翻印了民国档案学的部分著

---

① 张中：《目前档案工作的基本情况和今后的任务》，载中国人民大学档案系档案史教研室编《中国档案史教学参考资料（新民主主义革命和社会主义革命与建设时期）》，中国人民大学内部资料，1956年，第227—240页。此文为国家档案局时任副局长张中向全国档案工作会议的报告。

② ［苏］姆·斯·谢列兹聂夫：《中华人民共和国的档案建设》，《教学与研究》1956年第6期。

作，即后来所说的"旧中国档案学十三本旧著"，供教学和研究之用。虽然旧著的翻印出版主要用于档案教学，供批判性学习，而非出于学术传播与思想弘扬，但在"批判"的基调上开始强调"吸收借鉴"。正如翻印说明中所写的那样："由于教学与科学研究的迫切需要，人民大学第一批翻印了全国解放前出版的有关档案学的旧著十三本[①]。一般说，上述旧著是有一定代表性的，研读了上述诸书，就可以对旧中国的文书处理和档案管理的研究有一概括的了解，并便于批判地吸收旧档案学的历史遗产。由于是旧著，因此在原则、观点、方法等方面有不少的缺点与错误，甚至有些反动的观点与言词，为了批判和参考，在翻印时仍保留了原样。"[②] 这时对"旧档案学"的态度已由"批判"逐步转向了"批判地吸收"，但十三本旧著的发布范围仅限于中国人民大学历史档案系内部，后来由于中共中央办公厅秘书局和国家档案局以及有些机关在研究工作中需要参阅，又将这十三本旧著加印一次，但仍未对外公开出版，仅在内部传阅。但好景不长，20世纪60年代，随着"左"倾错误的扩大化，档案界也深受影响，对民国档案学著作的翻印与发行、对旧档案思想的研究又被冠以"为国民党歌功颂德、涂脂抹粉"的"论调"[③]，这种批判在"文化大革命"时达到顶峰。

对民国档案学态度的转变，可从吴宝康的论著中窥见一二。1954年，吴宝康曾发文表示"用美帝国主义教会经费举办的具有很长历史的文华图书馆学专科学校开设的档案专科与档案训练班，它所传布的档案管理法正是美国的图书管理法的变相"[④]。到了1957年，吴宝康又提出"向苏联学习，这是应该肯定的。但是向我们国家自己的好传统学习，也是很重要的。此外，还可以向资本主义国家的好经验学习"[⑤]。这时，

---

① 即徐望之的《公牍通论》，程长源的《县政府档案管理法》，何鲁成的《档案管理与整理》，龙兆佛的《档案管理法》，周连宽的《公文处理法》，周连宽的《档案管理法》，陈国琛的《文书之简化与管理》，黄彝仲的《档案管理之理论与实际》，梁上燕的《县政府公文处理与档案管理》，傅振伦的《公文档案管理法》，秦翰才的《档案科学管理法》，许同莘的《公牍学史》，殷钟麒的《中国档案管理新论》。
② 见中国人民大学历史档案系1958年对十三本旧著的翻印说明（刊于每本旧著之前）。
③ 吴宝康：《论新时期档案学与档案事业》，中国档案出版社1997年版，第5页。
④ 中国人民大学历史档案系编：《档案工作文件和论文选编（第一集，1931—1957）》，中国人民大学内部资料，1961年；吴宝康：《国家过渡时期档案工作的任务及其改革》，《教学与研究》1954年第6期。
⑤ 吴宝康：《努力发展档案学》，《档案工作》1957年第2期。

吴宝康富有远见而较为全面地认识到新中国档案学向苏联学习、向我国传统经验学习、向资本主义国家学习三者不可偏废，尤其是在批判民国档案学的舆论浪潮中提倡"向我们国家自己的好传统学习""向资本主义国家的好经验学习"的理念是十分富有开拓性的，也是十分大胆的。[①] 因此，为了学习"旧中国"遗留下来的档案学著作，就有了上述十三本旧著的翻印出版。但到了1961年，吴宝康在《档案学是一门科学（初稿）》中对民国档案学却提出了猛烈的批判："（从）清末王朝、北洋军阀政府到蒋介石独裁政府，它们所订的档案工作制度和规定，正是反民主反革命线路的代表，国民党反动政府所发起的'行政效率改革运动'就是最反动的表现。不少代表大资产阶级的学者参加了这个运动，写出了许多有关档案学的论文和著作。同时，当时的资产阶级史学界和学术界，由于整理明清档案的实践需要，也促使一些人去研究档案学，发表了不少论文。但大都把档案学作为附属的科目来研究的。如说是'历史学的辅助学科''行政学的一部分''图书馆学的一支'等等。"[②] 虽然学术与政治不可避免地存在一定的联系，学术难免不受政治的影响，但此种以政治的"优劣"与否作为评判学术"进步"与否的标准未免过于绝对，陷入了严重的以意识形态主导学术研究的思想壁垒。随后，吴宝康又综合考量并评价了"旧中国"的档案学发展问题："我认为正确地评价与估计应采取实事求是的态度。对国民党时期的档案改革、文书档案连锁法的评价，政治上的分析仍是需要的，把三四十年代产生的档案学，说成是我国档案事业发展史上的一大飞跃，这样的评价太高了，只能说是积累了经验知识，只有社会主义档案学的产生和形成才是真正的飞跃。"[③] 此时，吴宝康站在无产阶级立场对民国档案学予以评价，其所提出的"实事求是的态度"为我们评估旧档案学树立了一个正确的指导思想。但受所处时代及政治形势的影响，吴宝康言语之间将社会主义档案学与旧档案学的成就对立考量，并在无形之中加

---

① 吴宝康还提倡尽快成立一个档案工作者协会，以促进加强我国与其他社会主义国家和资本主义国家的联系与交流。（吴宝康：《努力发展档案学》，《档案工作》1957年第2期。）可见那时对资本主义国家的态度并非一味排斥，对于资本主义国家的档案学先进理论和实践经验，还是愿意在收集、翻译、了解的基础上加以学习的。

② 吴宝康：《档案学是一门科学（初稿）》，中国人民大学内部资料，1961年。

③ 吴宝康：《论新时期档案学与档案事业》，中国档案出版社1997年版，第5页。

入了政治立场分析问题,其观点中所体现的局限性仍值得商榷与探讨。

对旧档案学应采取何种态度关乎新中国成立后档案学的发展问题。民国档案学发端于国民党政府为提高办公效率而发起的"行政效率运动",其主要目的并非是发展档案学术研究,而是以公文改革为切入口,通过提高国民党政府机关内部运转效率以巩固政权。而"行政效率运动"的发起人甘乃光和主要参与者均没有档案学教育的相关背景,而是在行政学或图书馆学上颇有造诣,这都成为新中国成立初期否定与批判民国档案学的原因。但是,这种过于放大民国档案学中不成熟、不健全部分的态度,是十分不可取的;反之,如果对其评价过高、肯定过多,一味地宣扬其中的理论精华与先进做法,夸大"行政效率运动"和"文书档案连锁法"的实际功效,这种态度也是应该避免的。所以,这也造成了对旧档案学复杂而矛盾的心态。

## 第二节 1949年至1966年中国档案学的发展进路

在学术史研究中,历史分期是首要问题。对学科发展予以科学的分期,不仅关乎学科整体的历史脉络,更关乎该学科与其存在时代政治、经济、文化诸多方面的互动。"学术分期是学术史研究的基础,也是研究学术的一种方法。通过分期,揭示学科发展的不同时期或阶段中的质的区别和各种联系,进而使学人在各个学术发展时期可以深入地研究。"[①] 学术分期之所以重要,首先在于,通过学术分期,可厘清学术发展脉络,探明学术发展规律;其二在于,通过学术分期,可系统掌握不同阶段的研究资料、不同时期的研究方法与技术应用;其三在于,通过学术分期,可结合时代背景,对学术进程中不断出现的理论、思想予以合理性解释与揭示。因此,研究1949年至1966年中国档案学的发展进路,同样需要进行学术史的分期。

### 一 现有学术史分期及其依据与缺陷

在档案学发展进程中,横向来看,不同历史时段的历史事件或社会面貌对档案学的发展具有深刻影响;纵向来看,位于社会发展历程中的

---

① 吴稌年:《近代图书馆学人对学术史的研究》,《山东图书馆学刊》2014年第2期。

档案学，其在发展过程中不断彰显出自身独有的特点和规律。横向与纵向、历史与逻辑相结合进行档案学的学术分期，更便于清晰地辨明档案学的发展面貌。目前档案学界对新中国成立后的档案学历史时期采用了不同标准进行划分（表2-2），且划分出来的时段与中国历史发展的时间节点相吻合。

表2-2 现有档案学史学术分期列举

| 代表人物 | 代表观点 | 评论 |
| --- | --- | --- |
| 吴宝康<br>(1980)① | 1. 从全国解放到1957年的顺利产生和成长发展［新中国档案事业的初建阶段（1949—1954），国家档案局的成立和加强组织建设阶段（1954—1957）］；<br>2. 从1957年到1966年的继续发展，但受到了某些"左"倾思潮的干扰（档案事业的大跃进和全面发展阶段）；<br>3. 1966年到1976年，档案学的研究濒于夭亡；<br>4. 1976年到现在，档案学研究又进入了一个重新恢复和发展的新时期 | 根据国家形势的发展进行历史分期。将1949年至1966年的学术分期与档案事业发展结合起来，甚至以档案事业发展为分期标准，埋没了档案学术发展的特点 |
| 冯子直<br>(1991)② | 1. 初创阶段（1949—1959）：总结党的档案工作经验、研究档案工作发展历史、学习苏联先进理论、初建档案学科体系的阶段；<br>2. 提高阶段（1960—1965）：结合我国实际、将档案学教育、研究、实践逐步予以中国化的阶段；<br>3. 停滞阶段（1966—1976）；<br>4. 从徘徊到发展阶段（1977年至今） | 此种分期方法将1959年视为初创阶段和提高阶段的分界线，取新中国成立后"第一个十年"的时间段 |
| 王景高<br>(1991)③ | 1. 1949年至1966年"文化大革命"前十七年：1949年至1955年新中国档案学研究的启动阶段，1955年至1966年的初步发展阶段。<br>2. 1966年至1978年"文化大革命"十年及其后两年徘徊；<br>3. 1979年到现在 | 此种分期方法过于粗化，"文化大革命"前十七年的分期以1955年为分隔点分为两个阶段 |

---

① 吴宝康：《三十年来我国档案学的研究及其今后发展》，《中国人民大学校庆科学讨论会论文》，中国人民大学内部资料，1981年，第1—45页。该文写于1980年5月18日的北京通县。

② 冯子直：《关于档案学研究的几个问题（代序）》，载国家档案局档案干部教育中心编《回顾与展望——第五期全国档案学研讨班论文选集》，档案出版社1991年版，第1—11页。

③ 王景高：《关于十年来我国档案学发展的评价问题》，载国家档案局档案干部教育中心编《回顾与展望——第五期全国档案学研讨班论文选集》，档案出版社1991年版，第12—14页。

续表

| 代表人物 | 代表观点 | 评论 |
| --- | --- | --- |
| 刘国能、黄子林（1993）① | 1. 1949年至1957年当代档案学创立阶段和发展阶段：以满足社会主义建设迫切需要为基本点，在引进和吸收苏联档案理论研究基础上进行；<br>2. 1957年至20世纪60年代中期：档案学理论研究逐渐趋于深入，并深入到规律性的研究 | 此种分法将档案学术研究内容、方向的转变作为重要标准，凸显了学术的发展 |
| 陈兆祦、王德俊（1995）② | 一种观点将中国现代档案学的发展分为五个阶段：1. 新中国成立初至50年代中期的孕育创建期；2. 50年代中期至60年代中期的初步发展期；3. 60年代中期至70年代末期的遭受破坏期；4. 70年代末期至80年代末期的恢复发展期；5. 进入90年代的成熟发展期。<br>一种观点将其分为四个阶段：1. 初创阶段（新中国成立之初至1956年）；2. 具有明显中国特点的档案学阶段（1957年至1966年5月）；3. 档案学遭破坏阶段（1966年6月至1976年）；4. 恢复发展阶段（1976年以后）。<br>一种观点将其分为五个阶段：1. 初创阶段（20世纪30年代初至1951年4月）；2. 发展阶段（1951年5月至1966年4月）；3. 破坏阶段（1966年5月至1978年2月）；4. 恢复阶段（1978年3月至1981年10月）；5. 繁荣阶段（1981年8月至今） | 此种分期方法不是作者的观点，而是作者的综述性研究总结 |
| 吴宝康（1997）③ | 1. 1949年至1978年，这一阶段的档案学发展从不明确逐渐明确化，并逐渐作为一门独立的学科予以建设，但又尚未脱离将其作为一项工作去研究的境地，还没达到科学地、自觉地进行学术研究的程度，属于建设档案学的初期阶段。<br>2. 1978年之后，这一阶段，档案学的科学性、自觉性、明确性逐渐提高，档案学的学术研究水平和社会地位也得到了越来越多的认可 | 此种分法综合考量了整体的历史背景和档案学发展的时空连贯性，但与其将第一段分期节点归入1978年，实则归入1966年"文化大革命"前更为准确 |
| 冯惠玲（2016）④ | 1. 1949年至1966年初创期：20世纪50年代的研究主题主要集中在探讨档案概念与范围、档案工作方针、全国档案工作集中统一管理、档案工作服务方向等问题，20世纪60年代的研究主题主要集中在探讨档案形成规律、档案工作的作用和性质、文书立卷的原则与方法、档案鉴定的原则与方法等问题；<br>2. 1966年至1978年停滞期；<br>3. 1979年至今是发展期 | 此种分法以档案学研究主题的不同为学术分期的依据，从而对新中国成立后的现代档案学予以大体上的分期 |

---

① 国家档案局编，刘国能、黄子林主编：《中国档案事业概述》，档案出版社1993年版，第188页。
② 陈兆祦、王德俊：《档案学基础》，中国档案出版社1995年版，第153—155页。
③ 吴宝康：《论新时期档案学与档案事业》，中国档案出版社1997年版，第8页。
④ 冯惠玲：《档案学理论与前沿问题研究》，中国人民大学《档案学前沿研究》课堂讲座报告，北京，2016年4月。

续表

| 代表人物 | 代表观点 | 评论 |
| --- | --- | --- |
| 刘国能<br>(2016)① | 1. 1949年10月至1954年10月为初创期，主要是抢救、接收档案，研究部署工作、建立制度，创办专业刊物和档案专修班；<br>2. 1954年11月至1966年4月为全面建设期，主要是国家档案局、中央档案馆成立，召开一系列会议、下发文件、制定规章，后期在"大跃进"中迅速发展；<br>3. 1966年5月至1976年9月，档案学陷于停滞和倒退；<br>4. 1976年10月至今为拨乱反正、恢复发展阶段 | 档案事业发展中的历史事件对档案学的发展具有潜移默化的影响。作者论述了档案学在档案事业史不同阶段中的变革 |

　　以上对档案学的学术史分期并非仅针对新中国成立后十七年的档案学发展历程，但基本上均把1949年至1966年划归为一段或两段，可见这段时期的学术完整性。但综观以上学术史分期，基本上没有脱离中国历史这一大背景，基于社会史分期的学术史分期方法仍是相关研究的首要选择。现有档案学史分期呈现出两种思路：一种是强调政权更迭的影响，而忽略了档案学自身发展的规律——基于"国史"的分期；一种是拘泥于自身变化规律，而忽略了社会文化与环境的影响——基于"档案史"的分期。对于本研究所涉及的20世纪五六十年代而言，二者都不是最好的分期方式。笔者认为，学术分期既要考量这个学科的自身发展规律与变迁，又要综合考虑社会发展对这一学科的影响，尤其是时代背景在这一学科发展历程中镌刻的烙印。对于档案学而言，时代背景更是尤为重要，一则，档案学的发展与社会历史发展实际上存在一种互动关系，档案学在特定历史时期的政治、经济、社会、文化、科技、教育等因素的综合作用下不断调整适应，其发展历程也必然曲折变化；二则，档案学的发展也会对社会历史的发展变化起到一定的佐证作用。因此，将档案学与社会历史发展大环境相结合，才能更全面地审视档案学的过去，为现在和未来提供镜鉴，并彰显档案学的社会价值和社会功能。在社会历史发展的大视野下考察新中国档案学的发展历程，尤其是1949年至1966年中国档案学的历程，更能丰富学科专门史的研究内容，也能拓展共和国国史的内容。

---

① 刘国能：《中华人民共和国档案事业史》，中国文史出版社2016年版，第47—75页。

## 二 1949年至1966年中国档案学的历史脉络

在对1949年至1966年档案学历史分期的再考量过程中，有四份文件对新中国成立初期的档案学发展具有重要意义。这四份文件分别为《国务院关于加强国家档案工作的决定》（1956）、《1956—1967年哲学社会科学规划纲要（修正草案）》（1956）、《1956—1962年党（团）的档案工作规划》（1956）、《1963—1972年科技发展规划（情报、图书、档案资料）》（1964）。根据以上文件的内容，结合档案学发展的内在理路，以及当时的社会环境和时代背景，本研究将1949年至1966年的档案学分为四个阶段：1949年至1951年的迷惘期、1952年至1955年的摸索期、1956年至1962年的基本成型期、1963年至1966年的回落期。

1949年至1951年的迷惘期。1949年，中华人民共和国成立，我国历史掀开了一个崭新的发展篇章。但新政权建立之初全国各项事业百废待兴，民主政权正处于巩固阶段，这一时期尚未建立全国规模的档案事业，很多部门在接收旧政权档案、管理革命历史档案的过程中仍沿袭民国时期和革命根据地、解放区时期的做法。在这种档案管理实践模式下，新中国档案学尚未正式进入学术研究进程，可以说仍处于预热阶段。当时，私立武昌文华图书馆专科学校的档案管理人员训练班还承担着培养档案干部的重任，并在档案教学过程中进行着一定的学术研究工作，出版的几本档案学著作也是民国时期所遗留下来的版本。1949年底，苏联专家米留申来华指导档案工作，帮助起草档案管理条例，并建议我国开办档案教育和成立全国性质的档案行政管理部门。不久后米留申返回苏联，他为刚刚成立的新中国带来了档案管理的新理念和档案事业发展的明确方向。但他的帮助主要集中在档案事业实践层面的指导，而在档案学术的发展方面没有带来更多的理论性成果。

1951年底，国内正处于镇压反革命运动的阶段。党和国家组织了"三反""五反"运动，目的在于消除国民党政府遗留下来的反动残余势力。这些运动的开展，随即影响到了档案界对民国档案学的态度。在这种国家政治形势的影响下，1951年底至1952年初，在档案工作实践和档案学术研究中开始对民国档案学采取强烈批判的态度，对民国遗留下来的档案学家也采取了批判与教育改造的手段，希望通过思想改造，致使这些民国档案学家摒除资产阶级思想残余，并逐步转变成为坚信马克思社会主义思想的档案工作者。总之，这一阶段，随着政权的更替，民国档案学失去了发展的土壤，民国档案学家纷纷转型，新中国档案学尚未开始建设，但米留申的档案事业构想和档案教育构想已在悄然萌芽。

1952年至1955年的摸索期。1952年，在苏联专家的建议下，在中国档案工作者的努力下，尤其是在老一辈档案学家的带领下，中国人民大学专修科档案班成立。自此之后，我国有了正规的国家规模的档案教育，开启了档案学术系统性规划阶段。1952年，苏联历史档案专家谢列兹聂夫来到中国人民大学讲授档案学课程，开启了他为期三年的中国档案学研究生涯。1952年至1955年这三年，在谢列兹聂夫的帮助下，加之我国档案教员的集体努力，新中国档案学研究逐渐步入正轨。1954年，中国人民大学档案教研室根据谢列兹聂夫1952—1953学年在中国人民大学讲课的讲义内容，编写了《苏联档案工作的理论与实践》一书，作为教学教材参考之用。这部著作也成为了新中国档案学发轫阶段的代表性著作，奠定了中国化档案学研究的特色与基调。1955年，我国社会主义改造迎来了高潮，在社会主义建设和社会主义革命火热进程中，档案工作为了配合上述运动，也加快了发展步伐。各地开始收集、整理敌伪政权档案并提供大批有关反革命分子身份信息的档案材料，档案利用在肃反运动中的作用进一步加深了社会对档案重要性的认识，而在档案实践领域中的新形势与新问题又加速了档案学理论研究的开展。这一年，中国人民大学历史档案系成立，自此以后，我国也按照苏联模式开展档案学研究，并编写符合我国国情、档情的著作。总之，这一阶段，随着政权的稳固，我国第一所档案高等教育机构创办，成为档案学术研究的主要阵地。谢列兹聂夫成为新中国档案学的"开山之师"，《苏联档案工作的理论与实践》也为中国化的档案学术体系提供了最早的指引。

1956年至1962年的基本成型期。1956年是中国现代科学技术发展史上的一个重要里程碑，这一年，国务院科学规划委员会制定了我国第一个发展科学技术的长远规划——《1956—1967年哲学社会科学规划纲要（修正草案）》。在这份规划纲要中，档案学成为所列16个独立学科之一，档案学学科独立地位的属性开始得到正式认可。① 这一年，中共中央提出了"向科学进军"的号召，全国档案部门开始注意档案的科学化研究工作。同样是这一年，国务院颁发《关于加强国家档案工作的决定》，明确提出要"对档案学及其他辅助科目，应加强研究工作，以提高科学水平"的任务。同年，《1956—1962年党（团）的档案工作规划》发布，该规划明确而具体地要求国家档案局和中国人民大学历史档案系加强档案学及辅助科目的科学研究工作。加之苏联专家回国后，我国开始自主研究档案学的基础问题。这一时期档案学的研究领域进一步扩大，研究内容不断丰富与扩展。除了对文书学和档案管理基础业务流程的研究外，这一阶段还开始对档案学基础理论问题进行探讨，研究的问题开始趋向学术性发展，档案学的学科体系逐渐完善，多门分支科目逐渐建立起来。

同时，这一时期的社会思潮活跃而多元、社会形势纷繁而多变。1956年，我国城市中发起了一场知识分子改造运动，目的在于加强知识分子的"思想"改造，使他们更加认同社会主义改造运动并积极投身其中、贡献力量。著名的"百花齐放，百家争鸣"的口号就在这场运动中提出，意在强调人们有批评干部和官僚主义的自由。1957年2月，毛泽东提出了著名的正确处理人民内部矛盾学说，进而他在《矛盾论》中阐发的原理成为指引我国档案学研究的重要思想和基本方法。以矛盾论为理论依据和分析方法的一系列研究纷纷出现，档案工作者开始用矛盾论的观点来研究档案工作的基本矛盾和发展规律，进而开始探索档案管理工作各个环节的关系问题，这一理论至今仍是档案界进行档案学研究的指导思想。随即开展的整风运动和"反右"运动中，一些持有异议的人士纷纷被划为右派分子。档案学研究在整风和"反右"运动中也深受影响。1958年全国"大跃进"的爆发，开启了我国档案工作全面大跃进的一年。在"整风"与"大跃进"的浪潮下，4月7日，中共中央办公厅召开党的第三次全国档案工作会议，国家档案局召开第

---

① 此外，这一时期社会上对档案学科的独立性也有一定认识，如单士元在《忆沈兼士先生》一文中曾写道："全国解放后，新中国建立，党和政府重视档案工作，政府有国家档案局，各省市亦设局管理。事业企业机关里，均有档案处或室。在大学里有档案系。保管旧日历史档案，有第一、第二历史档案馆。档案已成为一个独立学科，研究领域日益广阔，前途发展无量。"（单士元：《单士元集 第四卷 史论丛编》，紫禁城出版社2010年版，第1195页。）

二次全国档案工作会议。其中"多快好省"和"大跃进"成为会议的指导思想，也成为档案工作的主旋律。接下来的两年中，《档案工作》刊物相继发表社论，力争档案工作全面为跃进服务。在这种形势下，为了加快档案学研究进程，1958年12月，国家档案局成立了档案学研究室，该研究室成为我国第一个档案理论研究机构。同年，中国人民大学历史档案系翻印了一批"旧中国"的档案学著作，以便在档案学研究中能够批判地继承与吸收。与此同时，中国特色的档案学科体系开始着手建立，各科目的教材也处于材料的收集和编写进程中。为了配合档案学教学和学术研究的"大跃进"，中国人民大学历史档案系资料室开始选取国家档案局以及各省、市、自治区档案管理局（处）《档案工作简报》上带有针对性与学术性的文章，汇编成不定期刊物《档案学研究（内部资料）》，从1959年11月25日发行第1期开始，先后出版了4期。与此同时，中苏关系并非如同"铁板一块"般的稳固，斯大林去世后，中苏关系逐渐出现裂痕，1960年8月苏联专家撤离中国。我国也逐渐摆脱了苏联的思维模式，档案学也更加趋向自主发展，在国际形势和国内各种"运动"冲击下，面临着新的形势。

为了总结全国档案工作"大跃进"以来取得的成绩，1959年6月召开了新中国成立以来规模最大的一次全国档案资料工作先进经验交流会，又称为"六月会议"，配合先进经验交流会还举办了全国档案资料工作展览会。但在"六月会议"后，档案战线出现了右倾思想和右倾情绪，对档案工作"大跃进"取得的成绩存在错误的看法，夸大了1958年工作中出现的某些缺点。青海省档案局最先发出"关于反对右倾，鼓足干劲，大战一个月，做出新的成绩，向国庆十周年献礼的通知"，随后国家档案局转发了该通知，这样全国档案战线转向批判右倾情绪和右倾思想的潮流中。1961年，为了改进和加强科学研究工作的开展，《自然科学研究机构当前工作的十四条意见（草案）》发布，其中提出在刚结束的三年"大跃进"基础上，对研究机构各方面进行调整，制定了"定方向、定任务、定人员、定设备、定制度"的"五定"原则，提倡科学研究敢想、敢说、敢干的精神，注重科学研究的严肃性、严格性和严密性。这十四条意见对于"大跃进"之后的档案学研究起到了指导作用。到了1962年，"以阶级斗争为纲"的指导思想开始蔓延，档案工作和档案学研究在这一思潮的影响下，也将"为阶级斗争服务"放在优先位置,部分档案学研究者被扣上了"修正主义"的帽子,受到摧残,其后两年,"社会主义教育运动"广泛开展。总之,这一阶段虽饱受政治运动的纷扰,但却是新中国档案学创建之初取得主要成绩的阶段,是档案学作为一门独立学科得以确立的阶段,是档案学学科体系初步形成的阶段,档案学得到了较为快速而自由的发展。

1963年至1966年的回落期。这一阶段,国内"左倾化"趋势日益严重,为"文化大革命"的爆发埋下了伏笔,档案学发展逐步偏离正确轨道。这一时期,虽然也制定了档案学发展规划与纲要性文件,但苦于国内错综复杂的形势而在实际上没有得到有效的实施。例如,1964年,国家科委、文化部与国家档案局制定并下达了《1963—1972年科技发展规划(情报、图书、档案资料)》,该规划在"档案资料"部分,提出了十年内需要完成的具体任务,包括加强技术档案资料工作的理论和方法研究,加强对技术档案资料的保管技术、修复技术和复制技术的研究,并提出了成立档案科学技术研究所(1963年国家档案局即成立了研究所筹备处),倡导加强业务理论特别是科学技术方法的研究。但这些规划还未待正式实施,1965年,国内的阶级矛盾就已经达到了空前激烈的程度,国家档案局于该年10月底开始编印《档案工作革命化讨论》内部刊物,到1966年4月共出版了4期即受"文化大革命"的影响而停刊。同时,因一些档案工作人员反映国家档案局在指导工作中存在着"教条主义""形而上学""单纯业务观点""繁琐哲学"等问题,国家档案局召开了档案工作大讨论,重点谈论"政治与业务的关系、思想与工作革命化、档案工作的'战备'、档案清理和鉴定以及文件立卷等问题"[1],常规的档案学术研究被搁置,档案界局势十分紧张。1966年初,国务院批转国家档案局《关于中央各部门档案战备意见的报告》,档案战线席卷进"文化大革命"的大潮中。随后,档案工作被视为"反党反社会主义黑线"而陷于瘫痪,中国人民大学历史档案系停止招生,档案教育和档案学术研究也被迫中断。在后续动乱的十年,档案学发展遭受了严重的打击。总之,这一阶段,档案学研究并未向着《1963—1972年科技发展规划(情报、图书、档案资料)》中的"美好愿景"发展,迫于社会形势的影响,档案学研究出现了回落。

---

[1] 王景高、冯伯群、李向罡:《当代中国档案事业实录》,档案出版社1993年版。

## 第三节 1949年至1966年中国档案学的建设成就

1949年至1966年这段时期，在我国档案学发展史上具有不容忽视的学术地位，为改革开放后档案学术的繁荣发展奠定了坚实基础。据统计，"到1966年'文化大革命'开始前，公开出版和内部出版的档案书籍共有206种，印行了数百万册，基本上适应了档案教学和档案干部自学的需要"①。这206种档案书籍绘制出了1949年至1966年中国档案学的整体发展状况，但其中的部分著作是否可称为"学术"著作尚待考证，且其中肤浅、无用或重复的著作也不可避免，而"学术史的本质就是淘汰，通过淘汰，留下最有价值的知识"②，通过这些最有价值的知识勾勒出学术发展的脉络，绘制出代表学术发展的图景。另外，学术史的任务在于"努力地试图阅读和理解前人的作品，从后叙的视角看待前人的工作"③，通过"回溯性"的"后叙视角"探析一个时代学术发展的成果与成就。虽然著学术史者"永远不可能回到前人所处的学术生态"④，但对学术论著与学术事件的解读仍可勾勒出一个时代的学术面貌，而这种学术面貌即可呈现出一个时代的学术贡献。笔者认为，1949年至1966年中国档案学作为一门独立学科予以创建，即是这段学术史最大的成果与成就。

### 一 作为一门独立学科的中国档案学研究

回顾1949年至1966年中国档案学的历程，1953年陆晋龢《档案管理法》的出版拉开了新中国档案学学术研究的序幕。随后，《档案工作》《技术档案资料研究》《档案学研究》等档案刊物上发表了诸多档案学术论文；《人民日报》《北京日报》《光明日报》《河北日报》《山西日报》《辽宁日报》《黑龙江日报》《解放日报》《新华日报》《河南

---

① 裴桐主编：《当代中国的档案事业》，中国社会科学出版社1987年版，第386页。
② 陈大康：《关于古典文学研究中的一些现象的思考》，《文学遗产》2004年第1期。
③ 施爱东：《学术行业生态志：以中国现代民俗学为例》，《清华大学学报》（哲学社会科学版）2010年第2期。
④ 施爱东：《学术行业生态志：以中国现代民俗学为例》，《清华大学学报》（哲学社会科学版）2010年第2期。

日报》《湖北日报》《江西日报》①等报纸也陆续刊登了档案实践类和学术研究类的文章；中国人民大学历史档案系编纂了有关档案学各分支科目的教材，这些教材的编写及不断完善逐渐奠定了我国现代档案学的学科体系；除了学科建设之外，中国档案学界在苏联经验的基础上结合我国档案工作实际和学术传统，对档案学基础理论问题予以研究，发起了具有开拓性意义的档案学术争鸣。学术著作、期刊论文、专业教材、报纸短评等论述为改革开放后档案学的恢复与发展奠定了基础，作出了资料储备。这些学术研究既包括比较宏观的档案学体系建设问题、档案学发展道路问题、档案管理理论问题，也涉及档案管理过程中的微观问题，且这一时期结合档案工作实际的微观研究占主导地位，如机关档案室文书档案工作中案卷类目的编制、立卷工作的开展、案卷标题的拟制、编目和装订研究，解放前公文程式与公文处理研究等。这些成果均初步彰显出中国档案学以一门独立学科的姿态在社会科学领域开始其学科建设之路。

既然中国档案学开始作为一门独立学科创建，这就涉及何谓"独立学科""构成一门独立学科应具备哪些条件"的基本问题，这也是笔者认为1949年至1966年中国档案学作为一门独立学科创建的立论依据。综观中外，"独立学科"的标准（表2-3）各有异同、难有统一，但其中仍有些许关键要素作为主要标志。

表2-3　　　　　　　　"独立学科"确立标志举隅

| 学者 | 观点 | 关键词 |
| --- | --- | --- |
| 萨克雷（A. Thackray）、默顿（R. K. Merton）② | 学科制度化是知识合法性的重要依据。学科的制度化是指处于零散状态且缺乏独立性的一个研究领域变为一门独立的、组织化了的学科的过程。一般来说，在一门准学科制度化的过程中，其研究者需为之提供辩护以促成认知认同（cognitive identity）和职业认同（profession identity）。认知认同指学术界对这种研究正当性的承认；职业认同指学术界及社会承认了该学科可以作为一体化的、独立的职业而存在 | 学科制度化、认知认同、职业认同 |

---

① 中国人民大学历史档案系资料室编：《档案学论文著作目录》，中国人民大学校内用书，1961年。以上报纸名称参考了该书选取文章的参考资料列表部分。
② 转引自李铁君《大学学科建设与发展论纲》，中国社会科学出版社2004年版，第13页。

续表

| 学者 | 观点 | 关键词 |
| --- | --- | --- |
| 沙姆韦（David R Shumway）、梅瑟-达维多（Ellen Messer-Davidow）① | "学科""源自印欧字根……希腊文的教学辞 didasko（教）和拉丁文（di）disco（学）均同。古拉丁文 disciplina 本身已兼有知识（知识体系）及权力（孩童纪律、军纪）之义" | 知识体系、权力体系 |
| 伯顿·克拉克（Burton R. Clark）② | 学科包含两种含义：一是作为知识的"学科"，二是围绕这些"学科"而建立起来的组织 | 知识系统、学术组织 |
| 赫斯特（P. H. Hirst）③ | 独有的概念体系，表达方式和研究方法是知识发展成为学科的必要条件。因此，"学科"具有如下特征：具有在性质上属于该学科特有的某些中心概念；具有蕴含逻辑结构的有关概念关系网；具有一些隶属于该学科的独特的表达方式；具有用来探讨经验和考验其独特的表达方式的特殊技术和技巧 | 中心概念、概念关系网、表达方式、研究方法 |
| 沃勒斯坦（Immanuel Maurice Wallerstein）④ | 所谓学科实际上同时涵盖了三方面内容：首先，学科是学术范畴，即具有某种学科界限以及某种公认的合理的研究方法；其次，学科是组织结构，有以学科命名的院系和学位；最后，学科也是文化，属于同一学术共同体的学者在很大程度上具有共同的阅历和研究方向。他们往往读相同的经典著作。每个学科中通常都有著名的惯常的争论，这种争论不同于相邻学科的争论 | 学术范畴（学科界限与研究方法）、组织结构、文化 |
| 米歇尔·福柯（Michel Foucault）⑤ | 一个对象领域，一套方法，一个由某些所谓真理命题合成的组合体，一种由规则和定义、技术和仪器所构成的活动 | 研究对象、研究方法、知识体系、学术活动 |

---

① ［美］沙姆韦（David R. Shumway）、［美］梅瑟-达维多（Ellen Messer-Davidow）：《学科规训制度导论》，载［美］华勒斯坦（Wallerstein, I.）等《学科·知识·权力》，刘健芝等编译，生活·读书·新知三联书店1999年版，第12—34页。
② 转引自袁曦临《学科的迷思》，东南大学出版社2017年版，第4页。
③ 转引自袁曦临《学科的迷思》，东南大学出版社2017年版，第4页。
④ ［美］伊曼纽尔·沃勒斯坦：《知识的不确定性》，王昺等译，山东大学出版社2006年版，第104页。
⑤ 转引自徐贲《走向后现代与后殖民》，中国社会科学出版社1996年版，第145页。

续表

| 学者 | 观点 | 关键词 |
| --- | --- | --- |
| 克里斯南（Krishnan, A.）① | 在实践中，一门学科应有其独特的研究对象，与研究对象相关的知识体系，知识体系组织而成的独特的理论、概念和范式，技术术语和特殊习语，特殊的研究方法，一些机构的呈现，通常是在大学或学院中所教授的科目，学术机构或专业协会 | 研究对象、知识体系、研究方法、研究机构 |
| 费孝通② | 具有专门的学会，学术研究机关，大学的院系，图书资料中心，学科的专门出版机构 | 学术机构 |
| 施爱东③ | 学科建立的标志包括研究对象、范围的确立，学术方法的建立，学术流派的形成和标志性成果的诞生等多种因素 | 研究对象、研究范围、学术方法、学术流派、标志成果 |
| 刘魁立④ | 在现代学术中，一门学科至少应该具备如下几项基本条件方能确立，首先，它有自己的不同于其他学科的明确的研究对象；其次，任何一门学科都有它自己的范围、任务，都有它自己的基本问题，并且它有自己的一整套行之有效的、不断演进的方法；最后，任何一门学科都有它不可替代的功能 | 研究对象、研究范围、任务、基本问题、研究方法、不可替代的功能 |
| 贺昌盛⑤ | 学科体系的建立及其核心范畴的规定是显示学科独立特性的基本标志 | 学科体系、核心范畴 |
| 陈燮君⑥ | 标志着一门学科独立的"学科创生指标体系"包括特有的学科定义和研究对象，时代的必然产物，学科创始人的代表作，精心营建的理论体系，本学科的科学研究方法 | 研究对象、时代必然性、代表作、理论体系、研究方法 |

---

① Armin Krishnan, *What Are Academic Disciplines? Some Observation on the Disciplinarity vs. Interdisiciplinarity Debate*, Southampton: University of Southampton, National Centre for Research Methods, January 2009.
② 费孝通：《略谈中国的社会学》，《高等教育研究》1993年第4期。
③ 施爱东：《倡立一门新学科：中国现代民俗学的鼓吹、经营与中落》，中国社会科学出版社2011年版，第71、275页。
④ 刘魁立：《民俗学的概念和范围》，载张紫晨编《民俗学讲演集》，书目文献出版社1986年版，第11—12页。
⑤ 贺昌盛：《晚清民初"文学"学科的学术谱系》，中国社会科学出版社2012年版，第196页。
⑥ 陈燮君：《学科学导论——学科发展理论探索》，上海三联书店1991年版，第228—232页。

续表

| 学者 | 观点 | 关键词 |
| --- | --- | --- |
| 杨自俭[1] | 学科建设有五条标准可以参照：研究对象和领域是否清楚；学科的性质是否明确；学科的理论体系是否构成（包括是否有分级的范畴，范畴的界定是否清楚并且前后一致，范畴是否形成严密的逻辑体系，理论是否普遍有效）；本学科与相关学科的关系是否清楚；是否建有本学科的方法论 | 研究对象和领域、学科性质、理论体系、学科外部关系、方法论 |
| 王素[2] | 任何学科的建设，都必须具备自身的条件。这里所谓自身的条件，具体包括：明确的研究对象和明晰的研究材料；专门的研究机构和专业的研究队伍；基础的研究理论和基本的研究方法 | 研究对象、研究材料、研究机构、研究队伍、研究理论和研究方法 |
| 谭荣波[3] | 一门独立学科的形成需要的要素有三个：一是研究的对象或领域，一门学科要具有独特的、不可替代的研究对象；二是理论体系，要形成特有的概念、原理、命题、规律，构成严密的逻辑系统；三是研究方法，要形成该学科特定的研究方法 | 研究对象与领域、理论体系、研究方法 |
| 蔡曙山[4] | 一个成熟和独立的学科，其标志是：它必须有独立的研究内容、成熟的研究方法、规范的学科体制。对于人文社会科学，本土化也是学科成熟的重要标志之一 | 研究内容、研究方法、学科体制、本土化 |
| 冯广京[5] | 学科是相对于其他学科而言（独立性），构成自己学科独有的理论体系（专用性），因而是不可被其他学科替代的（本质性）。具体而言，能否成为一门独立学科的问题：1. 有没有其他学科特有的理论与方法，即不能被其他学科替代的核心理论与方法？2. 有没有明确的研究域，即区别于其他学科且不能被其他学科替代的研究域？3. 是不是一门原生学科，即是不是由某一学科派生出来的，或由其他学科推演而来的，能不能被某一学科所替代？回答了这三个问题，本质上就回答了是不是和能不能成为一门独立学科的问题 | 核心理论与理论体系、研究对象与研究域、研究方法、不可替代性、原生性 |

---

[1] 转引自王洪涛《翻译学的学科建构与文化转向：当代西方翻译研究学派理论研究》，上海译文出版社2008年版，第134页。

[2] 王素：《故宫学学科建设初探》，故宫出版社2016年版，第2页。

[3] 谭荣波：《"源"与"流"：学科、专业及其关系的辨析》，《教育发展研究》2002年第11期。

[4] 蔡曙山：《科学与学科的关系及我国的学科制度建设》，《中国社会科学》2002年第3期。

[5] 冯广京等：《中国土地科学学科建设研究》，中国社会科学出版社2015年版，第20页；冯广京：《土地科学学科独立性及学科体系研究框架》，中国社会科学出版社2015年版，第37页。

续表

| 学者 | 观点 | 关键词 |
| --- | --- | --- |
| 谢桂华[1] | 从知识论的角度，将学科视为分门别类的知识体系，强调学科有特定的研究对象和结构化的知识体系。从活动论的角度，将学科视为生产、传授、应用相关知识的活动体系，强调学科有特定的研究方法、传授方法、习练方法和应用方法。从组织论的角度，将学科视为一类特殊的社会建制，强调学科有特定的组织形式并得到社会认可和社会支持 | 知识体系、活动体系、社会建制 |
| 刘仲林[2] | 有明确的研究对象和研究范围，有相对独立的范畴、原理或定律，有正在形成或已经形成的学科体系结构，有一群人从事研究、传播或教育活动，有代表性的论作问题，发展中学科具有独创性、超前性，发达学科具有系统性、严密性，不是单纯由高层学科或相邻学科推演而来，其地位无法用其他学科替代，能经受实践或实验的检验和否证（证伪） | 研究对象、研究范围、学科体系、研究群体、代表论作、不可替代性、自生性、可验证性 |
| 金吾伦[3] | 具有确定的研究对象，具有特色的研究方法和工作，即有较完整的理论体系，有学科的带头人，一定数量的科学家队伍和相应的教育机构、学术机构和出版机构，有社会实际的需要 | 研究对象、研究方法、理论体系、学科带头人、研究群体、研究机构、社会需要 |
| 方泽强[4] | 学科标准的"三要素"：具有明确的研究对象；提出了规律；形成了理论体系 | 研究对象、提出规律、理论体系 |
| 刘小强[5] | 学科的含义可以分为四大部分：第一，逻辑范畴和知识体系；第二，浸润其中的学科精神和学科制度、规范；第三，学科的具体社会组织，如学院、学系、研究所等；第四，更广泛意义上的学科的社会分工、管理、内部交流机制等 | 逻辑范畴、知识体系、学科制度、社会组织、交流机制 |

---

[1] 谢桂华：《高等学校学科建设论》，高等教育出版社2011年版，第58页。
[2] 刘仲林：《跨学科学导论》，浙江教育出版社1990年版，第68页。
[3] 金吾伦：《跨学科研究引论》，中央编译出版社1997年版，第69页。
[4] 方泽强：《高等教育学的学科建设研究》，广东高等教育出版社2014年版，第45—48页。
[5] 刘小强：《学科建设：元视角的考察——关于高等教育学学科建设的反思》，广东高等教育出版社2011年版，第21页。

续表

| 学者 | 观点 | 关键词 |
|---|---|---|
| 吴宝康① | 具有自己独特的研究对象与任务，具有特定的广泛的研究领域 | 研究对象、研究任务、研究领域 |
| GB/T13745－2009② | 学科是相对独立的知识体系。学科应具备其理论体系和专门方法的形成；有关科学家群体的出现；有关研究机构和教学单位以及学术团体的建立并开展有效的活动；有关专著和出版物的问世等条件 | 理论体系、专门方法、科学家群体、研究机构和教学单位、专著和出版物 |

从上述中外学者对"独立学科"的界定可知，"独立学科"实则为学术建制化和学科制度化的产物，是"自在"知识体系和"外在"权力体系之下对某一学术范畴的认知认同和职业认同。如果将以上关于"学科"的理解予以归纳，无非两方面内容，一则学科的内在观念建制，如学科的知识体系、逻辑架构、精神风范与学科规范；二则学科的外在社会建制，如学科的学术组织和交流机制等。③ 内在观念建制与外在社会建制对于学科而言，一为根本，一为保障，二者相辅相成（表2－4）。

表2－4　　　　　　　　"学科"的双重建制④

| "学科"的双重建制 | 表征 | 作用 |
|---|---|---|
| 内在观念建制 | 知识体系、逻辑架构、精神风范、学科规范 | 内在观念建制构成了学科的核心、学科存在与发展的根本，是学科生命力的根源 |
| 外在社会建制 | 学术组织、交流机制 | 学科内在观念的外在社会形式和延伸，提供学科存在和发展的外在资源，组织和培养学科理智力量，建立学科超时空共同体、促进学科交流 |

---

① 吴宝康：《档案学理论与历史初探》，中国人民大学校内用书，1982年，第11页。
② 中华人民共和国国家质量监督检验总局、中国国家标准化管理委员会：《中华人民共和国学科分类与代码国家标准（GB/T 13745—2009）》，2009年5月6日发布，Ⅳ。
③ 刘小强：《学科建设：元视角的考察——关于高等教育学学科建设的反思》，广东高等教育出版社2011年版，第21页。
④ 根据刘小强《学科建设：元视角的考察——关于高等教育学学科建设的反思》（广东高等教育出版社2011年版）第21页内容提炼整理成此表格。

因此，作为建制的"学科"既包含一种知识系统，也包含一种规训制度（即符合英语中对学科 discipline 的双重界定）；既包含一种学理体系，也包含一种组织体系；一门"独立学科"应有其中心概念及概念关系网、有其理论体系和研究范畴、有其特有的表达方式和外部关系、有其活动体系和社会建制……传统"独立学科"中最重要的"三独立"标准（独立的研究对象、研究领域、研究方法）虽仍根深蒂固地影响着学科独立性的评判，但在现实中，研究领域的交叉性和研究方法的多样化，日益使得一门学科独立与否的标准趋向"三要素"（具有明确的研究对象、提出了规律、形成了理论体系）。[1]而在学科日益制度化的建制过程中，一门学科是否形成了自身独特的知识体系以及构建了其外在的社会运行机制就成为了学科合法性的重要表征，这也符合《中华人民共和国学科分类与代码国家标准（GB/T 13745—2009）》中对"学科"的基本性规定，标准中所强调的"相对独立的知识体系""理论体系和研究方法""专著和出版物"等构成了"自身独特的知识体系"的具体表征，而"科学家群体的出现""研究机构和教学单位以及学术团体的建立并开展有效的活动"[2]则构成了学科"外在的社会运行机制"。其中，"形成了自身独特的知识体系"彰显了学科的内部规定性，诸如它是一门什么样的学科、它不可被其他学科所替代的特殊性（研究对象、研究方法、研究领域）等；"构建了其外在的社会运行机制"则彰显了学科的外部规定性，诸如它的学术组织机构、学术研究群体、学术活动体系等。值得说明的是，"独特的知识体系"包含一门学科所具有的理论体系、学术科目以及系统化的研究成果等，知识体系的形成很大程度上是为了回应实践中的某些问题，并探究回答这些问题的多种答案，一系列或大或小、或深或浅问题及答案的集结，就构成了学科结构的基础，从这个意义上看，学科各分支科目实则是对实践中各种问题的回应。至于专门的研究方法，"不同学科使用同一种方法，以及一门学科使用多种方法的现象格外普遍，往往很难从方法上判断学科的

---

[1] 方泽强：《高等教育学的学科建设研究》，广东高等教育出版社 2014 年版，第 45—48 页。

[2] 中华人民共和国国家质量监督检验总局，中国国家标准化管理委员会：《中华人民共和国学科分类与代码国家标准（GB/T 13745—2009）》，2009 年 5 月 6 日发布。

不同"①。因此,以形成了"独立的研究方法"作为评判独立学科的标准之一日益失去了其现实操作性,故本研究亦不将档案学的研究方法列入学术史考察的对象,而是仅将学科视为建制化的结果,考察其内在的知识体系及外在的运行机制。

此外,独立的学科并非意味着成型的学科,也并非意味着其学科内部理论与方法的成熟。因此,以成熟学科的标准作为评判学科独立性的标准往往有失偏颇。"中外古今的学科发展史证明,一个学科的问世和创立可以在较短的时间内完成,而一个学科的学科建构,即对该学科的基本概念、基本范畴、基本原理、基本规律、基本方法的探索,或者说解决好该学科的本体论问题、认识论问题和方法论问题,却不是一时之功。"② 对于档案学而言,其研究对象和研究范围的确定是一个不断厘清的过程;而对档案学功能的认识,则一直秉承学术资治的价值取向;研究方法则是档案学学科建设过程中最狭窄的瓶颈。但若将档案学视为制度化建制的结果,1949年至1966年中国档案学建设过程中所取得的成果则回答了档案学"是否形成了自身独特的知识体系以及构建了其外在运行机制"的问题,为研究的方便,笔者将其概述为档案学的"内在观念建制"和"外在社会建制"两个方面,这两个方面则构成了1949年至1966年中国档案学作为一门独立学科创建的重要表征。

## 二 建设成就的具体表现

如上所述,"独立学科"的标准可概化、可细化、可宏观、可微观,每种标准都有其合理性与恰当性,但沃勒斯坦作为这一领域的权威代表,其对"学科"的三重规定——学术范畴、组织结构、学科文化——抽象中不失严谨、全面中不失细节。如果按照沃勒斯坦对"学科"三重涵盖内容的规定,那么,1949年至1966年中国档案学的成果与成就可归纳为三个方面:档案学相对独立的学术范畴逐步明确,相对独立的组织结构基本构建,相对独特的学科文化初步形成。

---

① 方泽强:《高等教育学的学科建设研究》,广东高等教育出版社2014年版,第44页。
② 王洪涛:《翻译学的学科建构与文化转向:当代西方翻译研究学派理论研究》,上海译文出版社2008年版,第30页。

具体而言，1949年至1966年中国档案学相对独立的学术范畴通过以下几个方面的研究而逐步明确：一是对传统档案学术的反思与档案学本质属性的规定；二是与档案实践发展的互应，对档案学学理与术业关系的辨析；三是档案学"相对独立的知识体系"初步构建。这三方面的研究分别回答了"档案学是一门什么样的学科""档案学不可被其他学科所替代的特殊性""档案学包含哪些具体研究对象和学科特殊研究域"等"科学学层面决定它是不是一门科学意义上的独立学科"[①]的基本问题。1949年至1966年中国档案学相对独立的组织结构则体现在档案教育机构、研究机关、学术团体等学科存在的外在依托等方面。至于学科文化，按照沃勒斯坦的观点："属于同一个学术共同体的学者们在很大程度上都具有一些共同的阅历和研究方向。他们往往读相同的经典著作。每个学科中通常都有著名的惯常的争论，这种争论不同于相邻学科的争论。每个学科只倾向于某些学术风格……各学科的学者都在特定的时间内，有其不同于其他学科的令人欣赏的陈述模式。"[②] 尽管其中对学科文化的解释并不明朗，但仍可确定的是，学科文化与学科知识紧密相连，体现在学术共同体与学术争鸣之中。因此，1949年至1966年中国档案学相对独特的学科文化即表现在学者群体的形成与分化、学术问题的探索与争鸣之中。

为了研究的需要，如果将十七年中档案学所取得成果和成就的三方面具体表征——相对独立的学术范畴逐步明确、相对独立的组织结构基本构建、相对独特的学科文化初步形成——与档案学作为一门独立学科的内在观念建制与外在社会建制相对应，则"学术范畴"与"学科文化"中"学术问题的探索与争鸣"则属于档案学的内在观念建制，促进了档案学的内部完备性；而"组织结构"与"学科文化"中"学者群体的形成与分化"则属于档案学的外在社会建制，促进了档案学的外部完备性（图2-1）。

---

① 冯广京：《土地科学学科独立性及学科体系研究框架》，中国社会科学出版社2015年版，第9—10页。
② ［美］伊曼纽尔·沃勒斯坦：《知识的不确定性》，王昺等译，山东大学出版社2007年版，第106页。

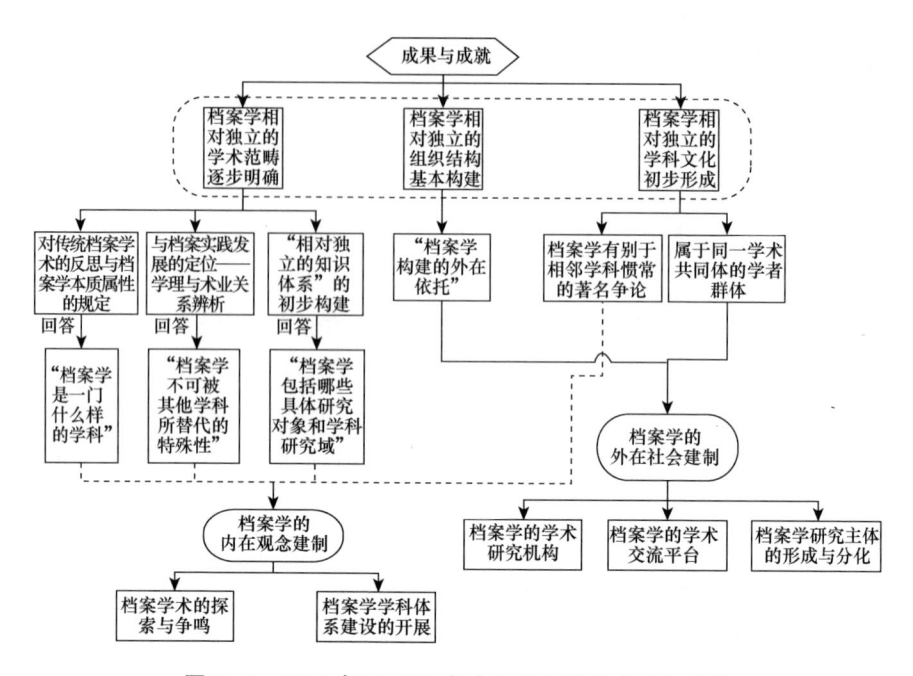

图 2-1 1949 年至 1966 年中国档案学的成果与成就

（一）档案学相对独立的学术范畴逐步明确

1. 对旧档案学的反思与档案学本质属性的规定

1935 年，滕固在《档案整理处的任务及其初步工作》中提到"科学方法处理档案，有叫做档案学的学问"①。几乎同时，沈兼士、李朴生、龙兆佛也对档案学的一般概念予以阐释，何鲁成、秦翰才、殷钟麒先后对档案的定义予以探讨。在教育界②，武昌文华图书馆专科学校于 1940 年呈文当时的教育部指出："档案管理这项研究'日渐由试验而发展为独立学科'，'档案管理之内容并不简单，而许多有关科目，如行政组织、公务管理及文书之制作及处理等，必须循序研究，始能组成一完备知识。故档案管理不能再以图书馆学之附庸视之而实有独立成科之

---

① 滕固：《档案整理处的任务及其初步工作》，《行政效率》1935 年第 2 卷第 9、10 期合刊。

② 除了下文提及的武昌文华图书馆专科学校外，还有江苏学院行政管理系讲习所（1941 年）、国立社会教育学院图书博物馆学系（1941 年）、私立崇实档案函授学校（1946 年）、中国档案函授学校（1948 年）、职业档案所（时间不详）等档案教育机构。

必要'。"① 同年10月17日获教育部高34635号指令批准，"二十九年九月廿六日呈一件，为拟设档案管理科……呈件均悉，所请应予照准。件存。此令"②。以上行政界和教育界的诸多努力可视为中国近代档案学的重要成就，也被诸多学者视为档案管理独立化的开端。但事实上，"20世纪30年代，36种著作里唯一以档案和档案工作为研究内容的4种著作中"③，所论及的仍多关乎"档案管理"和"档案处理"等问题④；教育部呈文中也以"档案管理"为阐述对象，"学术"尚处于萌芽之中。

1949年新政权的建立，中断了旧档案学的发展进路，但却未完全抛弃旧档案学的研究内容。吴宝康、程桂芬、韦庆远等档案学者在研究中仍多观照旧档案学的代表性著作和观点，以求通过对旧档案学的反思，探究档案学的本质属性；殷钟麒、傅振伦、张德泽等民国档案学者也在接受社会主义改造后，以亲历者的身份评述民国时期的档案管理经验、方法和理论成果。于是就有了程桂芬《关于档案学问题的思考》⑤的思考、吴宝康《努力发展档案学》⑥和《档案学是一门科学（初稿）》⑦的呼吁、殷钟麒研究旧档案学的方法等论著。进而，20世纪50年代初对陆晋蓬《档案管理法》的讨论、对档案与资料区分的讨论、对"以利用为纲"方针的讨论也进一步为明确档案学的学科意识奠定了基础。

2. 与档案实践发展的互应——学理与术业关系辨析

在档案学研究中，理论与实践的关系一直饱受争议。尤其是20世纪80年代末至90年代中期，一系列文章对理论与实践的关系进行探

---

① 周洪宇：《不朽的文华——从文华公书林到文华图书馆学专科学校》，华中师范大学出版社2013年版，第409页。

② 梁建洲：《中国档案管理专业教育的开拓者——记文华图书馆专科学校（上）》，《档案与史学》1998年第3期。

③ 周洪宇：《不朽的文华——从文华公书林到文华图书馆学专科学校》，华中师范大学出版社2013年版，第409页。

④ 如周连宽的《县政府档案处理法》、毛坤的《档案处理中的重要问题》、程长源的《县政府档案管理法》。

⑤ 程桂芬：《关于档案学问题的思考》，《档案工作》1957年第1期。

⑥ 吴宝康：《努力发展档案学》，《档案工作》1957年第2期。

⑦ 吴宝康：《档案学是一门科学（初稿）》，中国人民大学内部资料，1961年。

讨，并出现了较为犀利和深刻的论述。① 进入21世纪以来，对于档案理论与实践关系问题的辨析仍是档案学人挥之不去的研究情结。然而，回溯到新中国档案学创建伊始，20世纪五六十年代档案学人在档案学术研究和档案学科建设过程中，并未将档案理论与实践"是否脱节"作为研究议题，也很少有档案理论界和实践界相互诟病的现象出现。究其原因，初创时期档案理论水平不高固然是一个原因，但老一辈档案学人丰富的实践经历，使得他们在理论研究时能够自觉地将理论与实践的发展进行互应，使得档案理论既能反映档案实践的具体情况，又能指导档案实践的发展方向。

事实上，诸如曾三、裴桐、吴宝康等老一辈"革命者型"档案学人，以及诸如殷钟麒、傅振伦、张德泽等"民国遗老"型档案学人，均是在档案实际工作经验的基础上萌发了档案学术研究的问题意识，并逐步明确了档案学的学科性质。而在档案教育开展中，也十分注重与实践相结合课程的开设，"中国人民大学档案专业教学的专题讨论、实验、实习、社会调查和科学研究等环节，在五十年代占专业课总学时的30%以上；六十年代虽然有所减少，但仍不低于20%"②。无论是从学人的自身阅历，还是从教育环节的设计来看，1949年至1966年的中国档案学不仅关乎学术问题，还更多地关乎职业实践，在调查研究的基础上，为科学研究积累实际素材，在与档案实践领域尤其是档案服务活动保持密切联系的过程中，成功地证明档案学的专业使命与应用属性。

3. "相对独立的知识体系"初步构建

"相对独立的知识体系"是构成一门"学科"的重要因素，而知识体系是由学科特有的研究对象、研究范围和研究任务决定的。早在1957年，程桂芬就在《关于档案学问题的思考》③一文中阐述了档案学的研究对象，认为："档案学是研究档案文件和档案工作的发展历史以及全部档案工作实践活动的理论体系。档案学是由若干科学课目共同组

---

① 如1988年王李苏、周毅的《回顾与展望——对我国档案学发展的历史考察》，1988年江村夫的《黄土地，高围墙——中国档案学理论发展缓慢之散议》，1991年施宣岑的《论"实用经验系统"》，1994年陈永生的系列文章——《论档案学理论联系实际中的"理论"》《论档案学理论联系实际中的"联系"》《论档案学理论联系实际中的"实际"》等。
② 裴桐主编：《当代中国的档案事业》，中国社会科学出版社1987年版，第340页。
③ 程桂芬：《关于档案学问题的思考》，《档案工作》1957年第1期。

成的，因此档案学实际上就是这些科学课目的总称。"进而程桂芬在文中批驳了将档案学与图书馆学、博物馆学三者合而为一称之为资料学的观点。随即，蒋有愷在《"关于档案学问题"的几个问题》[①]中进一步从档案学本身的发展情况阐明了档案学的"独立性"，与程桂芬所提及的"独特的研究对象和任务"相互佐证。1961年，吴宝康在《档案学是一门科学（初稿）》[②]中则系统阐明了档案学的学科性质、社会功用、基本内容，并首次相对科学地设计了档案学的学科体系，将学科体系分为七个部分：档案学概论、档案管理学、技术档案学和影片照片录音档案管理、档案保管技术学、中国档案事业史、世界档案事业史以及档案学史等，而将文献编纂学和文书学视为档案学的兄弟学科。这种学科体系的划定不仅是20世纪50年代以来档案学研究成果的高度浓缩和理论概括，构成了档案学学科建设的基本情况，而且为日后档案学的研究范围设定了基本框架。正是基于以上学科体系的设计，20世纪五六十年代，在档案学基本科目的建设过程中，档案学者们围绕着一些基本问题，如档案学的研究对象是什么、档案学与其他学科的关系如何、档案学的分支内容包含哪些方面开展论述。这些科目的创建和发展以及相关讲义教材的编撰，在高等学校体制之下，逐渐初步形成了较为完整的教学与研究体系，极大地促进了档案学科的建设工作，加速了档案学科的独立化进程。

（二）档案学相对独立的组织结构基本构建

学术组织结构，即学术运行所依托的研究机构、学术组织、学术活动等方面，是学科得以建立、发展的外在依托。回到学术史研究本身，"学术成果"关乎研究者"说了什么"，"组织结构"关乎研究者"怎样说"的平台，"为什么这样说"则需从时代背景与学科本身特质中探寻答案，三者缺一不可。而对三者的探讨可深入反映一个时代的学术和一个时代的流行话语表达——在"思想"的指引下，开展"知识"的追踪和"学术"的梳理。由此，组织结构对于学科的构建同样不可或缺。

1949年至1966年的中国档案学，除了期刊、论著、报纸、论文

---

[①] 蒋有愷：《"关于档案学问题"的几个问题》，《档案工作》1957年第4期。
[②] 吴宝康：《档案学是一门科学（初稿）》，中国人民大学内部资料，1961年。

集、教材等学术发展的"显"成果之外,还建立了专门的档案教育机构以培养档案学人才,建立了专职的档案学研究机构以开展档案学术研究活动,召开了专业的档案学术研究会议以探讨档案学的"新兴"问题,为档案学基本概念的明晰及学科的不断进步提供了平台。这些档案学术交流与发展的平台则构成了1949年至1966年中国档案学的主要组织结构,档案学的"显"成果也是通过这些组织结构而实现的。尤其是档案高等教育的创办,为档案学术研究培养了后备人才,通过档案高等专业教育的熏陶,档案学人才源源不息地涌现,在继承先辈已取得研究成果的基础上,不断拓展档案学的研究疆域,促进学科的继续发展。

(三)档案学相对独特的学科文化初步形成

对于"学科文化"的确切内涵,笔者在本书中不作过多探究,仅引述其提出的背景,以求理解其最初的意图。最早将文化引入科学(学科)的学者是英国人查尔斯·P. 斯诺(C. P. Snow)。1956年,斯诺在《新政治家》上发表了一篇名为《两种文化》的文章,随后,他又将文中的思想进行扩充,于1959年在剑桥大学以《两种文化与科学革命》为题发表演讲,使得学科文化成为了一场旷日持久的争论。斯诺认为,不同的研究群体之间存在着不同的文化,"非科学家有一种根深蒂固的印象,那就是科学家是肤浅的乐观主义者。而在另一方面,科学家认为文学知识分子完全缺乏远见,尤其是不关心他们的同胞,在深层次上是反知识的"[1]。此种认识的隔阂,逐渐从科学与非科学的差异,扩展到不同学科之间,而隔阂的实质乃是文化的差异,这种文化的差异形塑了不同学科的研究群体及其内在的思想认识。正如前文所论述的那样,学科文化关乎一个学科内部学术共同体的形成及有别于其他学科的、惯常的学术争论。

如果以此为理解学科文化的背景,那么1949年至1966年中国档案学相对独特的学科文化初步形成,则表现在两个方面:一是以档案学为专业和职业的一批研究者的出现,他们很大程度上具有共同的阅历和研究方向;二是围绕档案学问题出现了"惯常的争论","这种争论不同于相邻学科的争论"[2]。关于前者,20世纪五六十年代,一批以教授和

---

[1] [英]斯诺:《两种文化》,陈克艰、秦小虎译,上海科学技术出版社2003年版,第5页。
[2] [美]伊曼纽尔·沃勒斯坦:《知识的不确定性》,王昺等译,山东大学出版社2007年版,第106页。

研究档案学为职业的中国档案学者群体逐渐形成，在新中国成立伊始巩固政权、百废待兴的特殊时代背景下，他们刻苦钻研，开展档案学术研究，并以档案高等教育为依托培养人才，出版专业期刊，发表相关论著，提出了对中国档案事业及档案实践的基本看法，初步形成了中国特色的档案理论和研究方法，使得中国档案学逐步粗具规模，学术地位得以基本确立；关于后者，档案学人在学术的探索中，开始有意识地通过争辩明晰档案学的基本概念与理论问题，这在1949年至1966年间主要表现在对陆晋蓬档案管理法的讨论与批评、对档案与资料问题的大讨论、"以利用为纲"方针的提出与争辩、档案学学科意识的明确等方面。

# 第三章 1949年至1966年中国档案学的外在社会建制

外在社会建制是学科建设的重要方面，为学科的独立化及后续发展提供了重要的制度保障。外在社会建制是学科建设的组织结构依托，凭借着外在依托平台，档案学学科内部存在规则的特殊要素、内在逻辑的系统阐释、学者群体的学术交流得以一一展现。具体到1949年至1966年的中国档案学，学术研究机构的建立、学术交流平台的创办、学术研究主体的凝聚和艰苦探索等方面构成了档案学作为一门学科的外部表征性。尽管彼时外部表征性尚不完善，但却为档案学的独立化创造了制度与组织的重要保证。值得说明的是，实际上，学人是学术发展与学科建设的主导因素，主导着学术研究机构和学术交流平台的构建，主导着学术思想的凝聚与学理问题的明晰，学科的创建实则为学人努力耕耘的结果，只不过为研究方便考量，本章对学术研究主体予以单独论述。

## 第一节 档案学的学术研究机构

"实质性的（学术）革命行为可以包括学术期刊的创刊、开创性学术成果的面世、专门研究机构的成立等等。"[①] 由此可见，在学术格局中，专门研究机构的成立对于学术发展具有重要意义。而在中国档案学发展史中，专门类型教育机构从无到有的成立、专职研究团体从小到大的发展更具革命性意义，它们为中国档案学的独立化建制提供了重要的

---

① 施爱东：《学术行业生态志：以中国现代民俗学为例》，《清华大学学报》（哲学社会科学版）2010年第2期。

组织保障和人才支撑。

**一　档案学教育机构的建立**

（一）1949年至1966年中国档案教育的创办背景

如果将中国档案高等教育放置于中国大学发展史之中，更加有助于寻找其学术发展的契合点、缕析其教育发展的学术脉络。张德祥将中国大学发展史视为一部国家政策主导下的大学治理变迁史，并将1949年至1977年这一阶段划归为以大学内部领导体制变革为中心的大学治理探索时期，进而根据权力的集中与分化程度又将这段时期内国家高等教育的管理模式细化为自1949年至1958年的确立中央集权高教管理体制阶段、自1958年至1963年的高教管理体制由集权向放权的尝试阶段、自1963年至1966年的高等教育管理体制由放权到收权的调整阶段以及"文化大革命"十年中高教无序的管理体制阶段。[①] 香港学者姚若冰将1949年以来中国教育政策随国家经济和政治诉求的变化而分为学术性教育模式和革命性教育模式两种，分别为1949年至1957年的移植苏联学制时期，1958年至1959年的大跃进时期，1960年至1962年的调整时期，1963年至1965年的两条路线斗争时期。[②] 按照此种分期叙述，新中国成立之后的教育体制与1949年以前的民国时期截然不同。民国时期的学术体制基本上政学分离，而新中国成立之后的学术体制则表现出政学统一的鲜明特征，与计划经济相匹配的计划学术一度盛行。从20世纪50年代初期到1976年"文化大革命"结束，这一时期"结束了民国时期学术相对独立的体制，建立了以党治学的政学合一的体制。现代人文社会科学研究，不论文史哲经政法基本上是独尊马克思列宁主义、毛泽东思想的局面"[③]。这一时期，由于特殊的国际形势和国内政治背景，我国高等教育以苏联模式为蓝本、以苏联经验为依据进行了一系列的改革。

为了更好地根据苏联经验，建设新民主主义大学教育，我国高等教

---

[①] 张德祥：《1949年以来中国大学治理的历史变迁——基于政策变革的思考》，《中国高教研究》2016年第2期。

[②] 姚若冰：《中国教育（1949—1982）》，香港华风书局1984年版，第6—7页。

[③] 吴海江：《中国大学学术生态的历史反思与现代重构》，《复旦教育论坛》2014年第6期。

育界翻译了许多苏联大学教育的相关著作，并对苏联的教育模式与教育方法予以研究。如1949年9月，东北英文研究会就根据捷克斯洛伐克出版的《苏联大学教育》英文版本翻译了此书，中文译本书名为《苏联的大学》①，该书作者为时任苏联大学教育部部长卡夫达诺夫，书中收录了关于计划经济时代的苏联大学、苏联大学的教育方法等文章。1950年，中国人民大学作为学习苏联建立的两所"样板大学"之一组织编印了《苏联高等学校》②一书，其内容涉及高等学校的教学与管理、组织与机构设置等，由于该书内容丰富、资料翔实、翻译权威，在新中国成立初期的各大高校广为流传。随后，卡夫达诺夫的多篇关于高等教育的著作被陆续译成中文，如《苏联高等教育》《苏联高等教育的制度》《苏联高等学校》《苏联高等学校章程》等。自1952年起，我国高等教育开始正式套用苏联的教育模式进行教育改革，在大学中按专业细化学科，并按学科统筹招生工作。教学计划制定、教学教材编写、教学方法推广、教学制度执行等苏联经验，都被直接或间接地移植或嫁接到新中国成立初期的大学教育中。1952年至1956年这四年间，我国教育机构，尤其是高等教育界，不遗余力地介绍了众多苏联高等教育经验，并将苏联高等学校的教学方法广泛推广至全国各个院校，各大报纸媒体也刊登了大量经验介绍类的文章。但到了20世纪50年代后半期，我国有部分教育学者开始认识到不加批判地学习苏联、否定传统和其他先进教育经验③的弊端，并开始出现反思潮流，如张健于1956年在《人民日报》发表文章《克服高等教育中强调数量忽略质量的倾向》④一文，反思了学习苏联中存在的问题。我国档案高等教育的创办与发展就是在这样的背景下开展的。

---

① 东北英文研究会编译：《苏联的大学》，苏南新华书店1949年版。

② 该书于1950年由中国人民大学编印。

③ 新中国成立初期，对旧中国高等教育的研究有限，1949年11月，《新华月报》创刊号上虽然刊登了费孝通的《论考大学》和胡庆钧的《清华社会学系的改造》等文，但并未引起教育界对旧中国大学教育经验的更多关注。另外，1956年11月创办的《高等教育译丛》除了介绍苏联的教育经验外，还介绍了东欧人民民主国家以及一些第三世界国家的经验；也介绍了西方资本主义国家的一些情况，如创刊号上刊有美国麻省理工学院的课程设置，之后陆续介绍了美国工程类教育的情况、日本早稻田大学的发展等。

④ 张健：《克服高等教育中强调数量忽略质量的倾向》，《人民日报》1956年12月15日。

(二) 1949 年至 1966 年中国档案教育的整体情况

综观 1949 年至 1966 年中国档案教育开办情况（表 3-1），主要分为职业教育、继续教育和高等教育等形式。1950 年 11 月至 1951 年 6 月，鉴于档案实际工作开展对专门人才的需求，中南军政委员会和湖北省人民政府委托私立武昌文华图书馆专科学校开办档案管理人员训练班；1951 年，北京大学图书馆专修科开办档案资料专修班培养档案人员。以上两个档案职业培训机构仍沿用新中国成立前的教材开展教学工作，但均开办不久后即停办。1952 年 7 月，辽西省首次采用苏联经验开展"档案工作短期研究班"；同年 8 月，中国人民大学专修科档案班成立，标志着新中国档案学高等专业教育事业的诞生。随后，20 世纪 50 年代后半期至 60 年代，国家档案局、中共中央办公厅、天津市、内蒙古自治区分别开办了短期的档案职业训练班，开展档案培训活动。

以上档案教育机构的创立颇具"时代色彩"，首先，私立武昌文华图书馆专科学校在新中国的延续以及北京大学档案资料专修班的开办，主要是基于新中国成立初期档案实际工作对人才需求的考量而短暂性的存在，它们延续的不仅仅是民国时期的"名称"，同时也延续了那时的教材，这也决定了它们很快停办的命运；而各省各地开展的各种类型的短期训练班、干部训练班、成人教育培训班等主要是为了档案工作的开展而进行的"短平快式"职业训练，不可能长久开展；在这种情况下，中国人民大学作为新中国档案高等教育基地的创办绝非偶然，苏联的影响和新中国成立后对档案学的内在需求促使它很快成长起来。

表 3-1　　　　1949—1966 年档案学教育机构（高等教育、
　　　　　　　　职业教育、继续教育）概况

| 开办时间 | 教育机构 | 开办机构 | 说明 |
| --- | --- | --- | --- |
| 1950.10 | 私立武昌文华图书馆专科学校档案管理人员训练班 | 中南军政委员会和湖北省人民政府 | 由于师资与教材方面的问题，仅开办一期即停办。1951 年，人民政府接管了这所学校，1953 年并入武汉大学。仍然使用新中国成立前的教材教学。"是中国现代档案教育开始产生的一个重要标志"① |

---

① 王德俊、冯立华：《浅谈中国档案教育的起源》，《档案管理》1997 年第 3 期。

续表

| 开办时间 | 教育机构 | 开办机构 | 说明 |
| --- | --- | --- | --- |
| 1951 | 北京大学档案资料专修班 | 北京大学图书馆学专科 | 参加学习的人员来自各县（市），因缺乏新教材，不久停办。教材仍为新中国成立前的教材。"是始办中国现代档案教育的一个有益尝试"① |
| 1952.6 | 辽西省短期档案训练班 | 辽西省委 | 学制为八个月，以苏联先进经验（米留申等专家所著的书）及档案业务刊物为教材，理论与实际相结合，采用自学、讨论、指导、边学边做的方式教学。"是始办中国现代档案成人教育的一个积极探索"② |
| 1952.11.15 | 中国人民大学专修科档案班 | 中共中央办公厅委托，中共中央办公厅、中共中央组织部、宣传部和中国人民大学商定创办 | 标志着新中国档案高等专业教育事业的诞生。学生来源于各大区、各省（市）及中央机关在职档案干部。1953年9月改为档案专修科 |
| 1955.4 | 中国人民大学历史档案系 | 高等教育部决定，在中国人民大学档案专修科基础上成立 | 开始招收本科生，并继续招收专修科学生。中国人民大学十三个系之一。1958年9月开办技术档案专修科，学制两年（下期改为一年），培养技术档案干部 |
| 1956.3.16 | 中央机关档案干部业务讲座 | 国家档案局 | 主要讲授苏联档案工作的理论与实践，共计775人参加了学习 |
| 1958.3.1 | 第二期档案干部训练班 | 中共中央办公厅和国家档案局 | 学期为五个月，共计161人参加了学习 |
| 1958.5.21 | 复旦大学、上海第一师范学院档案专业课程班 | 国家档案局和教育部 | 档案专业课程设在历史系，由上海市人民委员会办公厅副主任、档案管理处处长林德明担任档案学课程的讲授③ |
| 1958 | 天津市河北区干部大学（后改为河北区职工大学）档案系 | 不详 | 我国成人高等教育中第一个档案系 |

---

① 王德俊、冯立华：《浅谈中国档案教育的起源》，《档案管理》1997年第3期。
② 王德俊、冯立华：《浅谈中国档案教育的起源》，《档案管理》1997年第3期。
③ 上海市地方志办公室：《上海专业志—上海档案志—大事记》，http://www.shtong.gov.cn/node2/node2245/node4511/node54552/index.html，2017年9月20日。

续表

| 开办时间 | 教育机构 | 开办机构 | 说明 |
| --- | --- | --- | --- |
| 1959① | 天津新华职工大学（原称新华业务大学）档案专业 | 天津市和平区档案馆和天津新华大学共同组建 | 一年制教学，专业课程参照中国人民大学历史档案系档案专修班内容制定。招生对象为天津市大型单位的专职档案干部，课程设有文学、历史及文书学、档案管理学等。是全国成人高校中办档案专业最早的学校。1962年停办，共招收三期学员，培训180多人 |
| 1960.3.14 | 北京档案学院（批准筹备） | 国务院总理周恩来同意，习仲勋副总理和中共中央办公厅主任杨尚昆批准 | 同年9月因国民经济困难，中央办公厅决定该学院停办 |
| 1964.9.10 | 呼和浩特第一期牧区、边境地区档案干部训练班 | 内蒙古自治区档案管理局 | 完全以蒙语授课、蒙语辅导，印发蒙文讲义。共计50人参加培训 |

（三）中国人民大学——从档案职业教育到档案专业教育

1950年，时任苏联中央档案管理局副局长、档案专家米留申，作为受新中国政府邀请的100位专家之一②来华指导工作，并首次把苏联档案学的理论和方法带到了中国。米留申在考察了我国档案工作的实际情况后，认为具有独立性中央机关职权的专门性档案领导机构的缺失、档案专业人才的短缺是制约档案事业发展的关键问题，于是建议我国成立这两种机构以管理全国档案工作的混乱局面。米留申的建议得到了中央领导的重视，曾三受命开展具体的实施工作。鉴于对国家整体经济形势的现状、档案事业对人才的需求、现实的可操作性与可实施性等多方面考量，曾三提出档案教育先行的实施方案，这就有了1952年档案高等教育在中国共产党设立的新中国第一所大学——中国人民大学创办的开端，并从专修班起步，以培训在职干部为起点，逐步向正规高等教育转变。

1949年至1966年间，中国人民大学的档案教育也代表了那一时期中国档案教育的整体状况。自1952年中国人民大学专修科档案班开办

---

① 贾翰文：《新华职大档案专业办学回顾》，《天津档案》1989年第4期。
② 事实上，从1949年至1958年期间，苏联共有11000名专家来华帮助新中国的建设，其中有6%即700余名专家帮助中国的教育改革。（Chu-Yuan Cheng, *Scientific and Engineering Manpower in Communist China, 1949-1963*, Washington D.C.: National Science Foundation, 1965, p.194.）

以来，档案学学科建制不断完善，学科体系不断扩展，研究内容不断趋于丰富。档案教育也从以基本知识和职业培训为主的职业教育逐渐过渡到以科学研究及理论探索为目的的专业教育。这种教育思维与教学重心的转变，也产生了不同的成效——1952年至1955年的专修科档案班和档案专修科以职业教育模式培养档案实际工作的专业人才，其学员大多来自基层档案部门，培训结束后又返回原工作单位。而1952年研究生教育的开展及1955年档案学本科教育的兴起，则开始尝试以专业教育的模式培养人才，各科目教学内容的理论性更强，造就出了一批档案学家，他们的研究成果和学术成就对现代甚至当代档案学的发展产生了深远的影响。

此外，我国档案高等教育在这一阶段也经历了从以苏联专家为主导，到以独立中国档案教员为主导的转变。而这一转折点当属1955年苏联历史档案专家谢列兹聂夫在华教学期满回国，以及1956年《论十大关系》发表之后我国与苏联关系的微妙变化。1955年是谢列兹聂夫在华的最后一年。1952年至1955年这三年期间，谢列兹聂夫在华编写讲义与教材、培养学生与教员、指导中国档案学学科体系的建设，为毫无头绪的我国档案教育及档案学研究打开了思路，谢列兹聂夫回国后我国开启了自主研究档案学的进程。1956年，颇具历史意义的《论十大关系》的发表是我国与苏联外交关系的转折，推动了我国对学习苏联先进经验的总结与反思。教育界自此之后也逐渐探索摆脱苏联模式、开启自主化教育之路的序幕。此后，1961年，中央批准试行了《中华人民共和国教育部直属高等学校暂行工作条例（草案）》，即所称的《高校六十条》，其中研究了高等教育发展中存在的各种问题，如教与学、理论与实践、教学与科研、党政与学术等的关系。这对我国20世纪60年代的高等教育产生了重要影响，也对档案教育的开展产生了影响。

1. 档案职业教育阶段

回到所谓的档案职业教育阶段，由于抛弃了民国时期档案教育的内容与形式，对于"一是没有档案专业的教员，二是没有办档案专业的经验"[①] 的新中国档案教育，亟须向苏联"取经"。苏联档案教育始于1930年9月3日苏联中央执行委员会和人民委员会通过的"关于在苏

---

① 中国档案学会档案老专家委员会编：《新中国档案事业发展历程——纪念国家档案局成立60周年文集》，中国文史出版社2015年版，第210页。

联中央档案管理局下设档案学院的决定"①,到了1938年,为了培养档案专业人才的需要,苏联又创办了两所档案专科学校,学员毕业后"分配到中央或地方档案机构为学术工作员,或在省档案馆为馆长。或留校继续深造,或研究历史"②。鉴于苏联档案教育二十余年的发展历程,已经形成了较为成熟和相对完备的课程设置体系,其开展模式、教材建设、师资队伍等都为档案教育创办初期的我国提供了学习与借鉴的对象,这就解决了办学经验的问题。后经多方协调,1952年底,苏联历史档案专家谢列兹聂夫来华任教,开启了其为期三年的在华历程,对新中国成立之初的档案学学科体系的建立、档案学教员的培养起到了重要的推动作用。

与此同时,从1952年9月开始,为充实我国档案教员队伍,分别从北京、山东、上海等地调来档案干部到中国人民大学组成了档案教育的首批教员,并被暂时安排在中国历史教研室。如吴宝康就是从中共中央华东局调至中共中央办公厅秘书处,随即调至中国人民大学任档案专修班主任;田奇是从中央组织部调来任档案专修班副主任;③ 田凤起、李凤楼是从中共中央办公厅秘书处调至中国人民大学从事档案学的教学和研究工作;韦庆远则是中国历史教研室调配开展档案学研究的历史学者;韩玉梅、吕洪宇、孙敏、苏秀云等是从中共中央办公厅秘书处翻译机构调至中国人民大学从事俄语著作的翻译人员,他们一同构成了中国现代最早的档案学教学和研究力量。④ 由于这些教员和译员都没有接受

---

① 注:设立之初称为莫斯科档案学院,为了强调档案与历史的密切关系,1932年莫斯科档案学院改名为历史档案学院。

② 傅振伦:《档案与资料(讲义)》,北京大学图书馆学专修科印,1951年。关于两所档案专科学校,傅振伦在讲义中写道:"苏联的档案专科学校,直属中央档案管理局,以培养中央及地方档案工作的干部,五年毕业,学习科目包括苏联历史、两门外国语、哲学、政治经济学、文学史等。教员多由各科大学教授兼任。毕业之前,(学员)在中央档案管理局或地方档案馆实习两个月。其后由局长依其工作能力及特长,而分配到中央或地方档案机构为学术工作员,或在省档案馆为馆长。或留校继续深造,或研究历史。大学文科历史哲学毕业的学生,也往往参加档案工作。中学毕业生也可充当档案工作者。又(还)有临时训练班,这都是培养档案干部的办法。"

③ 参见《中国人民大学档案学院校友录(1952—1987)》以及《中国人民大学档案学院校友录(1952—1992)》,系中国人民大学内部资料。

④ 另外,在程桂芬的《一个老档案工作者的回忆》中有如下记载:"来了一些行政工作人员和教学辅助人员,有韩毅、姜绍珍、张佩玉、郭志箴、王采兰同志等,还来了公务员小耿。"(程桂芬:《从档案专修班到研究生班》,载程桂芬《一个老档案工作者的回忆》,中国档案出版社1999年版,第7页。)

过档案学的系统训练，因此，1952 年专修科档案班第一年的课程主要由谢列兹聂夫讲授，由译员翻译，中国教员负责课程讨论和实验课程的教学工作。"当时确定的授课程序是：苏联专家先教译员，专家边讲解，译员边把俄文讲稿译成中文；然后讲给教员，并进行辅导和答疑；最后上全体学员的大课，教员跟着大课再听一遍。"[①] 但谢列兹聂夫在华的档案教学活动本身也是困难重重，在既不懂中文又不甚了解中国档案工作实际与历史的情况下，谢列兹聂夫只能以讲授苏联档案理论和实践为主，将莫斯科档案学院的课程移植过来，根本谈不上"中国化"。而在这一过程中，将苏联档案理论与实践传递给中国档案教员和学员、将中国档案学教员和学员的学习情况与疑惑反馈给苏联专家的翻译人员，起到了十分重要的作用——他们构建起了苏联专家与中国教员和学员之间的纽带与桥梁。为了更好地理解苏联档案学，也为了更好地指导中国档案教学的开展和档案学术的研究，苏联专家经常去翻译组指导工作，以加强专家与翻译人员的联系。就这样，在专家与翻译组成员的配合下，谢列兹聂夫在华第一年共开设有六门课程：苏联档案工作理论与实践、苏联档案史、苏联文书处理工作、苏联文献公布学、苏联档案保护技术学、苏联科技档案。从名称上看，这六门课程实际上均是"苏联"的完全移植。经过一年的专业训练和刻苦钻研，中国教员开始逐步撰写课程讲稿，逐渐进行自主教学，力争在教学与研究中把"苏联"二字去掉，发展出一套中国化的讲义。直到 1955 年 4 月历史档案系成立后，我国才基本完成了以苏联专家为授课主体到中国教员完全自主授课的过渡，专业课程也发展到七门：档案工作理论与实践、文书处理学、中国国家机关史、中国档案史、档案保管技术学、档案文献公布学、苏联档案史等。到 1959 年，档案学课程体系已扩展到九门：档案学概论、公文档案学、技术档案学、影片照片录音档案管理、档案保管技术学、档案公布学、中国档案史、世界档案史、文书学等。这些课程涵盖了档案学基础理论、档案实践问题与史学研究，与 1955 年时的七门相比，不仅在课程名称上有所变化，还不断扩展了学科外延、增深了学科内涵，体现出了中国特色。

---

① 中国人民大学信息资源管理学院：《中国人民大学信息资源管理学院（1952—2012）简史》，中国人民大学校内资料，2013 年，第 10 页。

1952年，档案高等教育已经创办，苏联专家和中国教员也初步到位，学员从何而来就成了第三个重要问题。于是，1952年4月24日，中共中央办公厅和组织部向全国发出了《关于中国人民大学档案工作训练班招生的通知》。《通知》中所称"档案工作训练班"，实则为专修科档案班（当年11月开学后），可见其最初创办的目的。生源多为党政机关、群众团体机关、军事机关、政府机关等实践领域从事档案工作的基层人员和档案干部。专修科档案班所修课程中，马列主义基础、中国共产党章程、中华人民共和国国家法等课程旨在加强档案干部的思想修养；中国通史、中国革命史意在加强档案干部的历史修养；只有档案组织与技术和档案史算是档案学的专业课程，但这两门档案类课程讲授的也是苏联档案简史和档案工作的理论与实践。而为了配合对档案技术的学习，专修科档案班还设有实验室作为辅助教学的场所。然而，由于条件限制，实验室内材料短缺混乱、原始整理极不科学，开展实验课程的首要任务是将这些混乱的材料立卷、分类、编目、登记，并为教学需要准备实物专题卡片。为了教学研究的需要，档案班还于1953年提议从档案馆借一些政治责任较小的"芬特"①，供教学实践之用。此外，中国人民大学档案教研室还主动接收了大量档案，如从1954年至1961年底，根据《中央人民政府政务院1954年6月10日政秘齐字第59号通知》，华北人民政府、晋冀鲁豫边区政府、晋察冀边区行政委员会及其所属各部门的档案共4410卷（册）陆续移交至中国人民大学档案教研室保管、整理。② 难能可贵的是，虽然当时档案学术尚未发展，实践知识的讲授占主导地位，但在教学过程中，对实践课程的地位与作用仍有着清晰的认识。1953年2月28日对档案教学实践曾有如下记载："同学们是来学习的，不是来做整理档案的工作，如零散文件太多的话，可以只整理一部分，以供实验用。实验课应按计划的时间来进行，但如果搞不完，则实验员应搞完，研究生有空则亦可参加，莫斯科大学亦如此。时间少、案卷多，则即（既）可减少整理的案卷，也可以在某些

---

① 当时还叫作"芬特"，未改为"全宗"的说法。
② 中国人民大学信息资源管理学院：《中国人民大学信息资源管理学院（1952—2012）简史》，中国人民大学校内资料，2013年，第54—55页。"文化大革命"后，这批档案连同其他档案整理之后，分若干次分别移交给中央档案馆、中国第二历史档案馆、北京市档案馆等部门。

工作上只做一部分。"① 这也真正发挥了实践类课程在档案教学中的作用，与档案实际工作区分开来。同年，经过对档案班建设情况与课程开设情况的总结，档案班一年学习期限改为两年（表3-2），并将学员数量控制在100至150人。②

表3-2　　　　　　　　两年制档案班课程设置情况说明

| 学年 | 开设课程 | 学时（小时） |
| --- | --- | --- |
| 第一学年 | 1. 马列主义 | 130 |
| | 2. 中国历史 | 110 |
| | 3. 中国文书处理 | 20 |
| | 4. 实验课：中国文书处理（古代与现代） | 60 |
| | 5. 苏联十月革命前后的文书处理 | 30 |
| | 6. 中国国家机关历史与国家法 | 140 |
| 第二学年 | 1. 中国革命史 | 100 |
| | 2. 党史 | 不详 |
| | 3. 中国档案史 | 36 |
| | 4. 苏联档案史 | 50 |
| | 5. 苏联档案理论与实践 | 74 |
| | 6. 实验课 | 170 |
| | 7. 生产实习 | 一个月或一个半月 |
| | 8. 考试 | 不详 |

两年的课程设置中，档案教育对史学类的教学日渐重视，且对历史的学习也是一个循序渐进的过程，第一学年主要学习中国历史、国家机关史和文书处理史，第二学年才在此基础上学习中国革命史、党史和档案史。由于中国档案史是中国档案学者自主研习，毫无内容与体例上的借鉴，难度很大，因此该门课程由两位主讲教员配合讲授，一位负责

---

① 《谢列兹聂夫论文报告辅导记录集（1952—1955）·中国人民大学档案系专家辅导（第一部分）》，中国人民大学校内资料，1957年，第6页。该文于1953年2月28日记载。

② 注：第一期（1953年）专修科档案班共103人毕业，第二期（1954年）专修科档案班共99人毕业，第三期（1955年）专修科档案班共114人毕业，第四期（1957年，因改为两年制）专修科档案班共149人毕业。

1949 年以前的档案史研究与讲授，一位负责 1949 年之后的档案史研究与讲授。为了更好地对这些历史类课程进行研究，档案历史教研室也成为了最早设立的两个教研室之一①。后来，档案历史教研室将研究任务按历史时期细化到每位研究员身上，17 世纪前的档案史由一人负责、17 世纪和 18 世纪由一人负责、19 世纪到 1949 年由两人负责、1949 年之后由两人负责，党的档案史和党的组织发展史亦分配专人负责研究，并设有主任一名，而"中国国家机关历史与国家法"课程则同法律系共同合作研究。

2. 档案专业教育阶段

（1）本科教育的开办

1955 年历史档案系的成立对于档案学教育和档案学研究具有十分重要的意义。历史档案系成立后着重在档案史、档案理论与实践、文书处理与国家机关史、文件公布、其他历史辅助科目等方面开展研究，并相继成立相关教研室，配备一定数量的研究人员开展学术研究。由于当时档案专业课程设置尚未完备，四年制的本科教学有两年半时间学习历史学的相关知识，"比北大历史系还要历史系②，历史系的知名学者，如尚钺、曾宪楷等组成一个古代史研究组，讲授古代史课程。除此之外，中国通史、世界通史、苏联历史、国别史、古代汉语、现代汉语、当代文学等九门文史类课程则构成了本科生的必修课程"③。在前期规划中，预计档案工作理论与实践教研室配备 8—11 人，档案历史与组织教研室配备 3—4 人，国家机关史与文书学教研室配备 4—5 人或 6 人，历史辅助科目教研室配备 4 人开展相应的研究工作。④ 其中历史辅助科目教研室还聘请了旧档案专家。正如名称的设计一样，成立之初的历史档案系仍集中在历史类科目的研究上，即使档案理论与实践也是从历史的角度出发探析档案学的基础性问题。直到 1958 年后，历史课程比例才有所降低，相比于政治理论课占 25%、专业课占 35%，历史课程下

---

① 注：另一个为档案教研室。两个教研室成立于 1954 年。
② 因北京大学当时的历史课程只开设两年，而中国人民大学历史档案系的历史课程开设时间为两年半。
③ 根据周雪恒回忆整理，口述史料采集时间为 2017 年 11 月 3 日。
④ 《谢列兹聂夫论文报告辅导记录集（1952—1955）·中国人民大学档案系专家辅导（第二部分）》，中国人民大学校内资料，1957 年，页数不详。该文于 1954 年 11 月 16 日记载。

降到22%①，但历史主义的研究方法仍在那时占主导地位。

　　历史档案系成立后，中国档案教育开始从"职业教育"转向"专业教育"。1955年中国人民大学招收了档案学教育史上的第一届本科生，并将招生启事刊登于《档案工作》1955年第2期。《中国人民大学历史档案系招生消息》中对报考学员的具体资质要求予以规定："具有相当于高中毕业文化程度，三年以上的工作历史，其中一年以上时间从事与秘书或档案相关的工作，或者是自愿学习档案专业的其他干部。考试内容为本国语文、政治常识、历史等科目。"② 在本科四年的学习期限中，所学科目主要有两大类：一类是一般课程，诸如马克思主义基础、政治经济学、哲学、中外历史、本国语文、俄文等十五门科目；一类是专业课程，诸如文书处理、档案工作理论、档案史等八门科目。据1962届（第四届）本科毕业生吕智新回忆："我读的档案系③本科是四年制的，其课程有：现代汉语、古代汉语、中国通史、世界简史、中国地理、政治理论、逻辑学、档案管理学、文书学、技术档案学、文献编纂学、档案技术保管学、中国档案史、外国档案史、文献修复、文件缩微、影片档案管理，还有体育课等近20门课程。归纳起来包括三大类：基础理论知识、档案专业理论知识、档案专业技术操作理论及技巧。为学习借鉴外国的档案管理工作经验和国际交流，还学习了俄语和英语。"④ 由招生要求及吕智新的回忆可看出，不同于前三年的档案班及专修科教育，本科招生需通过正规考试，入学条件有着严格的限制，所学课程既包括一般课程，也包括专业课程，意在掌握一般政治理论和知识素养的基础上，学习档案学的专业理论知识和实践技能。但无论是入学资质还是所学科目都不是本科生与专修科学生的最大区别，两者的区别实则在于本科生进行专业学习的同时也逐渐开始档案学术研究，尤其是在毕业前进行学术论文的写作（表3-3），同时帮助档案学教员进行教材的编写和资料的搜集，学生与教员的"教学相长"加速了学术研究的进程。

---

　　① 剩下18%为文化课（数据来源于中国人民大学档案馆保存的《历史档案系五年规划纲要草案（1958—1962）》，1958年7月）。
　　② 《中国人民大学历史档案系招生消息》，《档案工作》1955年第2期。
　　③ 那时应为历史档案系。
　　④ 吕智新：《记忆之光》，贵州人民出版社2017年版，第110页。

表 3-3　1959—1966 年中国人民大学历史档案系历届本科生毕业论文列举

| 毕业年份（届数） | 作者 | 篇名 |
| --- | --- | --- |
| 1959 年（第一届毕业生） | 曹广民 | 《论档案编目中的党性原则》 |
| | 松世勤 | 《试谈档案的定义、范围和作用》 |
| | 朱惜墨 | 《省级档案馆如何开展档案资料利用工作》 |
| | 张天琪、李爱民、王克新 | 《工艺美术档案资料工作的原则和方法》 |
| | 侯传学 | 《中央档案馆明清档案的修复工作》 |
| | 张恩庆 | 《论全宗问题》 |
| 1960 年（第二届毕业生） | 孔凡岳、陈锡仁 | 《谈文书立卷工作对档案工作的意义》 |
| | 叶柏新、邵敏、邱发杰 | 《关于文书处理工作组织形式和立卷环节选择问题》 |
| | 赵琴、曹喜琛、郭汾珏、陈兴唐 | 《对档案工作性质的认识》 |
| | 康复圣、王传宇、史向荣 | 《编修地方志是省县档案馆的光荣任务》 |
| | 梅岱、温强、田树槛、郑鸿兵、朱兰芳 | 《试论关于研究档案内容问题》 |
| 1961 年（第三届毕业生） | 张湘琼 | 《论档案的阶级性》 |
| | 林培材 | 《试论档案工作的机要性》 |
| | 余玉如 | 《"以党的方针政策为纲整理档案"是档案工作的根本指导思想》 |
| | 杨树林 | 《试论故宫博物院文献馆的档案工作》 |
| | 杨桐芬 | 《对组织机构分类法的初步认识》 |
| | 于淑娟 | 《如何在文书立卷中贯彻"以党的方针政策为纲整理档案"的指导思想》 |
| | 洪乾基 | 《试谈编写敌伪档案案卷标题的原则和方法》 |
| | 叶忠辉 | 《试谈我国档案馆介绍的编制方法》 |
| | 魏兆融 | 《省档案馆参考工具体系》 |
| | 刘魁志 | 《调查研究是专题史料汇编"选题""选材"工作的根本方法》 |
| | 朱荣基 | 《论荷兰档案学名著〈档案的整理与编目手册〉》 |
| | 陈忠民 | 《论资本主义私有档案问题》 |

续表

| 毕业年份（届数） | 作者 | 篇名 |
| --- | --- | --- |
| 1962年（第四届毕业生） | 凌汉文 | 《档案形成规律及其运用》 |
| | 张漯 | 《对档案工作性质的认识》 |
| | 郭通利 | 《党政档案统一管理的重大意义》 |
| | 刘风翔 | 《略谈机关档案室的收集工作》 |
| | 孙维信 | 《在立卷时如何贯彻"以党的方针政策为纲整理档案"的指导思想》 |
| | 任宝祯 | 《论历史档案案卷标题的党性原则和历史观点》 |
| | 张焕文 | 《试谈利用档案的规律》 |
| | 吕智新 | 《文书处理部门立卷制度的推行》 |
| | 韩行祥 | 《关于清代档案的立卷问题》 |
| | 黄子林 | 《评国际档案理事会的性质及其活动》 |
| 1963年（第五届毕业生） | 刘文房 | 《谈谈学习〈毛泽东选集〉中注释的几点认识》 |
| | 刘寿北 | 《论机关档案室工作是国家档案工作的基础》 |
| | 程乃曦 | 《新中国档案工作的基本特点》 |
| | 龚正 | 《关于立卷结合鉴定的研究》 |
| | 武荣华 | 《建立和健全技术文件材料的归档制度》 |
| | 韩宝华 | 《清代外交文书》 |
| | 卞友文 | 《我对国际档案理事会的认识》 |
| | 孙友寒 | 《建国初期中央人民政府的组织机构（1949.10—1954.9）》 |
| | 卜思义 | 《简评"南洋兄弟烟草公司史料"的编纂工作》 |
| 1964年（第六届毕业生） | 王德俊 | 《论档案工作的阶级性》① |

（2）研究生教育的开办

为实现档案学的"中国化"，增加与提高研究人员的数量和质量，为档案教育做好师资储备，1952年11月档案学研究生教育着手开办，并制定了具体的培养方案——

---

① 根据王德俊回忆整理，题目是否准确有待考证。口述史料采集时间为2017年11月4日。注：因笔者尚未找到有关第六届本科生的毕业论文记录，故此处未做统计。

1. 研究生应给以特定的问题在理论与实践中让他们研究解决。

2. 必须理论与实践相结合，不要教条。应找实际问题让他们研究。

3. ……

4. 名称以中央档案局或中央档案总管理局较恰当，叫委员会不好。

5. 培养教员必须强调，应很好注意此问题，教员要调回去是不能同意的，……最好下学期应由中国同志自己来讲专家的课。

6. 专家愿大力来培养研究生。

7. 具体计划包括何种内容：具体业务课程是什么？考试制度？理论与实践课应研究中国档案问题，每个研究生都有不同的问题。研究生应参加教员的教学研究会议。……研究生的实习课由专家自己来上，教员也参加。实习课上，专家可多讲些理论问题，与同学们的实习课有些不同，即带辅导性质的。研究生将来教那一门就要特别钻研那一门，将来要研究生自己写这一门的讲义。研究生在研究一定时期后可作专题报告。

8. 研究生应学三年，但现在情况特殊故一年，报告中应写明在一年中积累经验，准备明年继续培养研究生。……①

根据这份培养方案，为了将研究生培养成既能开展教学，又能进行学术研究的骨干，最初设置了三年②的学习时限。按照此规划，1954年第一期研究生班共9人毕业，程桂芬③、何其熻、潘嘉、李毅、冯明、冯乐耘、胡明诚、陈章焕、刘锋就是这9名毕业学员④，他们也马上成

---

① 《谢列兹聂夫论文报告辅导记录集（1952—1955）·中国人民大学档案系专家辅导（第一部分）》，中国人民大学校内资料，1957年，第2—3页。该文于1952年12月11日记录。

② 实际上，第一届研究生的学习期限是一年半。

③ 程桂芬的毕业证书上显示："研字第00661号 程桂芬同志于1952年11月入中国人民大学档案教研室学习，至1954年1月修完各应修课程。其专业为苏联档案史、苏联档案工作的理论与实践，各课考试及格，特此证明。兹授予程桂芬同志为档案（课程）教员。校长：吴玉章（印）北京1954年。"（该毕业证书原件现保存于中国人民大学档案馆）。

④ 这9名研究生中，冯明来自中共天津市委，冯乐耘来自中共中央西南局、李毅来自中共重庆市委，何其熻来自中共河南省委，潘嘉和程桂芬来自中共中央华东局，刘锋、陈章焕、胡明诚来自政务院。

为档案理论研究的重要力量。按照研究生班三年制培养目标,第一年主要学习俄文和哲学;第二年进行政治理论课的学习和论文的写作,学校代表和教研室代表配合审查论文完成情况,在第二年会根据学生情况分成国家机关史文书处理、中苏档案史、档案理论与实践三个专业,每个专业研究生所学专业科目要比一般学员更加深入,并配合进行翻译工作;第三年主要结合档案学各方面的研究全面系统地学习档案工作的理论与实践,并撰写科学论文。这三年的学习安排旨在将研究生培养成为受过高等教育的档案学专家,毕业后可从事档案学术研究。从1953年开始,中国人民大学主张并采用了苏联式的研究生培养方式,"招收导师制副博士研究生"[①],既学习通识课和专业课程,又要独立钻研撰写毕业论文,还要从事教学与实习工作。研究生培养过程中采取双导师制,一位是苏联专家,一位是本校教师。此外,"为防止教员的教条主义和实际工作者的经验主义",中央提倡学校教员和实际部门干部的轮换制度,即"鼓励教员一定时间下放实际部门,实际工作者一定时间调到学校担任教员"[②]。

到了1955年初,由于国家档案局刚成立不久,档案学研究和档案局工作的开展都需要专门人才,为了保证档案教学活动能够正常有序、防止教员被抽调至档案局工作,在保证业务课程按时完成的基础上,减少研究生的培养周期,以使研究生尽快投身档案事业的建设,于是研究生学制暂时改为两年。这也符合中国人民大学研究生培养的总体要求,第一年主要进行政治理论的学习,第二年主要进行专业课程的研究。[③] 这种短期的研究生速成培养模式确实在数量的输出中产生了效果。

总体来看,新中国成立初期档案学研究生教育的开展主要是基于培养后备师资的考虑,以"少而精"的原则招生。在教学培养中,"以自学读书和调查研究为主,辅以教员和业务部门有关同志作专题报告或专

---

① 中国人民大学研究生院编:《中国人民大学研究生教育三十年》,中国人民大学出版社2015年版,第3页。
② 中国人民大学研究生院编:《中国人民大学研究生教育三十年》,中国人民大学出版社2015年版,第3页。
③ 注:第一年必修科目为政治经济学、马列主义、俄文和一门有关业务的一般理论科目;第二年为专门业务学习,具体科目随各教研室的不同业务而定,一般是两门至四门。(参见中国人民大学研究生院编:《中国人民大学研究生教育三十年》,中国人民大学出版社2015年版,第2页。)

题讲授"①，而毕业论文的撰写是研究的重要环节。这种方法既能培养研究生的学术水平，又可加强研究生的实践能力。事实上，研究生的培养极大地丰富了档案学教师队伍的建设。吴宝康在总结新中国档案学建设时曾强调，档案学师资中"既有具有一定文书、档案工作实际经验的同志，又有对历史或技术有一定研究的同志；既有机关专业干部，也有大学和研究班的毕业生；既有老干部，也有青年教师；既有老档案工作者，也有新档案工作者。这样一支教师队伍在旧中国是没有的，它是在解放后逐步成长起来的"②。此种师资结构的配制确实为中国档案学的独立化倾入了重要的保证因素。

回顾1949年至1966年的中国档案教育，可谓是筚路蓝缕、合力缔造的一段时期。从"职业教育"到"专业教育"，从"苏联模式"到"中国特色"，期间经历了创业的艰难困苦，也经历了发展的曲折探索，但最终取得了较为丰硕的成果。截至1966年，"全国高等院校档案专业毕业生已达1606人，各地短期训练班训练档案干部12万人次"③，新中国档案事业的第一批骨干队伍初步形成，第一代档案学人不断成长，第二代档案学人也初露锋芒，为现代乃至当代档案学的继续发展储备了研究力量。总结这一时期档案教育的特点，第一，在"又红又专、红透专深"的培养目标下，档案教育与党政机关保持着密切的联系。一则档案教育为党政机关培养和输送了大批优秀的档案学毕业生；二则档案科研人员还与党政机关共同研究制定档案工作条例、办法。而档案教研室的科学研究活动也积极邀请党政机关的实际工作人员参加，如1954年举办的第一次科学讨论会上对陆晋蘧《档案管理法》一书的讨论，就邀请了中央党、政、军、机关、群众团体、科学和出版机关的档案工作者及科学工作者共同参加，博采群智。第二，在政学统一、计划学术的大环境下，受马克思列宁主义、毛泽东思想的影响，无论是前期的专修班和专修科教育，还是后期的本科教育或是研究生教育，政治教育一直

---

① 吴宝康：《档案干部的培养训练和档案理论工作》，载中国人民大学档案系编《档案工作文件和论文选编（第二集，1958—1965）》，中国人民大学内部文件，1986年，第97—98页。

② 吴宝康：《档案干部的培养训练和档案理论工作》，载中国人民大学档案系编《档案工作文件和论文选编（第二集，1958—1965）》，中国人民大学内部文件，1986年，第94页。

③ 裴桐主编：《当代中国的档案事业》，中国社会科学出版社1987年版，第330页。

处于首要位置,与专业知识的学习分庭抗礼。但随着档案学研究的深入,学科专业知识的学习也不断得以加强。正如陈智为在回忆大学四年的学习与收获时,认为这些收获主要表现在六个方面,其中之一就是对马克思、列宁理论著作的系统学习,以及专业知识的学习和专业基础的夯实。① 第三,档案学术研究逐渐增强,档案实习活动相继开展。一则,为了早日实现档案教育的"正规化"和档案学术的"中国化",档案本科教育和研究生教育实属中国历史上的首创,而对本科及研究生学术论文撰写的重视,吸纳学生参与课程建设的讨论和教材的编写等方面,也充分体现出在人才培养中对学术性的强调。尤其是对作为教师后备力量的研究生群体的培养,更是以"少而精"为原则,培养他们的学术研究能力,为中国档案学的发展储蓄力量。二则,由于档案学产生的实践基础,导致了理论与实践密切相连,虽然1958年以来的实习环节与政治活动相关联,但实习过程中对档案管理活动的感悟、对实际档案工作的反思都为档案理论建设和学术研究提供了直接的素材,而档案实验室的设置也为理论研究提供了结合实际的土壤。总之,不论那时的教育与政治如何关系密切,不可否认的是,对于档案学的独立化而言,档案教育机构的确是档案学术研究的最好依托。

## 二 档案学研究团体与机构的成立

1958年12月,为响应"向科学进军"的号召,在"以利用为纲,为社会主义建设服务"方针的指引下,中国人民大学校党委决定在历史档案系内部成立档案学研究所。档案学研究所也成为新中国成立后第一个档案理论研究型机构,其主要任务是开展档案学理论研究、组织外国档案著作的翻译、资料的收集、档案学教材与刊物的编辑出版等。"档案学研究所在进行科学研究工作时,坚决贯彻理论与实际相结合和百家争鸣、厚今薄古的方针,并以研究当前实际工作问题和总结实际工作经验为主,同时也从事档案历史的研究工作。"② 1959年7月,出于解决

---

① 源于笔者对陈智为的口述访谈,口述史料采集时间为2016年8月18日。
② 中国人民大学历史档案系办公室:《档案学研究所成立》,《档案工作》1959年第2期。

档案学研究所人员编制问题的考量，国家档案局经国务院批准成立档案学研究室，预设编制 15 人。这样，档案学研究所和档案学研究室合并为一个机构，统称档案学研究室，机构仍设置在中国人民大学历史档案系内，研究经费由国家档案局供给，吴宝康任研究室主任，负责领导研究室的日常工作，带领研究人员开展学术研究。合并后的档案学研究室研究人员既包括国家档案局的档案学研究员，也包括历史档案系的教师队伍，另外历史档案系高年级学生和档案实践工作者也承担部分研究任务。档案学研究室最早的一批研究员包括由周雪恒、王景高、靳云峰、吴以文组成的青年一辈，由吴宝康等组成的中年一辈，由殷钟麒、张德泽、杜襟南组成的老年一辈，这样形成了老中青相结合的研究群体。据张德泽手稿记载："1959 年，档案局为培养档案的研究人员，在人民大学档案系设了一个档案学研究室，在故宫档案馆调任杜襟南、张德泽、殷钟麒三人。既然在档案系工作，自然要配合档案系的工作，张德泽的《清代国家机关考略》以配合国家机关史的参考。结果这个研究室两年后，因经费关系就撤销了。张德泽的《清代国家机关考略》未写完，调回故宫档案馆，又一年才写完。"[①] 这可视作档案学研究室成立情况及人员构成的极佳佐证。

档案学研究室设立之初，将研究重点放在如下方面：

  结合一九五九年历史档案系师生大编教材的运动，组织编写文书学，中国档案史，档案整理与编目，档案利用原则与方法，技术档案管理与组织，档案保管技术学等专书，并争取在十月前完成初稿，作为向国庆十周年的献礼。

  在今年内写出"全国解放后十年来的档案事业"（国庆献礼）"论当前档案工作的方针问题""县档案馆工作研究"等专题论文。

  与历史档案系合作编纂"档案学辞典"，争取在国庆前完成初稿。

  进行收集材料和科学调查工作，计划在 1960 年上半年出发到河北、河南、上海、辽宁等地进行调查研究，并在国家档案局的支

---

[①] 见张德泽手稿《中国第一历史档案馆退休的副研究馆员张德泽档案事业方面的贡献》，系笔者于 2017 年 11 月 9 日拜访张泽德之女张碧君获悉。

持下，组织各省市档案工作者进行一些基本调查研究工作。

组织翻译和出版"苏联档案工作理论与实践教科书"，米加耶夫著的"苏联档案工作理论与实践"，库金著的"技术档案管理"及"档案学问题"等书，出版译文选集二至四本。

此外，还准备组织一些对旧档案学方面的研究工作。

为了使专业研究部门能同广大群众性的研究工作结合起来，在科学研究工作中也要贯彻两条腿走路的精神，已商得国家档案局的同意，准备尽可能在今年第一季度内，能在各省以及中央机关的档案工作部门内尽速成立科学研究基地，如档案科学小组、业务研究小组等。[1]

研究室的计划对于档案学术研究的开展具有重大意义。各科目专书的研究与编写为档案学科体系的完善起到了重要作用；档案事业的回顾式总结为未来档案工作的开展奠定了基础；档案学辞典的编纂更是一项系统工程，可为档案学制定一套统一的话语标准；实际调研工作的开展为档案学术研究提供了重要的实践素材；组织翻译外国档案学著作、开展对旧档案学的研究，可从历史和国际视野为"中国化"的档案学研究提供借鉴；在各地成立档案科学研究小组和业务小组，有助于充分发动档案学研究的群众基础。即使从今天来看，这些"愿景"与计划均是十分有力的档案学发展措施。但遗憾的是，由于1960年开始出现的批判"修正主义"思潮的泛滥，加之1961年国家机关精简机构，档案学研究室仅维持了两年时间就被迫撤销了，计划的这些研究"愿景"也并未一一实现。张德泽在其回忆录中也有记述："1961年9月，原调人民大学档案学研究室的人员（原调二人及1957年下放的副主任一人）[2] 调回本部[3]工作（研究室因精简撤销）。"[4] 但这一期间，档案学研究室还是取得了一定的学术成果。如组织研究了一部反映当时我国档案学研究状况的综合性著作——《档案学基础》，该书已经完成初稿，

---

[1] 中国人民大学历史档案系办公室：《档案学研究所成立》，《档案工作》1959年第2期。
[2] 即张德泽、殷钟麒、杜襟南。
[3] 即故宫档案馆明清档案部。
[4] 见《张德泽回忆录》，手稿复印件现保存于中国人民大学信息资源管理学院资料室。查阅日期为2017年11月13日。

行将打字付印，正处于征求修改意见、准备出版阶段，但由于档案学研究室的取消停办，随后各种政治运动迭起，该书的修改与出版工作被迫中断，但此书稿仍为档案学研究提供了素材。此外，档案学研究室还组织出版了一些论著，如殷钟麒编著的《国民党时期档案管理述要》（1959），周雪恒、王景高、吴以文合作编写的《档案管理学》（在1960年《档案工作》杂志上连载），以及《档案工作基本知识讲话》（在1960年《档案工作》杂志上连载）[①]、《档案学论文著作目录》，并创办了《档案学研究》刊物，翻译和编印了《外国档案工作简讯》《苏联档案工作新阶段》等译文，张德泽颇负盛名的《清代国家机关考略》一书也是在档案学研究室初步完成的。

除档案学研究室之外，中国科学院历史研究所第三所南京史料整理处堪称档案实践部门开展学术研究的典范。南京史料整理处在时任主任王可风的领导下，将历史档案整理过程中的实践经验和心得体会整理成研究成果，并予以公开出版，具有一定的学术水平。早在1957年，南京史料整理处在搜集和整理历史档案的实践过程中，通过学习苏联经验，将实践工作体会以学术性的语言编成《历史档案的整理方法》一书，最终由人民出版社出版。该著作是新中国成立后关于历史档案管理的首部系统研究专著，虽然新中国成立前我国学者在明清档案的整理方面已经积累了经验，但都是零散而不系统的。这本著作借鉴了苏联档案学的理论与方法，尤其是运用全宗理论整理历史档案，保证了历史档案之间的有机联系。难能可贵的是，书中并非仅对历史档案的整理步骤予以程序性的介绍和说明，还从学理的角度探讨了历史档案的概念与作用、历史档案整理的意义与价值、全宗原则的应用及依据等理论性问题，学术性与实践性兼备。此外，南京史料整理处还在理论的指导下出版了大量大部头的档案编纂成果，如《中国现代政治史资料汇编》《中国现代政治史大事年表》《辛亥革命》《五四运动》《西藏历史资料》等专题资料汇编和《中国工农红军战史地图集》等地图汇编。鉴于在历史档案整理中的成就，1960年南京史料整理处受邀在南京大学历史

---

[①] 以"吴景周"（系吴以文、王景高、周雪恒的合称缩写）为名发表，共十讲内容。分别为：档案工作的基本原则、档案的收集工作、档案的整理工作、档案的统计工作和保管工作、档案的利用工作、技术档案工作、档案馆（室）的资料工作等。

系开设了"史料学概论"[①]和"史料介绍"讲座,结合历史档案整理的经验,将史料工作开展情况予以介绍,并对史料学的系统研究成果进行讲授。这两门讲座的开设也反映了历史档案界将档案与历史相结合开展研究的尝试,并试图创建"史料学"的努力。

除此之外,1963年5月,经国家科学技术委员会批准,国家档案局档案科学技术研究所筹备处成立。该研究所主要负责档案资料的复制技术、修复技术、保管技术以及业务理论等方面的研究工作。[②]但山雨欲来风满楼,"文化大革命"的号角吹散了档案科学技术研究所的研究活动。

## 第二节 档案学的学术交流平台

20世纪五六十年代,在通信欠发达、信息闭塞的环境下,为数不多的档案学期刊的出版及档案行业会议的召开,为学术研究及经验交流提供了宝贵的平台。正是基于这样的平台,档案学人得以发表他们的真知灼见,在探讨和交流中,对档案学基本问题逐渐明晰,隐形的学术共同体正在形成,为档案学独立化建制提供了重要的制度保障。

### 一 档案学期刊的出版

(一)档案学期刊的整体概况

新中国成立之初,档案事业的发展促使全国各地、各行各业档案管理机构纷纷建立,出于交流工作经验和开展学术研究的需要,档案学期刊相继创刊(表3-4)。但档案学作为新创建的一门学科,期刊数量相对较少,且由于时代环境的影响、政治运动的纷扰,很多期刊初创不久即被迫停刊,发行连续性较差。综观档案学期刊的类型,可根据其出版发行目的分为三类:业务指导类、学术研究类、史料公布类。20世纪五六十年代的档案学期刊主要以业务指导类为主,其刊登的很多文章还

---

[①] 见《王可风档案史料工作文集》(施宣岑、华明编,档案出版社1988年版)第289—300页《史料学概论(提纲)》部分。在王可风的研究视域中,他将"史料学"作为一门独立学科予以研究。

[②] 吴宝康、邹家炜、董俭、周雪恒编:《中华人民共和国档案工作纪实:1949—1981》,青海人民出版社1983年版,第62页。

很难算是严格意义上的学术研究论文,大部分仍为档案实际工作经验的总结与提炼。这也显示出当时档案学研究的重点在于档案实践的研究,这一则是因为档案学理论发展尚未成熟,正处于档案实践总结、档案理论升华的阶段;二则是因为档案学本身是一门实践性很强的学科,对档案工作实际情况进行研究,也符合学科的发展规律;三则是因为档案学研究主体除了研究院所和高等学校的专职档案研究人员,还有来自实践部门的档案干部,他们经过职业教育具备了良好的档案素养,因此在工作中也善于将档案实践开展情况总结为文本,加之高校的档案学教育者和研究者也具备一定的实践工作经验,能够很好地将档案理论与实践结合起来开展研究。

表3-4　　　　　　　　1949—1966年档案刊物一览

| 刊名 | 所属类别 | 起止时间 | 出版单位 | 出版情况说明 |
| --- | --- | --- | --- | --- |
| 《材料工作通讯》 | 综合类刊物 | 1951.5.30—1953.5.20 | 中共中央办公厅秘书处(1951年) | 出版10期更名 |
| 《档案工作》 | 综合类刊物 | 1953.7.1—1965.6.30 | 中共中央办公厅秘书处(1953年)国家档案局(1955年) | 出版103期停刊 |
| 《技术资料工作通讯》 | 专门类刊物 | 1958.8.15—不详 | 国家档案局(1958年) | 出版5期停刊 |
| 《技术档案资料研究》 | 专门类刊物 | 1958.10—1959.12 | 中国人民大学历史档案系和第三机械工业部(1958年) | 出版8期停刊 |
| 《档案学研究》 | 综合类刊物 | 1959.6.25—1964.5.12 | 中国人民大学历史档案系(1959年) | 出版6期停刊 |
| 《外国档案工作简讯》 | 专门类刊物 | 1960.3.15—1964.1.24 | 国家档案局(1960年) | 出版10期,从第8期(1963.9.1)改为《外国档案工作参考资料》 |

新中国成立后第一本档案学期刊当属1951年中共中央办公厅秘

书处编辑出版的《材料工作通讯》，该期刊的创办早于档案教育机构和研究机构的建立，创办初衷意在全面指导档案实际工作，并对档案工作开展情况及档案学理论问题予以总结、交流。但由于刊名中"材料"一词的使用易产生歧义和理解上的困难，在仅出版10期之后，《材料工作通讯》于1953年起正式改名为《档案工作》。更名后的《档案工作》，其学术色彩较前身《材料工作通讯》有所加强，并伴随了我国档案学20世纪五六十年代的整个发展进程，对档案工作经验的传播、档案学理论知识的交流起到了媒介作用。但由于"文化大革命"的原因，《档案工作》在出版了103期后宣布停刊。这份新中国成立初期发行时间最长、刊出期数最多的综合性档案期刊，在档案理论界和实践界的重要作用是不容否定的。与此同时，另一本综合性的档案学研究类期刊《档案学研究》于1959年开始出版，对于档案工作的开展和交流、档案学的研究和发展起到了积极作用，但该期刊仅出版6期即停刊。

在专门领域的档案学研究方面，1958年8月，国家档案局为加强技术档案资料工作的开展和交流，开始编印不定期刊物《技术资料工作通讯》，共出版5期即停刊。同年10月，中国人民大学历史档案系和第三机械工业部合作，出版了《技术档案资料研究》双月刊，共出版8期即停刊。此外，自1960年开始，专门报道外国档案动态的《外国档案工作简讯》开始正式出版，共出版10期，并从第8期开始将刊名改为《外国档案工作参考资料》。虽然在特殊的环境下，这些期刊都难逃出版几期即停刊的命运，并未在专门研究领域形成较为系统而连续的研究成果，但还是在1949年至1966年我国档案学独立化建制过程中起到了重要的业务经验与学术研究传播、交流和宣传的作用，在档案学发展历程中发挥了独特的影响。

（二）典型性期刊的出版情况

1."档案学"期刊的肇始——《档案工作》及其前身《材料工作通讯》

（1）《材料工作通讯》的编辑出版

《材料工作通讯》创刊前夕的档案事业处于百废待兴之际，既无成熟的经验，也无统一的领导；既无系统的研究，也无科学的方法，全国档案工作处于各自摸索研究阶段，档案学发展更谈不上科学性与系统性。"各方面对这一工作（指档案工作）认识不足，因此不安于这一工作，认为这一工作没有前途的思想是比较普遍的。"①为了强调"这一工作"对社会发展的重要性，促进"档案和资料工作者互通情况、交流经验，建立起一个联系的中心，得出一些比较完善的经验，来指导和提高工作"②，中共中央办公厅秘书处于1951年5月创办了《材料工作通讯》，并于5月30日内部发行。究其内部发行的原因，《材料工作通讯》第4期曾表示"这一刊物原为中央一级档案工作者内部学习的读物，并不是指导性的刊物，本刊内容有许多还是不成熟的意见，再搞大发到地委一级，恐不妥当"③。但随着出版工作的开展，该期刊的发行范围有所扩大，如前两期的发行仅限于党中央各部委秘书处、政务院秘书厅、军委办公厅直属的档案室和资料室；到第3期，发行范围扩大到各省（市）区党委秘书处，以期通过发行范围的扩大动员各省（市）区的档案工作人员参与到档案问题的讨论和研究中来；从第9期开始，发行范围又进一步扩大到中央人民政府和军委各部门。

《材料工作通讯》在创刊伊始，主要刊登四类稿件——"一是领导者或材料工作者对于材料工作的意见；二是各部委、各地材料工作情况的介绍或工作中问题的研究；三是档案和资料整理方法的介绍和研究；四是重要有价值的材料评介或某一问题的资料索引。"④在中国人民大学专修科档案班成立之初，《材料工作通讯》还承担着中国人民大学中国历史研究室档案教学研究组⑤与各地档案工作者之间联系的任务——各地档案工作者在从事档案实际工作过程中如遇到困难或问题，可以通过《材料工作通讯》与档案教学研究组联系，以便得到理论上的指导。当时主要由中共中央办公厅秘书处材料科裴桐接收来稿或通信。但《材料工作通讯》仅发行了10期，即于1953年5月20日更名为《档案工作》。尽管发行范围有限、办刊经验不成熟，但《材料工作通讯》是新中国成立后第一本全国性的档案类期刊，对于

---

① 本刊编辑委员会：《〈档案工作〉的新阶段》，《档案工作》1955年第1期。
② 《创刊的话》，《材料工作通讯》1951年第1期。
③ 《编者的话》，《材料工作通讯》1951年第4期。
④ 《创刊的话》，《材料工作通讯》1951年第1期。
⑤ 该研究组是在苏联专家指导下成立的，主要进行中国人民大学档案专修班成立的准备工作。

改进实际工作、交流业务经验起到了很好的纽带作用,"它传播了苏联档案工作先进的理论和经验,交流了许多机关的档案工作做法,提高了工作人员对档案工作的认识。这个刊物实际上成了全国档案工作人员进行业务联系的中心"①。

(2)《档案工作》的内容与定位

因"材料工作"一词较为模糊,与档案学研究对象——机关文书处理和档案管理问题不是十分契合,无法确切地体现出档案工作的特点,且容易引起歧义和误解,"只有针对主要文件来说的辅助文件,才能应用材料这一术语。显然,这一名词和我们所研究的范围比起来,是过于狭窄的。为了名实相符,就应当给我们的刊物换上一个科学的、正确的名称——《档案工作》"②。于是,1953年5月20日《材料工作通讯》停办后,同年7月1日,《档案工作》接替并开始正式出版,仍由中共中央办公厅秘书处主管。国家档案局成立后,全国档案工作有了统一的领导机构、有了科学的方法做指导、有了统一的制度做依据,该期刊于1955年5月起由国家档案局接管承办。《档案工作》由国家档案局出版"是我国档案工作进一步开展的反映,是我国档案建设走向新阶段的反映"③。

《档案工作》的办刊基调与《材料工作通讯》一致,但作为档案工作者和文书工作者业务学习的刊物,内容更加集中在"档案"工作上来,而非"材料"的处理。《档案工作》创办伊始,正值中国人民大学设立档案专修科半年有余,也是学习苏联档案理论与实践的重要时期,因此,《档案工作》刊载的主要内容以苏联译著为主,同时刊登各地区学习苏联档案理论与实践以改善我国档案工作的体会类文章,"《档案工作》这一刊物的出版,标志着档案工作发展的又一阶段,即向苏联档案理论与经验深入学习的阶段"④。这种以"苏联档案著作介绍+我国档案工作经验总结"为主的基调,在《档案工作》创刊时占主导地位。但自1955年改由国家档案局领导之后,该期刊的定位逐渐转向"中国化"的自主研究,而不再教科书般地刊登苏联的学术著作和经验介绍,

---

① 本刊编辑委员会:《〈档案工作〉的新阶段》,《档案工作》1955年第1期。
② 《编者的话》,《档案工作》1953年第1期。
③ 本刊编辑委员会:《〈档案工作〉的新阶段》,《档案工作》1955年第1期。
④ 《编者的话》,《档案工作》1953年第1期。

转而以我国档案学理论的创新之作为主。《档案工作》的发行范围也有了一定扩展，直到1957年改为公开出版发行。

自1953年7月1日出版第1期以来，直到1965年该年度第6期发布《为停刊敬告读者、作者》信为止，《档案工作》共出版了103期。总体上看，期刊的定位在于传达党和国家有关文书工作和档案工作的指示，公布档案工作的条例与办法，交流档案工作的业务经验，开展学术研究和学术争鸣，为文书、档案工作提供业务指导。其刊文内容可分为六大类别：苏联译介及感受类、档案教育研究类、规章制度与实践经验研究类、大政方针解读类以及对档案史和档案学基础理论的研究等，涉及文书工作和档案工作的理论与实践专题研究及相关评论，档案工作开展情况报道及经验介绍，国外相关学术著作的译介及简评，国内相关领域历史遗产的整理和研究，对资产阶级文书、档案学术思想的总结与批判，甚至还刊登有关文书工作和档案工作的漫画、诗歌、小品、历史故事及历史人物的介绍，可谓内容丰富、形式多样。

1965年，待刊发完本年第6期、总第103期之后，《档案工作》发布了《为停刊敬告读者、作者》信。其停办原因为"目前全国各级都建立了管理档案业务和保管档案的机构，档案工作已经有了一套基本的规章制度，也有了一批比较熟悉业务的干部，可以不再办这个《档案工作》杂志了"[①]。实则停办原因并非仅是如上所说的建立了机构、有了制度和干部，而是受政治运动的影响被迫停办。虽然未逃脱停刊的命运，但《档案工作》堪称新中国成立初期持续时间最长的档案类期刊，也是新中国成立后第一份"纯粹的"档案类期刊，同时也是中国历史上第一份明确以"档案"为刊名的期刊。尽管以业务类研究为主，但是自创刊十余年中，在传播档案业务知识、交流档案与文书工作经验、联系档案与文书工作者之外，还刊登了一批学术性论著。虽然这些论著的某些观点还不成熟、论述的科学性和系统性尚待加强，但是其中仍体现了新中国成立之初我国档案学发展的轨迹，其研究主题的变化、研究重心的转移、研究方向的聚焦都体现了

---

[①] 《档案工作》编辑委员会：《为停刊敬告读者、作者》，《档案工作》1965年第6期，封三。

那个时代档案学独有的发展特点。

2. 学校主办学术性刊物的发端——《档案学研究》

《档案学研究》是中国人民大学历史档案系主办的内部期刊,由档案学研究室编辑出版,于1959年6月发行第1期,创办目的在于结合教学工作加强档案学理论研究。其中发表的大部分学术论文为中国人民大学历史档案系教师、研究员及学生的研究成果。本着"发展研究成果,交流思想观点,互相学习讨论,锻炼写作,积累材料,努力提高档案学的科学水平"①的目的,《档案学研究》意在办成一个"百家争鸣,各抒己见的园地,开展学术研究自由讨论的场所"②,其办刊宗旨是将《档案学研究》打造为一个纯粹学术性的刊物。此种学术性定位的首次尝试为档案学理论研究提供了一个学术交流的平台。但这一期刊并未持续出版,只发行了6期(表3-5)于1964年5月即停刊。

表3-5　《档案学研究》1—6期论著节选(1959.6—1964.5)

| 期数 | 出刊时间 | 内容节选 | 说明 |
| --- | --- | --- | --- |
| 第1期 | 1959.6 | 《略谈文书工作与档案工作的协作问题》(潘嘉)<br>《关于厂矿企业部门建立联合档案室问题的研究》(李友青)<br>《关于"利用原基础"整理历史档案的几点体会》(刘益群、傅国钟、张天琪、王之如)<br>《试论历史档案的案卷标题》(和宝荣、靳云峰、薛昌津)<br>《略谈专题一览的编制》(王克新)<br>《文书档案连锁法中的几个问题的研讨》(陆晋蘧)<br>《关于档案库房的通风降温问题》(范濯涟)<br>《谈公文档案修复的方法》(胡让)<br>《我是怎样学习修复文件的》(严学永)<br>《苏联档案建设的基本总结和远景》([苏]别洛夫)<br>《解放后十年来档案工作大事简记》(吴以文)<br>《河北省几个县档案馆的调查材料》(杜襟南、吴以文) | 关于文书工作、档案工作、历史档案、旧政权档案、档案保护等问题的理论探讨。其中包括苏联档案工作的译文介绍,以及我国档案工作的个案总结 |

---

① 《编者话》,《档案学研究》1959年第1期。
② 《编者话》,《档案学研究》1959年第1期。

续表

| 期数 | 出刊时间 | 内容节选 | 说明 |
|---|---|---|---|
| 第2期 | 1959.9 | 《文书档案工作讲话（适用于人民公社和基层单位）》（中国人民大学历史档案系）<br>《论全宗问题》（张恩庆）<br>《省级档案馆如何开展档案利用工作》（朱惜墨）<br>《工艺美术档案工作的原则和方法》（张天琪、李爱民、王克新）<br>《中央档案馆明清档案的修复工作》（侯传学）<br>《古文字学与历史档案专业》（戴澧）<br>《北京大学整理教学行政文件和编制参考工具的方法介绍》（陆晋蓬）<br>《苏联国立莫斯科历史档案学院概括介绍》（［苏］阿·斯·罗斯洛娃） | 包括讲义（《文书档案工作讲话（适用于人民公社和基层单位）》有十一讲内容）、专门档案工作与专题性档案工作开展情况的理论总结 |
| 第3期 | 1960.3 | 《试谈档案的定义、范围和作用》（松世勤）<br>《档案馆的建筑和设备》（档案学教研室）<br>《从划分前华北人民政府若干政权机关档案全宗的意见分歧来谈划分全宗的意义和原则》（和宝荣、沈永年）<br>《对我们课堂讨论中关于组织机构分类与问题分类争论的认识》（陈志能）<br>《清代历史档案分类立卷问题》（张德泽）<br>《整理清代历史档案的意义及其收获》（殷钟麒）<br>《历史档案系本科三年级学生1958年生产实习总结》（陈兆祦）<br>《我们写毕业论文的体会》（张恩庆执笔）<br>《评"苏联档案工作理论实践"》（［苏］阿夫托克拉托夫、巴塔耶夫、包格达诺夫） | 包括对档案学基础问题的探究，也包括对档案管理问题的总结。还有一些关于研究方法的初步介绍 |
| 第4期 | 1962.1 | 《对于档案学几个问题的我见》（郑玉豪）<br>《试谈我国档案工作历史遗产的批判继承问题》（刘光禄）<br>《应该全面地看待档案史料的真实性问题》（梅岱）<br>《关于档案史料的真实性问题》（朱荣基）<br>《关于文学艺术档案的若干问题》（车国成）<br>《为法西斯政策效劳的美国档案工作》（王洪才）<br>《关于立卷工作的几个问题》（陈明显、陈志能）<br>《分级乎？"以问题为主"乎？》（吴景周）<br>《关于档案学几个问题的讨论（资料）》（金纪勋等整理，档案学研究室1961年2月讨论稿）<br>《关于"以党的方针政策为纲"整理档案问题的讨论（资料）》（王景高整理）<br>《利用苏联的国家档案全宗为历史科学服务（译文）》（［苏］别洛夫）<br>《苏联〈档案学问题〉关于〈苏联档案学基础〉一书讨论情况的报道（译文）》 | 涉及档案学的基本问题，如档案和档案工作的阶级性、档案学的定义、研究对象与研究任务、研究内容与研究范围、档案学的产生和发展历史等 |

续表

| 期数 | 出刊时间 | 内容节选 | 说明 |
| --- | --- | --- | --- |
| 第5期 | 不详 | 《关于档案工作矛盾问题的探讨——学习毛泽东同志矛盾论的笔记》（吴宝康）<br>《关于档案工作矛盾问题的几点认识》（冯明）<br>《关于档案现象中的矛盾运动问题》（梅岱）<br>《试述档案工作的基本矛盾、性质及其规律》（金波）<br>《关于档案工作的矛盾问题的初步研究——学习"矛盾论"笔记》（冯子直）<br>《略谈档案和档案工作的矛盾及其规律》（高景玉）<br>《试论资本主义国家档案工作的矛盾问题》（李凤楼）<br>《档案的形成规律与保持档案的历史联系》（丁永奎）<br>《对建筑设计部门技术档案和技术档案工作几个规律性特点的探讨》（王传宇）<br>《认真学习和贯彻"机关档案工作通则"》（和宝荣）<br>《关于立卷特征的研究》（刘正业）<br>《有关"中国国家机关史"对象、任务、方法问题的几点意见》（张我德）<br>《明清档案编辑出版工作方法之商榷》（张德泽） | 矛盾论成为档案学研究的一个重要指导思想和方法论。中国国家机关史成为了档案学学科建制的一门重要课程，对这门课程研究对象、任务与方法的介绍对于丰富档案学科发展起到了补充作用 |
| 第6期 | 1964.5 | 《论机关档案室工作是整个档案工作的基础》（陈兆祦、梅岱）<br>《关于立卷范围问题的初步研究》（黄勋拔）<br>《文件转化档案的条件及其性质》（段树凯）<br>《加强技术管理保证技术档案完整准确》（沈永年）<br>《技术档案与文书档案的区分》（李友青）<br>《从"X62W"材料的实验谈谈机械产品档案整理工作中的几个问题》（王传宇）<br>《编纂〈致荣禄信稿〉之管见发凡》（曹喜琛）<br>《对史料汇编序言的研究》（肖明学） | 对技术档案和档案文献编纂学的研究更加深入，对文件与档案的关系认知也逐步深化 |

从这6期的刊文中可看出，《档案学研究》相较于其他期刊而言学理性更强，所探讨的理论问题对于档案学的丰富和发展着实起到了完善作用。如1959年第3期，松世勤所著《试谈档案的定义、范围和作用》一文，涉及档案概念的演化沿革、档案的种类及其划分标准、档案与相近概念的区别和联系、档案作用的两种性质和具体表现等内容。以上对"档案"问题的探讨，关乎档案学的核心问题，对于档案学研究对象与研究方向的明确意义深远。再如1962年第4期主要针对档案学研究室编著《档案学基础》一书的修改要求，国家档案局聘请了河北省档案馆、上海市档案馆、内蒙古档案管理局、南京史料整理处具有档案实际工作经验的档案工作者，根据他们对于档案学的诸多问题所形成的看法和见解汇集而成了一系列学术文章。这些文章涉及档案学的基本问题，

关乎档案学的定义、研究对象和研究任务、研究范围等，对这一学科的科学定位与历史梳理大有裨益。

3. 专门类别档案学类期刊——技术档案类与外国档案类

（1）技术档案类期刊——《技术资料工作通讯》与《技术档案资料研究》

1958年，第一个"五年计划"超额完成了规定任务，国家经济取得了突飞猛进的发展，全国上下"大跃进"运动如火如荼地进行。在国家经济建设迅猛发展的形势下，技术档案管理成为档案界开始关注的重要问题。《技术资料工作通讯》和《技术档案资料研究》就是20世纪五六十年代技术档案研究的典型期刊。

1958年8月15日，为加强技术档案资料工作的指导和组织经验交流，国家档案局编印出版不定期内部期刊《技术资料工作通讯》，共出版5期即停刊，这是在全国档案工作全面"大跃进"的高潮下创办的刊物，也是第一份关于技术档案管理的刊物。同年10月，为加强技术档案情报资料工作的经验交流和研究，中国人民大学历史档案系编辑出版了内部双月刊《技术档案资料研究》，并于1959年12月出版8期后停刊。因刊物的创办正值社会主义建设各项事业的"大跃进"时期，所刊文章也以此为主要基调，颇具"时代气息"[①]。可以说，《技术档案资料研究》是一本业务研究类的期刊，它创办的时机决定了它的办刊主旨和征稿类型。值得注意的是，在《技术档案资料研究》刊文中，也有少部分带有科学研究、学术探讨的性质，如从1959年第1期至第5期设有"技术档案资料管理与组织名词解释"栏目，供学术研究和具体实践参考之用。其中对"技术档案"与"技术资料"的区分显现出对档案学基础问题的理性探讨——二者概念的区分实则是对档案"原始记录性"的注解，对日后关于技术档案和技术资料的研究具有概念指导作用。

在"以苏联为师"的过程中，技术档案的研究也不可避免地借鉴、学习苏联的相关研究成果。因此，《技术档案资料研究》还重点翻译介

---

① 如创刊号文章——鞠松涛：《让技术档案资料更好地为技术革命和文化革命服务》，《技术档案资料研究》1958年第1期。

绍了部分苏联技术档案研究类著作，如苏联国立历史档案学院库金[①]的《技术档案室科学参考工具书的形式》[②]、欧夫齐尼珂夫、高尔金别克联合写作的《"技术档案的管理"教材介绍》[③]等文。但在翻译苏联著作过程中对苏联经验缺少系统而深刻的反思，这对于学术研究和学术借鉴是不利的。

（2）外国档案研究的窗口——《外国档案工作简讯》及更名后的《外国档案工作参考资料》

1949年至1966年，虽然在国际形势和国家政策的主导下，我国的对外交往和开放程度处于受限状态，但并非对国外档案学发展一无所知，那时有关国外档案事业和档案学的研究成果不断涌现。截至1961年底，中国人民大学历史档案系翻译出版了包括苏联、荷兰、美国、英国、德国、日本等国的档案专著和欧、亚、拉美几十个国家有关档案学的文章、资料1000多万字。[④]

20世纪50年代末，很多档案学期刊不再单独刊文译介外国档案学研究成果，而是将关注重点转向本国的档案学理论与实践研究。因此，为了集中介绍苏联和其他社会主义国家档案工作的情况，再辅之介绍资本主义国家的档案工作，为我国档案工作、教学科研提供有关外国相关研究的线索和资料，1960年，经中央宣传部和国家出版局批准，国家档案局档案学研究室编辑出版了不定期内部期刊《外国档案工作简讯》。从1960年3月15日第1期正式出版，到1964年1月24日止该期刊共出版10期。自第8期（1963年9月1日）开始，鉴于该期刊不仅报道外国档案工作的消息动态，还刊登有关外国档案工作的学术性论文、报告、规章制度和书刊索引等，决定将原刊名改为《外国档案工作参考资料》。该期刊的译稿来源于多个国家的多种刊物（表3-6），体现了"对外国档案工作和档案学介绍"的创刊宗旨。

---

① "库金"也有写作"库津"。该部分译自库金于1956年所著《技术档案的管理》其中的一章。

② ［苏］A. A. 库金：《技术档案室科学参考工具书的形式》，《技术档案资料研究》1958年第2期。

③ ［苏］P. B. 欧夫齐尼珂夫、Π. A. 高尔金别克：《"技术档案的管理"教材介绍》，于寿令译，《技术档案资料研究》1958年第2期。

④ 中国人民大学信息资源管理学院：《中国人民大学信息资源管理学院六十年纪事》，中国人民大学内部资料，2015年，第62页。

表3-6　　　　　　《外国档案工作简讯》的译稿来源①

| 国家 | 刊物 |
| --- | --- |
| 苏联 | 《历史档案》《档案学问题》《消息简报》《历史问题》《党的生活》《图书馆员》《国立莫斯科历史档案学院论文集》《苏联代表团在罗马第十届国际历史学家代表大会上的报告集》《苏联大百科全书》《资本主义国家的档案工作》 |
| 美国 | 《美国档案工作者》《国家档案馆公报（中央档案馆学报）》《美国档案工作者》《美国社会科学百科全书》 |
| 英国 | 《伦敦大学历史研究学会公报》《档案》 |
| 罗马尼亚 | 《档案杂志》 |
| 保加利亚 | 《国家档案馆通报》 |
| 捷克斯洛伐克 | 《档案杂志》 |
| 德意志民主共和国 | 《档案通报》《档案杂志》《文献—专门图书馆—工程文库》 |
| 西德 | 《档案工作者》《档案杂志》 |
| 法国 | 《档案杂志》 |
| 荷兰 | 《荷兰档案学报》 |
| 波兰 | 《档案学报》《档案》 |
| 匈牙利 | 《档案通报》 |
| 墨西哥 | 《墨西哥图书和档案学校通报》 |
| 国际档案理事会 | 《档案学》 |

虽然当时"在国际范围内，档案工作和档案学理论存在着两条道路的斗争"②，但1963年改为《外国档案工作参考资料》后，该期刊系统刊登了一系列有关世界档案学发展的文章。如关于外国档案教育情况的介绍，最详细的一篇当属第8期介绍德意志民主共和国档案学院的教学和科学研究成就与任务的文章，该文全面总结了德意志民主共和国档案学院自1950年创办以来，"在培养目标、教学方针、师资培养、课程设置、理论研究以及加强学院和档案局、档案馆的联系等方面的成就和经验"③。再如对外国档案保管技术及档案馆库建设的研究，第9期（档

---

① 列表中的刊名均为译稿中所标注的刊名，当时未有英文介绍，故无法确定其翻译的准确性，或确定该刊物当今是否仍然存在。
② 《编辑前言》，《外国档案工作简讯》1960年第1期。
③ ［德］赫尔穆特·略茨克：《德意志民主共和国档案学院教学和科学研究的成就和任务》，《外国档案工作参考资料》1963年第8期。

案保管技术专刊）所刊《对新型档案馆建筑问题的研究》一文中，选取了"捷克斯洛伐克、波兰、苏联、德意志民主共和国、法国、瑞典等国家，在设计和建筑大、中、小档案馆方面的情况和经验"[①]。这些系统的研究和经验总结，为正值许多地区筹建和设计档案馆库的我国提供了有益参考。此外，该期刊还重点介绍了国际档案理事会[②]和国际性的档案会议[③]，为我国了解世界档案学术进展提供了一扇窗口。但遗憾的是，这类资讯的信息过少，很多国际性会议的进展情况介绍并不及时，不利于我国同国际档案学发展接轨。

## 二 档案行业会议的召开

（一）事业指导类会议

20世纪五六十年代，档案界共召开了七次全国规模的行业会议（表3-7），其中探讨的问题主要涉及全国档案事业的方针、政策及发展方向，具有宏观指导意义。会议中的议题不仅为档案实践指明了方向，还为档案学术研究提供了探讨议题，关乎档案理论与档案实践、档案方法论等诸多问题。

表3-7　20世纪五六十年代档案界七次全国规模的行业会议

| 时间 | 会议名称 | 主要探讨问题 | 所归类别 |
| --- | --- | --- | --- |
| 1954年12月1—8日 | 第一次全国档案工作会议 | 档案与资料的区分问题 | 档案理论 |
| 1956年4月5—12日 | 第二次全国档案工作会议 | 文书立卷与归档问题 | 档案实践 |
| 1957年6月13—15日 | 国务院科学规划委员会第四次扩大会议 | 讨论通过了《关于改进档案资料工作方案》 | 档案实践 |
| 1958年4月7—16日 | 全国各省、市、自治区档案工作会议（简称"四月会议"） | 提出了"以利用为纲"方针 | 档案方法论 |

---

① ［捷］鲁道夫·雷曼：《对新型档案馆建筑问题的研究》，韩玉梅译，《外国档案工作参考资料》1963年第9期。

② 《外国档案工作简讯》1962年第5期介绍。

③ 如《外国档案工作简讯》第5期《苏联〈档案学问题〉杂志关于第六届国际档案圆桌会议的报道》《第一届国际复制技术会议1963年在西德科伦召开》，第6期《第七届国际档案圆桌会议讨论了档案的定义和档案工作范围问题》等。

续表

| 时间 | 会议名称 | 主要探讨问题 | 所归类别 |
|---|---|---|---|
| 1959年6月1—10日 | 第一次全国档案资料工作先进经验交流会（简称"六月会议"） | 纠正了"以利用为纲"方针 | 档案方法论 |
| 1959年12月1—9日 | "大连会议" | 首次全国规模的技术档案会议 | 档案实践 |
| 1962年12月17—26日 | 全国档案工作会议 | 对"以利用为纲"方针进行研究、批判和总结 | 档案方法论 |

1954年12月召开的第一次全国档案工作会议是中国历史上首次全国规模的行业会议，重点探讨了档案工作的一般情况和今后的发展任务。鉴于1951年初发起而持续的档案与资料区分问题的大讨论，此次会议仍以当时这一"热点"问题为主要研究议题，并对几年来大讨论的情况予以总结，以求得出一个相对科学的结论，指导档案实际工作，统一档案学术表达。1956年之后的全国性档案工作会议则更加偏向于档案实践问题和档案方法论问题，引起了档案理论界的广泛研究。如第二次全国档案工作会议中提出的有关文书立卷与归档问题，实则仍为档案与资料区分问题的延伸，涉及文书工作与档案工作的关系、文书学与档案学的定位等，理论界也对二者学科是归属关系还是姊妹关系进行了理性分析；"四月会议""六月会议"以及1962年召开的全国档案工作会议均对"以利用为纲"方针进行了探讨，实践界从该方针的实际成效分析该方针的优劣利弊，而理论界则更多地从矛盾论角度分析这一方针的合理性与不当性，进而研究档案工作各环节的关系、档案文献公布与编纂的内涵、档案工作的主要矛盾与次要矛盾等问题；"大连会议"之后，中共中央和国务院先后批转了9个技术档案工作文件[①]，极大地促进了技术档案工作的开展，也引起了技术档案研究成果"井喷"式的出现。由此可见，行业会议的召开虽然不以学术为目的，但所发布的档案工作方针、政策却对档案学术研究具有导向作用。

（二）学术研讨类会议

学术研讨类会议往往是学术发展的风向标，代表着学术界共同关注的

---

① 张克复、丁海斌：《中国科技档案史纲》，甘肃文化出版社1999年版，第214页。

理论问题。1949年至1966年的档案学术研讨会尚未发展到较为成熟的程度，其中比较有代表性的七次会议（表3-8）也仅限于中国人民大学历史档案系，讨论的议题包括学术著作的出版（第一次）、档案学科体系的设置（第二次、第四次、第六次）、档案工作的开展及档案事业的发展（第三次、第五次、第七次）等，视野未免有所局限。但这些学术会议的范围并非仅限于中国人民大学内部，而是面向全国。如第一次科学讨论会就吸引了来自中央、华北局、北京市机关的档案工作者以及有关科研、出版机关的代表近200余人，这样的会议规模在当时已属十分庞大。综观这七次学术研讨会，第一次的议题聚焦于陆晋莲的《档案管理法》这部被称作新中国成立后的首部档案学专著，颇具典型意义，因陆晋莲属于"时代新旧交替"下的档案学研究者，其学术著作必然带有"旧时代"的烙印，也具有"新时代"的气息，因此，对该著作的讨论不仅局限于书中的学术观点，还关涉到档案学的研究方向与指导思想，关乎档案学未来的发展前景。而第二次、第四次、第六次会议中对档案学科体系的讨论以文书学为切入口，逐渐扩展到探讨文书学与档案管理学、保管技术学、文献编纂学、档案史等科目的关系，实则在于不断构建与完善档案学"相对独立的知识体系"，凸显档案学的学科地位。第三次、第五次、第七次会议则聚焦较为宏观的档案事业，但却细化为对档案工作方针与矛盾、档案教育的发展及档案科学研究的审视等内容，同样对档案学的发展起到了"总结"与"展望"的作用。

表3-8　　20世纪五六十年代档案界典型性学术研讨类会议[①]

| 时间 | 会议名称 | 主要探讨问题 |
| --- | --- | --- |
| 1954年4月8日 | 中国人民大学档案教研室第一次科学讨论会 | 出席讨论会的有中央、华北局、北京市机关的档案工作人员以及有关科研、出版机关的代表193人。这次讨论会的中心议题是讨论陆晋莲所著《档案管理法》一书。实际上批判档案工作中的资产阶级思想，宣传与学习苏联先进经验，肯定社会主义档案工作原则，加强新旧战线档案工作的团结合作 |

---

① 资料根据《中国人民大学信息资源管理学院六十年纪事》、《中国档案史讲义》（初稿，中国人民大学历史档案系档案史教研室编，1961年版）、王德俊著《中国人民大学档案系历次科学讨论会简介》（《档案学通讯》1984年第6期）等资料提炼总结。注：关于1959年10月科学讨论会记载不一，有些资料将此次会议遗漏，后续会议依次提前。

续表

| 时间 | 会议名称 | 主要探讨问题 |
|---|---|---|
| 1956 年 5 月 27 日 | 中国人民大学历史档案系第二次科学讨论会（当时称为中国人民大学第六次科学讨论会历史档案分组会） | 吴宝康作题为《论文书学的创建及其对象与任务》的学术报告，研究了文书处理工作的地位、内容和存在的问题；文书学研究的渊源以及文书学课程创建的条件；文书学是一门独立的历史科学辅助科目；文书学研究的对象和任务等问题。陈兆祦作《关于我国现代一般公务文件可靠程度问题的研究》，韦庆远作《论档案工作与历史研究的关系及对文献材料的批判利用》 |
| 1959 年 5 月 11—13 日 | 中国人民大学历史档案系第三次科学讨论会（当时称为中国人民大学第七次科学讨论会历史档案分组会） | 国家档案局局长曾三、副局长裴桐参加。中心议题是档案工作方针以及档案工作的矛盾和规律问题。会议对吴宝康的《论当前档案工作方针的正确性》学术论文进行讨论。吴宝康对"以利用为纲"方针的正确性进行了探讨 |
| 1959 年 10 月 26—27 日 | 中国人民大学历史档案系第四次科学讨论会 | 讨论档案专业课程的体系与设置问题 |
| 1961 年 9 月 | 中国人民大学历史档案系第五次科学讨论会 | 收到档案学论文 13 篇。吴宝康以"关于档案工作矛盾问题的探讨——学习毛泽东同志的《矛盾论》笔记"为题作学术报告。报告提出档案工作的基本矛盾问题，即"档案文件的收藏（收集、保藏）和人们的利用需要之间的矛盾" |
| 1962 年 6 月 5—6 日 | 中国人民大学历史档案系第六次科学讨论会（当时称为中国人民大学第九次科学讨论会历史档案分组会） | 主要议题是讨论潘嘉的《文书学的对象、任务及其与档案专业的关系》学术论文。主要讨论了文书学的对象、任务、与档案专业的关系，文书学与中国档案史、档案管理学、技术档案管理学、影片照片录音档案管理、保管技术学、文献编纂学之间的关系 |
| 1962 年 11 月 8 日、15 日、22 日 | 中国人民大学历史档案系第七次科学讨论会（当时称为学术报告会） | 为庆祝建立档案专业教育十周年而举办。中心议题是围绕着三个学术报告进行的——《新中国的档案教育事业》《机关档案室工作是国家档案工作的基础》《新中国档案科学研究发展概况》 |

## 第三节　档案学研究主体的形成与分化

学人研究一直是一个较为重要的研究课题，不论是学人的学术自传还是"他传"都鲜活生动地揭示出学术人物的学术思想和学术品格。然而，在档案界学术人物的研究还远未得到应有的重视。1979 年澳大利亚《档案与手稿》（Archives and Manuscripts）上发表的《历史的时钟》（The Clock of History）一文，在回顾澳大利亚一批档案工作者和档案学家的学术贡献时提到——"也许'先驱'并非最适当的词汇，用以描述20世纪四五十年代起开始其职业生涯的那些档案工作者。但是他们中的很多确实是从摸索中开始档案业务活动和档案学术研究的。"[1]其实不仅在澳大利亚,世界各国在档案事业发展史和档案学发展史上某个阶段都有一批先驱者或开拓者。

对于1949年至1966年的中国档案学而言,这一发展历程中,涌现出了一批档案学人,他们对新中国成立初期档案学科构建和学术独立化建制作出了杰出贡献,他们的学术人格、学术精神、学术活动和学术思想本身就是学术史的重要组成,是所在时代档案学发展与演变的缩影。正是新中国成立后的第一批档案学人,他们曾经苦苦探索,以源自苏联的档案理论和实践方法研究中国的档案理论体系和实际问题,试图寻找一条符合中国实际的档案学发展之路。笔者将这一时期活跃的档案学研究主体按照其出身与阅历分为三大类别:第一类是诸如曾三、裴桐、吴宝康、王可风等老一辈从革命者转化而来的档案学家,这类研究主体大都具有革命经历,新中国成立后在实践的基础上开始探讨档案学的理论问题,他们是档案学独立化建制研究的主要力量。第二类是诸如殷钟麒、傅振伦、张德泽等在新中国成立后受社会主义改造的"民国遗老",这批人在新中国成立后经过社会主义改造,积极转变思想从事与档案相关的工作和档案学术研究,发表文章、出版书籍、参与对档案学问题的讨论和对档案学科目的建设,尤其是对旧档案学的反思丰富了20世纪五六十年代档案学的研究成果。第三类是以谢列兹聂夫为代表的苏联档案专家,除谢列兹聂夫之外,米留申、沃尔钦科夫、舍皮波娃等苏联档案专家也短暂在华停留讲学,他们为新中国档案学带来了先进的理论与实践经验。笔者将以上三类档案学者群体分别概述为"革命者型""'民国遗老'型"和"外来专家型"。考虑到"外来专家型"学者群体堪称新中国档案学科创建的启蒙老师,故予以先行论述。

## 一 "外来专家型"档案学者群体

(一)来华苏联档案专家及贡献

1949年新中国成立之际,鉴于档案事业和档案教育发展的需要,

---

[1] G. L. Fischer, "The Clock of History", *Archives and Manuscripts*, vol. 7, November 1979, pp. 240 – 251.

我国先后聘请米留申、谢列兹聂夫、沃尔钦科夫、舍皮波娃等苏联档案专家来华讲学或作报告演讲，为新中国档案事业的发展、档案学研究的进步提供指导和建议。这其中，谢列兹聂夫在华时间最长，自1952年来华至1955年回国前一直在中国人民大学进行档案学的教育和科研工作，见证了新中国档案高等教育的初创和档案学各科目的设置。相比之下，米留申、沃尔钦科夫和舍皮波娃均因新中国档案事业建设的需要而被聘为顾问来华指导工作，由于在华时间较短，故对我国档案学的影响较小。而在当时，除苏联以外其他国家的档案学者几乎没有来华访问或学术交流的，因此，那时"外来专家型"档案学者群体（表3-9）主要指的就是苏联专家，其中又以谢列兹聂夫为代表。他们堪称新中国第一批档案研究人员的"老师"。

表3-9　　　　　"外来专家型"档案学研究群体

| 苏联专家 | 来华时间 | 对中国档案事业和现代档案学的贡献 |
| --- | --- | --- |
| 米留申 | 1949.11—1950.12 | 苏联先进档案理论与经验在中国的第一位传播者，所提建议多集中在档案业务层面上，如建议我国成立国家档案局和中央级别的国家档案馆。其对苏联档案理论与实践的介绍对新中国档案干部的思想产生了重要影响 |
| 姆·斯·谢列兹聂夫 | 1952.10—1955.6 | 对我国档案高等教育的创办作出了突出的贡献，进行档案教学和各科目教材提纲的撰写与修订，帮助培养了我国第一批档案教员和学生 |
| 格·伊·沃尔钦科夫 | 1956.10—1957.7 | 为我国制定档案工作业务文件提供指导与咨询性服务。在访华期间作了多场学术报告，介绍苏联档案工作开展的情况，并帮助我国草拟了多份档案工作文件 |
| 舍皮波娃 | 1959.10 | 对中央档案馆工作人员进行正式业务培训，内容涉及苏共中央档案馆的管理工作，如内部机构设置的功能、规章制度建设等方面 |

米留申作为第一批"100位专家"之一，是新中国成立后第一位来华指导档案工作的苏联专家，也是苏联先进档案理论与经验在中国的第一位传播者。他于1949年11月23日至12月2日先后到当时的中共中央办公厅秘书处、中央组织部、军委总政治部等二十多个机关单位考

察、调研档案工作的开展情况,并作了多场报告。① 这些报告对于新中国成立初期档案工作的开展和档案问题的研究起到了重要的指引作用。总体来看,米留申对新中国档案工作的指导,主要停留在业务层面,对我国档案工作的开展提出了很多批评性意见。如他批判了新中国成立初期档案工作中的诸多缺点,对整理档案中使用的"假拟十进分类法"提出了质疑,认为"这种方法是适用于图书馆里的图书分类,并不能完全适用于档案分类。这种归档办法不能认为是科学的,而且从档案的长期保管的观点来看,也不能认为是恰当适宜的"②。随后,米留申介绍了苏联以形成档案的组织机构作为整理档案原则的先进方法,对我国档案整理工作的开展颇具启发。再如1950年米留申连同阿尔希波夫总顾问先后三次致信周恩来总理,建议我国成立国家档案局和中央级别的国家档案馆,并制定统一的档案工作制度和档案保管期限表。③ 正是基于米留申的建议,时任国家领导在综合考虑各种实际情况之后将具体落实任务交于曾三负责,"曾三接受任务后再次认真研究了米留申留下的全部材料。在此基础上,他结合我国国情和档案工作的无序状况,提出了档案教育先行的实施方案"④。米留申的在华贡献主要体现在其文集《关于档案工作及文书处理的参考资料》⑤ 中,文集收录的宝贵意见,对新中国档案干部的思想产生了重要影响。

---

① 诸如米留申于1949年12月27日,在中共中央办公厅秘书处召开的档案工作座谈会上,作了《关于档案工作的一般问题及中国档案工作目前的缺点》的报告(《编者按》,《材料工作通讯》1951年第4期);于1950年8月28日,在中央人民政府各部委(会)与中共中央机关秘书档案工作座谈会上作了《关于改善中国国家机关、团体文书档案工作的任务》报告;于1950年11月27日在北京对各部、委、局及其他机关、团体的秘书处、办公厅的工作人员作了《苏联文书处理工作中的几个问题》报告;随后又分别面向军事系统作了《苏联档案工作理论与实践中的几个问题》(1953年12月在北京对军事系统文书、档案工作人员的报告);在华东与上海市一级机关文书处理工作和档案工作干部会上作了《文书处理工作和档案工作对于社会主义国家及各人民民主国家的意义》报告(1954年2月1日在华东与上海市级机关文书、档案工作干部会上的报告)。

② 见米留申所写的《档案工作及文书处理的参考资料》中第6—7页内容。

③ 米留申还在建议中附上代为起草的三个文件:《中华人民共和国政务院档案局条例(草案)》《中央人民政务院关于建立档案局的决定》和《关于建立档案局的说明书》,之后又递送了《档案保管期限表》。

④ 中国档案学会档案老专家委员会编:《新中国档案事业发展历程——纪念国家档案局成立60周年文集》,中国文史出版社2015年版,第55页。

⑤ 中共中央办公厅秘书处和中央人民政府政务院秘书厅汇编,并于1950年9月出版。

曾三提出"档案教育先行"的实施方案后，周恩来总理在访苏期间亲自为聘请苏联专家来华任教一事而奔波。[①] 1952年10月下旬，苏联历史档案专家姆·斯·谢列兹聂夫被派往中国人民大学任教，自此开启了他在华三年的档案研究历程。在帮助培养了中国教员、对中国档案学建设提出若干宝贵建议后，谢列兹聂夫于1955年6月回国。回国之际，他曾感言："我很欣慰、很自豪。欣慰的是为中国创办档案高等教育尽了一份力；自豪的是我完成了任期教学任务，为中国培养第一批档案人才尽了一份力。"[②] 回国后的谢列兹聂夫仍心系中国档案学和档案事业的发展。1961年10月值国庆节之际，谢列兹聂夫还发来了国庆贺词；11月，吴宝康代表中国人民大学历史档案系致电谢列兹聂夫，祝贺伟大的十月革命节。[③]

格·伊·沃尔钦科夫是继米留申和谢列兹聂夫来华之后的第三位苏联档案专家。他于1956年10月受国家档案局之邀，主要为我国制定档案工作业务文件提供指导与咨询性服务，并在访华期间作了多场报告[④]，介绍苏联档案工作的开展情况，受众达万人。沃尔钦科夫还在对华南、华东、天津等地档案工作进行考察的基础上，帮助草拟了《中华人民共和国各部及其他机关、团体、企业活动中所形成的标准文件材料保管期限表（草案）》和《中华人民共和国机关、团体、企业档案室工作通则（草案）》等十四个领导与指导性文件。[⑤] 沃尔钦科夫在华时间不长，于1957年7月2日回国。回国之际，曾三代表国务院总理颁发给他"中苏友好纪念章"，国家档案局也

---

[①] 1952年，周恩来出访苏联，到达苏联后，就和苏共中央政治局委员马林科夫谈了聘请专家一事，但由于当时苏联在放暑假，所以没有能确定人选。直到8月30日人选才确定下来，就是谢列兹聂夫。专家确定了之后，周恩来马上以自己的名义给国内拍了封电报，给中央报告了这个喜讯（选自北京卫视《档案》栏目2012年10月24日《中国人民大学档案学院诞生记》视频，以上文字为笔者根据视频整理稿）。

[②] 韩玉梅：《新中国档案高等教育的开山之师——忆M.C.谢列兹聂夫教授在华执教》，载郭海缨主编、中国档案报社编《光荣时刻：新中国档案事业发展亲历》，中国档案出版社2009年版，第26—29页。

[③] 中国人民大学信息资源管理学院：《中国人民大学信息资源管理学院六十年纪事》，中国人民大学内部资料，2015年，第62页。

[④] 报告如下：《苏联档案工作的组织（在1956年12月22日全国档案工作会议上的报告）》（《档案工作》1957年第1期），《苏联档案管理机关和档案馆鉴定工作的经验》（《档案工作》1957年第2期），《苏联地方国家档案馆的建立及其接收档案的工作》（《档案工作》1957年第3期），《苏联档案机关利用文件材料的工作经验》（《档案工作》1957年第5期、第6期）。

[⑤] 吕声：《欢送苏联档案专家沃尔钦科夫同志》，《档案工作》1957年第4期。

通过感谢信传达了对他工作的赞扬与肯定。①

舍皮波娃是文献记载的最后一位访华苏联档案专家。舍皮波娃为原苏共中央档案馆副馆长、中共中央马恩列斯著作编译局特聘顾问。1959年10月中央档案馆正式开馆前夕，为了对中央档案馆工作人员进行正式业务培训，曾三以国家档案局局长和中央档案馆馆长的双重身份邀请舍皮波娃来华指导工作。舍皮波娃的报告主要关于苏共中央档案馆开展档案利用工作情况和档案馆管理知识，如内部机构设置的功能、规章制度建设等方面。② 此外，舍皮波娃访华期间还应邀到中国人民大学历史档案系为全系500余名师生演讲。③

（二）谢列兹聂夫对中国档案学的贡献

1. 谢列兹聂夫其人

谢列兹聂夫1916年出生于莫斯科，是苏联著名历史档案学家和文献编纂学家。1941年，谢列兹聂夫毕业于莫斯科大学历史系；苏联卫国战争爆发后，他投笔从戎，参加了反法西斯战争；1946年，在苏联十月革命中央国家档案馆科学编研处从事研究工作；1950年，谢列兹聂夫考入莫斯科大学历史档案学院研究生部，荣获副博士学位，毕业后留校从事档案学的教育和研究工作。1952年至1955年，在中国人民大学档案教育创办之初，谢列兹聂夫被派遣到中国，帮助中国档案学科的创办。作为一名档案学者，谢列兹聂夫一生著述颇丰，发表论文140余篇，涉及诸多领域。他尤为关注档案理论与实践的研究，其《苏联档案工作的理论与实践》④ 一书几经再版，对新中国成立初期的档案学影响尤为之大。

2. 谢列兹聂夫的教学与研究

谢列兹聂夫初来中国，在不懂中文又不甚了解中国档案工作实际的情况下，于来华第一年授课，将苏联的档案理论和实践经验讲授给译员、教员和学员，先后开设了《苏联档案工作理论与实践》《苏联档案

---

① 吕声：《欢送苏联档案专家沃尔钦科夫同志》，《档案工作》1957年第4期。
② 中国档案学会档案老专家委员会编：《新中国档案事业发展历程——纪念国家档案局成立60周年文集》，中国文史出版社2015年版，第64—65页。
③ 根据韩玉梅回忆整理，口述史料采集时间为2016年6月22日。
④ 系谢列兹聂夫在中国人民大学1952年至1953年的讲义内容翻译而成。该书12万余字，1953年4月第1版、1954年修订再版、1955年5月第3版，7次印刷，发行量近10万册，还传播到越南、蒙古等国。

史》《苏联档案文书处理工作》和《苏联文献公布学》等课程。这些课程虽然都是苏联特色的档案理论和实践，但对于当时专修科档案班和档案专修科的译员和教员乃至全体学员而言，都是前所未闻的。那时，由于中国还没有教员可以独立承担档案科目的教学工作，从备课、撰写讲稿、指导译员翻译中文稿，再到给教员和学员进行课程的讲授，第一年中的所有科目都由他一人完成，工作量和难度可想而知。在谢列兹聂夫的辛勤耕耘下，档案学的授课确实取得了良好的效果，新中国第一批档案学专业教师和档案学者、档案工作者迅速成长起来，并逐渐发展成为中国档案事业的骨干力量。《中国人民大学档案专修班关于第一期教学工作的基本总结》中对谢列兹聂夫的教学工作予以高度赞扬："不仅在工作方针计划上，而且在每一个工作步骤，甚至许多细小的工作环节上，都得到了专家的指导、鼓励与帮助。他经常鼓舞我们在每一个工作步骤上与困难作斗争，特别在实验课中，由于专家的帮助与指导，使我们度过了本期档案班实验工作的困难时期。没有专家的指导，帮助和鼓励，这样的成绩是不可能得到的。"[①]

为了了解中国档案工作实际，1954年1月底，谢列兹聂夫在吴宝康的陪同下前往南方考察，着重参观了南京史料整理处。谢列兹聂夫肯定了南京史料整理处在整理旧政权零散档案资料中所取得的成绩，并将苏联历史档案整理的理论和实践经验予以分享介绍，其中关于如何区分全宗、如何分类立卷等经验的讲授对南京史料整理处档案的整理、立卷、标题、编目等工作的开展具有指导意义。为了更好地学习苏联实践经验和档案理论，南京史料整理处还特此设立了典型试验研究室，研究室"由档案整理组组长和工作互助组长以及工作改进研究组的人员参加，就边疆问题的档案，包括清朝理藩院，北洋政府蒙藏院，国民党政府的蒙藏委员会等三部分，进行试验整理，以便取得经验"[②]。正是此次南方考察促成了吴宝康回京后，于1954年3月2日向吴玉章和曾三

---

[①] 《中国人民大学档案专修班关于第一期教学工作的基本总结》，《档案工作》1953年第3期。
[②] 王可风：《三年来的整理旧档案工作》，载施宣岑、华明编著《王可风档案史料工作文集》，档案出版社1989年版，第26—30页。

呈送关于筹建国家档案局、中央档案馆、历史档案系等四项建议的报告。① 此外，谢列兹聂夫还在档案实际工作系统报告演讲（表3-10），为档案实际部门带来先进的档案理论。

表3-10　　　　　　　谢列兹聂夫在华所作报告列举

| 报告题名 | 报告时间及地点 | 报告的主要内容 |
| --- | --- | --- |
| 《苏联文书处理工作中的几个问题》 | 谢列兹聂夫于1952年11月17日及20日在北京对各部、委、局及其他机关、团体的秘书处、办公厅的工作人员所作的讲演 | 论述了苏联文书处理工作的作用、历史、组织、在各个不同行业的开展情况等问题 |
| 《苏联档案工作理论与实践中的几个问题》 | 谢列兹聂夫于1953年在军事系统的报告 | 讲述了文书处理工作及档案工作的意义、文件的移交、档案工作人员的任务、单个文件立卷问题和立卷原则、秘密文件的立卷、档案与资料的区分、文件材料的鉴定工作等几个问题 |
| 《关于高等学校的讲课方法问题》 | 谢列兹聂夫于1954年11月24日给中国人民大学教师所作的报告 | 该报告讲述了讲课内容和讲课方法应该注意什么，怎样在讲课中贯彻社会主义理念，驳斥资产阶级的反动理论和观点 |
| 《文书处理工作和档案工作对于社会主义国家及各人民民主国家的意义》 | 谢列兹聂夫于1954年2月1日在华东与上海市一级机关文书处理工作和档案工作干部会上的报告 | 报告主要论述了文书处理工作和档案工作对于社会主义国家及各人民民主国家的意义以及文书处理工作人员及档案工作人员的作用与地位的问题 |
| 《论科学研究工作中对文件史料的批判利用》 | 谢列兹聂夫于1955年在马克思列宁学院、中国人民大学、北京大学所作的报告 | 该报告讲述了历史科学的研究对象和史料利用的注意事项等内容 |

1955年是谢列兹聂夫在华的最后一年。由于专家回国后，档案教学工作就需要我国教员独立承担。因此，谢列兹聂夫在最后一年的主要任务是帮助我国教员提高档案学的科学研究水平和教学工作水平，为中国档案教育的开展、档案学的发展提供后备师资队伍和研究队伍，使中国档案教员能够独立承担起讲课、实验课、课堂讨论、指导学年论文与

---

① 中国档案学会档案老专家委员会编：《新中国档案事业发展历程——纪念国家档案局成立60周年文集》，中国文史出版社2015年版，第58页。

毕业论文、辅导、布置考试、组织生产实习等教学工作。为了完成这项艰巨的任务，谢列兹聂夫最后一年重点从事了如下工作：帮助各教研室讨论课程讲义、研究所撰写的文章和提纲；帮助提高教员业务水平的熟练程度，开展教学与讲授方法讨论会，开展关于讲授方法和利用史料的专题报告；对教员和研究生针对教学与研究活动所提的问题予以辅导；与教研室主任针对如何领导与计划开展教研室工作开展定期谈话；辅导和提高翻译的业务水平和研究水平。[①] 同年，在谢列兹聂夫的建议下，中国人民大学历史档案系的课程扩充到"中国文书处理工作史""中国文献公布史""中国档案史""外国档案史"等门类，而且档案理论与实践课程、苏联档案史课程的内容也有所扩充，意在为日后档案理论的更深入研究打下学理基础。

1952年至1955年在华期间，谢列兹聂夫对中国人民大学档案教员进行的每次专家辅导都有详细记录，记录中精确的时间、地点、辅导内容、专家意见等无不反映了谢列兹聂夫对中国档案学研究的悉心指导，同时也反映了新中国档案教育的发展情况和研究重点。这些记录资料于1957年汇集为《谢列兹聂夫论文报告辅导记录集（1952—1955）》。这份资料记录翔实，为我国档案教育的开展和学术研究的进行提供了丰富的参考，也为现代档案学的回顾式研究提供了丰富的史料。

3. 谢列兹聂夫的学术贡献

谢列兹聂夫在为期三年的在华教学期间，系统介绍了苏联档案理论和档案实践，在辅导中国教员、帮助培养中国档案后备师资队伍、结合中国实际帮助筹划"中国化"的档案学科体系过程中不遗余力。负责苏联著作翻译的韩玉梅在回忆谢列兹聂夫在华的教学与科研工作时写道："谢列兹聂夫教授治学严谨、精益求精，做学问一丝不苟，时间有限，他就把精力发挥到接近极限。他几乎每天工作16个小时，呕心沥血，忘我工作，培养了3期近450名学生。"[②] 由此可见，谢列兹聂夫对新中国档案教育和学术研究起到了重要作用。

---

① 《谢列兹聂夫论文报告辅导记录集（1952—1955）·中国人民大学档案系专家辅导（第二部分）》，中国人民大学内部资料，1957年，第1页。该文系1954年9月2日记载。
② 韩玉梅：《新中国档案高等教育的开山之师——忆 M. C. 谢列兹聂夫教授在华执教》，载郭海缨主编、中国档案报社编《光荣时刻：新中国档案事业发展亲历》，中国档案出版社2009年版，第26—29页。

谢列兹聂夫来华三年的最大贡献在于帮助中国创办了档案专修科、培养了6名教员、9名研究生作为档案研究员、帮助成立了档案教研室、指导教研室开展教学工作和科学研究工作、先后为档案学研究的开展提出建议19项①，为发展中国独立化的档案教育准备了条件。具体而言，谢列兹聂夫来华后主动制定工作计划，帮助教育的开展。1952—1953学年，专家的计划是为第一期学员授课，积极培养中国教员及第一期研究生，帮助筹建档案教研室；1953—1954学年，专家的计划是培养中国教员独立进行教学工作与科学研究工作的能力，为教员与研究生讲授文献公布学等新课程，并帮助建立档案历史教研室，指导创建中国档案史；1954—1955学年，专家的计划是为全体学员作科学报告，对教员进行科学辅导，帮助提高教员的教学质量与科学水平，帮助筹建国家机关史与文书处理学教研室、文献公布学教研室等，并为筹建历史档案系献计献策。在谢列兹聂夫的努力下，我国档案教育取得了快速发展。1955年6月，《档案专家姆·斯·谢列兹聂夫同志在校工作的总结报告》中对谢列兹聂夫予以高度评价："他在中国档案专业的发展史上，留下了极为重要的一页。他的功绩集中地反映在这样一点上，即不仅培养了档案干部，而且还为我校将档案专修科发展成为一个历史档案系奠定了基础。成立历史档案系来培养档案专业人才，这在旧中国来说是一件完全不可想象的事。"② 这段评价也凸显了谢列兹聂夫为中国档案教育发展所作出的重要贡献。

但是，谢列兹聂夫档案观点中所镌刻的政治斗争和阶级斗争烙印，也体现了特有时代下思想的局限性与顽固性。谢列兹聂夫在其研究中将档案学分为社会主义档案学和帝国主义档案学两大对立阵营，认为资本

---

① 《档案专家姆·斯·谢列兹聂夫同志在校工作的总结报告》中关于教学组织方面的建议有：1954年5月建议将原档案教研室分为档案学教研室与档案历史教研室，1955年建议在实验室中设立陈列室，1952年建议成立实验室，1953年建议建立资料室并设立阅览室，1954年建议将档案专修科发展为独立的档案学院，1955年建议在历史档案系下除原有档案学教研室、档案历史教研室外增设国家机关史与文书处理学教研室和历史辅助科目教研室；关于教学计划方面的建议有：1954年建议由中国教员讲授中国档案史，1954年建议第二届研究生的教学计划增加古文，1953年建议团结中国旧专家以便搜集材料、建立中国国家机关史、公布文献史、文书处理史等新课程，1953年建议建立文件材料保管技术学，1953年建议建立技术档案管理与组织，1953年建议建立外国档案史等（该报告现存于中国人民大学档案馆）。

② 资料来源于中国人民大学档案馆保存的《档案专家姆·斯·谢列兹聂夫同志在校工作的总结报告》，1955年6月。查阅时间为2017年11月17日。

主义档案学是资产阶级的、反动的,为帝国主义服务的假科学,而只有苏联的理论和方法才是唯一正确的至高无上的法宝。① 以上偏见也深深影响了当时我国档案学的发展。但抛开历史的局限,谢列兹聂夫作为"新中国档案高等教育开山之师"② 的历史地位及学术贡献值得永久铭记。

### 二 "革命者型"档案学者群体

（一）"革命者型"档案学者的学术贡献

目前学界多将本研究所称的"革命者型"档案学者群体视为继民国时期以甘乃光为首的启蒙者之后的第二代档案学人——"以曾三、吴宝康等为代表的一批既有丰富的档案工作实践经验,又有马列主义理论水平的档案学家组成了中国档案学界第二代。他们是社会主义档案学的奠基人。第二代学者以如椽之笔书写了共和国初创期轰轰烈烈的档案工作和档案学研究奋斗史。"③ 胡鸿杰将这群人视为中国档案学的"开拓者","他们从建国之初的白手起家到形成理论队伍,从建立学科体系到完善学科门类,使中国档案学获得了前所未有的发展,他们才是真正意义上的中国档案学'成就者'"④。张盼将"曾三、吴宝康、裴桐、王可风等老一辈档案学者"视为"第二代档案学术共同体",将"中国人民大学档案系1952年至1966年培养出来的本科生、专科生、进修生",诸如"陈兆祦、和宝荣、曹喜琛、丁永奎、王传宇等"视为"第三代档案学术共同体"。⑤ 由此可见,这一代档案学人对中国现代档案学的发展起到了奠基性的作用。

"革命者型"档案学者群体中的绝大多数经过战争的洗礼,具有很强的政治素养,但在新中国成立初期却缺乏相应的档案学专业知识。随着档案事业的发展和对档案学研究的探索进程,这类档案学研究者历经了新中国

---

① 刘文杰:《中国档案学文书学要籍评述（1910—1986）》,四川大学出版社1987年版,第264—265页。
② 韩玉梅:《新中国档案高等教育的开山之师——忆M. C. 谢列兹聂夫教授在华执教》,载郭海缨主编、中国档案报社编《光荣时刻：新中国档案事业发展亲历》,中国档案出版社2009年版,第26—29页。
③ 王晓飞:《中国的四代档案学者》,《档案》1989年第4期。
④ 胡鸿杰:《论档案学人》,《档案学通讯》2002年第2期。
⑤ 张盼:《试论我国档案学术共同体形成与发展》,《档案管理》2013年第6期。

成立以来档案教育从创建伊始到发展壮大的全部历程，经历了档案事业发展的跌宕起伏、档案学术研究的逐渐成熟等一系列历史事件，堪称中国档案学独立化建制的"开拓者"。在这类档案学人群体中，曾三、吴宝康、裴桐、王可风、韦庆远等学者是其中的典型代表。而在新中国第一批档案教育者和研究者的培养下，诸如程桂芬、冯乐耘、吴以文、陈兆祦、周雪恒、和宝荣、曹喜琛、丁永奎、王传宇等新中国培养出的第一批档案学研究生和本科生也开始崭露头角，投身于档案学研究中。

（二）"革命者型"档案学者的典型代表

1. "档案教育先行"的倡导者与筹划者——曾三

曾三早在抗日战争和解放战争时期就从事档案资料工作，具有丰富的实践经验和理论素养。[①] 新中国成立后，曾三继续从事其所挚爱的档案工作，先后担任中央办公厅秘书处秘书、中央办公厅秘书局局长、中央办公厅副主任、国家档案局局长、中央档案馆馆长等职务，在档案工作理论与实践方面作出了突出贡献，领导第一批档案人开拓了新中国的档案事业。曾三的档案观主要体现在其档案教育观、档案哲学观和档案研究观等方面。

曾三的档案教育观。1950年，苏联档案专家米留申来华考察档案工作后，与苏联代表团总顾问阿尔希波夫共同建议成立一个全国性的专门档案局，统筹全国档案事业。曾三受命研究此事。鉴于新中国成立初期百业待兴、档案专业干部短缺、成立档案管理局困难重重等三方面考量，曾三结合我国的国情和档情，率先提出了"档案教育先行"的实施方案，并促成了第一所档案高等教育的成立、苏联档案专家谢列兹聂夫的来华授课、第一批档案教学人员及研究人员的组建，为档案高等教育的创办与发展作出了重要贡献。1954年国家档案局成立后，曾三又促使中国人民大学历史档案系的成立，促进档案高等教育逐渐步入正规化发展与建设的轨道。20世纪60年代初期，曾三又向党中央、国务院和周恩来总理提出设立档案学院的报告，虽因经济困难而被迫搁置，但曾三对档案教育开展、档案人才培养的重视与

---

① 1947年，曾三在山西兴县刘家曲写了《关于中秘材料工作总结》，全面回顾和总结了档案的保管与清理情况，对档案分类问题提出了一些重要的思想。阐述了分类的原则、指导思想、重要意义。（参见邓绍兴、邹步英、王光越《中国档案分类的演变与发展》，档案出版社1992年版，第150—151页。）

关注，对新中国档案高等教育的创建与发展起到了巨大推动作用。第一批教员中的吴宝康、田凤起、李凤楼等也是经曾三建议开始从事档案教育与研究工作，从此以档案教育为依托的档案学术研究迅速成长起来。

曾三的档案哲学观。曾三以革命者的情怀开展档案工作、从事档案研究，并以马克思主义哲学作为指导，从矛盾论出发，对档案与资料、文书档案与技术档案、机关档案室与全国档案工作、档案理论与实践、档案保管与利用、档案开放与保密等问题予以辩证分析。虽然曾三的很多档案思想均以会议讲话的形式呈现，但这些讲话内容对以上问题进行了较为全面的阐述，为新中国成立初期的档案学研究明确了方向。对于档案与资料的区分，曾三认为"不应从形式上看，应该从它的性质、从它同我们工作的关系来看"[1]；对于文书档案与技术档案的关系，曾三认为二者同样重要，但因"技术档案具有量大、专业性强的特点"[2]，曾三于1957年第一届全国人民代表大会第四次会议上提出对技术档案分系统统一管理，并于1959年、1962年再次阐明技术档案按专业统一管理的制度；对于机关档案室与全国档案工作的关系，曾三认为"机关档案室是档案工作的基础，必须正确地对待机关档案室工作和档案馆工作"[3]；对于档案理论与实践的关系；曾三认为"加强档案工作的理论研究，既要由像中国人民大学历史档案系这样的专门教育研究机构进行，也要与广大档案工作人员的经验总结、业务研究结合起来"[4]；对于档案的保管与利用，曾三抨击了档案工作"一把锁"的错误认识，强调"一切档案工作的目的是为了利用，档案必须为今天和明天的实际工作和科学研究工作服务"[5]；对于档案的开放与保密，曾三认为由于

---

[1] 曾三：《积极做好技术档案工作，为伟大的社会主义事业服务》，载国家档案局编《曾三档案工作文集》，档案出版社1990年版，第124—134页。

[2] 曾三：《进一步提高档案工作水平，积极开展档案资料的利用工作，为社会主义事业服务》，载国家档案局编《曾三档案工作文集》，档案出版社1990年版，第91—105页。

[3] 曾三：《1958年至1962年全国档案工作的总结和今后的任务》，载国家档案局编《曾三档案工作文集》，档案出版社1990年版，第201—221页。

[4] 曾三：《进一步提高档案工作水平，积极开展档案资料的利用工作，为社会主义事业服务》，载国家档案局编《曾三档案工作文集》，档案出版社1990年版，第91—105页。

[5] 曾三：《在原大区档案整理工作座谈会开幕式上的讲话》，载国家档案局编《曾三档案工作文集》，档案出版社1990年版，第28—34页。

档案工作的政治性特点，在档案利用的同时，要"特别注意执行保密制度"①，二者并不矛盾。

曾三的档案研究观。曾三认为："档案工作是一门科学工作，不是简单的技术工作，要做好这一工作，不但要具有历史知识和马克思列宁主义修养，研究政策和法令，而且要有丰富的业务知识。"② 在这一理念的指引下，曾三提倡在做好档案实践工作的同时，加强档案理论研究，对档案的本质与属性、档案工作的组织与历史、档案的种类与管理原则等方面开展研究，以更好地指导实践。1959年，在曾三的主持之下，国家档案局成立了档案学研究室，专门从事档案学的理论研究。1963年，国家档案局又呈请成立档案科学技术研究所，其研究工作虽因"文化大革命"而被迫中断，但仍是档案行政部门开展档案学术研究的有益尝试。

曾三的档案教育观、档案哲学观、档案研究观均形成并发展于20世纪五六十年代，这些观点为我国档案学术研究、档案学科发展提供了指引，为我国档案工作的开展、档案事业的建设提供了思想动力，促进了"中国式档案学理论"的建设。

2. 新中国档案教育的开拓者与奠基人——吴宝康

（1）吴宝康其人及阅历

1997年，吴宝康撰写的《我的回忆》③一文刊登于《档案学通讯》第1、2期，文中详细回忆了家乡生活、上海经历、谋生社会、思想演变、入党前后、下乡前后、从抗战到解放的经历以及新中国成立后深入研究档案学、投身档案事业的前因后果。从吴宝康的人生经历和生活阅历，可以看出他与档案事业的渊源，也可了解其治档案学的思想渊源。

吴宝康原名吴庆荣，1917年生于浙江湖州南浔镇。1939年，吴宝康加入中国共产党，正式与旧社会旧思想决裂并开启了其无产阶级光荣奋斗的一生历程。1939年参加革命后改名吴宝康，只求成为"广大群

---

① 曾三：《积极做好技术档案工作，为伟大的社会主义事业服务》，载国家档案局编《曾三档案工作文集》，档案出版社1990年版，第124—134页。

② 曾三：《略谈机关档案工作当前的几个问题》，载国家档案局编《曾三档案工作文集》，档案出版社1990年版，第16—23页。

③ 吴宝康：《我的回忆》，《档案学通讯》1997年第1期；吴宝康：《我的回忆（续完）》，《档案学通讯》1997年第2期。

众中的一员,做一点普普通通的工作,起一点普普通通的作用,为革命多做贡献"[1],从此走上了革命的道路。革命期间吴宝康深入实际开展社会调查,并将调查数据及时整理统计、写成书面报告,将理论与实际相结合。这种深入社会、了解实际、联系群众的工作作风对吴宝康日后的档案学术研究产生了重要影响。

新中国成立后,中共中央华东局秘书处资料室撤销,改设档案科,吴宝康任科长,其后多经辗转[2],于1952年由上海调至北京,任中共中央办公厅秘书处副处长,同年由于中国人民大学开办档案专业教育,吴宝康正式任教中国人民大学,开启了其正式而系统的档案专业教育和档案学术研究之路。此后的半个多世纪,吴宝康将其全部心血放在档案学的建立和发展中来,统筹档案教育的建设、组织专业课程的开办、负责专业人才的培养、投身教材的编写等各项工作,为我国档案学的独立化建制作出了巨大贡献。吴宝康将其自1939年加入中国共产党和下乡参加新四军以来的活动与工作总结为三大类别:一是新闻报刊工作,二是调查研究工作,三是档案工作。如果按此分法,那么新中国成立前吴宝康主要从事的应为前两类工作,虽然解放战争时期,吴宝康也部分地从事了资料和档案的实践管理工作和研究工作,但正式而系统地从事档案工作和档案学研究还属新中国成立之后,确切来说是在调任中国人民大学之后。

正是由于其"自学"经历和革命战争经历,吴宝康深受马克思主义世界观和人生观的熏陶,思想经历了巨大的改造,塑造了他始终将党的事业视为自己终身奋斗目标的坚定信念,并将此与自己的学术理想紧密相连,这种忠于党、忠于社会主义建设事业的决心,也塑造了他吃苦耐劳、不畏艰难的品格,并对档案学的发展抱有极大的信心,这种专业乐观精神伴随着他从事档案教育和档案学研究的始终。"在50年代有人否定档案学时,在十年动乱中挨批挨斗、档案学遭受灾难时,在人民大学停办,档案系将决定撤销时"[3],吴宝康始终坚持自己的信念,并将专业使命铭记于心。

---

[1] 吴宝康:《我的回忆》,《档案学通讯》1997年第1期。
[2] 后调任中共中央办公厅秘书处编辑研究科任科长,任华东局机关刊物《斗争》一刊主编。1951年升任秘书处副处长,在任期间主管档案工作,次年兼任档案室主任一职。
[3] 吴宝康:《我的回忆(续完)》,《档案学通讯》1997年第2期。

(2) 吴宝康对档案教育与档案学研究体系的建构

新中国成立初期,档案专业刚刚创办,对于设置哪些课程、如何开展学术研究尚一无所知,于是经商议,决定先办专修科档案班。经裴桐建议,推荐时任华东局秘书处副处长的吴宝康为档案班班主任,裴桐认为:"在关于档案和资料的区分、关于档案机构的设置和上下级之间的关系等问题上,华东局办公厅都首先提出了自己的看法,并形成了文件。在《材料工作通讯》上,吴宝康也连续发表了不少档案理论方面的文章,是既有理论又有实践经验的档案工作者。"[①] 于是吴宝康正式来到中国人民大学开启了其档案教育生涯,并在未来的五十余载岁月中,将其心血倾注于档案专业教育与档案学术研究中来。

筚路蓝缕、以启山林,20世纪五六十年代档案教育初创时期谈何容易。吴宝康在学习苏联经验的基础上,率先提出建设中国特色的档案学、筹备独立化的中国档案学科体系,并带领新中国成立后第一批档案学人全面组织、规划档案学的课程设置和研究进展,并以中国档案史、档案学史和档案学理论为自己的主要研究方向。1957年,吴宝康开始深耕中国档案史,并发表了系列成果,为中国档案史研究奠定了坚实的基础。1958年,吴宝康开始讲授档案学理论与历史这门课程,对我国档案学理论的发展历史以及有关档案学的基本理论问题予以全面而深刻的思考[②],为其颇具盛名的《档案学理论与历史初探》积累了丰富的研究素材。1961年,吴宝康将其十年来的研究成果浓缩为《档案学是一门科学(初稿)》,其中系统阐释了档案学独立性的内涵、档案与档案工作的价值、档案学发展的历史沿革、档案学研究的指导思想、档案学的基本内容和研究范围,并首次将档案学科体系全面地概括为包括档案学概论、档案管理学、技术档案学和影片照片录音档案管理、档案保管技术学、中国档案事业史、世界档案事业史、档案学史在内的相对完整的知识框架,还阐明了文书学、文献编纂学与档案学的关系问题。这既

---

① 中国档案学会档案老专家委员会编:《新中国档案事业发展历程——纪念国家档案局成立60周年文集》,中国文史出版社2015年版,第213页。

② 这门课程所讲授内容即为《档案学理论与历史初探》(1982年内部出版,1986年正式出版)一书的原型,1958年中国人民大学历史档案系内部油印了《档案学理论与历史专题讲授纲》,加之油印本《档案学基础》第十编《我国档案学的产生和发展》及吴宝康20世纪五六十年代的其他一些论文稿,共同构成了《档案学理论与历史初探》的初稿资料。

是吴宝康十年学术研究成果的集中呈现,也为后续档案学研究指明了方向、为档案学研究的丰富与完善设计了蓝图。

3. 理论型档案实践家——裴桐

革命战争和解放战争时期,管理档案的专门人才少之又少,也没有管理档案的专门制度。裴桐就算是这种"专门人才"中的一员,并在文书档案的管理工作中注重对文件管理制度的研究。1931年,瞿秋白受周恩来总理指示,为坐落于上海的中央文库①文件整理工作起草了一份制度性文件,即后来著名的《文件处置办法》。随后,中央文库档案的整理工作需要调配一位熟悉管理且政治上可靠的人员,裴桐就这样进入了档案管理领域,并开启了其档案管理与档案学研究的生涯。

裴桐1918年出生于上海,参加革命前在上海读书,属于中专文化水平,1938年来到延安参加革命,在马列主义学院学习之后被分配到中山图书馆工作。这样,裴桐因为既具有一定的文化素养,又从事过图书馆工作,还在政治上可靠,于1940年从中山图书馆调配到中央秘书处材料科工作,负责档案的整理,用图书管理中的《十进分类法》整理档案资料。② 1943年,裴桐在文件材料工作中认识到建立统一整理方法和利用方法的重要性,提出了"建立科学的移交点验制度"(在《地方党务材料检查报告》中提出),并在1945年任材料科科长后领导材料科建立了一系列管理制度(如《材料科党务材料管理办法》《党务材料分类表》《材料科借出条例》《材料科工作条例》《地方文件工作细则》等),为新中国成立后档案工作的继续开展、档案管理制度的深入研究奠定了基础。此外,裴桐还在20世纪40年代初,协助毛泽东主席与胡乔木编辑出版党的《六大以前》和《六大以来》等重要文献汇编,成为党的历史上参与大型重要档案史料汇编的第一个档案工作人员。③

新中国成立后,裴桐领导或参与了中央文库档案的移交、整理、编目工作,中央办公厅文书处理工作的改革,《国务院关于加强国家档案

---

① 中央文库是中央秘书处下属的中共中央第一个专门保管档案材料的秘密机构。除了中央文库,文书档案保管机构还有文件保管处和材料科。而当时第一代档案保管人是张唯一、陈为人、陈来生等。裴桐和田凤起就是材料科早期的一批科员。

② 中国档案学会档案老专家委员会编:《新中国档案事业发展历程——纪念国家档案局成立60周年文集》,中国文史出版社2015年版,第206—207页。

③ 王明哲:《序》,载中央档案馆编《裴桐档案工作文集》,中国档案出版社1995年版,第1—5页。

工作的决定》等条例的起草,《毛泽东选集》的注释,莫斯科保管的中共共产国际代表团档案的接收等工作,具有丰富的实践经历。而在理论研究方面,1951年裴桐负责创办并主编了新中国成立后首个档案学刊物——《材料工作通讯》,该刊物对交流档案工作经验、推动档案学术研究起到了重要作用。1952年裴桐参与了新中国档案教育事业的创办,并负责讲授《党的组织机构史》①。此外,裴桐在担任中央档案馆领导期间,具体主持全馆业务工作,制定各项规章制度,开展大规模的革命历史档案征集工作,并组织和参加编写了《中共中央文件选集》等档案汇编。裴桐对学术研究的兴趣,加之他在工作中的积极思考,促使他将实践工作的经验升华为档案管理理论,在档案与资料的区分,档案收集、整理、分类、利用等方面多有著述。

4. 其他典范

(1) 历史档案研究的奠基人——王可风

王可风在从事档案工作前可谓是一位"纯正的历史研究者"②,在历史学家范文澜、田家英、刘大年和档案界领导曾三、张中等的指导与帮助下,将档案与历史结合起来开展工作。1949年11月,中央人民政府接管原国民党政府在南京的各个机构。时任中国科学院近代史研究所负责人的著名历史学家范文澜,派王可风随团赴南京接收原国民党政府档案。于是,以王可风为代表的一批史学工作者受命前往南京,并以历史学家的视角开展档案的整理与编研工作,在史学工作和档案工作之间架起了一座桥梁。随着接收工作的完成,王可风被任命为中国科学院历史研究所第三所南京史料整理处第一任主任。1964年,南京史料整理处被正式划归国家档案局领导,更名为中国第二历史档案馆,成为国家级档案馆,王可风被任命为副馆长。

---

① 在档案专业教育开展之初,经苏联专家建议在开设《苏联档案史》和《苏联档案工作理论与实践》两门课程的同时,必须开设《党章》和《党的组织机构史》两门课,以便于对党的档案进行整理。时任中央秘书处副处长的裴桐负责讲授《党的组织机构史》,同时,时任中央组织部副部长的龚子荣讲授《党章》。(刘国能在《中国当代档案事业史》一书中第105页将此门课程写为《中国组织史讲课提纲》,《中国组织史讲课提纲》开始是为中国人民大学档案专修科讲课准备的。后中共中央党校将其作为1988届党史专业研究生班的教学参考资料。)

② 施宣岑、华明编著:《王可风档案史料工作文集》,档案出版社1989年版,第1—3页。

第三章 1949年至1966年中国档案学的外在社会建制 143

王可风任南京史料整理处主任期间,致力于档案馆学和档案史料学的研究,对历史研究与档案工作的关系进行了较为系统的阐述,并从我国古代历史学家,如汉代司马迁、唐代刘知幾、清代章学诚等史学家编史修志的事迹中阐明历史研究与档案工作之间源远流长的关系。在南京史料整理处整理历史档案的过程中,王可风结合先进的理论,将整理经验和工作教训及时总结,撰文立说,以跟同行交流或供日后借鉴。如1954年8月10日,《档案工作》发表了王可风的《中国科学院历史研究所第三所南京史料整理处保管和整理档案的情况介绍》[①]一文,虽是一篇工作总结性文章,但其中介绍的史料整理方法对日后档案理论和档案实践具有极高的研究价值和学术价值。随后,为纪念南京史料整理处成立五周年,1956年王可风主持编写了《历史档案整理方法的经验总结(初稿)》,油印分送各有关单位参考利用,后来进一步将此稿改编为《历史档案的整理方法》一书,对南京史料整理处整理历史档案的经验予以记录、总结、提炼,供学术研究之用,书中关于历史档案的概念与用途、整理历史档案的意义、我国历史档案工作的发展历史等论述则带有学理色彩。为了对历史档案整理工作予以进一步总结,王可风又先后发表《南京史料整理处对历史档案的搜集整理和利用》[②]《历史研究与档案工作》[③]《建国十年来南京史料整理处的工作概况》[④]等文。另外,王可风还对古人的档案思想进行研究,其《清代全祖望怎样搜集作家手稿》[⑤]《刘知几论编史修志与档案的关系》[⑥]等文,为档案史的研究积累了资料素材。在整理和研究历史档案之余,王可风还受聘于南京大学讲授档案史料课程,并被推选为中国历史学会南京分会副会长。

1963年,王可风将其十余年从事历史档案整理与研究的论作整理辑存为《东风集》,其中既有经验总结性的文章,也有学术探索性的论著,但因王可风自恃论著"质量不高……尚作不出更好的作品,就把这

---

[①] 王可风:《中国科学院历史研究所第三所南京史料整理处保管和整理档案的情况介绍》,《档案工作》1954年第13期。
[②] 王可风:《南京史料整理处对历史档案的搜集整理和利用》,《历史研究》1958年第7期。
[③] 王可风:《历史研究与档案工作》,《学术月刊》1959年第1期。
[④] 王可风:《建国十年来南京史料整理处的工作概况》,《档案工作》1959年第8期。
[⑤] 王可风:《清代全祖望怎样搜集作家手稿》,《档案工作》1958年第3期。
[⑥] 王可风:《刘知几论编史修志与档案的关系》,《档案工作》1961年第3期。

些当作敝帚自珍,勉励自己前进,与将来所作加以比较,可以看出有没有进步,作自我观摩的意思"① 而未将其公开出版,仅油印少数作为内部交流学习之用。但不幸的是,"文化大革命"期间他的《东风集》文稿成了"大毒草",横遭践踏。②

(2) 中国档案史研究的先驱——韦庆远

韦庆远③1928年生于广东省顺德市。新中国成立前先后就读于北京大学先修科、朝阳大学④法律系。1950年进入中国人民大学,先后就职于中国历史教研室⑤、历史档案系、档案学院。韦庆远以一位历史学家的眼光将档案学与历史学有机结合,并在二者关系的探究中形成了自己独特而颇具代表性的学术观点。在治学方法上,韦庆远将"阅读宜广,收集宜勤,选择宜精,加工宜细"作为自己的座右铭,并认为"广读而精用,基础厚,研究深,是谓功力"。⑥ 在指导思想上,韦庆远时刻以马克思主义基本原理为指导,在广、勤、精、细等方面下功

---

① 转引自施宣岑、华明编著《王可风档案史料工作文集》,档案出版社1989年版,第1—3页。原文为王可风文集的自序内容。

② 施宣岑、华明编著:《王可风档案史料工作文集》,档案出版社1989年版,第1—3页。

③ 与曾三、吴宝康、裴桐不同,韦庆远于新中国成立前受过比较系统的教育,但此处也将其算作"革命者型"一类。因有记载:"在(北京大学)学生民主运动中,不论贴标语、办壁报、上街游行、奔走呼号,韦君总是站在前列,从不落人后。1947年秋后,他转入朝阳大学法律系学习,……更加积极地投身学生爱国民主运动。1948年他曾经被国民党当局逮捕入狱。"(参见高放《人生有为 学术无涯——恭贺史学家韦庆远教授七十华诞》,《广东社会科学》1998年第3期。)

④ 朝阳大学创办于1912年(中华民国元年),是一所著名的法科大学。在20年代末的高校改制中,因只有一个法科而改称朝阳学院。抗日战争时期,先后迁至湖北省沙市、四川省成都和重庆。抗战胜利后复员北平,留在重庆的称正阳学院。1949年人民政府接管朝阳学院,建立了中国政法大学。翌年2月,中国政法大学与华北大学合并成立中国人民大学。朝阳大学曾名噪一时,曾有"无朝(朝阳)不成院(法院)"之美誉。(见熊先觉、徐葵《法学摇篮朝阳大学》,燕山出版社1997年版,第6页。)

⑤ 韦庆远在《我和明清档案、明清史》一文中写道:"建国初期,我在中国人民大学工作,先是担任专修科的行政秘书。到1951年冬天,学校人事部门找我谈话,说要培养我做教学工作,给予进修的机会。有两个单位愿意接受我,一是政治理论教研室,一是中国历史教研室,可供我选择。我经过考虑,愿意从事中国史方面的教学和研究。进入中国历史教研室,我和研究生们一起选修尚钺教授和尹达教授的课程。"(张世林编:《学林春秋 二编下册》,朝华出版社1999年版,第447页。)

⑥ 韦庆远:《写在〈档房论史文编〉后面》,载韦庆远《档房论史文编》,福建人民出版社1984年版,第482—487页。

夫。在进行档案学与历史学相结合的研究中，韦庆远将研究领域集中在明清史[①]及历史档案与中国档案史方面，并取得了卓越的成就，堪称我国历史档案、档案史、政治制度史、国家机关史等相关研究的探路者和先驱。

韦庆远是新中国档案高等教育创办后最早的教员之一，在早期档案专业教育建设过程中，出于研究并讲授《中国档案史》的需求，韦庆远于1952年专修科档案班刚成立时，就从中国历史教研室调至档案专业开设历史课程。在档案学科建制之初，"韦庆远一面刻苦攻读，一面潜心钻研，还多方请教社会上一些著名的历史学专家、学者，翻阅了大量的图书、文献及档案资料，和大家一起，很快地完成了《中国档案史教学大纲》，并在此基础上陆续主持并完成了《中国国家机关史》《中国档案史》等教材建设，为档案专业教育的开展作出了重要贡献"[②]。可以说，韦庆远是中国档案史研究的开拓者。但中国档案史的创建和教材的编写并非一蹴而就，在课程设计和研究之初，韦庆远率领档案专修科第一届研究班毕业生程桂芬、胡明诚、陈章焕、何其燔开始筹备编写中国档案史，由于"完全没有编写教学提纲的经验，对教学提纲的作用及其具体编写方法和应遵循的原则都是无知的……在组织材料和结构方面，呈现着极大的混乱，缺少逻辑和历史原则"[③]，1954年，韦庆远在听取苏联专家谢列兹聂夫对其参与编写的《中国档案史讲授大纲》及部分讲稿的汇报后，对提纲和讲稿予以逐步完善，最终所撰写的《中国档案史稿》连续刊载于《档案工作》[④]杂志上，为我国档案史研究奠定了夯实的基础。此外，韦庆远还对档案与历史的关系进行积极思考。1957年《人文杂志》第4期刊载了韦庆远的《试论档案工作与历史学

---

① 《明代黄册制度》（中华书局1961年出版）是其明史研究的巅峰之作，在海内外引起了极大的反响。因其在历史学和档案学方面的成就，韦庆远于改革开放后1981年至1982年期间应哈佛大学邀请，前往美国作明清史与档案的专题学术报告，随后又应耶鲁大学等十个高等院校的邀请作学术报告。

② 吴宝康、黄武：《韦庆远教授在档案系的岁月里》，载柏桦主编《庆祝王钟翰教授八十五暨韦庆远教授七十华诞学术论文合集》，黄山书社1999年版，第619—621页。

③ 韦庆远整理：《关于专家指示如何编写教学大纲的传达报告》，载《谢列兹聂夫论文报告辅导记录集（1952—1955）中国人民大学档案系专家辅导》，中国人民大学内部资料，1957年。整理时间为1954年6月17日。

④ 《中国档案史稿》连载于《档案工作》1957年第1、2、3、5、6期上。

研究的关系》① 一文，文中通过历时性的回顾与思考，论述了档案工作与历史学发展的密切关系、封建档案工作和史学研究的局限性、史学研究中批判地利用历史档案等内容，对档案学与历史学的关系进行深入探讨，所谈及的问题卓有见地、切中肯綮。韦庆远充满信心地认为"历史科学研究的需要将进一步促进我国档案工作的发展，而档案工作的发展又将大大有助于历史科学研究"②。

（3）第一批档案学研究生或本科生群体

王晓飞在《四代中国档案学者》一文中将"由中国人民大学档案系1952至1965年间培养出来的本科生、专科生、代培生"视为中国的"第三代档案学者"，他们"是新中国自己培养起来的第一代档案学专业人才……他们是'文革'前亮相，十一届三中全会以后比较系统地从事档案学理论研究……以一批'学院派'的研究人员为代表"③。按此种说法似乎有所不妥，这一类过渡时期的学者群体（表3-11）中很多人阅历同样十分丰富，并非完全"学院派"，诸如中国人民大学档案学第一批九名研究生中的程桂芬、冯乐耘、李毅、潘嘉等也经革命战火洗礼，于1949年后从事档案学的研究工作。但不可否认的是，这批人在新中国成立后较为系统地接受了档案教育，开始在学术研究中崭露头角，并取得了系统性和实质性的研究成果，逐渐承担起中国档案史、中国国家机关史、中国文书处理、档案保管与保护、文献公布与编纂的研究工作。

表3-11　1952—1964年档案学研究生或本科生、专修科群体
（根据在中国人民大学留校任教情况）④

| 入职年份 | 人名列举 | 说明 |
| --- | --- | --- |
| 1953 | 陈兆祦 | 第一期专修科档案班毕业学员 |

---

① 韦庆远：《试论档案工作与历史学研究的关系》，载韦庆远《档房论史文编》，福建人民出版社1984年版，第416—445页。

② 韦庆远：《试论档案工作与历史学研究的关系》，载韦庆远《档房论史文编》，福建人民出版社1984年版，第416—445页。

③ 王晓飞：《中国的四代档案学者》，《档案》1989年第4期。

④ 根据《中国人民大学档案学院校友录（1952—1987）》（中国人民大学信息资源管理学院资料室藏）整理。笔者对王德俊采访时，王德俊戏称第一届到第六届本科毕业生为"黄埔一至六期"（口述史料采集时间为2017年11月4日）。

续表

| 入职年份 | 人名列举 | 说明 |
| --- | --- | --- |
| 1954 | 程桂芬、何其燔、李毅、冯明、冯乐耘、潘嘉、胡明诚、陈章焕、刘锋、刘凤志、程素珊 | 第一期研究生班毕业学员、第二期专修科档案班毕业学员 |
| 1955 | 赵践、薛美珍、王秉学、潘贤英、吕殿楼、李进修、金美英 | 第二期研究生班毕业学员 |
| 1957 | 丁永奎、段善芳 | 第四期专修科档案班学员 |
| 1958 | 沈永年、李凤英、李友青、蔡国柱 | 研究生班毕业学员 |
| 1959 | 松世勤、和宝荣、周雪恒、王景高、鞠德源、张恩庆、刘光禄 | 第一届本科毕业生 |
| 1960 | 王传宇、曹喜琛、李鸿健、邹家炜、董俭、邓绍兴、翁童、梅岱、陈明显、傅瑞娟、赵惠丰、赵琴、胡惠秋、朱兰芳、王君彩、饶友基、高鹏云 | 第二届本科毕业生、第一期技术档案专修科毕业学员 |
| 1961 | 陈智为 | 第三届本科毕业生 |
| 1963 | 韩宝华、陈锡章 | 第五届本科毕业生 |
| 1964 | 王德俊 | 第六届本科毕业生 |

第一批研究生学员冯乐耘在接受档案教育前，即在西南解放区开始研究档案与资料的区分问题，他对档案与资料问题的看法曾刊登于《材料工作通讯》期刊上。1952年，冯乐耘在中国人民大学进修后成为专修科档案班第一届硕士，毕业后留校任教，吴宝康因他有着一颗"化学脑袋"[1]而委托其开始研究档案保管技术学，冯乐耘也成为了中国档案保管技术学的开创者。第一批研究生学员李毅[2]是从中共重庆市委调至中国人民大学进修档案学，研究生毕业后留校从事文献公布学和编纂学的研究，她最早发表了对文献公布学的看法。当时李毅与赵践关于文献公布学和编纂学的学术争鸣也传为佳话。[3] 专修科档案班第一批学员陈兆祦于1952年从上海市委抽调至北京学习，经过一年专业训练留校任教，投身于档案学专业人才的培养和档案学的研究工作，成为新中国培养的第一批档案专业教师，其"主持编写的1962年出版的《档案管理学》是新中国第一部高等院校档案管理学教材，在苏联理论中国化、中

---

[1] 根据冯乐耘回忆整理，口述史料采集时间为2016年6月23日。
[2] "文化大革命"之后，李毅未再从事档案学的研究工作，而是由于某些原因改为从事情报学研究。根据李毅回忆整理，口述史料采集时间为2016年7月11日。
[3] 根据李毅回忆整理，口述史料采集时间为2016年7月11日。

国经验理论化方面进行了开创性探索，颇有建树，很多档案术语、原则、方法最早在这本教材中得以概念化和系统阐述，成为新中国档案管理理论的圭臬，沿用至今"①。1958年中国人民大学历史档案系研究生班毕业生沈永年，毕业留校后钻研技术档案的相关理论问题，并任技术档案教研室主任，负责技术档案管理方面的研究工作。1959年中国人民大学历史档案系第一届本科毕业生周雪恒、靳云峰、王景高，毕业后留任档案学研究室，与1953年专修科档案班第一期毕业生吴以文一同组成青年一辈研究员，开展档案学基础理论问题的研究工作。他们在此积淀了厚重的理论基础，为改革开放后的学术研究积蓄力量。20世纪60年代初，周雪恒、王景高与吴以文共同合作研究编写的《档案管理学》在《档案工作》上连载。② 第一届本科生李鹏年、第二届本科生陈锵仪、刘子扬、季士家、温英豪、秦国经毕业后到明清档案部工作，进行明清档案的管理与研究。总体上，新中国成立后第一批档案学研究生和本科生群体逐渐成长为档案事业和档案学研究的重要力量。

此外，翻译人员在新中国档案学建立与发展过程中也起到了十分重要的作用。可以说，翻译工作的好坏直接影响了档案学教研室的工作质量，甚至影响了档案学教学质量和档案学发展进程。新中国成立初期，韩玉梅、黄坤坊、苏秀云、吕洪宇、孙敏③是最早的一批翻译员，他们

---

① 冯惠玲：《细雨闲花处，杳然天界高——怀念恩师陈兆祦先生》，《中国档案报》2016年4月25日第3版。

② 根据周雪恒回忆整理，口述史料采集时间为2017年11月3日。

③ 1949年至1966年期间，中国人民大学档案教研室的韩玉梅、吕洪宇、苏秀云、孙敏等翻译的著作包括谢列兹聂夫于1952年至1955年在中国人民大学开设各门档案课程的讲义资料，如《苏联档案工作的理论与实践》（1953）、《苏联档案史（简明教材）》（1953）、《苏联档案工作的理论与实践（修订本）》（1955）、《苏联文献公布学》（1955）等，弗罗洛夫的《苏联机关的文书处理工作》（1954）、克雅捷夫的《档案工作的理论与技术》（1956）、米加耶夫的《文书处理工作与档案工作》（1957）、米津与采列维吉诺夫合著的《文件材料保管技术学》（1957）和《技术档案的整理与保管》（1959）、别洛夫的《苏联档案工作的理论与实践》（1959，黄坤坊与吕洪宇合译）、米加耶夫的《档案工作理论与实践（教材）》（1959）和《档案学译文选集》（第一集、第二集，1961）、库津的《技术档案的管理》（1962）和《苏联技术档案工作文件汇集》（1962）等苏联著作。黄坤坊翻译了德国赫涅利的《德意志民主共和国档案工作的发展》（1958）、《苏联档案工作的远景计划》（1961）、别洛夫的《1956年以来苏联的档案工作》（1962）、德国布拉赫曼的《德意志民主共和国社会主义档案工作的发展》（1962）、古巴奥·伊·基里克的《古巴国家档案馆》（1962）、《德意志民主共和国国家影片档案馆》（1962）等。此外，1958年司法鉴定科学研究所翻译了捷尔基耶夫的《文件技术检验》，这些译著对我国现代档案学的发展起到了重要的资料作用。

并非档案学科班出身,甚至没有档案工作的相关经验与档案学专业背景,也没有接触过俄语档案学的专业词汇,只因他们的语言优势而进入档案学领域从事档案学著作的翻译工作,在具体翻译过程中经历了从不甚明了到似懂非懂再到系统理解的转变,经历了诸多曲折与不易。随着翻译工作的逐步开展,翻译人员逐渐成长为档案学教学骨干和外国档案学的研究专家,如韩玉梅就经历了从苏联档案论著的专职翻译到新中国档案学第一位女教授的转变,吴宝康曾言:"我觉得在创建新中国档案事业上,韩玉梅应该有一定的地位。"然而,专业术语的翻译并非易事,语言文化的差异只是一个方面,由于外交的需要,对苏联专家采取"扁担三,三扁担"①的政策也使得翻译人员左右为难。但无论如何,正因为苏联专家与翻译人员的密切合作保证了翻译的质量,加速了新中国成立初期对苏联档案理论与实践的理解。值得一提的是,黄坤坊作为档案学研究的"无名英雄"②,不仅负责俄文著作的翻译,还翻译了部分英文档案专业论著,随后一直从事外国档案学的研究工作。

### 三 "'民国遗老'型"档案学者群体

尽管新中国的成立,标志着与旧社会的决裂,对旧档案学的态度以批判为主,但出于对档案工作历史遗产的研究,仍要吸收那些民国档案学家的智慧。这些遗留在大陆地区的民国档案学家当时被称作"旧专家",他们在接受社会主义改造之后,用马克思主义思想武装自己,对民国档案思想予以批判性继承,重新开始从事档案工作和档案学术研究。这一类档案学家对新中国成立初期档案学的创建和发展起到了极大的帮助作用,一则他们是民国档案学的重要研究力量,在研究民国档案学时具有优先话语权;二则他们在古代历史档案和档案史的研究方面已经积累了一定的研究成果,新中国成立初期在研究历史

---

① 韩玉梅在回忆20世纪50年代的翻译历程时曾提及这一"政策",口述史采集时间为2016年6月22日。此外,在[美]李滨著、杨京霞译《苏联专家在中国人民大学(1950—1957)》(《冷战国际史研究》2019年第2期)文中,也有相关记述——"被采访者们用了一个当时常常重复的警句来总结'不能与苏联专家意见不一'的政策:有理三扁担,无理扁担三,意思是说,无论你反对苏联专家的意见是否合理,受到批评或处罚的都应该是你。"

② 陈智在接受访谈时曾言:"黄坤坊是档案学研究的无名英雄,他默默地做了很多事,但功劳都记到大家的身上。他会很多种语言,在早期外国档案著作的翻译中立下了汗马功劳。"口述史采集时间为2018年3月20日。

档案遗产时，这些"旧专家"提供了诸多宝贵意见；三则他们中的部分人员具有留学或国外访问背景，对西方资本主义国家的档案学或档案工作有一定的认识，新中国成立后在研究外国档案史或批判性地研究资本主义国家档案理论时，这些专家往往可以提供一些资料供研究参考之用。因此，新中国成立初期，在发展档案学、建立档案学研究基地、培养组织研究队伍时，"应该特别注意去寻找那些过去研究档案学或长期从事档案工作的老档案工作者，并把他们组织起来"①。经实践证明，这些民国档案学者经过社会主义改造后，也积极投身于现代档案学研究中来。

此外，档案界对"民国遗老"的吸纳与改造也与新中国成立初期国家对知识分子的政策相契合。新中国成立后，为了团结旧中国的知识分子，国家制定了团结、教育、改造知识分子的政策，该政策针对的主要改造对象为旧中国遗留下来的资产阶级知识分子和小资产阶级知识分子，力争将其吸纳进具有马克思主义思想理念的社会主义知识分子队伍中来。从事教育和科研工作的知识分子是社会主义知识分子的重要组成，自然成为了重要的改造对象。而民国时期遗留下来的行政效率运动参与者和执行者，拥有丰富的理论经验，也有着良好的教育背景，将其吸纳进社会主义档案学建设中来，十分必要。

新中国成立后，在民国时期从事档案学研究的那部分人群"一部分赴台湾继续开展档案改革、并发展档案教育、进行档案学学术研究，如沈宝环、何鲁成、甘乃光、王征、邱启明、刘胜旌等；一部分仍留在大陆，如陈国琛、孔充、傅振伦、殷钟麒、周连宽、毛坤、徐家麟、梁建洲等"②。这部分人或是参加了当年的"行政效率运动"，在"文书档案改革"中发挥了重要作用，或是文华图书馆专科学校③档案科的教员与毕业生，从事档案学研究或接受过档案学相关的教育。由于政权更迭，新中国成立后留在大陆的这部分群体并未立即得到重新启用，其中很多又回归到他们的本行专业——图书馆学研究。如毛坤（1899—1960）

---

① 吴宝康：《努力发展档案学》，《档案工作》1957年第2期。
② 张衍：《海峡两岸档案学教育之沿革与发展研究》，博士学位论文，台北：政治大学，2017年。
③ 新中国成立后，文华图书馆专科学校于1953年并入武汉大学，成为图书馆学专修科。

第三章 1949年至1966年中国档案学的外在社会建制 ◆ 151

1947年受聘于四川大学担任教授兼图书馆馆长①，解放后又继续从事图书馆学的研究，于1949年发表《版本溯源》《西洋史部目录学纲要》，1950年编著《中国史部目录学》（四川大学讲义），1952年撰写《西洋图书馆分类法述要》（四川大学讲义）、《检字法大纲》（西南师范学院图博科参考资料）等，1957年撰写《中外目录学与目录学史》、《目录学谈概》（手稿）、《中国国家档案馆规程草案》②，发表《标题目录与科学研究》③《高等学校中的资料工作》④《试论联合目录》⑤《略论关于旧档问题》⑥等文，致力于图书馆学和目录学的研究。其《档案处理中之重要问题》一文还被收录进中国人民大学历史档案系编著的《档案学参考资料（第二辑）》⑦。至于其他的民国档案学人，徐家麟（1904—1975）于解放后在武汉大学图书馆学系任第一任系主任，讲授《图书

---

① 抗日战争期间内迁的文华图专自重庆返迁武昌，复校上课，但毛坤因病未能随校出川，而接受四川大学邀请。1950年毛坤被遴选为四川大学校务委员会委员，成为新中国成立后川大最高领导机构的成员之一。毛坤在四川大学任教早期，与副馆长程永年分别在历史系和中文系开设《史部目录学》和《图书馆学》等选修课。1952年"三反"运动中，毛坤被列为贪污犯，成为审查对象，同年5月得以平反。1956年到1957年是毛坤科研产量最大的一年，共撰写28篇文章，涉及目录学、图书馆学和档案学的诸多方面。1957年底随着反右的不断深入，《对成都电讯工程学院新图书馆设计图样的意见》成为迄今所见毛坤的最后手稿。1958年毛坤被错划为右派，1960年毛坤病逝，1979年才得以平反。（参见谭红《物转星移文章在 流芳百世道德新——毛坤先生小传（1899—1960年）》，《图书情报知识》2010年第1期。）

② 《中国国家档案馆规程草案》（四川大学档案馆保存，影印版见党跃武、姚乐野主编《毛坤先生纪念文集——纪念著名图书馆学家和档案学家毛坤先生诞辰110周年》，四川大学出版社2010年版，附录第205—252页）连同《略论关于旧档问题》是毛坤于解放后仅有的两篇关于档案学的论述。"解放后，文华图专档案专业的师生都纷纷改行了。档案事业是一个敏感的职业，加之文华图专有过教会学校等历史背景的原因，在当时出现这样的情况也是无奈之举，父亲再也没有接触过档案学这门学科了。到了1957年下半年，父亲连续撰写《略论关于旧档问题》和《中国国家档案馆规程草案》两篇长文，说明他在一直跟踪国内、外档案学的学术动向，他对我国档案事业发展的关注之情始终未曾割舍。"（参见毛相骞《毛坤先生的最后十年——忆父亲晚年岁月片段》，《图书情报知识》2009年第7期。）

③ 毛坤：《标题目录与科学研究》，《图书馆学通讯》1957年第2期。

④ 毛坤：《高等学校中的资料工作》，《图书馆学通讯》1957年第3期。

⑤ 毛坤：《试论联合目录》，《图书馆学通讯》1957年第6期。

⑥ 毛坤：《略记关于旧档问题》，《中国科学院图书馆通讯》1957年第10期。此文写于1957年，此时国家档案局已经将"芬特"改为"全宗"，但毛坤先生并不知此种更改，可见当时档案界与图书馆界二者之间消息的闭塞。

⑦ 中国人民大学历史档案系：《档案学参考资料（第二辑）》，中国人民大学内部资料，1959年。

馆学引论》等课程；① 周连宽（1905—1998）1949年受聘岭南大学编目部主任，1952年岭南大学并入中山大学后转入中山大学图书馆工作，并于1954年被派任陈寅恪的助手②，论著多涉及文献学和历史地理学研究③，未再有档案学方面的著述问世。④ 但在这批学人中，仍有继续从事档案学研究且成果极为丰富的代表，如中国第一历史档案馆从事明清档案整理与研究工作的单士魁、单士元，张德泽等，受中国人民大学聘请从事档案学研究和教学的殷钟麒和傅振伦等，这其中殷钟麒、傅振伦和张德泽可视为典型。殷钟麒、傅振伦和张德泽在新中国成立后，接受社会主义改造，积极投身档案学研究，在原有学术积淀的基础上出版书籍、发表文章、参与对档案学问题的讨论与档案学科的建设。傅振伦的《档案与资料（讲义）》（1951）、殷钟麒的《国民党时期档案管理述要》（1959）等颇具影响的著作相继问世，张德泽的《清代国家机关考略》也初步成稿（1963），期刊论文及会议发言亦纷纷发表，为新中国档案学研究提供了丰富的素材，尤其是对档案史研究及对旧档案学的反

---

① 徐家麟、黄元福、皮高品、吕绍虞是"文化大革命"前20世纪60年代武汉大学图书馆学系仅有的四位教授。徐家麟1955年夏调入武大担任图书馆学专修科主任、图书馆学系主任。1957年反右时被当作右派，1958年被拔白旗，1966年"文化大革命"开始成了牛鬼蛇神，1969年清理阶级队伍时期又遭打击。1975年溘然长逝，1978年得以"平反"。（参见罗德运《荒谬年代荒谬事——皮高品、徐家麟教授"文革"二三事》，《图书与情报》2010年第5期。一并参考骆伟《一代恩师 风范长存》，《图书情报知识》2007年第3期。）

② 陈寅恪由于眼疾失明，无法看书写字。周连宽被指派去为陈寅恪收集资料，周连宽一干就是十年，当助手的这段时间，正是周老50岁到60岁的壮年时期。1954年，周连宽仅用半年时间就编出了《中山大学图书馆善本书目》（甲乙编）。周连宽著述《大唐西域记史地研究丛稿》就是受陈寅恪治学思想的启迪。从1954年到1969年陈寅恪逝世，周连宽每日以半天帮助陈寅恪搜集整理资料，半天在图书馆工作，其间仅1964年10月至1965年1月周连宽因下乡"四清"而中断数月。周连宽自1949年7月到岭南大学图书馆工作起直到1978年11月不再担任中山大学历史系资料室主任为止，任劳任怨地从事了近30年的普通图书馆工作。

③ 1949—1966年周连宽所著的报刊论文有：《六祖坛经考证》（《岭南大学学报》1950年第10卷第2期）、《唐高骈镇淮事迹考》（《岭南大学学报》1951年第11卷第2期）、《美国排华的历史与禁例》（《岭南社会经济研究》1951年第2期）、《皮日休的生平及其著作》（《岭南大学学报》1952年第12卷第2期）、《苏联南西伯利亚所发现的中国式宫殿遗址》（《考古学报》1956年第4期）、《丁零的人种和语言及其与漠北诸族的关系》（《中山大学学报》1957年第2期）、《唐代西域裴罗将军城考》（《中山大学学报》1961年第4期）、《关于玄奘从跋禄迦国至赭时国的一段行程》《中山大学学报》1962年第4期、《汉使航程问题》（《中山大学学报》1964年第3期），以及以宽予为笔名发表在香港《大公报》"艺林"副刊上的12篇考证类文章。（详见肖永英整理《周连宽先生个人著述简目》，《图书馆论坛》1999年第6期。）其中未有档案学方面的著述。

④ 程焕文：《周连宽先生生平事迹与学术贡献——〈周连宽教授论文集〉前言》，《图书情报知识》2008年第1期。

思性研究具有很大的学术价值，丰富了档案学的理论内容。

（一）民国档案学研究与清代文书研究集大成者——殷钟麒

殷钟麒（1907—1970）在民国时期就开始从事档案学和文书学的研究工作，并形成了较为丰富的理论研究成果，先后写作出版了数部档案学论著，在民国档案学发展中具有一定的影响力。殷钟麒民国时期的档案学术成果得益于其档案工作经历，1935年殷钟麒在家乡四川参与地方的档案改革，随后又历任县级机关、省级机关的税务系统、教育机构、禁烟总局、行政部门、财政系统的档案工作人员，具有丰富的档案实践经验。这就为其研究档案学问题时理论结合实际打下了坚实基础，其中一个鲜明的例证是自1942年7月起，殷钟麒调查了三所大学、八所中等学校、三所小学，根据所获得的调查材料，写作而成了《学校文书处理与档案管理》一书，该书于1943年8月由成都更生书局出版，同年12月再版。这本书可以说是我国第一部综合论述学校文书处理和档案管理工作的专著，开创了该领域研究的先河。[1] 这种在实际调查基础上的理论研究，数据翔实、理论扎实，具有一定的学术价值，体现了作者的研究水平。同年，殷钟麒写作《县政府档案人员之培养》[2] 发表于四川省政府民政厅主编的《县政》第一卷第一期，该文论证严谨，兼具理论和实践价值，颇具问题意识，又有中西对比与借鉴西方的思维，彰显出殷钟麒较为深厚的理论水平。但综合来看，民国时期殷钟麒的主要学术成就还属他系统研究了档案的四种分类标准及分类方法[3]，这四种分类标准与新中国成立后的档案分类标准已颇为相似，反映了殷钟麒档案学理论研究的严谨性和前瞻性。此外，殷钟麒对档案工作的组织问题也提出了较为系统的主张，倡导从中央到区县逐级设置档案管理处、科、股、室，实行机关档案管理集中制，主张创设档案中等学校和档案训练班，建立全国档案学术研究组织。尽管这些学术理想在国民党

---

[1] 刘文杰：《中国档案学文书学要籍评述（1910—1986）》，四川大学出版社1987年版，第32—33页。

[2] 殷钟麒：《县政府档案人员之培养》，载中国人民大学历史档案系档案史教研室编《中国档案史参考资料（半殖民地半封建社会时期）》，中国人民大学内部资料，1962年，第267—275页。

[3] 他将编制档案分类表所依据的标准，概括为四种：一是以职掌为分类标准的十进分类法；二是以组织及职掌为分类标准的展开式纲目分类法；三是以职掌及所属机关为分类标准的展开式类户分类法；四是诸如地域分类、机关分类、人名分类、年度分类的补充分类标准。

政府统治时期尚未实现，但却极具学科预见性。正因其丰富的学术成果和实践经历，殷钟麒多次被聘请为各类讲习班档案管理课程的教员，向基层档案工作者提供档案知识培训。殷钟麒更被熟知的是，他于1946年在重庆成立了私立崇实档案函授学校①，"以实际经验创造之法则，著为讲义，用期坐言起行，学得致用，此本校命名'崇实'之本旨也"②，进行档案、文书、公牍等方面工作人才和学术研究人才的培养。殷钟麒任校长，甘乃光任名誉董事长，高显鉴任董事长。1949年，重庆私立崇实档案学校出版部将殷钟麒倾注四年心血、不断修改、增删内容的《中国档案管理新论》作为讲义予以出版。该书"材料丰富，内容广泛，区别细致，集三十至四十年代中国档案学之大成，熔中外档案学理论于一炉，再加上（作者）个人新见和实践经验，代表了当时档案学的最高成就"③。

新中国成立后，鉴于成立档案学教育机构和发展档案学的需要，"大概是在1953年、1954年之间，吴主任（吴宝康）从旧书摊上得到一个线索，了解到解放前在重庆办过一个崇实档案学校，创办这个学校的就是殷钟麒。为此，吴主任就给吴以文写了一封信④，要她找到殷钟麒的下落，吴以文通过当地有关单位的查询，终于找到了殷钟麒"⑤。吴宝康等人建议将殷钟麒吸纳进历史档案系从事档案的教学和研究工作。这样，同其他民国档案学人的境遇不同，殷钟麒从西南军政委员会粮食管理局⑥调至北京，后调至中国人民大学，继续从事档案学的研究工作，积极参加新中国档案学的建设，并取得了丰富的研究成果。自1956年起殷钟麒就职于国家档案局任研究员，后陆续任第一历史档案

---

① 1949年12月停办，共计招生294人，其中档案高级班208人，文书高级班70人。
② 中国第二历史档案馆：《私立崇实档案函授学校 私立崇实档案函授学生招生简章缘起》，载《中国档案史资料丛书之三——民国时期文书工作和档案工作资料选编》，档案出版社1987年版，第666—669页。
③ 刘文杰：《中国档案学文书学要籍评述（1910—1986）》，四川大学出版社1987年版，第62页。
④ 当时吴以文在重庆中共中央西办局工作。吴以文是1953年中国人民大学专修科档案班第一期毕业生，毕业后任档案学研究室研究员。
⑤ 参见冯乐耘手稿《追忆吴老三件事》。该手稿为笔者于2016年6月23日访谈冯乐耘时所得。
⑥ 殷钟麒于中华人民共和国成立后任职于西南军政委员会粮食管理局，四川省粮食厅科员。（参见李孟珂《殷钟麒档案学思想研究》，硕士学位论文，云南大学，2014年。）

馆(明清档案馆)、中央档案馆研究员,并在中国人民大学历史档案系授课。①《出席全国档案工作会议的感想》②《某些档案名词应该修改》③《十年来档案事业的辉煌成就》④ 等文即为殷钟麒对新中国档案工作的所感所想所作。

综观新中国成立后,殷钟麒最具代表性的学术成果当属1959年编写的《国民党时期档案管理述要》。该书由国家档案局档案学研究室印刷,作为内部资料出版。殷钟麒在该书序言部分肯定了新中国的国家体制、制度和社会主义建设对档案事业和档案学发展的作用,同时又以辩证的态度看待民国档案学的发展,分析了民国档案学著作的有用性和有益性。⑤ 殷钟麒在序言中还交代了编写这本《国民党时期档案管理述要》的源起——"近年常有同志谈到这样一个问题:旧中国档案办法,究竟哪些可用哪些不可用?希望有人编写一本参考资料。我在旧中国从业档案十多年,并曾向国民党中央机关档案室做过访问,自维能力薄弱,却有完成这项工作的愿望。是以将国民党时期档案工作,根据自己收集的材料,访问的所得,在实践中的体会,并结合现在的看法,整理成这本述要,作一比较全面系统的介绍,提供研究旧档案工作的同志们参考。"⑥ 于是就有了殷钟麒书中对民国时期档案工作概况、档案行政与制度、文书档案连锁法、档案管理办法、点收检查与登记、分类编卷与编目、装订排列与保管、调阅、整理旧卷以及资料保管等情况的介绍与研究,而这些均是基于殷钟麒亲身经历的基础上完成,所引资料较为全面、所得观点也是有理有据,详述了我国历史上遗留下来的档案工作经验与方法,反映了民国时期"行政效率运动"开展的始末、机关档案室工作的概况、历史档案整理与编纂的过程、档案教育与培训的开

---

① 李孟珂:《殷钟麒档案学思想研究》,硕士学位论文,云南大学,2014年。
② 殷钟麒:《出席全国档案工作会议的感想》,《档案工作》1957年第1期。
③ 殷钟麒:《某些档案名词应该修改》,《档案工作》1957年第2期。
④ 殷钟麒:《十年来档案事业的辉煌成就》,《档案工作》1959年第8期。
⑤ 殷钟麒:《国民党时期档案管理述要》,国家档案局档案学研究室内部资料,1959年。序言中殷钟麒认为自中华人民共和国成立以来的十年中"中国档案事业取得迅速辉煌的成就,充分体现了党的领导正确、关怀和重视,并显示出社会主义制度的优越性",并认为"旧政权的档案,除了记录反动统治者的一切阴谋和罪恶以外,也反映着全国人民过去的生产斗争和政治斗争,同是国家和人民的公共财富,是很宝贵的历史资料"。
⑥ 殷钟麒:《国民党时期档案管理述要》,国家档案局档案学研究室内部资料,1959年,序言。

展，对后人研究旧中国档案学的理论成果颇具启迪。除此之外，1949年至1966年间，殷钟麒还撰有《文书档案连锁办法的主要内容和批判》①《我们怎样研究档案十进分类法》《怎样研究纲目分类法》②《怎样研究类户分类法》③《国民党统治时期档案分类法概要介绍》（讲稿）④ 等一系列文章，为民国档案学研究作出了贡献。

除了民国档案学研究，殷钟麒还在清代文书研究中颇有造诣。20世纪50年代末60年代初，殷钟麒先后发表了《我国倡议地方档案馆学说的先验者——章学诚》⑤《整理清代历史档案的意义及其收获》⑥《清代的题奏谕旨档案》⑦ 等文，致力于历史档案的研究与清代文书的探析。1963年，中央档案馆明清档案部出版了殷钟麒对清代文书研究的系统性论著——《清代文书工作述要》，中国人民大学历史档案系文书学教研室将此书作为本科生讲授《古文书学·清代部分》的教学资料。该书在当时被视为对清代文书问题研究的唯一一部系统而全面的学术类专著⑧，是对清代文书问题的开拓性研究，具有较高的学术价值，虽然书中的取材偏重于晚晴时期，对前清的研究较少，但瑕不掩瑜，书中以民国明清档案整理为基础所论述的文书处理机构三种类型、题奏表笺处理制度与咨行文移处理制度的运转、奏章发抄及文件保密与辑察、印信的规格与作用、公文寄递的程序与类型、清末文书处理的改进等内容，系统而全面地呈现了清代文书处理工作及公文程式，具有极强的学术价值，为后世研究清代文书提供了极佳素材。殷钟麒也因其学术研究成果，在中国人民大学档案教学中讲授《清代题奏处理制度》，并编写了

---

① 此两篇文章收录于中国人民大学档案系编《档案学参考资料（第一辑）》第七部分对旧中国档案学的研究批判中，北京，1959年。
② 殷钟麒：《怎样研究纲目分类法》，《档案工作》1958年第7期。
③ 殷钟麒：《怎样研究类户分类法》，《档案工作》1959年第3期。
④ 殷钟麒：《国民党统治时期档案分类法概要介绍》，中国人民大学内部资料，时间不详。
⑤ 殷钟麒：《我国倡议地方档案馆学说的先验者——章学诚》，《档案工作》1957年第6期。
⑥ 殷钟麒：《整理清代历史档案的意义及其收获》，《档案学研究》1959年第3期。
⑦ 殷钟麒：《清代的题奏谕旨档案》，《人民日报》，1964年。
⑧ 殷钟麒：《清代文书工作述要（初稿）·上》，中国人民大学档案系文书学教研室，内部资料，1983年，出版说明。据"出版说明"记述——"当时印量极少，只有六十部，社会上很难见到。清代文书问题是一个新的学科领域，殷先生作为开拓者，所著难免有不足之处，比如取材偏重晚清，某些阐述和分析也未必妥当，等等。然而终究是一部很值得参考的著作，我们早想付印，供校内使用，由于种种原因，一直未能实现。现仍照原式（一九六三年版）刻写油印。"《清代文书工作述要》分上、下两部分。

相关讲稿，丰富了档案学的学科建制。

（二）"兴趣多端"①、文史兼备的档案学家——傅振伦

傅振伦（1906—1999）是北京大学史学系学生②，其求学期间正值著名史学家朱希祖任系主任的十年。③ 傅振伦在北京大学历史系求学期间受到了良好的史学训练，为其日后史学、科技史、文献学、方志学、考古学、博物馆学、瓷器学、图书馆学及档案学研究打下了良好的基础。

民国时期，傅振伦曾担任过著名考古学家马衡先生的助教（1928年）、参与过河北易县燕下都考古发掘（1929年）、在北平大学女子文理学院讲授过《中国史学概论》（1929年至1937年）、在故宫博物院古物馆从事过库房藏品及册簿的管理（1934年）、在国民政府国史馆筹备委员会履职（1940年）、受聘东北大学历史系主任（1946年），可谓阅历丰富。1935年，傅振伦在伦敦参加中国艺术国际展览会期间参观了当地的博物馆、图书馆与档案馆④，从此以游记参观为发端撰写档案学著作，逐渐深入到档案理论的研究，"先后著英法档案馆参观论、欧美档案学及档案馆学论文译丛、苏联档案处理、档案库规章、档案馆学通论、公文处理与档案管理诸书"⑤。其代表著作《公文档案管理法》（1946年文通书局出版）在新中国成立后还被作为"十三本旧著"之一

---

① 摘自傅振伦《傅振伦学述》，陈怡整理，浙江人民出版社1999年版，第1页。傅振伦对自己的评价即为"兴趣多端，杂而不专"。原文："我一生兴趣多端，杂而不专，及老百无一成。惟平生写作不辍，芜杂寡要。一生的著述，不包括未发表的，其数量有400多种，约370万言。尝整理旧作，计有方志、史学、科技史、瓷器、考古、博物馆、图书馆等诸方面篇章。"（第1页）

② 傅振伦于1922年考入北京大学预科班；后在北大预科乙部毕业后，升入本科史学系；1929年从北大历史系毕业。

③ "抗日战争爆发前20余年的北京大学史学系堪称中国现代史学家的摇篮，先后培养出二十余位颇有影响力的史学家，他们长期活跃于大陆及港台各重要大学的讲坛上，以及一些重要的学术研究机构中，对现代中国史学的发展，有很大的贡献。"（参见尚小明《抗战前北大史学系的课程变革》，《近代史研究》2006年第1期。）

④ 在20世纪30年代，傅振伦曾两次旅行欧洲。"1935年8月7日搭意大利'绿伯爵号'游船经南洋西游至英国；次年4月20日搭意大利轮'胜利号'返国，历游意、英、法、德、瑞士等国。1939年6月19日，又飞苏联筹办中国艺术展览，次年3月5日回国。在此期间，参观了各国的著名生物、科学、历史、艺术等博物馆、图书馆、档案馆。"（参见傅振伦《蒲梢沧桑·九十忆往》，华东师范大学出版社1997年版，第133页。）

⑤ 《公文管理法》序言。

再次印刷出版。《公文档案管理法》书末附载的《欧美档案学及档案馆学论文译丛提要》包含的十部译稿[①]显示了傅振伦娴熟的语言功底，附载的《档案馆通则》及欧洲档案史论文显示了傅振伦深厚的史学造诣。傅振伦对外国档案工作开展及档案学研究情况的了解与掌握，丰富了民国档案学的研究成果，而他也将外国档案学（主要是资本主义国家的档案学）的理论引入到新中国成立后的档案学研究中来。另外，傅振伦深厚的史学功底及其对文物考古学的研究，促使他在中国文书和档案史的研究中也颇有建树。

1948年秋，傅振伦应北京大学图书馆专科王重民教授之托，为图书馆专科学生讲授《档案与资料》一课，该讲义于1951年由北京大学图书馆学专修科印刷，供内部使用。该书是在其民国时期档案学研究的基础上完善而成，他在"档案"篇对档案的定义、名称、功用、种类以及档案与史料的关系进行了细致解读，并对古代档案、现代公文的处理与改革、机关档案的管理、档案馆工作予以详细研究。全书共六十六章，资料翔实、论证充分、极具参考价值。由于傅振伦在民国时期接触到很多西方国家的档案学著作，因此在写作中引用了大量的英文资料，如在阐释档案的定义时，傅振伦分别从"美国史学家安助司（C. M. Andrews）"[②]、"英国档案学者仁金逊（H. Jenkingson）"[③] 以及"苏联学者"对档案定义的看法入手予以剖析；在档案名称的研究中，傅振伦从英语世界"档案"的词源中追溯档案名称的变化[④]；在阐述档案与资料的关系时，傅振伦又引用了"英国史学家温辛蒂（J. M. Uincent）著史学研究一书 *Historical Research*" 和 "法国史学

---

[①] 《德奥瑞档案馆考察报告书》、《美国中央档案馆概况》《美国中央档案馆法案》《美国移交中央档案馆之档案管理条例》《美国中央档案馆中档案之修整及保藏》《欧美档案之编目》《普鲁士档案学教育之养成》《柏林普鲁士史学专科及档案学学院规程》《普鲁士国家档案馆档案学服务人员录用法》《关于苏联之档案机关》。上述十部译稿现存中国第二历史档案馆，当时并未公开出版。(参见刘文杰《中国档案学文书学要籍评述（1910—1986）》，四川大学出版社1987年版，第54—55页。)

[②] 引号中均为作者的原文叙述。参见傅振伦《档案与资料（讲义）》，北京大学图书馆学专修科印内部参考，1951年。

[③] 此为作者原文中所写，现在译为"詹金逊"，即希拉里·詹金逊（Hilary Jenkinson）。

[④] 其阐述如下："欧洲档案的本义为文件（拉丁文 recordari），而各国都称为阿尔奇夫。英文为 archive，法文为 archives，德文为 archiv，意大利文为 archivi，俄文为 arhhiv。他们的字源都起于拉丁文 archivam，此字又出于希腊文原来是官署的意思，其后凡保存官文书的地方，都叫作阿尔奇夫，更后才把文书叫作阿尔奇夫。"

家摩务氏（G. Morod）著《历史学》（Histoire）中《科学方法论篇》（Dela Method dans les Science）"的观点，证明"档案是很重要的历史研究资料"；在论述档案种类的划分中，傅振伦以苏联、法国、英国、美国、德国、瑞士等国家为例，介绍了各个国家根据时间、空间、档案内容、制成材料（作者称档案传播工具或质地）、公文颜色和公文程式等标准的分类情况。傅振伦将其在民国时期积累的有关档案与资料问题的研究素材按专题编著，并引用了大量资本主义国家和苏联关于档案学问题的著述完成此书。这部内容丰富、条例清晰、面面俱到、世界眼光的著作在新中国成立初期是难能可贵的。

新中国成立后，傅振伦先后供职于北京市军事管制委员会文化接管委员会文物部，负责讲述欧洲特别是苏联的文物工作和博物馆情况；随即又被派往历史博物馆清点文物、登记造册、制卡存档、制定保管规章制度；后因参加了1951年京郊汉墓的挖掘工作而被调至北京市文物调查组任主任，并兼任北京大学考古专业讲席；后就一直在博物馆系统从事专职工作。[1]

中国人民大学筹办档案教育之际，傅振伦受北京历史博物馆张文教之介、中共办公厅秘书局裴桐之邀，与吴宝康、程桂芬、韦庆远等一同筹划档案专业。傅振伦还把平日所写有关档案学论文悉数捐献给了中国人民大学，其中部分论文被选编进1956年的《历史档案参考资料》。[2] 1953年起，傅振伦正式加入中国人民大学档案教研组，兼培养档案专业人员，讲授中国档案史课程。为教学需要，他于1953年编写了《中国档案史讲稿（第一—十一讲）》[3]，并由中国人民大学档案教研室出版，作为内部资料学习参考。傅振伦根据自己平时收集积累的经传、子

---

[1] 傅振伦：《傅振伦学述》，陈怡整理，浙江人民出版社1999年版，第28、84页；张世林编：《学林春秋 初编上》，朝华出版社1999年版，第102—105页。

[2] 参见1956年3月20日吴宝康给傅振伦的信件，信件内容即关于出版付印傅振伦学术论著的要求。（信件全文为——"傅振伦先生：我们准备将你所集文章付印若干份，不公开出版，供内部参考。现将原稿送上，请作最终修改，并早日送来，以便付印。我意见，米留申作报告不列在内为好。隋唐明清太平天国国民党时期的档案工作，是否也可不列在内。因我想把你过去在我校所讲的档案史讲稿专门再印一次，供学生参考。如果你还要修改补充，我们可等你修订完再付印。请考虑，并将意见告我为盼。此致 敬礼 吴宝康56 20/3"）

[3] 中国人民大学档案教研室：《中国档案史讲稿（第一—十一讲）》，中国人民大学内部资料，1953年。

集、史籍、方志、传记、考古材料等加以整理，按照原始公社逐步过渡到奴隶占有制度时代、封建制度开始时代、中央集权封建王朝时期、半封建半殖民地时代、中华人民共和国时代五个时期论述了中国档案史发展历程。其中在学习方法部分，傅振伦表达了其经过社会主义改造后研究中国现代档案学理论的立场，认为研究中国档案史，要实事求是地坚持辩证唯物主义与历史唯物主义。这部讲稿充分体现了傅振伦的史学理论素养，也是傅振伦以马克思主义历史观研究档案学的重要著作。1957年中国人民大学档案历史与组织教研室编著的《中国档案史稿》还收录有傅振伦关于中国档案史研究的讲稿。但1957年反右运动中，傅振伦被划为右派，由研究员降为助理研究员，自此与中国人民大学历史档案系断绝了联系，直到1987年方才恢复了对档案的研究工作。①

此外，傅振伦在1949年至1966年间还发表了《历史档案馆保管文物的范围问题》②《历代档案馆收藏的范围》③《革命历史档案的收集与整理》④《章学诚在史学上的贡献》⑤等文。这些论著也多为1957年所作，之后就鲜少有档案学成果问世。

（三）明清档案专家——张德泽

张德泽（1905—1998），字洵如，生于河北省东光县一普通农户家庭，父母早逝，年幼随长兄张德润至北京，因经济困难而中学肄业。1925年，经北京大学历史系教授魏建功介绍到故宫"清室善后委员会"任职，同年10月，故宫博物院成立，张德泽又被分配到故宫博物院文献馆⑥，开启了其余生65年对明清档案的整理、保管、编辑、研究工

---

① 在《傅振伦学述》中，傅振伦写道："直到1987年后，我才恢复了修志和对档案的研究工作。我经常和人民大学档案学系教员刘光禄、胡惠秋商讨档案问题和方志问题。"（第70页）
② 傅振伦：《历史档案馆保管文物的范围问题》，《档案工作》1956年第11期。
③ 1956年11月，鉴于我国当时的学术界和政府机关对历史档案馆所应保管的文物范围还存在不同的看法，以至影响到了现实操作，傅振伦在《档案工作》上发表《历代档案馆收藏的范围》一文。
④ 傅振伦：《革命历史档案的收集与整理》，《档案工作》1957年第4期。
⑤ 傅振伦：《章学诚在史学上的贡献》，《史学月刊》1964年第9期。
⑥ 但实际上，张德泽因在总务处管参观券，未能离开。直到1929年才到文献馆。（参见张德泽手稿《从事历史档案事业与语言工作六十五年回忆录》，1989年，未公开。资料系张德泽之女张碧君提供。）

作，成为了著名的明清档案专家，所撰写文字达57万字之多。①

张德泽将其一生在档案事业方面的成长和经验教训，按照不同时期不同性质分为十三项：初到文献馆工作情况、编写各国照会目录及《清季教案史料》出版、开始锻炼写作、开始在馆担任基层领导工作、解放初期工作情况、1956年拟定军机处录副奏折分类立卷方案、编辑西藏史料、开始编写《清代国家机关考略》、编辑第二次鸦片战争史料、拟定编辑史料标点分段办法草案、编写明清档案部部史、退休后情况及经验教训。②

民国期间，张德泽在故宫博物院文献馆大高殿参加军机处录副折包及随手档的整理与核对，并逐渐开始参加史料的编纂工作。档案南迁后，张德泽开始清理军机处各国照会，按国家和年月编成目录4册以及"清季教案史料"2册。这些史料编纂经验促使张德泽积极思考在历史档案的内容中大做文章。自1935年起，张德泽就档案整理情况及档案内容研究等方面陆续撰文，先后在《文献论丛》《人文周刊》《辅仁学志》等刊物、《天津盖世报人文周刊》《北平经世日报文献周刊》等报纸上发文数稿，涉及历史档案的整理、档案史料的分析、档案分类等内容③，从此开启了其明清档案实体管理与内容研究的学术历程。

新中国成立后，张德泽继续在故宫博物院文献馆工作。因积极接受

---

① 根据张德泽之女张碧君统计，不算张德泽编纂的成果，现保留可查的撰写文字中，《清代国家机关考略》30万字、各种论文14万字、个人回忆录23760字、明清档案工作回忆录115800字、一史馆大事年表17200字、其他研究类文章11060字，约共计573820字。资料系张德泽之女张碧君提供。

② 张德泽：《从事历史档案事业与语言工作六十五年回忆录》，作者手稿，1989年。资料系张德泽之女张碧君提供。

③ 民国期间，张德泽除《清季各国照会目录》四册（1935）、《清代外交史料》嘉庆、道光二朝十册（1933）《清季教案史料》英美各一册（1937）、《清光绪朝中日交涉史料》（1932）等编辑著作之外，在论文方面有：《整理军机处档案之经过》（《文献特刊》，1935）、《军机处及其档案》（《文献论丛》，1936）、《端方档案之分析》（《文献丛编》，1937）、《故宫文献馆所藏清代外交史料》（《辅仁学志》，1939）、《军机处所藏清册之分类》（《文献专刊》，1944）、《整理档案问题》（《文献专刊》，1945）、《清末四川铁路案》（《文献专刊》，1945）、《清季教案年表序》（《天津盖世报人文周刊》，1947年7月28日）、《沈兼士先生对于故宫文献之整理》（《北平经世日报文献周刊》，1947年8月23日）、《保存档案倡议》（《天津盖世报人文周刊》，1947年9月22日）、《档案分类研究》（《文献论丛》，1948）、《咸丰六年法国马神父在广西被杀案》（《文献论丛》，1948）等。张德泽还于1933年7月参加了中国博物馆协会第一届年会（在青岛山东大学举办），并宣读论文《清军机处及其档案》。

社会主义改造，政治上不断要求进步，新中国成立后张德泽一直担任文献科科长、保管组组长，并任副研究员，直到1957年整风运动才不再兼任行政职务。1952年11月北京大学院系调整后所保管的内阁档案及相关工作人员一并归到文献馆，张德泽感到民国时期的工作方法过于陈旧，不能适应新的社会制度对档案工作的需求，于是根据国内外有关档案工作的各种著述，拟制了一个"改进工作方法草案"，详细论述了关于档案的分类、编目、保管、利用等方方面面的改进措施，十分具体。① 1956年，因国家经济建设与科学研究对档案的迫切需要，张德泽与文献馆同仁，根据万余件的奏折分类卡片、官书中的办事规则一同拟定军机处录副奏折分类立卷方案，对清代历史档案予以整理，这也为后来大规模的历史档案整理工作树立了典范。1959年，张德泽又开始进入到西藏史料的整理工作，但因9月份工作调动而在编写70余万字后，未及出版，即草草收场。

张德泽在明清档案整理与研究期间同中国人民大学也有密切的联系。1953年2月，中国人民大学档案教研室韦庆远等四人来文献馆参观档案及各项目录卡片时，张德泽负责介绍文献馆内档案分类方法与军机处沿革职掌及所藏档案的情况。1954年4月，苏联档案专家谢列兹聂夫欲了解档案馆内所藏档案情况及档案中有关中俄关系史料情况，张德泽负责撰写了两份相关材料——《档案馆所藏各系统档案重点介绍》和《档案馆所藏中俄关系史料》。② 1959年国家档案局与中国人民大学合办的档案学研究室成立，同年9月，张德泽与杜襟南、殷钟麒三人调至从事档案学研究工作。为了配合中国档案史及中国国家机关史的教学与研究，张德泽根据其长期积累的史料编纂经验、历史档案知识、学术

---

① 参见《张德泽回忆录》，中国人民大学信息资源管理学院资料室保存。阅读日期为2017年11月13日。张德泽曾在回忆录中记载："这个草案虽然采用了一些国外档案工作的术语，有生搬硬套之嫌，但基本还是根据馆藏档案实际情况拟定的一些工作方法。由于当时馆中核心领导有不团结现象，不能经常合作，既不能发扬民主，又缺乏集中，所以这一草案没有最后定下来。"草案着重列举了过去工作方法中一些不够科学的地方，共分六个部分、四十一条。但经文献馆主任沈士远建议与单士魁、于石生商议后，因意见不同而搁浅。

② 见《张德泽回忆录》，中国人民大学信息资源管理学院资料室保存。阅读时间为2017年11月13日。其中所提及两份材料概述了各系统档案分类情况及一般内容。按档案种类介绍中俄关系史料，已出版者介绍其出处，未出版者介绍其年代及档案名称。这两个材料写成后，报故宫院部转报文化部批准后，才抄送中国人民大学苏联专家参考。

研究成果，开始着手编著其后来颇具影响的《清代国家机关考略》一书，但1961年随着档案学研究室的撤销，张德泽又调回文献馆工作，此书于1963年才完成初稿。遗憾的是，该书稿欲出版之际，"文化大革命"开始。1963年，张德泽与单士魁、宋秀元、傅克东等为配合史学会的研究，开始编辑有关第二次鸦片战争的史料一百余万字，并参与明清档案部部史的编写工作。1964年，张德泽参与了拟制编辑史料标点分段办法草案，主要负责对片题本、上谕、照会、咨文的分析。这一期间，张德泽在《档案工作》《档案学研究》《历史教学》上发表论文多篇，对明清档案工作予以总结研究，如《第一历史档案馆概况》[①]《清军机处的文书处理与档案工作》[②]《清内阁大库分散与变迁的情况》[③]《清代历史档案分类立卷问题》[④]《明清档案编辑工作方法之商榷》[⑤]《太平天国革命运动对清廷财政的打击——清内务府"奏销档"之反映》[⑥]《几项主要档案整理过程与三十年来主要经验教训》[⑦] 等文，涉及历史档案工作介绍、史料研究和历史研究等多个领域，既对清代档案整理方法、历史档案分类方法予以科学阐述，也对档案文献编纂方法进行了积极探索，更对明清历史档案的内容予以较为全面的揭示，十分具有学术价值。张德泽在明清档案整理过程中，认为要以原来的行政系统作为整理原则，以保存机关的本来面目，已深具"来源原则"的思想并将之付诸实践；而对档案的编目则秉持既利于提供利用又利于统计保管的原则，也是颇具现实意义。此外，张德泽倡导在研究历史档案的整理问题时离不开对档案构成历史情况的研究，因为不了解档案的来源和作用，不了解立档单位的历史情况，就很难进行分类整理；而对于历史上一些档案名词及档案中所用术语，也应编写说明卡片，以供研究历史档

---

[①] 张德泽：《第一历史档案馆概况》，《档案工作》1956年第9期。
[②] 张德泽：《清军机处的文书处理与档案工作》，《档案工作》1956年第12期。
[③] 张德泽：《清内阁大库分散与变迁的情况》，《档案工作》1957年第3期。
[④] 张德泽：《清代历史档案分类立卷问题》，《档案学研究》1960年第3期。
[⑤] 张德泽：《明清档案编辑工作方法之商榷》，《档案学研究》1962年第5期。
[⑥] 张德泽：《太平天国革命运动对清廷财政的打击——清内务府"奏销档"之反映》，《历史教学》1964年第5期。
[⑦] 张德泽：《几项主要档案整理过程与三十年来主要经验教训》，载《明清档案工作资料汇编》第一集，内部参考资料，1962年。本文系张德泽于1961年10月23日给明清档案部同志的讲课稿。

案的参考。关于历史档案的内容研究，张德泽倡导编印档案目录的重要性，以辅助出版史料的不足，并身体力行对档案内容予以开发性研究，实现其史料价值。

1971年底，张德泽从江西五七干校办理了退休手续，但仍关注并继续着他对明清历史档案的研究。"张德泽先生的学术研究工作始于近代档案学产生时期，成熟于现代档案学发展时期，他的学术成果可以从一个侧面反映出我国近代和现代档案学创建与发展的历程。"[①] 作为见证新旧两种社会制度变迁[②]的老者，张德泽对明清档案实体整理研究及内容开发研究的成果，对于今日的档案学研究仍是一笔宝贵财富，其不懈的学术精神、艰苦环境下的学术信仰以及严谨的治学方法也颇具启迪。

总体上，"外来专家型""革命者型""'民国遗老'型"档案学者群体在20世纪五六十年代中国档案学的独立化建制及发展过程中作出了他们独有的贡献。其中，"外来专家型"学者群体为创建之初的中国档案学在研究取向、范围和方法等方面奠定了初步基础，功不可没；而"革命者型"学者群体在学习与吸收苏联档案理论的同时，为中国档案学的独立化建制作出了最为重要的贡献，他们秉承革命精神、怀揣理想主义的激情、肩负强烈的使命感和责任心、执着专注、严谨求实，在高等学校中创办档案学科，成立档案学研究机构，开展档案学术研究和实践调研，探索档案学的基本问题和理论框架，为的是推动档案学的独立化进程，使其屹立于学科体系之林；"'民国遗老'型"学者群体则以其丰富的档案经验将旧中国的档案思想与新中国的档案思想予以融会贯通，为档案学知识的完备作出了贡献。尽管不同学者群体、不同档案学人在档案学术舞台上上场与离场的时间不尽相同、扮演的角色也各有差异，但正是他们的倾心奉献、密切配合，以建设和发展档案学为共同目标，才呈现了那段时期档案学的历史面貌。虽然受学科发展阶段的制约，他们的学术思想朴素而浅易，他们的学术表达也不够成熟，但他们的学术贡献却是不容抹杀的。

---

① 张虹：《开拓者的足迹——张德泽先生学术思想研究》，《中国档案报》1997年8月7日第3版。

② 张碧君：《回忆我的父亲张德泽》，《中国档案报》2000年1月13日第3版。

# 第四章　1949年至1966年中国档案学的内在观念建制

内在观念建制是学科存在和发展的核心与根本，彰显了学科的学理性及生命力。内在观念建制的形成与完善是基于对学科基础问题、研究规范、逻辑范畴和知识体系的思考，是学术研究最终追求的目标。中国开展学术研究，不同于西方只是将其作为一个研究领域进行学理和现实的考察，而是以构建学科为己任，以学科构建为依托的学术研究也成为了中国特色的学术发展模式。因此，内在观念建制与学科构建唇齿相依。对于1949年至1966年的中国档案学而言，档案学内在观念建制的逐步完备体现在其学术争鸣与学科体系建设之中，通过学术争鸣，档案学的研究对象、指导思想、基本概念、学科性质等问题不断明晰；而档案学学科体系建设则是在研究对象的基础上构建的知识体系，这种知识体系全面而系统地呈现出与研究对象相关的理论、概念、方法，并内化于"大学或学院中所教授的科目"[1]，从而逐渐实现"学科"的"学术性"和"科学化"。

## 第一节　档案学术的探索与争鸣

学术争鸣是学术创新的前提和基础。学术研究并非一成不变，而

---

[1] Armin Krishnan, *What Are Academic Disciplines? Some Observation on the Disciplinarity vs. Interdisiciplinarity Debate*. Southampton: University of Southampton, National Centre for Research Methods, January 2009.

应在不同的学术观点中不断探索,并在不断试错的过程中螺旋式向前发展。具体到档案学,其发展并非是静止的或是固化的,或是趋于一致化倾向的,而是在颇具争议的领域进行争鸣式的探讨。正是通过不断的探索与争鸣,方可促使档案学研究者通向新的思考方式和理解方式,从而促进对档案理论更为清晰的认知,对档案实践更深层次的解读。

20世纪五六十年代的中国档案学,正处于独立化创建过程中。那时对很多问题的研究尚未成熟,也不深入,对同一问题产生不同的看法在所难免,正是在这些探索式的研究和争鸣式的讨论中,很多档案学术问题才得以明晰。如在1951年11月《材料工作通讯》第3期发表了李光的《目前档案工作中的基本问题及其解决办法》,在12月同刊第4期就刊发了吴宝康的文章[①]对李光所论述关于"什么是档案"的问题,提出了一些不同看法;再如,1957年《档案工作》第1期发表了程桂芬的《关于档案学问题》,同年该刊第4期就发表了蒋有慇的《"关于档案学问题"的几个问题》,文中对档案学的学科性质和研究对象提出了不同见解。这些不同意见的表达促进了对档案学基本问题的深入研究和继续探索。事实证明,在学科发展过程中,对于同一理论问题的不同声音,有助于综合研究的基础上得出正确的认识。

综观20世纪五六十年代的档案学发展史,由于很多学术问题甚至基本概念都尚无定论,档案学科的独立化建制过程中面对诸多困难,学术问题的探索性研究层出不穷,其中涌现出来的学术评价和学术争鸣极大地促进了学科的发展。根据对1949年至1966年档案学发展历程的梳理,笔者认为陆晋蓬《档案管理法》的讨论与批评、档案与资料问题的大讨论、"以利用为纲"方针的提出与争辩、档案学学科意识的明确等问题的研究颇具代表性,以这些问题为核心的学术事件也极大地推动了档案学的发展,推动了档案学的独立化建制。

---

[①] 吴宝康:《区分档案与资料问题的我见》,《材料工作通讯》1951年第4期。

## 一 陆晋蘧的《档案管理法》及其讨论与批评

（一）《档案管理法》的写作与出版背景

陆晋蘧[①]《档案管理法》一书当属新中国成立后首部档案学著作，甫一出版即引起了极大关注。陆晋蘧在写作《档案管理法》之前，于1949年4月曾出版《银行文书实务》（上海商务印书馆）一书；1949年12月，新中国成立后陆晋蘧被调至中国人民银行北京分行任文书股长及办公室秘书，在这里，陆晋蘧经历了档案混乱、文件归档缺乏标准、调卷困难、查找效率低下等状况，这激发其开始了为期两年的档案改革。在改革中，陆晋蘧主要负责领导制录卡片、编制卡片目录、研究系统分类纲目和档案保存时间等问题。为此，他细致研究了本机关档案工作的具体情况、学习了图书分类编目的方法，还在看病之机，学习了医院病历档案的整理。正如中国人民银行北京分行于1952年8月18日所发"关于新的档案管理法（半分钟调卷法）的参考资料"中写道："这个办法主要脱胎于图书馆管理法与医院病历管理法，并结合银行问卷情况而产生……活页卡片目录是按照图书目录的精神改进的……档号是由医院的病历编号和图书馆图书编号方法改变而来的。档案类项表根据统计图表产生的。"[②] 基于以上档案管理经验和档案改革实践，陆晋蘧从档案的系统分类编目、档案保存时间、档案管理主动性三方面提出了改革档案管理的"新法"，并将此"新法"于1951年正式施行[③]，实

---

[①] 陆晋蘧，1911年生，浙江省嘉善县人，是新中国成立之初新的档案管理法的创造人。（参见陆晋蘧《档案管理法》，工人出版社1953年版，"编者的话"。）1957年成为中国人民大学历史档案系的教职员。（参见中国人民大学档案学院《中国人民大学档案学院校友录(1952—1987)》，1987年，第196—200页。）协助中国人民大学历史档案系编著了《档案学基础（初稿）》（1960年出版，参见该版"编辑说明"）和《文书学纲要》（参见潘嘉主编《文书学纲要》，1961年版，"说明"）。《档案管理法》是其新中国成立后的代表性著作。1960年2月陆晋蘧与吴宝康等出席了在人民大会堂举行的北京市文教系统群英大会。除《档案管理法》之外，陆晋蘧还著有《我对档案工作的认识和体会》（《档案工作》1956年第3期）、《文书档案连锁法中几个问题的研讨》（《档案学研究》1959年第1期）、《北京大学整理教学行政文件和编制参考工具的方法介绍》（《档案学研究》1959年第2期）、《档案工作飞跃发展的十年》（《档案工作》1959年第8期）等文章。

[②] 中国人民大学档案教研室：《评陆晋蘧著〈档案管理法〉》（翻印），中国人民大学内部资料，1954年，第12页。

[③] 1950年末1951年初，正值陆晋蘧所在机关突击整理挤压混乱文卷，行政领导认识到档案管理的重要性，于是陆晋蘧的新档案整理方法得到重视和试行。

践证明这一新法在新中国成立初期的档案管理活动中具有很大的优越性。1952年在北京召开的先进经验展览会上，陆晋蕸的档案管理新法得以公开展览，引起了社会各方的广泛关注，各地各机关的档案工作者纷纷学习，欲将此法应用到本单位的档案管理实践中来。此后，陆晋蕸为了将档案管理新法普及化，又进一步研究了全国各种不同类型机关的不同档案管理情况，并学习了苏联专家米留申的工作报告，尤其是米留申提出并倡议的档案分类原则，在此基础上结合我国不同机关的具体情况，研究了不同的档案分类方案。陆晋蕸将这些工作经验和理论研究成果加以提炼与升华，最终成书《档案管理法》，于1953年9月由工人出版社出版。

（二）《档案管理法》的主要内容

陆晋蕸在《档案管理法》中提出的档案管理新法，主要是指在档案管理中采用分卷管理法加速机关公文处理速度，加快档案查找效率，使档案工作由被动变为主动。书中"对于如何使用档案管理达到分类明确、排列有序、手续简便、调卷迅速的要求；如何使档案工作由被动走向主动，以加速机关公文的处理；如何采用分卷管理法，使档案不致堆积不必要的文件等，都提供了具体的做法"[①]。全书共分十四个部分，分别介绍了档案工作的意义和作用，过去档案管理的缺陷与今后档案管理的方向，档案管理的分工及对档案工作人员的要求等内容。档案管理新法在当时的电台和刊物上都有介绍，且刊登之后有142个单位来信或派人到陆晋蕸所在单位了解情况。1953年2月中华全国总工会金融工会工作委员会在全国十四大城市金融机关先进经验交流大会上，决定将此法在全国各地中国人民银行推广。[②] 陆晋蕸后期考察了实行此种新法的15个单位，发现各机关在运用此法后取得了良好的效果，调卷速度明显增加、档案分类也趋于明确、排列有序化、手续更加简便，机关档案室能主动掌握档案工作的开展情况。陈兆祦、王德俊在1995年版《档案学基础》中对该书有过如此评价——"它的出版对推动当时档案学研究起到一定的、有益的影响。"[③]

---

① 陆晋蕸：《档案管理法》，工人出版社1953年版，内容提要。
② 刘文杰：《中国档案学文书学要籍评述（1910—1986）》，四川大学出版社1987年版，第146页。
③ 陈兆祦、王德俊：《档案学基础》，中国档案出版社1995年版，第153—154页。

## （三）对《档案管理法》的讨论

陆晋蘐的《档案管理法》一经出版即引起巨大反响，档案理论界随即撰写了多篇评介性文章。对陆晋蘐《档案管理法》的讨论与研究涉及三类主体：一类是档案教育机构的研究人员，他们主要从学术角度审视该书所宣传的档案管理办法的科学性与合理性；一类是旧档案学家，他们从档案学历史遗产的角度进行审视，认为书中部分内容仍未脱离旧政权档案学的研究痕迹；一类是档案实践工作者，他们结合自身档案工作实际情况，对书中具体方法的可行性和恰当性予以考量。总之，该书甫一出版，全国档案界对书中所涉及具体研究内容的讨论如火如荼地开展着，虽然来自不同的领域，看待问题的角度各有不同，但归根结底普遍认为，陆晋蘐的钻研精神和态度是值得赞扬的，至于其研究内容中所涉及的理论问题，以及学术论证的科学性和严谨性却值得商榷。

中国人民大学档案教研室于1954年4月8日组织了首次科学讨论会，中心议题就是对陆晋蘐《档案管理法》进行评价，引起了社会各界人士的广泛参与，并积极发表对这部著作及其中所闪现的档案学学理问题的意见和看法。据统计，这次研讨会的参与者共计各行各业档案工作者与研究员193人。[①] 研讨会召开目的有三：一是团结全国档案工作者，对于旧档案思想中迂腐陈旧之处予以改造；二是推动新中国成立初期的档案学发展，借此鼓励档案学术研究活动和档案书籍出版；三是学习和宣传苏联档案学先进的理论与经验。事实证明，这次研讨会的召开也实现了上述三个目标。陆晋蘐是受社会主义档案学改造的典型，研讨会后，即表示完全同意并接受批评意见，"今后愿跟大家在一起，学习苏联先进经验，以改进我们的档案工作"[②]。会后，故宫博物院档案馆张德泽也来信说明："自己以往接受资产阶级思想的一套不合时代的方法，也得到了正确的批判。"[③] 科学研讨会后出版了《评陆晋蘐著〈档

---

[①] 参会人员来自包括中共中央办公厅、中央组织部、中央宣传部、政务院、国家计划委员会、重工业部、公安部、军委办公厅、总后勤部、全国总工会、全国妇联、青年团中央、华北局、华北行政委员会、北京市委、中国科学院近代史研究所南京史料整理处、故宫博物院档案馆、历史博物馆、工人出版社等机关、团体的档案工作者和出版工作者以及中国人民大学档案专修科的学员。参见《中国人民大学档案教研室科学讨论会简记》，《档案工作》1954年第11期。

[②] 《中国人民大学档案教研室科学讨论会简记》，《档案工作》1954年第11期。

[③] 《中国人民大学档案教研室科学讨论会简记》，《档案工作》1954年第11期。

案管理法〉》①（表 4-1）一书供档案学理论总结研究之用。

表 4-1　　《评陆晋蘧著〈档案管理法〉》一书中的态度

| 态度 | 列举 | 主要观点 |
| --- | --- | --- |
| 赞扬 | 陆晋蘧的科研与钻研精神是值得学习的 | 陆晋蘧长期从事档案工作和文书处理工作，具有一二十年的实际工作先进经验，并对一些机关的实际档案工作曾有过充分的调查研究，对档案管理的新方法进行积极探索 |
| | 陆晋蘧的档案管理法对实际工作具有一定指导意义 | 陆晋蘧从档案工作和国家建设的关系着手，把档案工作提到应有的重要程度。他倡导档案工作分工明确、排列有序、手续简便、调卷迅速，使档案工作由被动走向主动，加速机关公文的处理，使档案不致堆积不必要的文件 |
| | 陆晋蘧对档案工作中存在缺点的分析是可取的 | 陆晋蘧认为过去档案管理各自为政、互不联系、没有统一的管理方法，文件容易零乱散失；管理人员的管理方法都保守秘密；把档案室视为储藏室，造成档案的臃肿和紊乱；在处理手续方面，不按性质分类而是按文件的号码归档，卷夹横叠、文件散置，卷夹内没有目录表，文件保管不严密 |
| | 陆晋蘧对档案工作人员素质的看法是可取的 | 陆晋蘧认为管理档案是具有重大政治意义的工作，档案管理人员不但要有熟练的科学的管档技术，还应有高度的政治警惕性 |
| | 陆晋蘧提及向苏联先进经验学习的阐述是可取的 | 陆晋蘧认为档案管理人员要积极学习苏联先进经验，使档案工作随国家的发展和机关工作的发展不断前进 |
| | 陆晋蘧提倡对档案工作予以大胆改革的工作方向是可取的 | 陆晋蘧认为档案应集中管理并建立分档，密件档案与一般文件档案要分开保管，档案工作要对文件工作实行控制 |
| | 陆晋蘧对分类问题的重要性是估计到的 | 陆晋蘧认为档案分类是档案管理工作中最重要的一项。档案分类，要繁简适当、标准一定，并对分类的原因、方法以及等级予以一一介绍 |
| 批判 | 陆晋蘧对苏联先进的档案管理经验没有进行深入研究和完全融会贯通 | 陆晋蘧的著作没有完备的科学基础，特别在苏联先进档案理论已传播到中国，就更可以清楚地看到这本书在内容上还有许多原则性的错误与缺点 |
| | 陆晋蘧对档案集中管理的认识是错误的 | 陆晋蘧认为档案集中管理，就是一个机关内的全部文件集中在一个档案室归卷，一切文件每一运转阶段都要经过秘书部门的总收发室，文件文稿处理完毕后，由总收发室送交档案室归档 |

---

① 由中国人民大学档案教研室于 1954 年 7 月 15 日刊印出版。

第四章　1949年至1966年中国档案学的内在观念建制

续表

| 态度 | 列举 | 主要观点 |
|---|---|---|
| 批判 | 陆晋莲混淆了档案工作与文书处理工作的区别 | 陆晋莲认为档案工作者是文书工作的组织者和检查者，认为档案工作必须控制文件，必须与收发文件、检查文件等工作结合，倡导收发文登记用三联单。作者根据这种看法而把档案工作与文书处理工作相混淆，甚至在实际上主张档案工作人员应该代替文书处理工作者所应做的文件的催办和立卷工作，是不妥当的 |
| | 陆晋莲对分类问题的叙述存在缺点和错误 | 第一，陆晋莲的方法将分类与立卷相混淆，而且只是单份的分类；第二，陆晋莲的分类方法带有一定的主观性和机械性；第三，陆晋莲所谓分类中的"项目"是空洞不具体的，作者以项目代卷，卷却没有具体卷名，仅是为着某类某项某目；第四，类项表中看不出按重要程度来排列；第五，完全否定了按组织机构分类的优越性 |
| | 陆晋莲没有保持文件历史联系的立卷思想，错误地理解了米留申著作的含义 | 作者错误地理解米留申的"案卷不应……过二百张"的说法，把这种说法改变为"装订文件每本页数以二百左右较为合适"。作者机械地从文件的多少出发，这完全是形式主义的做法。能不能成为一卷，不决定于文件数量的多少，而是决定于文件之间有无历史联系 |
| | 陆晋莲在编制目录与编号问题上搬用了图书馆编制图书目录的方法 | 作者片面地强调卡片目录的优点，采取与图书馆管理法完全一样的所谓类卡、项卡、目卡，以便像图书馆查找每一本书一样去查找每份文件、每一案件或每一小堆文件 |
| | 陆晋莲介绍的分卷管理法是错误的 | 作者错误地理解了苏联档案专家米留申所编的文件材料保存期限的标准一览表，将案卷分为甲乙丙三套卷，没有保持文件的联系 |
| | 陆晋莲"档案管理新法"的优点没有科学基础 | 仅从技术上着眼，如果从局部与眼前的利益出发，陆晋莲的档案管理新法似乎有优点，但从全局与长远利益以及科学利益来看时，则不足道 |

总体来看，对陆晋莲《档案管理法》优点的肯定集中在其实际效果和作者治学态度方面，而否定的部分则集中在作者的观点和所依靠的科学依据。从《评陆晋莲著〈档案管理法〉》一书结论部分可得出这次研讨会对该书的总体态度——"《档案管理法》一书是作者的钻研结果。我们应该学习这种埋头研究的精神。但作者著作的科学水平，还远没有超过解放前所流行的一些档案管理法的水平，而且还受着英美资本主义

国家的许多影响，这本书与先进的苏联档案工作的理论与实践模式毫不相干。"① 但若从批判的视角来看，有些评价内容却有些牵强，如说陆晋蘐"完全否定了按组织机构分类的优越性"，其实不然，陆晋蘐在论述档案分类的主要原则时，认为"在横的方面是按照机关的业务性质来区分，在纵的层次方面是根据机构组织的大小和日常文件的多寡来决定"②，并未否定按组织机构分类的应用和作用；再如批判陆晋蘐混淆了档案工作和文书处理工作，并曲解了作者所言"档案工作人员是文书工作的组织者和检查者"的含义，而从作者的叙述中，并未体现出"档案工作控制文书工作"的意思。由此可见，对陆晋蘐档案管理法的批判，表面看来是对其中体现出来的学术观点和实践经验的审视，实则是对英美资本主义国家档案学和民国档案思想的批判、对苏联档案理论的宣扬。这也体现了当时的主流学术话语表达。

而在此次研讨会之前，1954年3月就对陆晋蘐《档案管理法》的评价问题征求了苏联历史档案专家谢列兹聂夫的意见。③ 按照谢列兹聂夫的说法，陆晋蘐《档案管理法》最受诟病的缺点仍是对档案工作和文书工作的不加区分。而且陆晋蘐从快速方便查找档案的角度出发，将每一份文件制作了卡片，从长远考虑却加大了工作的难度，不利于档案以案卷的形式保持相互之间的联系。此外，陆晋蘐所认为的"苏联查找文件慢"被批评为"这种怀疑观点是残余陈旧方法的反映"④。在此基础上，谢列兹聂夫还建议将对旧专家的批评放在与对资产阶级观点的批

---

① 中国人民大学档案教研室：《评陆晋蘐著〈档案管理法〉》（翻印），中国人民大学内部资料，1954年，第12页。

② 陆晋蘐：《档案管理法》，工人出版社1953年版，第17页。

③ 专家建议事先开一个准备会，邀请秘书处和毕业学员、该书作者共同参加，以帮助大家了解该著作的主要内容，最终帮助尽快掌握苏联先进经验。谢列兹聂夫就该书的内容提出了四点意见："一是作者把集中档案与文书处理制度混为一谈；二是要想档案室按组织机构分类，就必须文书处理部门立卷，这样自然形成了按组织分类；三是如果有保管期限一览表，则工作者就可指明案卷的保管期限，并可编制两份目录，这是文书工作，不是档案工作，只有在一览表的情况下，才能容许这样做，否则就不对；四是陆晋蘐自己认为的档案管理法五个优点要批判性看待，他的管理法既不能保证机关的正常工作，也不能保证档案室能否完成自己的任务。"参见《谢列兹聂夫论文报告辅导记录集（1952—1955）·中国人民大学历史档案系专家辅导（第一部分）》，中国人民大学内部资料，1957年，第81—82页。该文于1954年3月19日记载。

④ 《谢列兹聂夫论文报告辅导记录集（1952—1955）·中国人民大学历史档案系专家辅导（第一部分）》，中国人民大学内部资料，1957年，第83页。该文于1954年2月8日记载。

评一致的位置上。① 显然这种不科学的批判方向引领了讨论会中对该书的主要批判观点。

值得注意的是，陆晋蓬的《档案管理法》不仅在学术界引起了广泛的讨论，在实际工作者中也引起了热烈的反响。1954年4月10日，《档案工作》刊登了《关于陆晋蓬著〈档案管理法〉一书的读者来信综合叙述》②，这些来自档案实际工作部门的意见同样多以批评性建议为主，大体集中在三个方面："文书处理工作和档案工作的范围未分清楚；立卷和分类未分清楚，并在分类原则上采用了十进分类法，否定了按组织机构分类的原则；以甲乙丙三套卷的划分由档案室来进行案卷的鉴定工作不够慎重。"③

不管是出于何种学术倾向或现实考量，不管对《档案管理法》是赞扬还是批判，学术评价在当时还属于新鲜事物，且相关论述也以泛泛而论者居多，深刻而富有见地者尚少。对陆晋蓬《档案管理法》一书能以批评为主、相对中肯地指出其中的缺点和得失，还是十分难得的，初显了学术色彩。但在批判时对其中某些内容的过于"苛责"也似有不妥，受时代背景、舆论走向的影响颇深，潜移默化地影响了评价的客观性。陆晋蓬作为"民国遗老"，其档案学著作也难免被冠以"民国档案思想的遗留"。这种以"政治批判"带动"思想批判"和"学术批判"的做法，所导致的对档案学著作评价时所体现出来的非科学性、非严肃性的倾向，也影响了对民国优秀档案思想的继承和发扬，影响了对民国档案学著作学术价值和现实意义的认知和考量。

相反，改革开放后的20世纪80年代，在新的时代背景与政策环境下，又有学者在总结评述新中国成立初期档案学论著时，对陆晋蓬的《档案管理法》予以重新评价，此时的基调明显有所改观。1987年刘文杰就认为："在20世纪50年代初我国档案管理向新的科学方法过渡的时期，这本书具有积极的意义，亦具有实事求是的精神。这本书最大的可贵之处就在于它没有抛弃二十至四十年代的中国档案学，而是将其中合理的东西加以吸收、继承和发展；在借用苏联档案工作理论与实践

---

① 《谢列兹聂夫论文报告辅导记录集（1952—1955）·中国人民大学历史档案系专家辅导（第一部分）》，中国人民大学内部资料，1957年，第83页。该文于1954年4月15日记载。
② 《关于陆晋蓬著〈档案管理法〉一书的读者来信综合叙述》，《档案工作》1954年第9期。
③ 《关于陆晋蓬著〈档案管理法〉一书的读者来信综合叙述》，《档案工作》1954年第9期。

时，也是采取慎重的态度，没有完全照搬照抄。"① 吴宝康也时隔三十年后，在《档案学理论与历史初探》中重新总结了过去对该书的不当评价："在学习苏联档案学知识的过程中，曾经过多地片面地否定了一些我们自己所创造的从实际出发和行之有效的档案工作原则和方法；也表现过过多地片面地否定某方面历史遗产的现象，如对陆晋遬档案管理法缺乏更全面的、历史的、客观的分析。"② 1988 年，在吴宝康担任主编，和宝荣、丁永奎担任副主编的《档案学概论》中，在提及《档案管理法》时也予以"翻案式评价"："该书是作者学习苏联档案工作经验和我国实际情况相结合研究的最初尝试，它的出版对推动当时档案学研究曾起到有益的影响。"③ 类似反思性评价完全不同于 20 世纪 50 年代初的言论。这种前后态度的转变，体现了学术评价水平的提高，体现了随着档案理论与实践的发展对档案学认识的逐步深入，也体现了时代的变化对档案思想观念的影响。

## 二　档案与资料问题的大讨论

对档案定义的认识是档案学研究的基础。关于档案与资料区分问题的讨论，可谓是新中国成立后档案学研究的开端，涉及档案学的研究对象及其本质问题，触及档案学的核心理论。档案与资料的区分，表面上只是对二者定义的讨论，但却对于理解档案学核心概念及其应用十分关键。概念的界定不仅对理论工作者十分重要，对实际工作者也十分重要，明确化的概念对于学科内部与外界的沟通、实践工作中决策的制定、职业边界的确立与职业认同的培育都有所帮助。如若对基本概念的定位不准确，不仅在行业内部无法达成共识，而且对于档案学的向外扩展也十分不利。因此，在学科独立化建制过程中，对本专业基础术语和概念的研究十分必要。

新中国档案学基础理论的研究可追溯到 20 世纪 50 年代关于档案与资料区分问题的讨论，这场讨论肇始于 1951 年中央直属机关第一次档

---

① 刘文杰：《中国档案学文书学要籍评述（1910—1986）》，四川大学出版社 1987 年版，第 147 页。
② 吴宝康：《档案学理论与历史初探》，中国人民大学校内用书，1982 年，第 104、134 页。
③ 吴宝康主编，和宝荣、丁永奎副主编：《档案学概论》，中国人民大学出版社 1988 年版，第 338 页。

案工作座谈会，随后便引起了大规模的探讨，很多学者也是从这次大讨论中才开始逐步研究档案学理论问题的。档案与资料的区分，既是对档案基本概念的研究，也涉及对档案本质与价值的思考。正是从对档案概念的研究开始，逐步扩展到对档案学的研究对象与任务、研究内容与范围、行政管理与组织、人才培养与指导等方面理论的探讨，并进一步延展到对档案学的科学性、实践性以及对档案学、档案工作的产生与发展等内容的探索。

1951年，《材料工作通讯》甫一创刊，"档案"与"资料"就作为不同的概念出现，其"创刊的话"中表明该刊物"是档案和资料工作者互通情况、交流经验的一种内部不定期刊物"[①]。在这里，"档案和资料工作者"同属于从事"材料工作"的群体，但当时对"档案"与"资料"的界定尚未明确化，二者只是作为模糊的概念连在一起使用。随后，《材料工作通讯》连续登载了档案与资料区分研究的系列文章，该刊物也成为了档案与资料区分问题讨论的主要阵地。从1951年11月起，到1953年5月，一年半的时间内，档案界开始了一场档案与资料关系问题的学术大讨论[②]（表4-2）。不同声音的出现表明新中国成立初期的档案界已经开始对档案学基础问题进行探讨，闪现出学理的微光。值得注意的是，很多文章在发表时，档案高等教育尚未建立，正规而专深的档案学研究工作也尚未开展，吴宝康、裴桐、冯乐耘等还是地方的档案干部，他们在实际工作中积极思考，对档案与资料的区分提出了自己的见解，并从这次大讨论开始逐步研究档案学的理论问题，后来逐渐深入到档案学的研究对象、档案学的独立学科属性、档案学与文书学的关系、技术档案与技术资料的区别与联系、文书立卷等相关或衍生问题的研究。可以说，对档案与资料区分的讨论，堪称那一代档案学人的学术启蒙。

---

① 《创刊的话》，《材料工作通讯》1951年第1期。
② 《材料工作通讯》第10期（1953年5月）中"编者的话"（第13页）写道："档案与资料问题自从1951年就提出来了，一直讨论了两年，是大家最关心的问题之一，迫切需要得出一个正确的结论。对于任何新的认识、新的方法，必须结合实际情况，作反复、深入的研究，研究好了以后，再做实际工作上的改变，这一点是我们学习苏联经验时应有的态度。"

表 4-2　　关于档案与资料区分的讨论（按时间顺序排列）

| 作者 | 篇名 | 主要内容 | 评论 |
|---|---|---|---|
| 裴桐 | 《档案与资料的划分和整理》① | 档案与资料性质不同：档案是本机关工作中形成的文书，办理完了以后，立卷归档备案，成为本机关工作的记录。资料不是本机关工作中形成的，只是为了便于机关工作而收集的参考材料。<br>档案与资料使用目的不同，因而使用方法也不一样：保存档案是为保存积累历史的真实材料。使用资料主要是综合地研究新的情况与经验，以便制定今天的政策。<br>档案与资料保存时间的久暂不同，因而保存的办法也不同：档案是本机关工作的真实记录，主要是原稿真迹，因此需要完整地、长期地、集中地保存；资料则只是适应业务需要而使用，过了一定时期就失去使用价值，因此无需长期集中保存 | 文中探讨了档案与资料是否应该区别、应该如何区别、整理方法是否应有所不同等问题。是对档案与资料区分问题的首次系统化、条理化、学术化的探讨。虽然很多观点还不成熟，但却为日后对档案与资料的区分研究提供了良好的开端 |
| 李光 | 《目前档案工作中的基本问题及其解决办法》② | 档案是某一机关，在某一时期，能反映某一工作或问题的有系统的一个文件卷册。档案是本机关工作之结晶。资料的范围是很广的，不论是本机关或是别机关，也不论系统与否，凡是带有参考性质的均可作资料 | 文中分析了档案与资料区分的必要性。但却未触及档案与资料相互区别的实质 |
| 吴宝康 | 《区分档案与资料问题的我见》③ | 凡无需本机关或本部门办理，而由其他机关送来参考或备案备查的文件材料（包括刊物），均为资料。档案的基本概念应该是本机关工作中形成的文件，是许多相互联系的办完的文件所组成的案卷，是许多相互联系的案卷所组成的分档，也就是能反映本机关工作历史的真实材料 | 文章从本质层面上，对档案和资料的定义予以界定 |
| 冯乐耘 | 《关于资料与档案划分等问题的意见》④ | 本机关工作中直接形成的、能够全面与系统地反映本机关某个工作或某个问题的文件，对本机关有直接指导作用或直接反映本机关工作的上下级文件，可作为档案 | 作者认为本机关制成的、有直接指导性的、直接反映本机关工作的、能使原有档案卷册更加全面是档案与资料区分的关键。这种分法实践操作性较强 |

---

① 裴桐：《档案与资料的划分和整理》，《材料工作通讯》1951 年第 3 期。
② 李光：《目前档案工作中的基本问题及其解决办法》，《材料工作通讯》1951 年第 3 期。
③ 吴宝康：《区分档案与资料问题的我见》，《材料工作通讯》1951 年第 4 期。
④ 冯乐耘：《关于资料与档案划分等问题的意见》，《材料工作通讯》1951 年第 5 期。

续表

| 作者 | 篇名 | 主要内容 | 评论 |
|---|---|---|---|
| 河北省委办公室档案资料科 | 《我们对区分档案与资料的意见》① | 应根据是否为本机关工作的反映,是否本机关工作所形成的这一基本特点来划分档案与资料。凡是本机关工作的记录都是档案,反之,不是本机关所形成的或经办的,虽然是文件,也不是档案,而是资料 | 与裴桐的观点基本一致。但将其作为区务档案与资料的唯一标准,未免有些狭隘 |
| 浙江省委秘书处 | 《浙江省委秘书处档案与资料划分问题的情况》② | 凡是本机关制成的文件,经过本机关或首长加以批示后办理的,或者通报与转发各地之一切文件,都作为档案。凡是介绍别地区工作经验的,或者是仅供参考性质的,都作为资料 | 文中沿袭了吴宝康提出的档案与资料区分的观点,并对区分档案与资料的具体做法进行了阐述 |
| 冯乐耘执笔 | 《根据苏联先进经验再谈档案与资料区分问题》③ | 文中探讨了档案与资料区分问题出现的原因,并对目前档案与资料区分的八种看法④提出了意见并进行了评述,还引用《苏联档案理论与实践》一书的观点进行了分析 | 此文是中国人民大学档案教研室若干研究生对二者区分所作的初步研究与批判 |
| 裴桐 | 《对档案与资料区分问题的再认识》⑤ | 文中对以"办理的"和"参考的"作为区分档案和资料的标准进行反思,认为档案是一定机关、团体或个人在工作中形成的文书的总和 | 此文的区分标准具有实际操作性 |
| 吴宝康 | 《重新认识档案与资料的区分》⑥ | 档案是记载历史的真实材料与原始材料。保持一个芬特的完整性及其历史联系,是档案工作者随时随地应遵守的基本原则。凡是直接反映一个机关、团体、企业和个人的工作活动,并需保存起来以备今后科学或实际利用者,就是档案。不要片面地夸大"本机关办理与不办理"为档案与资料区分的分界线 | 作者分析了之前认识的错误之处,并以苏联档案学的理论为依据,分析了档案与资料的区分 |

---

① 河北省委办公室档案资料科:《我们对区分档案与资料的意见》,《材料工作通讯》1951年第5期。

② 浙江省委秘书处:《浙江省委秘书处档案与资料划分问题的情况》,《材料工作通讯》1951年第6期。

③ 冯乐耘执笔:《根据苏联先进经验再谈档案与资料区分问题》,《材料工作通讯》1953年第10期。

④ 八种看法分别是:党内秘密文件是档案,公开的报纸刊物是资料;铅印的成本成册的是资料,油印复写的且有一定规格的是档案;来往文书是档案,其他文件均为资料;重要的、有系统的是档案,整理后留下的、不重要的、零碎的是资料;历史文件是档案,目前的文件是资料;文件是档案,党刊是资料;中心工作问题是档案,非中心工作问题是资料;首长批办的是档案,没有批办的是资料。

⑤ 裴桐:《对档案与资料区分问题的再认识》,《材料工作通讯》1953年第10期。

⑥ 吴宝康:《重新认识档案与资料的区分》,《材料工作通讯》1953年第10期。

续表

| 作者 | 篇名 | 主要内容 | 评论 |
|---|---|---|---|
| 郑喈 | 《关于档案资料编号方法的研究》① | 作者认为从概念上揭示二者之间的区别在原则上是正确的，在理论上是可取的。但是在实际工作中档案和资料可以统一管理也可以分开管理 | 作者未对二者的区分作出实质性解释 |
| 郑玉豪 | 《对于档案学几个问题的我见》② | 在某种程度上，资料与档案的内容、形式、作用和保密性是相同的，在一定条件下，可以互相转化。但是二者仍有原则的区别。档案是自然形成的记录；资料是编写或复制出来的印刷材料 | 作者认识到二者的区分在于产生条件和过程的不同。认为档案是直接记录，触及其本质问题——原始性 |

另外，苏联档案专家谢列兹聂夫在进行专家辅导时也对档案与资料的区分问题发表了见解，他认为："与其叫档案与资料的区分，还不如叫出版物与档案文件的区分。出版物是出版活动的结果，档案文件则是机关活动中产生的。"③ 谢列兹聂夫把档案与资料视为两种不同的"材料"，而且资料可与出版物等同，可用图书整理的方法管理。但按谢列兹聂夫的说法，出版物的条件之一是"国家编制之内"，如果按此条件将出版物与资料等同，那么资料的范围未免比实际理解的要小得多。专家的见解对我国研究档案与资料的区分并未产生太大影响。

这次学术争论结束后，对档案与资料区分问题的讨论并未停止，在很长一段时间仍是学界关注的重要理论问题。1956年至1958年间，档案学界和实践界通过调查研究和深入讨论，又再一次提出了"档案"与"资料"的区分问题。曾三在《档案工作》1959年第8期发表文章对档案与资料的概念区分予以阐述："'档案'是本机关在工作和生产中形成的，经过一定的立卷归档制度而集中保管起来的材料。'资料'则是为本机关的工作和生产需要所收集起来的一切材料。"④ 这对明确"档案"的概念起到了良好的指导作用，也是对档案核心理论——"来源原则"的最好注解。1959年6月全国档案资料工作先进经验交流会

---

① 郑喈：《关于档案资料编号方法的研究》，《技术档案资料研究》1959年第3期。
② 郑玉豪：《对于档案学几个问题的我见》，《档案学研究》1962年第4期。
③ 《档案与资料的区分》，载《谢列兹聂夫论文报告辅导记录集（1952—1955）·中国人民大学档案系专家辅导》，中国人民大学内部资料，1957年，第55页。该文记载于1953年11月11日。
④ 曾三：《技术档案工作、技术资料工作和科学情报工作》，《档案工作》1959年第8期。

进一步提出，档案反映了本机关的全部活动，作为历史记录保存；资料只是为了业务需要备供参考的性质，使得这场讨论暂时告一段落。伴随着档案的历史记录性被明确提出，这个颇富理论意义和实践意义的问题才得以解决，不仅充实了档案学的研究内容，也基本明确了档案学的研究对象。

**三 "以利用为纲"方针的提出与争辩**

1958年至1962年关于"以利用为纲"方针的大讨论，涉及档案工作的性质与规律、档案利用工作与基础工作的关系、档案工作的主要矛盾与次要矛盾等重要理论问题。曾三、吴宝康等档案学人在这一方针的讨论中都相继阐明了自己的看法，并形成了不同的学术观点，且随着"以利用为纲"方针的实行而发生了细微的改变。"以利用为纲"的讨论还涉及新中国成立初期档案学的研究方法问题——矛盾论的思想。而对这些问题的探讨对日后档案学研究也深具启迪意义，甚至到了20世纪80年代，吴宝康在其著作《档案学理论与历史初探》中又重新对"以利用为纲"方针进行解读与阐述。

综观"以利用为纲"方针的出台，离不开"大跃进"的时代背景，1958年的"大跃进"运动影响了档案工作和档案学研究的开展。1958年4月7日至16日，为响应"大跃进"的号召，中共中央办公厅和国家档案局在北京召开全国各省、市、自治区档案工作会议，即"四月会议"，制定了全国档案工作的方针："档案工作应该以多快好省地开展对档案资料的利用工作为纲，充分发挥档案资料在社会主义建设中的积极作用，来为本单位的各项工作和生产服务，为经济战线、政治战线和思想战线上的社会主义革命服务，为工农业生产大跃进服务，为技术革命和文化革命服务，为科学研究服务。"这一方针简称"以利用为纲"。方针出台后，理论研究者纷纷从矛盾论的角度，结合档案工作实际，论证该方针的合理性与正当性。与此同时也有另一种声音对该方针提出了质疑，认为这一方针脱离了档案工作实际，在执行中出现了理解错位、执行不当的错误，对档案工作造成了不良影响。实际上，在"以利用为纲"方针的指导下，全国档案工作成绩与问题并存，如国家档案局在"以利用为纲"方针的政策下，苦战一百天，最终清理了中国第一历史档案馆中1700麻袋残损的清代档案材料,[①] 并编制了目录和检索工具,为档案利用创造了良好条件;但也有部门开始"大办档案",开展"人人办档案""万物档案化",发动群众"大收大编大用",这些"跃进式"的做法影响了正常档案工作的开展。赞同与质疑两方声音僵持不下,"在档案界引起了很大的争论,是档案史上少有的,弄清楚它的是非,不仅对档案工作的实践有重大意义,而且对发展我国社会主义档案学,加强档案学的理论研究,也具有深远的意义"[②]。

1959年6月1日至10日,全国档案资料工作先进经验交流会上,尽管支持者和质疑者仍各执一词,对于"以利用为纲"方针仍未达成一致意见,但该方针还是得到了一定的修正,不再提"为纲"二字,认为这是档案部门缺乏经验,对档案工作的性质、范围、特点和客观规律认识不足的结果。同年,为了总结档案工作中"以利用为纲"方针的执行情况,将相关的论著选编合集成《档案资料文件选编》[③],其中很多情况按照后来学术界的说法是——对"以利用为纲"方针的误解与误用。

随着政治运动的纷至沓来,在1960年以批判修正主义的教学大检查中,"以利用为纲"方针再次被提及,并与苏联修正主义的"广泛利用"口号等同起来,"以利用为纲"戴上了"修正主义"的帽子。随之而来,档案学研究队伍遭到破坏,学术研究积极性受到打击,学术研究的自由氛围逐渐趋于窒息。但好在1962年,在全国档案工作会议上,对"以利用为纲"方针和"大跃进"进行了总结,对一些虚假、浮夸、形式主义等不正确的口号予以批评,提出按照档案的客观形成规律加以管理,才算是对档案工作的开展形成了正确而理性的认知。

学界也随着"以利用为纲"方针的提出与发展,撰写文章对这一方针进行研究,如裴桐所著《目前开展档案资料利用工作的一些经验》、施宣岑所著《关于开展利用工作的问题》、吴善昌所著《关于公布档案

---

① 裴桐主编:《当代中国的档案事业》,中国社会科学出版社1987年版,第42页。
② 吴宝康:《三十年来我国档案学的研究及其今后发展》,载《中国人民大学校庆科学讨论会论文》,中国人民大学内部资料,1981年,第1—45页。该文写于1980年5月18日的通县。
③ 中国人民大学历史档案系:《档案资料文件选编》,中国人民大学内部资料,1959年。其中包括36篇总结性文章。

材料的工作》等。① 概括而言，学界对这一方针有四种认识：一是从理论到实践完全正确；二是基本正确但存缺陷；三是从理论到实践完全错误；四是属于修正主义的方针。这些研究中，当属吴宝康与曾三的观点最具代表性，而他们的理念却有所不同。吴宝康是该方针的坚决拥护者，他从矛盾论和规律论出发，认为这个方针抓住了档案工作的主要矛盾和矛盾的主要方面，反映了档案工作的基本规律。1959年和1961年，吴宝康分别在中国人民大学科学讨论会上发表《论当前档案工作方针的正确性》与《关于档案工作矛盾问题的探讨》，阐明其学术观点，并认为这一方针之所以饱受诟病，原因不在方针本身而应归因于"大跃进"。直到改革开放后，吴宝康在《档案学理论与历史初探》中仍以大量笔墨回顾与论述了该方针的正确性，并认为对该方针"正确的态度应该是既不否认客观形势、历史背景以及路线、政策的影响，也不否认档案工作有其自己的独特性和特殊性"②。曾三对这一方针的态度则经历了转变，1958年2月在一届人大五次会议上，曾三率先提出了"大力开展档案资料的整理和利用，为社会主义全面大跃进服务"③；随后曾三多次抨击了"一把锁"的观点，认为档案利用是实现历史档案价值的最佳途径；但随着实践发展的偏颇，加之周恩来总理对"大办档案"错误做法的批评，曾三转而提倡"对'为纲'二字不宜再提"；1979年在中国人民大学档案系科学讨论会上，曾三倡议为该方针平反，并认为其反映的基本思想是正确的。④ 从以上立场转变中可以看出曾三评论该方针时多秉承以实践为主的原则，而吴宝康则多从理论角度阐述，这也反映了二者身份的不同，一方立足实践，一方立足理论。

回顾"以利用为纲"方针的产生背景、曲折历程，以及针对这一方针引发的学术探讨，我们不能过于简单地评判其正误，正如柯林武德所说："问哪一种观点是正确的，那是没有意义的。每种观点对于

---

① 以上文章选自中国人民大学历史档案系编《档案学参考资料（第三辑）》，中国人民大学内部资料，1960年。
② 吴宝康：《档案学理论与历史初探》，四川科学技术出版社1986年版，第282页。
③ 发言题目为《多快好省地开展档案、资料的利用工作》。
④ 曾三：《在中国人民大学档案系科学讨论会上的讲话》，载国家档案局编《曾三档案工作文集》，档案出版社1990年版，第247—251页。

采用它的人来说,都只是唯一的一种可能。"① 尽管这一方针在实行过程中产生了诸多不当的结果,但制定这一方针的初衷及学术讨论的出发点仍不能与这些"结果"一概而论。这也是学术史研究应秉持的态度:"学术史研究不同于学术研究,学术研究上没有价值的东西未必在历史经验的总结上也毫无价值。学术史研究中要淘汰和忽略的是大量平庸重复、缺乏创造力的书籍文章,而不是缺陷和错误。历史乃是一个连续不间的时间链条所构成的,哪怕失去一个有问题的链条,也将会破坏历史发展的连续性,错误的'宗旨'也是一种宗旨。"② 因此,学术史研究中,这种剖析式的检讨甚至是缺陷性的检讨,同样具有重要意义。从这个意义上,再反思"以利用为纲"方针的出台及学术影响,我们要把它放在特定的时代背景下——1958年"以利用为纲"方针的提出是全国档案工作"跃进"发展趋势的浓缩。这一方针提出的初始目的本是为了通过加强档案的利用,以提高档案工作开展的整体水平,只不过在具体执行中,受"左"倾错误的干扰与影响而发生了偏离。

## 四 档案学学科意识的觉醒

新中国成立初期,在考虑档案实践需求的基础上,在苏联档案学研究思路的影响下,我国在发展档案学、创办档案高等教育时,既将档案学定位成一门独立学科,也将其视为一门历史学的辅助科目。③因此,在档案学学术研究和档案学教学方案的设定中,加入了较多的文史类课程,如中国共产党党史、中国通史、世界通史、东方史、苏联历史、中国语言文学、中国文学史、史料学等史学课程④都被列入了教学大纲。

---

① [英]柯林武德:《历史的观念》,何兆武、张文杰译,中国社会科学出版社1986年版,第9页。

② 左东岭:《我们需要什么样的学术史——以中国古代文学研究为中心》,《文史哲》2016年第1期。

③ 吴宝康于1958年撰写了《档案学专题讲授大纲》作为档案学课程教材,初步构建了中国档案学基本学科理论体系,并将档案学定位成一门独立的科学,同时也是一门历史科学的辅助科目。(参见吴宝康《论档案学与档案事业》,南京大学出版社1988年版,第490页。)

④ 中国人民大学信息资源管理学院:《中国人民大学信息资源管理学院(1952—2012)简史》,中国人民大学内部资料,2013年,第12页。

此种观点主要是受谢列兹聂夫的影响。1953 年谢列兹聂夫在解释为何称档案学为辅助的历史课程①时，他从历史学和档案学的研究对象和研究问题出发，有过如下论述："档案学是研究档案馆保管文件的各个具体问题，具体研究在档案馆内所保管的全部文件，研究档案馆文件保管的问题。如果档案工作不能很好建立，那么历史科学就不能顺利地向前发展。因此在这意义上说档案学是辅助的历史课程。"② 再者，"档案理论与实践要利用历史科学实践，利用历史科学的名词，同时，它又帮助历史科学发展"③。秉持此种观点，苏联在档案学研究中将其与其他辅助的历史课程如文字学、印章学、徽章学、题铭学、年代学、度量衡学、历史地理学、谱系学、国家机关历史等保持密切联系。但谢列兹聂夫在强调档案学的辅助性同时，又认识到档案学的独立性，"苏联有专门的档案馆、档案局、档案学校、档案干部，这些事实证明这是一门独立课目，有自己的理论"。"一方面档案理论是总结实际经验，另一方面它有一定的原理来研究的，因此可以说它是具有独立性的。""应认识档案理论是独立课目多于辅助课目的理解，独立课目是主要的。"④以上论断为档案学的独立性提供了支持，但是此处的论证十分薄弱，含混不清，缺少科学的理论依据。

受苏联的影响，新中国成立初期，我国档案学也按照此种思路开展档案学研究和教育工作。由于档案学与历史学的密切关系，1955 年中国人民大学建系时名曰历史档案系，并将对历史的学习放在重要位置。然而无论档案学与历史学的关系如何密切，在创立档案教育之初，尽管对档案学的学科属性尚未十分明确，但档案学的独立学科地位已确定无疑，这与辅助历史学研究的定位并不矛盾。再者，新中国成立后在发展档案学这一学科时，完全是出于档案实践的需求，尤其是在中国人民大

---

① 注意：谢列兹聂夫在谈论档案学和历史学的关系时，一直用"辅助课程"，而非"辅助科目"。
② 《谢列兹聂夫论文报告辅导记录集（1952—1955）·中国人民大学档案系专家辅导（第一部分）》，中国人民大学内部资料，1957 年，第 24 页。该文于 1953 年 9 月记载。
③ 《谢列兹聂夫论文报告辅导记录集（1952—1955）·中国人民大学档案系专家辅导（第二部分）》，中国人民大学内部资料，1957 年，第 55 页。该文于 1955 年 1 月 10 日记载。
④ 《谢列兹聂夫论文报告辅导记录集（1952—1955）·中国人民大学档案系专家辅导（第二部分）》，中国人民大学内部资料，1957 年，第 55 页。该文于 1955 年 1 月 10 日记载。

学创建档案学科时,既未分化于图书馆学等资料性学科①,也未设置在历史教研室等史料性机构②,这也足以说明在创办这一学科时即把它视为独立化的个体。

尽管创建初期,档案学的政治性格较为鲜明、实践色彩十分浓厚,但档案学既非政治附庸、也非实践附庸。相反,随着研究的深入,明确学科意识逐渐成为档案学人关注的重要问题,而学科意识的明确需要辨析并明了学科发展中的基本问题。新中国成立后,尤其是20世纪五六十年代,我国档案学界始终以辩证唯物主义和历史唯物主义为指导原则来进行档案实践工作和档案学术研究,提高了档案学理论研究的自觉性与科学性。档案学人纷纷以此为指导思想对档案学基本理论问题予以探索,如档案学的研究对象与研究任务、档案学的学科体系及各分支科目的关系、档案理论和档案实践的关系、档案学的发展史、档案的概念解读及范围界定、档案工作中的矛盾问题与规律探析等。对这些问题的探讨正是档案学学科意识觉醒的重要表征,而随后大量论著对这些问题的辨析与明确则是档案学学科意识明确的标志。

但档案学学科意识的明确仍经历了诸多波折。"由于档案学是一门新兴的科学,并不是所有人对它都有正确的认识。几年来,关于档案学是不是科学问题,是怎样一门科学问题,有不同的意见和争论。"③ 1957年夏,有人对中国人民大学历史档案系是否有必要办系时,曾不适当地认为:"如果说档案学是科学,扫地也是科学","如果说档案学是科学,那完全是某些人的主观认识,而没有客观依据"④。同样,"档案学过于简单""档案学内容贫乏""档案学没有理论""档案学只是一些技术方法"等言论一直充斥着20世纪五六十年代的中国档案界。也正是这些质疑与否定,激励着新中国成立后第一批档案学人在档案学研

---

① 当时中国人民大学没有图书馆学专业,这与民国时期文华图书馆专科学校的情况完全不同。

② 当时中国人民大学还未设立历史系,只有历史教研室,后来历史系是从历史档案系中分出去的。按照周雪恒的说法是:"我觉得我们占据了先机,我们的历史系是从档案分出去的,而其他的档案系是从历史系分出来的。"口述史料采集时间为2017年11月3日。

③ 中国人民大学历史档案系档案学教研室:《档案学概论讲义(初稿)》,中国人民大学内部资料,1960年,第47页。

④ 中国人民大学历史档案系档案学教研室:《档案学概论讲义(初稿)》,中国人民大学内部资料,1960年,第47页。

究领域刻苦耕耘,《关于档案学问题》(1957)、《努力发展档案学》(1957)、《"关于档案学问题"的几个问题》(1957)、《论全宗问题》(1959)、《试谈档案的定义、范围和作用》(1960)、《档案学概论讲义(初稿)》(1960)、《档案学是一门科学(初稿)》(1961)、《关于档案现象中的矛盾运动问题》(1962)、《试述档案工作的基本矛盾、性质及其规律》(1963)、《档案的形成规律与档案的历史联系》(1963)等论著相继问世。这些论著通过对档案学的研究对象、学科体系、学科特点、学科本质的剖析,正本清源,详细阐述了档案学的"学"在何处、"学"当何解,明确了档案学的科学属性与学科地位,进而有力地维护了档案学的"独立性"。

总体上,对陆晋蓬《档案管理法》的讨论与批判、对档案与资料的区分、对"以利用为纲"方针的辨析、对档案学学科性质的明确,堪称20世纪五六十年代中国档案学人对档案学基础性问题的初步探索,彰显了档案学的学理性内涵。尽管受时代环境的影响,其中的很多观点和见解难免局限,但却迈出了档案学独立化建制的重要一步,为档案学的后续发展奠定了理论基础。

## 第二节 档案学学科体系建设的开展

学科体系建设是一门学科"相对独立的知识体系"及"特定广泛的研究领域"的集中体现。1949年至1966年中国档案学学科体系的建设,鲜明地体现在各分支科目研究对象和研究范围的确定及相关课程的开设与教材的编写,尽管课程(教材)的建设和学科的建设二者不可同等视之,但"在学科创建初期,研究者构建学科知识体系的努力,本身就是难能可贵的学术创新,其筚路蓝缕的开创之功,永远值得后学敬畏"[1]。况且,那时的教材与现在相比更富有原创性,从体例的构建、资料的搜集、内容的编写等方面几乎都是在零基础上完成的,体现了新中国成立后第一批档案学人的刻苦钻研与学术探索精神,也体现了十七年中档案学内在观念建制的系统成果。正是学科体系的建设塑造了中国

---

[1] 董天策:《强化问题意识,深化学理内涵——论新闻传播学术创新》,载董天策《问题与学理:新闻传播论稿》,中国传媒大学出版社2011年版,第1—19页。

档案学的基本面貌，为后续专门问题的深入研究及学术专著的撰写奠定了坚实基础。

## 一 档案学学科体系建设的起点与整体情况

据资料可考，"档案学"[①] 作为一个独特而专指的名词术语，正式出现于1935年滕固所著的《档案整理处的任务及其初步工作》[②] 一文，文中提到"科学方法处理档案，有叫做档案学的学问，在欧洲也是近百年发达的事"。"档案学"术语的出现使得对档案相关研究的知识上升到了"学"的层次。按照滕固的说法，"档案学"乃是"科学方法处理档案"，虽然在认识上有些狭隘，但是所提及的"科学性"特征被视为"档案"之所以上升为"学"的重要标准。"档案学"术语的确立使得围绕"档案"的有关知识不断积累而向着"体系化"方向发展。回顾档案学知识体系的建设历程，档案学完整而严谨的知识体系结构通过档案学教学和档案学研究而不断得以体现。正是为了教学和研究的方便，档案学被划分为不同类别的、特殊的组成部分，这些不同的组成部分就构成了档案学的学科体系。

1949年新中国成立之前，档案学的研究与发展并未体系化与系统化，即使在滕固所处的民国时期，有一批专门的档案实践者研究档案学问题，文华图书馆专科学校开设了档案管理课程，但那时多为针对档案管理现象的研究，研究内容和研究范围零散而分散，还谈不上档案学的学科建制；虽然文华图书馆专科学校建立的档案学体系结构（图4-1）在学习欧美的基础上，已经具备了档案学科体系化的雏形，但限于发展水平，仍远算不上"体系化"与"系统化"建制。

---

① 梁继红在《中国近代"档案学"词源新考》（《档案学通讯》2010年第5期）一文中，通过对中国近代档案学学术资料的梳理，发现沈兼士在为方甦生编的《清内阁库贮旧档辑刊》所作序言中早于滕固提出的"档案学"概念。即"（然）吾国研究档案学之著述，要不得不以此编为梯桄。"作者自署这篇序言作于1935年1月30日。梁继红认为："明清档案整理早于行政效率运动大约十年开始，沈兼士也早于滕固提出'档案学'学科概念，这是学术发展的自然结果。……以目前掌握的材料来看，沈兼士是近代中国最早提出'档案学'并立意创建中国档案学的学者。"

② 滕固：《档案整理处的任务及其初步工作》，《行政效率》1935年第2卷第9、10期合刊。

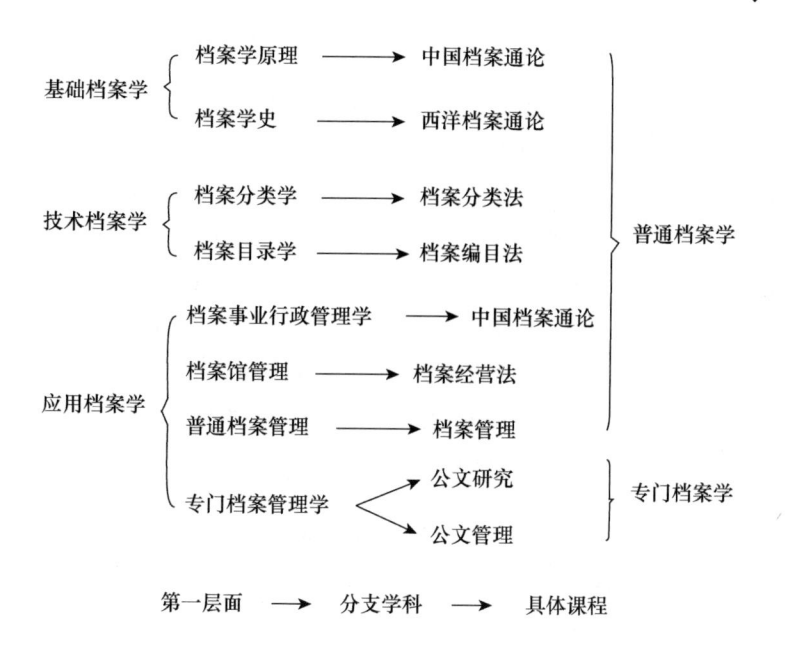

```
                    ┌ 档案学原理 ──→ 中国档案通论  ┐
          基础档案学 ┤                              │
                    └ 档案学史   ──→ 西洋档案通论  │
                                                   │
                    ┌ 档案分类学 ──→ 档案分类法    ├ 普通档案学
          技术档案学 ┤                              │
                    └ 档案目录学 ──→ 档案编目法    │
                                                   │
                    ┌ 档案事业行政管理学 ──→ 中国档案通论 │
                    │                              │
          应用档案学 ┤ 档案馆管理   ──→ 档案经营法  │
                    │                              │
                    │ 普通档案管理 ──→ 档案管理    ┘
                    │                                  ┐
                    │                    ┌ 公文研究    │
                    └ 专门档案管理学 ────┤             ├ 专门档案学
                                         └ 公文管理    ┘

          第一层面  ──→   分支学科  ──→   具体课程
```

**图 4-1 文华图专建立的档案学体系结构**

资料来源：周洪宇：《不朽的文华：从文华公书林到文华图书馆学专科学校》，华中师范大学出版社 2013 年版，第 409 页。

新中国成立后，在新政权的大力支持下，创办了第一所正规的档案高等教育，成立了档案学研究机构，出现了专门研究档案学各种发展现象和规律的学者群体，开启了档案学的学科体系建设历程。尤其是 20 世纪 50 年代中期到 60 年代中期，我国档案学的各分支科目开始逐步建立并完善，最终形成了档案管理学、技术档案管理学、文书学、档案学概论（档案学基础）、中国档案史、世界档案史、档案保管技术学、文献编纂学（文献公布学）等诸多科目，学科体系建设初步完成。

档案学的学科体系建设离不开档案教育及档案学研究机构的建立。其中中国人民大学作为新中国成立以来最早也最富影响力的档案高等教育机构，在档案学学科建制过程中起到了重要作用，中国人民大学历史档案系内部设立的各档案学教研室是学科建制的重要机构。但这些档案学教研室并非随意设置，其中既有苏联的示范作用，又有学科发展的实际推动作用。教研室的设置秉承这样的原则：一个教研室主要负责一个专门领域的课程，这个专门领域应是相对独立的知识体系，一个教研室所负责的多个课程之间应紧密联系。各个档案学教研室在开展学术研究时秉承理论与实践相结合的原则，并有指定的生产实习教员作为指导员，专门负责与档案馆的联系，定期将学生的实习报告反馈给对应的教研室，以供补充讲义内容、编写教学大纲。当时，各档案学教研室在教员短缺的情况下，吸纳学生共同开展科学研究工作，并根据学生的研究兴趣和实际情况将其分为若干科学研究小组，选择性地撰写专题性论文，以共同促进研究工作的开展。[1] 此外，教研室还将培养研究生作为重要任务，其具体工作包括审查与批准研究生的学习论文与学位论文；给研究生指定教员作为科学指导员；定期审查研究生的个人学习计划；定期开办例会听取研究生的执行学习计划工作报告，听取研究生学位论文的章节或全文；研究生作为教研室成员参与课程的研究与讲义的撰写工作。[2] 由此可见，新中国成立初期的档案学学科体系建设主要是在摸索中进行的，档案学教员和学生群体共同参与；在开展学科建设中主要仿效苏联的学科建制体系，并结合我国的基础情况。

这一时期，在档案学学科体系建设过程中编写出版了大量的论著材料，这些论著材料大体可分为三类。一类是资料汇编型，名为"参考资料"，实际上以档案工作和文书工作的各项规章制度、领导讲话为主，为教学科研提供辅助参考工具；一类是概论介绍型，实则仿照苏联教材体例模式，从档案的基本概念、种类特征、作用意义等方面对档案学的专门知识领域展开研究，为教学科研提供了极好的资料素材，学术性与第一类相比有所加强，有助于相对系统地形成关于档案学科的整体概况认知；一类是理论研究型，即对档案学的某一专门问题开展深入的探索和研究，从严格意义上讲，这类著作的学术性最强，但是由于20世纪五六十年代档案学研究正处于发轫阶段，这类著作只占少数。值得说明的是，笔者认为20世纪五六十年代的"教材"与如今的"教材"虽性质相似，但其作用和价值却大有不同。那时的"教材"虽有苏联之借

---

[1] 自20世纪50年代后半期以来，历史档案系的全体教师和本科四年级即将毕业的学生，在使用实习资料并总结经验的基础上，共同编写各门课程的大纲和讲义，这些课程包括中国国家机关史、文书学、中国档案史、世界档案史、档案学概论、档案整理与编目、档案文件保管技术学、档案利用与公布、技术档案管理、影片照片录音档案管理等课程。

[2] 根据《教研室如何工作的问题》（1954年9月7日记载）整理。载《谢列兹聂夫论文报告辅导记录集（1952—1955）·中国人民大学历史档案系专家辅导（第二部分）》，中国人民大学内部资料，1957年，第4—7页。

鉴，但在结合中国化的过程中，则完全属于"原创性"成果，而整个"教材体系"的形成及其具体内容的撰写也是"前无所有"的，从这个意义上看，那时的"教材"已然具备开拓性"著作"的意义与价值。

当然，档案学的学科体系建设并非一蹴而就，各学科的边界划分也不是起初就明了的，而是经过不断调整，才逐渐趋于完善。1952年开始，中国人民大学就开设了"档案工作的理论与实践"课程。1958年和1959年，在"档案工作的理论与实践"基础上，又陆续分设了"档案学概论""档案整理与编目"和"档案利用工作原理与方法"三门课程。1960年底至1961年初，又将"档案学概论""档案整理与编目""档案利用工作原理与方法"和"档案保管技术学"其中的一部分内容合并为"档案管理学"，于是就有了1962年第一本《档案管理学》的正式出版。可见，在新中国成立初期档案学学科体系发端之际，对于档案学各科目所论述内容的界定经历了一个逐渐明晰的过程。这也体现了对档案学研究对象和研究问题的逐渐明确，因为研究对象决定了档案学的研究范围和研究内容的具体分化。

对于档案学学科体系的设计，早在1957年程桂芬就提出"档案学是研究档案文件和档案工作的发展历史以及全部档案工作实践活动的理论体系"，进而将档案学科目分为：中国档案史、世界档案史、文书学、档案工作理论与实践（其中包括技术档案管理与组织、影片照片录音档案管理、档案文件保管技术学）、档案文件公布学。[①] 随后，蒋有憘对程桂芬所论述的档案学研究对象予以批判，认为其观点"并没有体现出档案学研究的特点来，只不过是对档案工作领域全部现象的内容的概况罢了"[②]，随即提出档案学的研究对象关涉到档案学区别于其他科学的目的问题，需要给出一个比较明确的、严谨的答案。当时对档案学研究对象问题的争论导致档案学在学科体系建设之初各科目研究边界的不明确。随着研究的逐渐深入、学科的不断发展，知识体系的渐趋成熟，档案学各科目研究内容也逐渐变得饱满起来。到了1961年，吴宝康撰写了《档案学是一门科学（初稿）》[③]，为档案学独立化的学科体系打下了

---

① 程桂芬：《关于档案学问题》，《档案工作》1957年第1期。
② 蒋有憘：《"关于档案学问题"的几个问题》，《档案工作》1957年第4期。
③ 吴宝康：《档案学是一门科学（初稿）》，中国人民大学内部资料，1961年。

基础，为当时甚至今日的档案学科建设设计了基本框架。在《档案学是一门科学（初稿）》中，吴宝康对档案学的学科体系及其内部各门科目所研究的内容予以详细的说明与阐释——

> 档案学这个概念是有关档案和档案工作理论的一个总称，它包括若干相对独立的科学科目，我国档案学的体系，目前主要由以下几部分组成：
> （1）档案学概论：研究档案和档案工作的形成和发展的主要规律，概括地阐明档案的基本概念，有关档案工作的基本理论、原则以及档案学的一些主要理论问题。
> （2）档案管理学：研究档案工作的组织和档案的收集、整理、价值鉴定、保管制度、统计、提供利用等管理工作的一般原则和科学方法诸问题。
> （3）技术档案学和影片照片录音档案管理：专门研究技术档案、影片档案、照片档案、录音档案的形成和利用的规律，以及管理这些专门档案的原则和方法。
> （4）档案保管技术学[①]：研究档案制成材料的损坏和延长寿命的规律，利用自然科学和技术科学的成果来解决各种档案材料的安全保管，档案馆（室）建筑设备，以及防治档案材料损坏和修复、复制等技术方法问题。
> （5）中国档案事业史：研究我国各个历史时期档案事业发展的规律，阐述我国档案工作发展的历史过程和特点，总结档案工作特别是新中国档案工作的历史经验。
> （6）世界档案事业史：研究世界各国档案事业发展的规律及普遍经验。
> （7）档案学史：研究我国和世界各国档案学的产生和发展的历史，阐述档案学理论的各种派别及其本质，以及档案学各种学术思想的发展过程和规律，批判和克服档案学领域中的资产阶级反动观点和总结整理档案学的历史遗产。

---

[①] 说明：吴宝康认为档案保管技术学虽然属于档案学的范围，但由于它具体的研究对象和研究方法的某些特点，同时又是具有自然科学和技术科学性质的边缘学科。

此外，还有"文献编纂学"和"文书学"，这是与档案学有着血缘关系的兄弟学科。它们是否属于档案学的组成科目，目前还有若干分歧意见，尚有待于进一步研究和讨论。

这是新中国成立以来，首次对档案学学科体系予以系统而详细的阐述。自此之后的20世纪60年代，在这一学科体系建制的指引下，我国档案学各分支学科不断完善，相继出版并修订再版了各科目的教学教材（表4-3、表4-4），档案学研究者和教育者也开始在自己专深的领域展开学术研究。甚至在改革开放之后档案学恢复整顿时期，档案学科建设的基本框架仍围绕1961年的设计而不断发展、完善（图4-2）。

表4-3　　**中国人民大学档案学研究油印教材统计表**

**（1952年11月—1957年5月）**[①]

| 课程名称 | 讲稿与科学研究 | | 参考资料 | |
|---|---|---|---|---|
| | 册数 | 字数 | 册数 | 字数 |
| 中国档案史 | 1385 | 412500 | 873 | 312500 |
| 外国档案史 | 450 | 124000 | 2916 | 1035100 |
| 国家机关发展史 | 55 | 180000 | 不详 | 850000 |
| 文书学 | 1420 | 421938 | 2315 | 504340 |
| 档案工作的理论与实践 | 1400 | 671100 | 2666 | 546400 |
| 文件材料保管技术学 | 1130 | 89000 | 670 | 408500 |
| 技术档案管理与组织 | 300 | 50000 | 950 | 140300 |
| 文献公布学 | 1050 | 58500 | 1348 | 247000 |
| 史料学 | 不详 | 不详 | 100 | 68000 |
| 专家辅导 | 不详 | 不详 | 200 | 387500 |
| 合计（排除不详情况） | 7190 | 1845038 | 12038 | 4199640 |

---

① 根据中国人民大学档案馆保存的《油印教材字数统计表（1952年11月—1957年5月15日）》以及《档案系各门课程教师编写讲稿、搜集材料和科学研究字数统计表（1953—1957年5月）》综合。资料查阅时间为2017年11月17日。

表 4-4　　　　　　档案业务书籍出版发行数量统计表
(1953 年 1 月—1957 年 5 月)①

| 书籍名称 | 出版数（册） | 销售数（册） |
| --- | --- | --- |
| 苏联档案史 | 47095 | 47000 |
| 苏联档案工作的历史与组织 | 1085 | 1000 |
| 苏联档案工作的理论与实践 | 65373 | 65300 |
| 档案工作的理论与技术 | 24823 | 24500 |
| 文件材料保管技术学 | 16647 | 16400 |
| 苏联文书处理工作 | 84124 | 84100 |
| 文书处理工作与档案工作 | 850 | 800 |
| 档案馆 | 526 | 500 |
| 苏联文献公布学 | 50702 | 20726 |
| 合计 | 291225 | 260326 |

综观 20 世纪五六十年代档案学的学科体系建设，其特点有三：一是逐渐形成了独立化的知识体系。从 1957 年程桂芬在《关于档案学问题》中对档案学研究科目的初步阐释，到 1961 年吴宝康在《档案学是一门科学（初稿）》中对档案学体系化建制及各科目研究内容的详细论述，逐步明确了档案学的基本研究边界，为档案学的学科建设指引了方向。二是档案学科与辅助科目相辅相成。吴宝康将"文献编纂学"和"文书学"视为档案学的兄弟学科；而为了对档案学研究提供更多的知识背景信息，我国在建设档案学学科体系的过程中，还积极进行历史学、方志学、年代学、版本学、目录学、印章学等学科的研究与建设工作，均体现了档案学与这些科目的密切联系，这些"兄弟"科目的研究也为档案学的学科建制起到了良好的补充作用。三是档案学学科体系建设呈现一种"集众"的研究态势。傅斯年在《历史语言研究所工作之旨趣》中论述历史学和语言学的研究时写道："历史学和语言学发展到现在，已经不容易由个人作孤立的研究了，它既靠图书馆或学会供给它材料，靠团体为它寻材料，并且须得在一个研究的环境中，才能大家互相补其所不能，互相

---

① 根据中国人民大学档案馆保存的《档案业务书籍出版发行数量统计表（1953 年 1 月到 1957 年 5 月 15 日）》。资料查询时间为 2017 年 11 月 17 日。

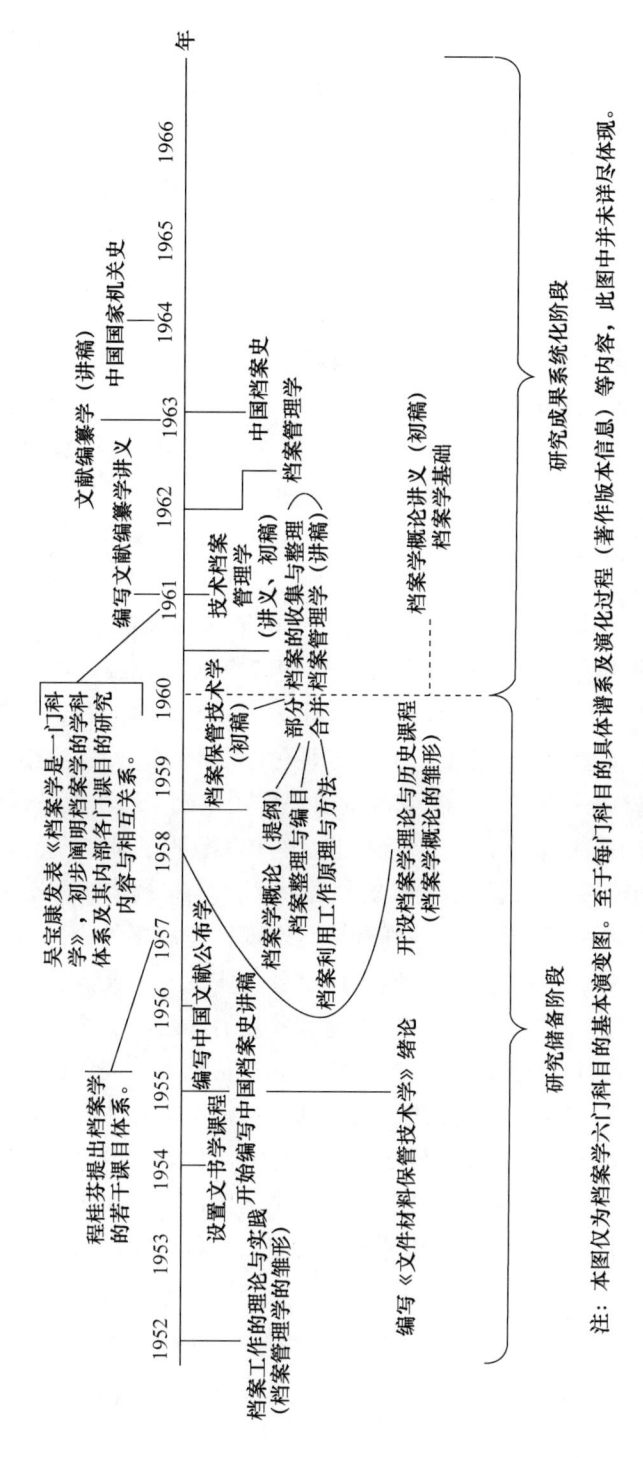

第四章 1949年至1966年中国档案学的内在观念建制

图4-2 1949—1966年中国档案学六门科目基本谱系演变图

注：本图仅为档案学六门科目的基本演变图。至于每门科目的具体谱系及演化过程（著作版本信息）等内容，此图中并未详尽体现。

引会，互相订正，于是乎孤立的制作渐渐地难，渐渐地无意谓，集众的工作渐渐地称为一切工作的样式了。"[1] 这种"集众""工作的样式"也在档案学学科建制过程中体现得尤为鲜明，以"研究室"为合力编著的教材式论著不断涌现，构成了档案学学科建制初期的一大特色。

下面将分别对档案学学科体系中各分支科目的建设情况与研究内容予以论述。

## 二 档案管理学与技术档案管理学

（一）第一部《档案管理学》的问世

20世纪五六十年代，档案管理学作为一门实践性科目得到了较为系统的研究，不仅包括对档案管理过程各环节的普遍性探讨，还包括对一些专门类别档案如会计档案、诉讼档案、录音录像档案等管理问题的探析，更包括对集中统一管理原则与全宗原则的阐述。这种既有实践又有理论的档案知识积累，在经历了1960年《档案的收集与整理》和1961年《档案管理学讲稿》之后，于1962年促成了第一部《档案管理学》的问世，虽然该书只是作为档案学教学讲义内部发行，但却是新中国成立后关于档案管理原则、方法与理论的最早也最为系统的论述，为之后各版本《档案管理学》的修订与完善奠定了基础。而在这一时期，档案管理诸环节中，档案分类、档案鉴定也成为档案管理学研究的重点议题。

1960年，中国人民大学历史档案系编写了《档案的收集与整理（初稿）》[2] 讨论稿。该讨论稿既有档案宏观管理原则的论述，如档案集中统一管理原则的产生背景、基本内容及现实意义；又有档案微观管理各环节的研究，如对档案分类、立卷、鉴定、编目、组织工作等方面的细致探讨，尤其是对档案分类的介绍，既包括档案分类的内容、原则以及全宗内档案分类的一般方法，还包括公文档案、技术档案、影片、照片、录音档案、财务会计、诉讼、人事等专门档案的分类方法，甚至还论述了个人全宗的分类等内容。同年，中国人民大学历史档案系档案学教研室编写了《档案利用工作原则与方法》，对档案利用参考工具的编

---

[1] 傅斯年：《历史语言研究所工作之旨趣》，载傅斯年《傅斯年谈教育》，辽宁人民出版社2015年版，第140—148页。

[2] 中国人民大学历史档案系：《档案的收集与整理（初稿）》，中国人民大学内部资料，1960年。

制、档案文件的公布、参考资料的编写、档案利用的方式与组织等与档案利用相关的原则与方法问题予以专门阐述。

1961年，丁永奎在内蒙古大学历史系档案专修班讲授档案管理学的讲稿被编印出版。讲稿中对档案学、档案学与档案管理学的关系、档案管理学的具体内容进行了较为深入的研究，其中对档案理论与档案实践二者关系的辩证认识颇具启示意义。但讲稿中的某些观点明显带有时代局限性，如将档案学视为"关于档案工作理论体系的总称""是认识、研究和指导档案工作实践活动的理论体系"[1]的观点过于狭隘化。但讲稿中将档案管理归结为"六环节"的观点，对档案概念、档案工作、档案馆与档案室的研究等内容，还是十分具有理论价值的。

1962年，在前期相关研究的基础上，在对苏联档案理论与实践成果的借鉴中，中国人民大学历史档案系档案学教研室编写了《档案管理学》[2]讲义。该讲义可视为20世纪五六十年代档案管理研究的集大成，陈兆祦、和宝荣承担主要编写任务，冯乐耘、徐增明、吕殿楼、李凤英、傅瑞娟、赵惠丰、郑守耀、陈智为等参与编写，编写过程也得到了国家档案局、河北省档案管理局、内蒙古自治区档案管理局、中国第二历史档案馆、上海市档案馆和中国人民大学统计理论教研室的帮助。这本档案管理学讲义不仅详细探讨了档案的形成、性质及作用，档案工作的内容、原则、方法、指导思想、组织体系，档案管理活动的六个具体环节等一般内容，还对历史档案、现行机关档案、撤销机关档案的管理问题进行了详细的阐述，可谓是新中国成立后有关档案管理学系统性研究最早也最为完善的著作，这部教材也奠定了之后我国档案管理学学科建设与教材专著编写的体例与规范。1964年，中国人民大学历史档案系编写了《档案管理学》教学大纲[3]，也基本沿用了1962年版本的结构框架和基本内容。1980年档案学恢复之后，该版《档案管理学》又一次再版，并经中国人民大学出版社公开出版发行，仅在内容上做了局部删减，书名仍为《档案管理学》，可见其奠基性与开拓性作用。值得

---

[1] 丁永奎：《档案管理学讲稿》，中国人民大学内部资料，1961年，前言。该讲稿为丁永奎在内蒙古大学历史系档案专修班讲课记录，但记录时间不详，后未经本人审阅，由档案班印。

[2] 中国人民大学历史档案系：《档案管理学》，中国人民大学内部资料，1962年。

[3] 中国人民大学历史档案系：《〈档案管理学〉教学大纲》，中国人民大学内部资料，1964年。

提及的是，为了配合档案管理学的教学，20世纪60年代中国人民大学历史档案系按专题选编了一套档案管理学的参考资料①，1980年档案学恢复之后，这套参考资料得以再次编印出版。

（二）技术档案管理学的建立与发展

在档案管理学研究中，一种特殊类型的档案引起了研究者的广泛重视，那就是技术档案②。技术档案管理学的创建经历了一个复杂的过程，其创立与发展并非一蹴而就。20世纪50年代初期，技术档案虽然具有很大的独立性特征，但尚未作为一门独立的科目予以建设，因档案理论与实践中的许多原则是适用于保管技术及技术档案的，因此当时将技术档案划归到档案理论与实践科目体系之中。随着社会主义各项事业的建设，尤其是1953年我国进入计划经济发展阶段，并在实行第一个国民经济五年计划期间引进了苏联援助建设的156项骨干工程之后，技术档案大量形成，于是对技术档案管理产生了更多的经验诉求和理论诉求，如何做好这类档案或资料的收集、整理、保管与利用逐渐提上了议程，技术档案管理逐渐成为一门独立的研究科目，产生了较为丰硕的研究成果。虽然1955年之前，技术档案一直属于技术资料的组成部分，技术档案概念并未正式确立，但各个单位已经开始有意识地保管与收集有关技术档案和技术资料的相关文件，中国人民大学也开始与各业务部门交换相关资料，为研究做准备（表4-5）；直到1958年，有关技术档案的教育和刊物创建之后，技术档案的学术研究才正式开展。

研究伊始，技术档案管理学中的很多理论均来自档案管理学，技术档案管理学本就属于档案管理学在具体专门类别档案——技术档案管理方面的应用，加之档案管理学的很多理论借鉴了苏联经验，技术档案管理学也受苏联启发较多，研究内容主要涉及对技术档案的概念与特点、自然形成规律、分类与编号原则、鉴定、保护与修复等问题的调查研究等方面。值得注意的是，20世纪五六十年代对"技术档案""技术资料"等概念的区分并未明确③，直到20世纪80年代，才开始严格而正

---

① 如《档案的整理》（1964）、《档案的收集》（1965）、《档案保管价值的鉴定》（1966）等。
② 20世纪五六十年代尚未叫做科技档案和科技档案管理学。
③ 1957年国家科学规划委员会制定的《关于改进技术资料工作方案》中称之为"技术资料"，1959年大连会议上通过了《技术档案室工作暂行通则》中则称之为"技术档案"。

规地称之为"科技档案"。

表 4-5　　中国人民大学历史档案系与各业务部门
交换资料情况（技术档案方面）①

| 机关名称 | 资料名称 | 何年开始 | 机关名称 | 资料名称 | 何年开始 |
|---|---|---|---|---|---|
| 长春汽车厂 | 解放型汽车图样及管理办法 | 1956 | 哈尔滨量具刀具厂 | 技术资料管理 | 1956 |
| 上海机床厂 | 图样管理办法 | 1956 | 电影局 | 《业务通讯》等内部刊物 | 1956 |
| 沈阳机床厂 | 图样编号与修改 | 1956 | 上海电影制片厂 | 影片生产、管理方面资料 | 1956 |
| 大连机床厂 | 图样管理及工艺文件编制 | 1956 | 中国新闻纪录电影制片 | 影片分镜头记录本 | 1956 |
| XX厂 | 技术规程 | 1955 | 农业部农业电影社 | 资料 | 1958 |
| XX二厂 | 图样管理办法 | 1956 | 卫生部电影社 | 资料 | 1958 |
| 沈阳机床三厂 | 图样管理制度 | 1956 | 南京史料处 | 电影史料 | 1957 |
| 北京机床厂 | 图样晒制方法 | 1956 | 南京大学 | 前金陵大学教育电影资料 | 1957 |
| 化工设计院 | 图样管理办法 | 1956 | 北京电影学院 | 资料、听课资料 | 1956 |
| 造纸设计院 | 活动胶片制图法 | 1958 | 电影工作者联谊会 | 电影工作资料 | 1957 |
| 有色冶金设计院 | 技术档案管理办法 | 1956 | 国家影片资料馆 | 电影工作资料 | 1956 |
| 黑色冶金设计院 | 技术档案管理办法 | 1955 | 八一电影制片厂 | 交换情况 | 1956 |
| 冶金部 | 技术档案专家报告 | 1956 | 上海科学教育电影制片厂 | 影片生产、管理方面资料 | 1956 |

---

① 根据中国人民大学档案馆保存的《系与各业务部门交换资料情况》整理。查阅时间为 2017 年 11 月 17 日。

续表

| 机关名称 | 资料名称 | 何年开始 | 机关名称 | 资料名称 | 何年开始 |
| --- | --- | --- | --- | --- | --- |
| 水电设计总局 | 技术资料编目 | 1958 | 新华社 | 照片资料分类表 | 1958 |
| 建筑工程部情报局 | 分类问题 | 1958 | 人民日报 | 照片资料分类表 | 1958 |
| 煤炭设计院 | 技术资料管理 | 1958 | 工人日报 | 照片资料分类表 | 1958 |
| 太原钢厂 | 图纸管理办法 | 1955 | 北京日报 | 照片资料分类表 | 1958 |
| 第一/二机械部 | 技术资料管理 | 1955 | 解放日报 | 照片资料分类表 | 1956 |
| 长江水利委员会 | 技术资料编目 | 1957 | 中国唱片厂 | 唱片目录、统计材料、史料等 | 1956 |

1958年9月，中国人民大学历史档案系开办了技术档案专修科，成立了技术档案管理学教研室，专门进行相关方面的理论研究和教学工作，技术档案研究才步入正轨。该教研室于1961年编写了《技术档案管理学》，初步明确了技术档案管理学的研究内容——"技术档案工作全部实践活动的理论体系"[1]，阐明了技术档案管理学的学科定位——"研究整个档案工作中技术档案工作这一范围的实践活动，是我国新兴科学档案学中一个独立的科学科目。"[2]《技术档案管理学》将研究范围和内容界定为六个方面——"技术档案的定义、种类、特点和作用；技术档案工作的性质及其在我国的发展；档案工作的一般原理原则及其在技术档案管理工作中的具体贯彻；技术档案的各项管理工作的原则和方法；技术文件材料的类型、规格、编制程序和成套性；技术资料的管理利用及其原则与方法等"[3]，为技术档案管理学的科学发展指明了方向。该书既是研究技术档案管理比较系统和全面的理论专著，又是我国技术档案管理学的主要教学教材，标志着我国技术档案的管理与组织上升为

---

[1] 中国人民大学历史档案系档案学教研室：《技术档案管理学（讲义，初稿）》，中国人民大学内部资料，1961年，第1页。

[2] 中国人民大学历史档案系档案学教研室：《技术档案管理学（讲义，初稿）》，中国人民大学内部资料，1961年，第2页。

[3] 中国人民大学历史档案系档案学教研室：《技术档案管理学（讲义，初稿）》，中国人民大学内部资料，1961年，第8页。

技术档案管理理论。同年，中国人民大学历史档案系资料室编辑刊印了《技术档案管理参考资料》，选取有关技术档案工作的制度规定、领导讲话、经验总结、报告表册、研究论文等，按专题予以分类总结，具有一定的参考价值。虽然很多问题的研究仍处于初步探索阶段，尚未取得一致意见，但整体上关于技术档案的理论研究还是比较全面和严谨的。1962年和1966年，中国人民大学历史档案系根据技术档案管理工作的发展，又再版了《技术档案管理学》，但与1961年版研究内容并无太大不同，只是在具体内容上予以细化。

为了宣传技术档案管理的相关经验，并将研究成果予以总结发表，1958年8月和10月，《技术资料工作通讯》和《技术档案资料研究》相继创刊，成为技术档案管理学研究的重要学术阵地。由于两个期刊的研究对象为技术档案资料，加之当时对技术档案、技术资料、技术情报、技术图书等概念尚未形成明确的分化标准，因此，期刊的受众群体比较分散，稿件来源也较为广泛，一定程度上促进了学术的交流和发展。此外，为了加强技术档案资料部门的互通有无，分享技术情报和技术档案管理经验，第一机械工业部机械制造与工艺科学研究院成立专门小组对技术档案的管理问题进行研究，并草拟"图样管理制度"供研究探讨，但这类研究小组的建立，其学术性并未凸显，且随着政治运动纷至沓来，而逐渐发生了学术偏离。

1959年的大连会议对于技术档案工作的开展具有十分重要的意义，会上通过的《技术档案室工作暂行通则》对技术档案和技术资料予以区分，并对技术档案管理相关理论进行了探讨，为我国技术档案管理学的形成创造了理论条件。随后，中共中央和国务院先后发布了数个技术档案工作文件，为技术档案工作的开展提供了政策指导。同年，为庆祝新中国成立十周年，汇编了《技术档案资料研究·庆祝建国十周年》专刊，所收录的论文颇具学术性，研究焦点大多为技术档案和技术资料的区分问题、技术档案集中统一管理体制问题、技术档案资料工作的特点问题等，开始从理论层面总结技术档案工作的规律，研究带有思辨与学理色彩，不再局限于具体业务部门技术档案实际工作的总结。另外，术语统一的问题也得到了研究者的注意，在技术档案工作开展初期，这一新兴事物伴随着术语的迷惑与混用，如叫作"底图"还是"图底"？叫作"归档""存档""立档"还是"建档"？叫作"原图""草图"或"白纸图"？叫作"图样"还是"图纸"？叫作"整理"还是"整编"？这些问题也伴随着技术档案工作的开展而逐渐加以探讨。

  1963年下发的《1963—1972年科学技术发展规划》，促进了全国科技事业的进一步发展，为技术档案管理学的研究提供了新的契机。随即，《中华人民共和国科学技术委员会、文化部、国家档案局下达一九六三至一九七二年科学技术发展规划（情报、图书、档案资料）的通知》[①]，强调了技术档案和技术资料工作的重要作用，并制定了促进技术档案学术研究的具体规划措施（表4-6），规划中将档案保管与保护的内容一并涵盖。然而，"十年规划"因不断爆发的政治运动并未实现，计划编写出版的著作、专论也并未完成，这对于技术档案管理学的发展而言不啻为一大遗憾。

  随着技术档案管理研究的不断深入，加之技术档案种类的不断扩充，城市基本建设档案、科学研究档案、建筑工程档案、工业科技档案、农业科技档案、地质档案、测绘档案、水文气象档案、海洋地震档案等不同种类的技术档案工作日益发展，但整体上以类别为基础的技术档案研究还十分欠缺。而且，对苏联技术档案管理著作的翻译也一直伴随着我国20世纪五六十年代技术档案管理学研究的始终，如1958年《技术档案资料研究》率先翻译刊登了欧夫齐珂尼夫和高尔金别克对库津《技术档案的管理》一书的评介和有关"技术档案室科学参考工具书的形式"一章的部分译文。随即1959年中国人民大学历史档案系翻译出版了《技术档案的整理与保管》译文合集，王美琪、黄富裕翻译了苏联内务部档案总局编写的《技术文件材料的科学和实际价值鉴定方法指南》，1962年库津的《技术档案的管理》和《苏联技术档案工作文件汇集》也相继翻译出版，这些苏联译著对于我国技术档案管理学的研究具有参考价值。

---

  ① 《中华人民共和国科学技术委员会、文化部、国家档案局下达一九六三至一九七二年科学技术发展规划（情报、图书、档案资料）的通知》，1964年4月14日发布，规划起草人为曾三、郝化村和王明哲。参见国家档案局编《档案工作文件汇集》（第一集），档案出版社1986年版，第80—90页。

表4-6　　　　　　技术档案学术研究工作的具体规划措施

| 研究规划 | 具体措施 | 承办单位 |
|---|---|---|
| 关于技术档案资料工作理论与方法的研究著作和专论 | 1. 技术档案管理学，1967年完成初稿，1972年最后定稿 | 中国人民大学历史档案系 |
| | 2. 档案保管技术学，1967年完成初稿，1972年最后定稿 | 中国人民大学历史档案系 |
| | 3. 技术档案室工作基本知识讲话，1963年完成初稿，1965年完成定稿 | 国家档案局 |
| | 4. 技术档案的自然形成规律及其特点（专论），1967年完成 | 科委档案资料组 |
| | 5. 技术档案的鉴定（专论），1967年完成 | 科委档案资料组 |
| 关于技术档案资料保管技术、修复技术、复制技术的研究规划 | 1. 档案传统托裱技术专题研究，1963年完成初稿，1965年完成定稿 | 中央档案馆为主，中国革命博物馆、故宫博物院、上海博物院、北京图书馆、轻工业部造纸工业科学研究所协作 |
| | 2. 关于文件纸张的加固、文件字迹的加固、显真技术、文件纸张的变质和字迹褪色的防治技术的专题研究 | 中央档案馆和档案科学技术研究所为主，文物博物馆研究所、中国革命博物馆、轻工业部造纸工业科学研究所、化学工业部北京化学工业研究院和手工业管理局协作 |
| | 3. 关于危害档案资料的虫类调查、防治方法的研究和防治药品的生产问题 | 中国科学院动物研究所、化学工业部、文物博物馆研究所、北京图书馆、中国人民大学档案系和档案科学技术研究所共同承办，由档案科学技术研究所负责联系组织 |
| | 4. 关于霉菌对档案资料的危害和防治方法的研究 | 由档案科学技术研究所组织承办，文物博物馆研究所参加写作 |
| | 5. 关于大中小型的档案资料馆和档案资料库的标准设计 | 由建筑工程部北京工业建筑设计院和档案科学技术研究所共同承办 |
| | 6. 关于公文纸、蓝图纸、底图纸和科学研究用纸的耐久性问题 | 由轻工业部作为造纸科学研究方面的题目列入有关的专业规划 |
| | 7. 关于墨水、复写纸、晒印蓝图用的药品等材料的不变质、不褪色或延长保管年限的问题 | 由化学工业部和有关部门分别考虑，并列入各有关部门的专业规划 |
| | 8. 关于显微照相机、阅读机、晒图机的研究和生产问题 | 由有关部门分别考虑并列入各有关部门的专业规划 |
| | 9. 关于蓝图、底图、技术文件和科学研究用纸的国家标准 | 由科委档案资料组商同有关部门研究制定 |
| | 10. 蓝图晒印技术专题研究，1965年完成 | 由档案科学技术研究所组织有关单位共同承办 |

续表

| 研究规划 | 具体措施 | 承办单位 |
| --- | --- | --- |
| 关于培养技术档案资料工作干部的措施 | 1. 为了研究档案资料的保管技术、修复技术、复制技术和档案资料工作的理论与方法，提高档案资料工作的现代科学技术水平，在1963年内筹建档案科学技术研究所，由国家档案局直接领导，研究所十年内的人员编制为六十七人，十年内所需的经费总数为三百五十万元。<br>2. 十年内逐步为档案科学技术研究所培养五十名专业研究干部。<br>3. 进一步加强中国人民大学档案系技术档案进修班，为各单位培养技术档案工作专业人才。<br>4. 请中央各工业交通部和中国科学院有计划地培养一批本专业系统的技术档案资料工作干部，十年内把所属单位的技术档案资料干部全部轮训一次。<br>5. 中央各工业交通部（局）和中国科学院，均应进一步加强档案业务管理机构。各级地方档案业务管理部门，也应进一步加强对技术档案资料工作的检查、监督和指导。 |  |

### 三　文书学

#### （一）文书学与档案学的关系

我国的旧档案学萌芽于文书学。1911年辛亥革命后，国家机关进行了公文改革，1912年南京临时政府公布的《临时政府公文程式》废除了几千年来封建王朝沿用的公文名称和公文程式，随后国民党政府的公文改革运动促进了一批有关文书学著作的出版，如1927年至1933年期间出版的朱剑芒的《新公文程式大全》、徐望之的《公牍通论》、鄢燨昌的《公文处理法》、周定枚的《公文程式详论》等诸多文书学著作，这些著作或多或少均涉及对档案管理的研究，只不过是把档案管理作为公文处理的最后一个环节。那时候很多机关尚未开展单独的档案工作，档案工作包含在文书工作之中，这种实践情况也决定了将档案管理内化于文书学研究之中。民国时期的档案学者也大都是从研究文书学和文书工作开始研究档案学的。"据粗略统计，20世纪30年代出版的档案学著作有36种左右，其中基本上以文书和文书工作为研究内容的就有32种之多，占88.8%；而基本上以档案和档案工作为研究内容的仅有4种，占11.2%。40年代出版的档案学著作46种左右，其中基本上以文书和文书工作为研究内容的就有34种之多，占73.9%；以文书、文书工作以及档案、档案工作为研究内容的有3种，占6.5%，以档案和档案工作为研究内容的有9种，占19.6%。"[1] 由于民国时期的档案学缘起于"行政效率运动"，意在通过提高文书工作的效率来提高行政办公活动的整体效率，这就决定了档案学与文书学之间具有某种十分密切的关系，而二者间的关系就成为新中国成立后档案学研究的一个重要争议。

20世纪50年代初，档案界即发起了"文书学是档案学的组成部分吗"的讨论，探讨文书学与档案学的关系问题。其中比较有代表性的观点当属蒋有惪提出的"尽管档案来源于文书，档案工作是在文书工作的基础上产生、发展起来的，但文书和档案，文书工作和档案工作，显然属于两种不同属性的事物范围。而这两个领域的实践活动对科学的要求，它们的任务、对象，显然也是各不相同的"[2]。1961年吴宝康在《档案学是一门科学（初稿）》中，指出"文书学是与档案学有着血缘关系的兄弟学科。它是否属于档案学的组成科目，目前还有若干分歧意见，尚有待于进一步研究和讨论"[3]。这也凸显出文书学和档案学二者关系的不确定性。但无论文书学是否属于档案学的组成部分，根据档案实践的开展情况，尤其是在整理历史档案时会碰到很多17、18世纪甚至更早时期的文件，如果对这些文件的种类、作用、用途不甚了解，那么就很难做好这类文件的整理工作，所以文书学与档案学的关系十分密切，文书学也在新中国成立后得到了发展。

（二）文书学继续发展的条件

新中国成立之初，档案学界对文书学的研究主要聚焦于文书处理部分，很多早期教材和学术著作都将文书学称为"文书处理学"，主要研究文件的种类和用途、形式和书写、收发和运转、拟办与承办的监督、行文制度、立卷与保管、移交和统计等具体问题，那时还未对文书和文书工作的发展历史进行研究。研究文书处理学的主要目的之一在于丰富档案学的研究成果；之二是出于实际工作的需要，阐明文书处理原则和方法，与官僚主义和文牍主义作斗争；之三是为改善史料的来源，保证档案的进馆质量，为学术研究提供可靠的资料。随着研究目的的明确，文书处理学才逐渐扩展到对文件产生的历史环境及其演变、文件形成的国家机关发展史等内容的研究。

---

[1] 吴宝康主编，和宝荣、丁永奎副主编：《档案学概论》，中国人民大学出版社1988年版，序言。
[2] 蒋有惪：《"关于档案学问题"的几个问题》，《档案工作》1957年第4期。
[3] 吴宝康：《档案学是一门科学（初稿）》，中国人民大学内部资料，1961年。

具体而言，新中国成立初期的文书学，是建立在对解放区文书工作经验的总结和对国民党行政效率运动中文书制度与体式的批判中逐步发展的。首先，在解放区根据地时期，已经积累了适合于革命政权的文书工作经验，这些经验对新中国成立初期的文书工作开展具有重要指导意义。如第二次国内革命战争时期就有诸如《中共江苏省委秘书处组织及工作条例》（1929年6月24日）、《中共顺直省委秘书处工作计划》（1929年9月21日）、《文件处置办法》（1931年）等文书工作条例；在抗日战争时期又发布了诸如《晋察冀边区行政委员会公文程式再加改革令》（1940年7月1日）、《陕甘宁边区政府关于划一公文用纸的训令》（1940年9月18日）、《陕甘宁边区政府颁发新公文程式的命令》（1942年1月25日）、《晋察冀边区行政委员会颁布"战时交通联络办法"的秘令》（1942年2月16日）等公文条例，同时还涌出了一批公文研究文章，如娄凝先的《怎样使公文科学化》、周文的《谈谈公文改革》、彭涛的《制定新公文程式的意见书》等；在第三次国内革命战争时期又发布了《晋察冀边区行政委员会关于改变公文格式的通知》（1946年7月15日）、《陕甘宁边区政府财政厅公文处理暂行办法》（1949年9月15日）、《苏北行政公署公文程式方案》（1949年9月5日）等，《人民日报》还发表了《关于机关文书的工作研究》文章，专门介绍新中国成立前华北人民政府的文书管理制度和工作方法。其次，国民党时期的行政效率运动以及旧政权机关的文书工作在新中国成立初期就遭到了批判与抨击，民国时期的文书工作经验被视为受官僚主义、文牍主义影响的旧文书工作的残余——"旧社会出版的若干有关文书处理工作理论方面的书籍，介绍了混淆文书处理工作与档案工作的做法……甚至一九五三年工人出版社出版的陆晋蓭的《档案管理法》，介绍的也是这种混淆的做法。没有科学的理论指导，当然在实际工作中也得不到什么好效果。"[①] 为了建立正确的文书工作制度，就必须批判旧社会遗留的错误理论和方法，因此对旧文书工作和旧文书学的批判就成为了新中国成立初期文书学研究的一个重要议题。当时对旧文书学的研究主体既包括新中国成立后成长起来的档案学研究者，但更多的是那些被吸纳并经过社会主义改造的旧政权文书工作人员和文书学研究者，如殷钟麒和傅振伦等。

---

① 吴宝康：《论文书处理工作的任务与组织》，《档案工作》1955年第1期。

（三）文书学研究的主要内容

由于对解放区文书工作经验的继承和对旧文书学的批判，加之新中国成立后对苏联文书学教材的引进，以及对我国历史上文书与文书工作发展历程相关材料的积累，在发展档案学的同时也开始了对文书学的研究，创办文书学课程，并在文书学基本理论和文书处理原则、文书发展史等方面的研究有了明显提高。新中国成立后，现资料可考的最早文书学著作是苏翻所著的《新公文手册》，该书于1951年由上海新新书局出版发行，1952年3月又再版印刷。该书以"新公文"[①]为研究对象，主要介绍了新公文的特点和作用、程式和种类、格式和行文关系、立意和结构、用语和写作方法、行文程序和检判原则以及催查制度等，书中还列举了新公文的部分范例以供参考。由于此书出版于新中国成立之初，新政权建立后的文书学研究还尚未系统化开展，因此书中的写法体例仍沿袭了旧制度文书学研究的一些特点，尽管作者将"新公文"界定为社会剧烈变动背景下出现的新鲜事物，与旧制度下的公文有着很多不同，但在具体阐述时又难以割掉旧公文形式和处理制度的一些特征。该书的最大价值在于提供了研究文书学尤其是文书制度演变史的珍贵材料，如书中刊载的中央政法各部门联合签订的《简化公文公约》对研究公文处理制度有着重要价值。

档案界为了加强对文书学的研究，从1954年开始，中国人民大学档案教育中就设置了文书学课程，起初只是阐释文书工作的一般原则和方法。随后考虑到历史档案管理的需要，为了深入了解各个历史时期的文书和文书工作，从1955年开始又在文书学中增加了有关文书和文书工作历史方面的专题研究，如1955年开始讲授十月革命前俄国文书及文书工作、1956年起讲授清代至中华人民共和国成立以来的文书工作、1961年又扩展到讲授文字起源至新中国成立以来的文书工作。[②] 在其后的几年中，文书学研究人员和中国人民大学历史档案系的前两届毕业生一同参加了文书学的研究与著作编写工作。自此之后，文书学研究逐步分化为两个部分：一是历史部分；二是理论方法部分，即文书学发展史研究和文书处理学研究。仅中国人民大学历史档案系于1955年至1965

---

[①] 指的是人民民主专政下各级机关出现的新型公文。

[②] 参见中国人民大学档案馆保存的《文书学课讲授历史发展概况（1955—1979）》。其中以表格的形式列有年代、教材、讲授内容及估计讲授时数等内容。查阅时间为2017年11月17日。

年十年间撰写、翻译、出版的文书学著作、教材、参考资料汇编就达十余种。而在文书与档案的结合方面，文书立卷问题就成为了档案界研究的重要问题。自1961年起，《档案工作》专门开展过对文书立卷问题的讨论，刊发了诸如《坚持检查文书部门立卷制度》[①]《对立卷工作的一些认识和体会》[②] 等文章。1982年，改革开放之后，《档案工作》又组织了一次立卷问题的讨论，可视为1961年讨论的延续与发展。对文书立卷归档制度的理论探讨，源于档案工作实践经验的总结。事实上，新中国成立初期，很多机关已经采取了立卷归档的办法，如中共中央华北局办公厅1952年规定，在文件办理完毕后，按一项问题或一件工作建立卷宗，由文书处理人员随时归档，年终进行整理，向档案室移交。但当时多数机关单位，都是把零散的文件材料随办完随归档，或者是成堆地向档案室归档。为了解决这个问题，《档案工作》于1954年开展了"谁负责立卷好"的探讨，并刊登了一系列讨论文章。最终，1956年国务院发布了《关于加强国家档案工作的决定》，要求全面推行文书处理部门立卷制度，此后档案室开始接收文书处理部门立成的案卷，而非零散的文件，这种做法对于档案工作和文书处理工作而言都是一次改革。

除中国人民大学历史档案系编辑出版了大量的文书学著作对文书及文书工作的理论予以研究之外，1956年，国家档案局档案工作社编辑了《文书处理工作和档案工作文辑》[③]，由工人出版社出版、新华书店公开发行。文辑主要收录了有关文书处理工作和档案工作的论文、专文、报告、经验和体会类文章，并按照内容分为三类——关乎文书处理工作和档案工作的基本理论知识，关乎文书处理工作的组织和任务以及学习苏联文书处理工作的经验和心得体会，关乎档案工作中进行全宗保管的经验和对档案立卷工作的研究。其中既有译文，如苏联专家谢列兹聂夫的《苏联档案工作理论与实践中的几个问题》；也有指示类文件，如《国务院关于加强国家档案工作的决定》；还有理论研究类文章，如吴宝康的《论文书处理工作的任务和组织》、王明哲的《关于编制案卷类目的几个问题》、田风起的《怎样按组织机构分类》等；还有学习苏联心得体会类的文章，如冯乐耘的《根据苏联先进经验再谈档案与

---

[①] 顾金龙：《坚持检查文书部门立卷制度》，《档案工作》1964年第2期。
[②] 仲一：《对立卷工作的一些认识和体会》，《档案工作》1964年第2期。
[③] 国家档案局档案工作社编：《文书处理工作和档案工作文辑》，工人出版社1956年版。

资料区分问题》等。值得注意的是，在此辑录中，已将"芬特"一律改为"全宗"，将"芬特构成者"一律改为"立档单位"。这也是对国家档案局成立后发出关于"芬特"改为"全宗"通知的响应。1961年，唐山市档案管理科编写了《文书处理与档案工作学习参考材料》①内部读物，分为文书处理工作与档案工作两编，研究了文书处理工作的基本理论、文书的处理程序和方法、文书材料的理论与归档等内容，并谈到了文书工作与档案工作的关系问题。此外，还有关于公文写作的很多实用性、指导性的教材类著作，如闵庚尧、李贵如1962年写作而成的《公文写作教程》，该书历经五次修订于1986年才由北京师范大学出版社出版发行。再如殷钟麒1963年著的《清代文书工作述要》，该著作可视为对我国古代文书研究的重要论著，是20世纪五六十年代，直至1983年此书重印之际，对清代文书研究较为系统全面的唯一专著，具有很强的可读性和学术参考价值。由于条件所限，该书初版仅油印了60本，所以弥足珍贵。此外，历史学家陈恭禄1964年在南京大学历史系任教时编写的《中国近代史资料概述》讲义，由南京大学少量印行，未公开出版。书中第二章和第三章是对公文档案的介绍，陈恭禄以一位历史学家的视角对公文档案予以解读，书中还对圣训、实录、方略、奏稿、电稿、外交史料、太平天国史料进行了研究，随后的几章中又对书札、日记和回忆录等史料的情况予以介绍。

综合上述文书学研究论著，20世纪五六十年代的文书学研究内容不外乎两个方面——文书和文书工作。对文书的研究主要集中在公务文书的作用、种类、体式撰拟和行文制度、处理方法和原则等方面，对私人文书鲜少研究。对文书工作的研究主要集中在文书的收发、登记、拟办、撰拟、核稿、签发、缮印、立卷等公文处理程序和手续。而为了掌握公文的形成和处理过程、了解公文形成和处理过程对公文结构和作用的影响，加之文书与档案的同源性，为便于开展档案工作，尤其是对历史档案的管理，就需要了解公文发展史及文书处理史，并从历史经验中批判性总结可吸取的教训。以上就构成了文书学的研究对象，虽然文书学对于文书工作者、档案工作者和历史工作者而言都十分必要，但从档案学的角度出发研究文书学，就要系统地研究文书、文书工作及其历史发展沿革。这种研究思路和研究目标的设定一直持续至今，也一直影响

---

① 唐山市档案管理科：《文书处理与档案工作学习参考材料（内部刊物）》，1961年。

着现代文书学的发展。而在研究文书及文书工作过程中，阶级性观点始终伴随左右，"在反动政权中，文件为剥削阶级掌握和利用。在人民自己的政权里，文件是为人民服务，提高机关效率的工具"[1]。正是在此种阶级观的影响下，新中国成立之初对文书学的研究，尤其对文书学发展史的研究就一直是褒今贬古、厚今薄古，以突出新中国成立后文书工作的新发展与先进性，并将"批判历史遗留下来的资产阶级学者关于文书处理工作的若干著作"[2] 视为创建文书学的任务。不可否认，旧档案学的文书处理工作范围是狭隘的，并未包括最重要的立卷环节；且旧公文处理法只针对对外和外来的文件，忽视了对内和内部文件问题；对文书工作的认识也只集中在某一个机关内部，缺乏全局的、历史的观点和研究，这种对比的研究方法对新中国文书学的发展是有利的，但受时代的局限，对旧文书学的研究仍需全面而客观的看待。

## 四　中国档案史与世界档案史

### （一）档案学与历史学的密切关联

档案学与历史学有着天然密切的关系。1955 年中国人民大学历史档案系的成立也表明二者之间紧密关联，甚至一度历史档案系下设有中国历史研究室，戴逸在为张德泽所著《清代国家机关考略》作序时曾言："张德泽先生曾在中国人民大学历史档案系任教，那时我所在的中国历史教研室曾隶属该系，因此有缘识面。"[3] 20 世纪五六十年代，很多学者纷纷就档案学与历史学的关系问题发表著述，如韦庆远的《试论档案工作与历史学研究的关系》[4]、姚从吾的《档案馆与现代历史学的关系》、徐中舒的《档案与史料》[5]、嵇文甫的《档案工作与历史研究》[6]、

---

[1] 历史档案系文书学教研室编：《文书学讲义（初稿）》，中国人民大学内部资料，1961年，第148页。
[2] 吴宝康：《论文书处理学的创建及其对象与任务》，《教学与研究》1956 年第 2 期。
[3] 戴逸于 1999 年 10 月 6 日给张德泽《清代国家机关考略》（故宫出版社 2012 年版）所作"1999 年新版序言"中提及。（参见戴逸《1999 年新版序言》，载张德泽《清代国家机关考略》，故宫出版社 2012 年版。）
[4] 韦庆远：《试论档案工作与历史学研究的关系》，《人文杂志》1957 年第 4 期。
[5] 中国人民大学历史档案系：《档案学参考资料（第一辑）》，中国人民大学内部资料，1959 年。韦庆远、姚从吾、徐中舒的文章都选于此。
[6] 嵇文甫：《档案工作与历史研究》，《档案工作》1960 年第 5 期。

冯子直的《档案工作者应当进行一些历史研究》[1]等文均对档案学与历史学的关系问题进行了理论性探索。1961年中国人民大学历史教研室选取了部分史学大家的论著，汇编而成《中国近代史料学参考资料》[2]，进一步彰显了历史学之于档案学的重要性。在档案学研究中，对档案史的研究则是将档案与历史相结合的最佳路径。其中，中国档案史的研究主要以大量的历史资料为依据，从史料中发现与探索档案事业的历史进程与历史规律；世界档案史的研究则意在了解世界各国档案事业与档案学发展的历史与现状，为我国档案事业和档案学的发展提供启示与借鉴。

研究中国档案史，需要对中国历史尤其是中国古代史有所了解，一来可以为研究中国档案史提供背景信息，二来可以结合古代社会制度的发展研究不同载体的档案，以及档案管理制度的演变历程。如在研究奴隶社会时探究甲骨文字的特点，在研究两汉封建制度时探究司马迁在档案学和历史学方面的主要成就，在研究三国两晋南北朝时探究门阀制度和谱牒的形成。这些知识对于中国档案史，尤其是中国古代档案史的研究十分重要。在世界档案史研究中同样如此。

（二）专家的建议及《苏联档案史》的翻译出版

中国档案史的研究得益于对苏联档案史的学习和借鉴。1952年中国人民大学专修科档案班刚刚成立，苏联历史档案专家谢列兹聂夫在中国人民大学讲授"苏联档案史"课程，并提议派专人研究中国档案史："现在尚无条件，但明年已需要教中国档案史课，必须是教研室自己的教员去讲。为此就要去访问，去搜集材料。"[3] 在谢列兹聂夫的建议下，我国开始着手对中国档案史进行研究，并参考苏联档案史的著作研究世界档案史。但在既无现成经验也无资料储备的情况下，创建中国档案史课程谈何容易，一切都需要研究员从零探索。1953年12月，谢列兹聂

---

[1] 冯子直：《档案工作者应当进行一些历史研究》，《档案工作》1964年第1期。

[2] 如郭沫若的《史料、考据和历史学的关系问题》、翦伯赞的《把史料工作放在正确地位，驳斥各种"唯史料论"》、张德泽的《清内阁大库档案分散与变迁的情况》、邓珂的《谈谈内阁大库档案》、单士魁的《清代军机处的沿革、职掌和主要档案》、张静庐的《清季重要报刊目录》、戈公振的《外资经营的中文报刊》、罗尔纲的《太平天国现存经籍考》、林言椒的《建国以来太平天国史的研究和史料整理概述》和《建国以来有关辛亥革命书籍的出版情况》、史师同的《义和团运动的研究和资料整理简介》、杨樵的《辛亥革命武昌首义文献述略》等。

[3] 《谢列兹聂夫论文报告辅导记录集（1952—1955）·中国人民大学档案系专家辅导（第一部分）》，中国人民大学内部资料，1957年，第1页。该文记载于1952年11月29日。

夫就档案史讲义李凤楼编写的绪论部分提出建议，认为档案史绪论部分应明确研究目的、档案工作对党和国家的意义等问题，并强调要将档案史和档案工作理论与实践作为两门独立课程研究。① 这些宝贵建议为档案史研究内容的编排及教材大纲的编写提供了指引。

为了充分从"苏联档案史"中吸收经验，1955年，韩玉梅、苏秀云、吕洪宇将谢列兹聂夫于1952年至1953年在中国人民大学授课的讲义材料翻译出版，命名为《苏联档案史》。其序言中写道："各人民民主国家要正确地、科学地解决档案建设上的以及组织上与科学方法上的问题，就应当研究苏联的档案史，并根据本国的具体情况创造性地运用苏联档案建设的经验。"② 这道出了学习与研究苏联档案史的必要性与重要意义。《苏联档案史》主要介绍了十月革命前俄国的档案馆情况、准备和实现伟大十月社会主义革命时期（1917年4月至1918年初）、外国武装干涉和国内战争时期（1918年至1920年）、在过渡到恢复国民经济的和平工作时期（1921年至1925年）、为实现社会主义国家工业化而斗争时期（1926年至1929年）、为实现农业集体化而斗争时期（1930年至1934年）、在争取完成社会主义建设时期、逐步过渡到共产主义时期、伟大的卫国战争时期和战后时期的苏联档案建设情况。全书包括苏联档案工作发展的历史、档案教育创办的沿革、档案法令条款的颁布等内容，可谓一本较为系统和全面的苏联档案史"百科全书"式研究。

（三）《中国档案史》的研究工作

新中国成立后，对中国档案史研究最早的著作当属傅振伦的《中国档案史讲稿（第一—十一讲）》，由中国人民大学档案教研室于1953年作为内部教材出版。傅振伦在这本讲稿的"学习意义及目的"中认为："要了解中国档案管理的前途，必须了解中国档案发展的历史。了解中国档案史，才能真正地把握中国档案发展的基本法则，对这些文化遗产正确地评价批判去接受，更进而吸取苏联等先进国家经验，顺利地推动档案工作，向一定目标前进。由此可见，研究中国档案历史，是我们档

---

① 《谢列兹聂夫论文报告辅导记录集（1952—1955）·中国人民大学档案系专家辅导（第一部分）》，中国人民大学内部资料，1957年，第46页。该文记载于1953年9月。

② 韩玉梅、苏秀云、吕洪宇译：《苏联档案史》（简明教材）修订本，中国人民大学出版社1955年版，序言，第2页。

案工作者应有的责任。"① 由于中国档案史料尚未有较为系统的记载，只能从经传、子集、史籍、方志、传记和考古材料中寻找相关的资料。傅振伦根据自己长期搜集积累的资料，按照历史时期阐述中国档案史发展历程，从夏商之初原始公社逐渐过渡到奴隶占有制时代，从西周春秋战国封建制度开始形成时代，到秦汉、魏晋南北朝、隋唐五代、宋、辽、金元、明、清②中央集权封建王朝繁盛时代，再到半殖民地半封建时代和中华人民共和国时代，并从历史线索出发，对每一时代的公文处理、档案管理、档案流传利用等制度进行阐释。傅振伦将档案史与国家机构发展史和政治体制变迁史一一对应，以中国历史发展阶段反映档案史的发展沿革，体现了他作为历史学家深厚的史学功力。

为了加强对中国档案史的研究，韦庆远在档案高等教育创办伊始就从中国历史教研室调至档案专修科进行历史学的教学工作。1954年开始，由韦庆远、程桂芬带头从事中国档案史方面的研究工作，并邀请谢列兹聂夫担任研究顾问。③ 谢列兹聂夫建议在进行中国档案史研究时要充分结合中国的历史情况："朝代和当时历史政治经济情况要与档案史结合起来研究，不能孤立地写。在编写教材大纲和草案时，不能把档案史和文书处理史相混淆，文书处理史是一门独立的课程。"④ 随后，韦庆远根据谢列兹聂夫的指示开始编写《中国档案史》教学大纲，并在提纲每一章节的后面，列出中国档案史课程所必需的参考书目。《中国档案史》大纲确立后，按照"中国档案史的历史分期与一般史料论述相符合"的指导思想，1955年，由韦庆远、程桂芬、胡明诚、何其燔、陈章焕等组成的研究队伍编写了《中国档案史讲稿（第1—7章）》⑤，

---

① 中国人民大学档案教研室：《中国档案史讲稿（第一—十一讲）》，中国人民大学内部资料，1953年。

② 此处朝代系傅振伦讲义中的划分。

③ 1954年6月17日，就编写《中国档案史讲授提纲》问题，谢列兹聂夫还给予了详细的建议，韦庆远将此记录整理命名为《关于专家指示如何编写教学大纲的传达报告》（载《谢列兹聂夫论文报告辅导记录集（1952—1955）·中国人民大学档案系专家辅导（第三部分）》，第50—51页）。

④ 《专家关于中国档案史的指示》，载《谢列兹聂夫论文报告辅导记录集（1952—1955）·中国人民大学档案系专家辅导（第三部分）》，中国人民大学内部资料，1957年，第5—8页。该文记载于1953年6月24日。

⑤ 中国人民大学档案历史教研室：《中国档案史讲稿（第1—7章）》，中国人民大学内部资料，1955年。

因这部讲稿属于中国档案史研究的初步尝试，资料占有情况和理论编辑水平尚未达到理想的状态，但其中与中国历史结合的大历史观已体现得尤为充分。① 1956年，《中国档案史（绪论）》② 部分编写完成，从理论上高度阐明了中国档案史的研究客体、对象、问题、范围、任务和方法。随后的1961年和1963年，在1955年的"第1—7章"和1956年的"绪论"基础上，《中国档案史》又先后历经两次修订，吴宝康、刘慧、曾宪楷、陈贻玺、刘光禄、邹家炜等参加了修订编写工作。③ 1961年第一次修订后的《中国档案史》稿④增加至三编十一章，分别从奴隶社会时期和封建社会时期、中国半殖民地半封建社会时期、新民主主义革命与社会主义革命和建设时期的档案工作三个历史阶段按朝代顺序进行了档案史论述。其中对奴隶社会和封建社会时期的档案工作采取中立客观的论述基调，如对夏代档案工作的建立、商代甲骨档案的保管、西周档案工作的发展、春秋战国社会大变革对档案工作的影响、两汉官府利用档案编史修志的概况、魏晋南北朝时期官府和私家档案的保存、唐宋元明清时期档案工作的进一步发展等内容的研究都以历史客观叙述为主。对半殖民地半封建社会时期的档案工作则以"倒退"为主要论述基调，如鸦片战争以后清朝的档案工作主要受外国资本主义入侵的影响而趋于腐败化发展，北洋军阀及国民党反动政府时期档案分散保管、国家档案库筹建的提议最终流于失败，而且这一时期外国侵略者对我国档案进行了大肆掠夺。对新民主主义革命与社会主义革命和建设时期的档案工作则以"歌颂式"为主要论述基调，诚然，新中国成立后的档案工作取得了历史性的进步，这种论述基调本无可厚非，但对国家档案事业"大跃进"的"美化"确实反映了20世纪60年代初的主流意识形态在档案学研究中的折射。

  从1954年开始筹备研究，到1963年二次修订后最终成书，《中国档案史》的研究历经十年，着实不易，其鲜明的观点、翔实的资料为我国档案史、档案事业史研究奠定了框架基础。实际上，后续各版本的中

---

  ① 这种大的历史观体现在此讲稿的说明中："我国档案工作的发展历史是全中国历史发展的一部分，因此，就不能离开中国总的历史情况来研究历代的档案工作，研究中国档案史必须密切结合中国的历史情况，利用中国历史科学的成就，以之来指导和概括档案史的研究。"
  ② 中国人民大学历史档案系：《中国档案史（绪论）》，中国人民大学内部资料，1956年。
  ③ 邹家炜、董俭、周雪恒：《中国档案事业简史》，中国人民大学出版社1985年版，第1页。
  ④ 中国人民大学历史档案系档案史教研室编：《中国档案史讲义（初稿）》，中国人民大学内部资料，1961年。

国档案史研究也都是在此基础上增减而成。对中国档案史的研究也表明，作为一门独立学科的中国档案学与哲学、经济学、天文学等相比较而言是一门新兴学科，但其档案思想可以从古代的史实中找到发展线索与理论依据，可谓源远流长。1966年1月，中国人民大学历史档案系又出版了一版《中国档案史》，其章节目录仍继承与沿袭了前面几个版本的相关成果，只不过将时间范围延长到1955年至1957年档案工作为过渡时期总路线服务的讨论、大区一级机关档案的集中管理、国家档案局的成立、党的全国档案工作会议和党的机关档案工作的加强、国务院"关于加强国家档案工作的决定"和全国政府机关第一次档案工作会议的召开、档案战线上的整风与反右斗争的开展等内容，而这些在1966年仍属于"近期"史实的档案资料。这也算是"文化大革命"爆发前对中国档案史研究时间范围最广的一部《中国档案史》论著。

为辅助《中国档案史》的研究和撰写，1957年，中国人民大学历史档案系编写了《中国档案史参考资料》第一至三辑[①]。其中的内容主要选自于前中研院历史语言研究所编印的明清史料，前社会调查所编印的《中国近代经济史研究集刊》，前故宫博物院编印的各种"年刊""内阁库贮归档辑刊""文献特刊""文献丛论"，郑天挺等编辑的"明

---

[①] 第一辑包括《内阁档案之由来及其整理》（徐中舒），《中央研究院历史语言研究所所藏档案的分析（再述内阁大库档案之由来及其整理）》（徐中舒），《清内阁库贮归档辑刊叙录》（方甦生），《文献馆整理档案报告》（沈兼士），《故宫博物院文献馆所藏档案的分析》（单士元），《整理档案规则》（国立北平故宫博物院文献馆），《整理档案方法的初步研究》（方甦生），《清代档案分类问题》（方甦生），《军机处及其档案》（张德泽），《档案分类研究》（张德泽），《明末农民起义史料序》（郑天挺，孙铤等），《北京大学所藏档案的分析》（赵泉澄），《清华大学所藏档案的分析》（吴晗），《禹贡学会的清季档案》（顾颉刚），《谈所谓"大内档案"》（鲁迅），《内阁大库档案访求记》（金梁），《论档案的售出》（蒋彝潜）等。第二辑包括胡汉民、黄典等九十七人请设国史院呈，临时大总统批示，国史馆官制，国史馆筹备处组织规程，邵元冲、居正、方觉慧等提请重设国史馆案，张继、吴敬恒、邹鲁等十二人提议建立档案总库等设国史馆案，国民政府国史馆筹备委员会组织大纲，张继等提议改国史馆筹备委员会为国史馆案（附国史馆组织条例草案），国史馆组织条例，征集国史资料统一大纲，党史资料编纂委员会组织大纲，征集党史史料计划大纲，文书档案连锁办法之实验，统一县档案人员训练业务课程，本会与内政部会颁讲授要点，打倒"卷阀"，关于统一整理旧记之件（国务院训令第三七号），旧记/统一管理二关之几件（国务院训令第三七号），关于各官署等保存之旧记之收集整理之件，各官署等保存旧记/收集整理二关之几件，关于旧记整理计划及其意见，伪"满洲国官吏录"摘录等。第三辑包括保存机关旧有档卷令，各机关保存文件暂行办法，国史馆筹备委员会与中央党史史料编纂委员会同接收党政军各机关旧档案办法，内政部档案室办事规则，外交部管卷规则，司法行政部文件保存规则，财政部整理档案即保管规则，交通部文卷管理规则，实业部处理档案办法，考试院文卷管理规则，参谋本部档案管理规则、江苏高等法院第二分院修订案卷细则，江苏高等法院第三分院保存文件暂行细则，广州地方法院检察处销毁卷宗暂行章程，黄河水利委员会管理档案调卷规则，四川省政府秘书处档案室办事细则，四川省政府秘书处调卷规则，财政部监务署整理档卷规则等内容。

末农民起义史料",鲁迅在"而已集"中的论述,辛亥革命以后有关民国时期的国史馆、党史史料编纂委员会以及文书档案改革运动的材料,日寇在东北统治时期的材料,国民党反动统治时期有关档案的各种条例、办法,资料等。这是新中国成立后首次编印关于《中国档案史》研究的参考资料,基本涵盖了明清民国以来档案工作及档案学研究中的原始资料,对于了解历史上档案工作的开展情况、档案学的研究水平甚至剖析档案学发展的偏弊与经验都有极大的参考价值。1962年,中国人民大学历史档案系档案史教研室从旧书刊等历史资料中又选择编写了三册《中国档案史参考资料》,分别为"奴隶社会和封建社会时期""半殖民地半封建社会时期"和"新民主主义革命与社会主义革命和建设时期",所选内容与1957年版的资料大为不同,进一步丰富了中国档案史的资料内容。1979年,中国人民大学复校复系之际,在急需教材的情况下,这三册参考资料得以重印,其中内容基本没有变化,只是对某些标题和错别字进行了必要的加工和订正。

尽管出版了以上研究著作和参考资料,但中国档案史在研究之初开展得十分艰难,尤其是在资料搜集方面。因中国档案史研究需要借助历史学的研究方法和有关理论,掌握大量的历史资料才能得以开展。因此,在研究之初无现成资料可供参考的情况下,研究者只能从浩瀚的历史史料中逐一查找与档案史相关的只言片语,从夏商周开始,按照朝代沿革对档案工作历史考察与分析。当时,明清档案馆及沈阳国立档案馆保存有大量的历史手稿和历史资料,对于研究中国档案史是一个重要的素材来源;中国人民大学历史档案系资料室收集的图书、报纸杂志及其他参考资料也为档案史研究提供了丰富的素材[1],资料室还与故宫博物院、历史博物馆、革命博物馆、北京图书馆等建立了良好的关系,系统收集档案史料。除了广泛收集资料外,研究者还竭尽所能拜访历史学家和历史档案专家,听取他们的意见,甚至从他们那里征集史料。1957年4月10日《人民日报》发表评论员文章《收集档案为科学研究服务》一文中就倡导档案工作者与历史科学研究者积极合作:"由于目前我国档案工作人员的缺乏,历史科学研究者应当积极地协助我国档案工

---

[1] 据周雪恒回忆,当时资料室还有甲骨片、简牍等档案(口述史料采集时间为2017年11月3日)。

作的建设，历史学家和档案工作者的密切合作，是改进我国档案工作的一个重要条件。"① 在这一号召下，中国档案史研究过程中，研究员拜访了尚钺、向达、荣孟源、陈梦家等历史学家、考古学家②，聘请文史学家叶恭绰、王重民等在文史学科方面进行授课或开办讲座，聘请明清档案专家单士魁、张德泽、于石生，古建筑专家单士元，图书馆学家刘国钧等对新中国成立前档案文书方面的知识进行讲授——于石生主要为档案专修班讲授中国档案史，单士魁为档案教研室讲授清代机关来往文书情况与档案馆出版史料问题③，单士元讲授档案的各种名称、分类，陈梦家讲授中国甲骨文的发掘与整理，叶恭绰讲授外国档案及北洋政府时期档案的保管整理，刘国钧讲授图书分类以及图书与档案的关系，傅振伦讲授国民党时期档案的整理及武昌文华图书馆专科学校的概况等。④ 这些专家的授课为档案史研究甚至是档案学各方面的研究提供了丰富的素材补充。据韦庆远回忆："我转入档案教学部门以后，开始经常到明清档案馆去查阅和利用档案。我所以能从完全无知到初步得到一些知识，确是在沈士远（解放后第一任明清档案馆馆长）、单士魁（第一档案馆研究员）、单士元、张德泽等同志的耐心指导下获得的。这几年里，我还先后拜访过陈垣、许宝蘅（清末曾任军机处章京、解放前曾任过故宫博物院文献部主任）、叶恭绰（清末曾任邮传部主事、郎中，北洋政府交通部次长，广州政府财政部部长，又任过故宫博物院院务委员，对明清档案也很熟悉）、郑天挺、梁方仲等老前辈，请他们讲授一些与明清史或明清档案有关的问题。"⑤ 据程桂芬回忆："编写中国档案

---

① 人民日报评论员：《收集档案为科学研究服务》，载中国人民大学历史档案系档案史教研室编《中国档案史教学参考资料（新民主主义革命和社会主义革命与建设时期）》，中国人民大学内部资料，1962年，第240页。

② 根据冯乐耘的回忆整理（口述史料采集时间为2016年7月11日），以及冯乐耘手稿《追思吴老三件事》记载。韦庆远（《利用明清档案进行历史研究的体会》，载《文史知识》编辑部编《文史专家谈治学》，中华书局1994年版，第301页）和程桂芬（《一个老档案工作者的回忆》，中国档案出版社1999年版，第22页）论著中也有相关记述。

③ 据程桂芬回忆："故宫博物院档案馆单士魁先生讲明清档案的来源、形成，清代保管档案的方法，明清档案在民国时的演变，北京大学对清代档案的整理等。"（参见程桂芬《一个老档案工作者的回忆》，中国档案出版社1999年版，第17页。）

④ 参见《张德泽回忆录》（现存于中国人民大学信息资源管理学院资料室）。查阅时间为2017年11月13日。

⑤ 韦庆远：《利用明清档案进行历史研究的体会》，载《文史知识》编辑部编《文史专家谈治学》，中华书局1994年版，第302页。

史过程中，还每周定期去中国历史教研室，听尚钺讲授关于史学界争论的问题，如'中国古代史分期问题''中国资本主义萌芽问题'；听了一年后，又听戴逸讲授中国近代史和程秋原讲授世界史。"① 周雪恒也回忆她在档案学研究室工作时曾带领班级20余名同学拜访过陈梦家，并邀请其到档案学研究室开办讲座。② 其实不只档案史研究需要历史学家的智慧，在档案学各方面的研究中更是需要从历史学家那里汲取宝贵的意见甚至是资料来源。这也是新中国成立初期我国档案史研究的重要经验。此外，中国档案史尤其是古代档案史研究还得益于新中国成立初期的一部分考古发现。1953年，西南博物院院长冯汉骥在四川巴县长江南岸樵坪场的一座古庙中，发现了大批清代巴县地方政权的历史档案。这批档案由西南博物院接管，四川大学历史系曾进行整理研究，1964年3月13日移交四川省档案馆保管。1954年3月，西北大学陈直教授，在带领历史系学生进行西安汉代皇宫遗址考古时，发现了位于未央宫前殿北面的西汉王朝中央档案库石渠阁遗址。这些考古发现丰富了我国档案史的内容，为档案史研究提供了证据可考的资料。

　　总之，20世纪五六十年代，对中国档案史研究的定位主要集中在研究各个历史时期档案工作的建设情况，通过文献挖掘、请教专家、考古补充等方式尽可能齐全地搜集资料，相关研究取得了良好的成效，并促成了第一部较为系统的《中国档案史》的编著。整体上看，这一时期中国档案史研究主要有以下特点：一是以辩证唯物主义和历史唯物主义作为主要研究方法。在中国档案史研究中，特别注意以历史的观点来看待中国历史上各个时期档案工作的现状与发展。因不同时期的档案工作是适应当时物质资料生产方式、国家政权性质和统治形式而发展的，对中国档案史的研究不能仅仅将关注焦点聚集在档案工作本身，孤立地研究各个历史时期的档案机构、档案管理制度、档案工作方法，而是要结合或深入探析当时的政治、经济、阶级关系，将档案工作的开展放置于历史背景中去，以了解其作用与功能、探析成败与得失，从而实现历史地吸取教训、借鉴经验、指导未来档案工作开展及档案学研究的目的，指导研究者以更科学的眼光审视历史上不同时期的档案历程。二是

---

① 程桂芬：《一个老档案工作者的回忆》，中国档案出版社1999年版，第24页。
② 根据周雪恒回忆整理，口述史料采集时间为2017年11月3日。

对中国档案史的研究总体上较为客观。"旧中国有不少历史学家进行过对档案史的研究工作,也写了不少著作,不能一概的否认这些著作的意义,但真正的科学的中国档案史却还没有建立起来。"① 虽然受意识形态的影响,在中国档案史研究中存在对旧档案学过于"否定"、对新档案学过分"赞扬"的情况,但后期编纂的著作仍较为客观地对中国档案史的发展历程予以评述,虽然研究的科学性尚待提高,但在当时能够把档案史作为一门专门的课程来研究的态度却是十分值得肯定的。

(四) 中国档案史、中国国家机关发展史及中国文书处理史

1953年9月,中国人民大学档案教研室就"档案学的产生与发展及其与其他辅助历史课程的关系""档案史与历史的关系""如何从研究历史科学中研究与搜集档案史""国家机关发展史研究的对象及任务,它与档案史、文书处理史间的关系和区别如何,从哪些方面搜集国家机关发展史的材料"② 等问题请教谢列兹聂夫,而这些问题的产生源于对中国档案史的研究。在中国档案史科目创立之初,研究员认识到从历史观点和历史方法出发,对中国档案史予以研究,就需要将中国档案史放置于中国历史大背景中,探究中国档案史与中国历史、国家机关史、文书处理史、古文献学等的关系。这些问题的探讨与研究,进一步明晰了档案学与历史学的关系,尤其明确了档案史与文书处理史、国家机关发展史的关系——"三者的联系是密切的,就国家机关史及文书处理史来讲,如果研究文书处理史的同志掌握国家机关史很好的话,那才能很好地研究文书处理史;再就文书处理史和档案史来讲,研究档案史的同志如了解文书处理史,则帮助很大,因文书工作和档案馆保管等工作有关系,如文书工作做好了,则档案馆工作才能顺利进行,这几门工作都有密切联系,如不了解全面,则对一门来说都不能深入。"③ 为了

---

① 《谢列兹聂夫论文报告辅导记录集(1952—1955)·中国人民大学历史档案系专家辅导(第一部分)》,中国人民大学内部资料,1957年,第79页。该文于1954年4月29日记载。

② 《谢列兹聂夫论文报告辅导记录集(1952—1955)·中国人民大学历史档案系专家辅导(第一部分)》,中国人民大学内部资料,1957年,第23—32页。该文于1953年9月记载。

③ 《谢列兹聂夫论文报告辅导记录集(1952—1955)·中国人民大学档案系专家辅导(第三部分)》,中国人民大学内部资料,1957年,第107—108页。此文系谢列兹聂夫于1953年11月6日讲课内容,由程桂芬于1954年6月整理成《专家关于文书处理史的研究对象及档案史、文书工作史、国家机关发展史、档案工作理论与实践四者的关系》一文。

对中国档案史进行深入研究，1953年2月聘请中共中央组织部副部长龚子荣、中共中央秘书处副处长裴桐讲授中国共产党组织机构史。[①] 1953年底1954年初，为了自主创办中国文书处理史及中国国家机关发展史课程，中国人民大学档案教研室特在《档案工作》发布征集资料启事，意在为两门课程收集素材。其收集的材料主要集中在以下六类——

一、有关党政军机关、团体、企业的档案工作、文书处理工作的条例、制度及规则等文件。

二、有关各个革命时期党政军机关、团体的档案工作、文书处理工作的历史材料、报告、记事等。

三、中华人民共和国成立以后所出版的对内对外刊物、公报等，如政府公报、行政公报、政报、政法公报、财经公报……

四、有关国民党与敌伪统治时期机关、团体、部队的档案工作、文书处理工作的文件材料以及刊物（如《行政效率》1934年）小册子、调查报告等。

五、有关国民党与敌伪统治时期学校与个人所出版或者作的档案工作与文书处理工作的书籍、文章、小册子及调查报告等。

六、其他有关档案史、文书处理史，国家机关发展史方面的古今文件材料、书籍、小册子、报纸、刊物等。[②]

启事发出后，陆续收到了相关资料，如山西省委办公厅秘书处档案科赵巨华寄送的《山西政报》第一卷至第五卷共计73本，陕西省临潼县人民政府张子义寄送自己写作的《档案管理的刍荛》一册，中共成都市委办公室卜思义寄送的傅振伦著《公文档案管理法》一册，安徽省人民政府办公厅寄送的内部出版刊物《秘书工作》等。这些资料的征集对以上科目的研究起到了很好的支持作用，加速了包括中国档案史、中国国家机关史、中国文书处理史的建设速度，同时也充实了资料室的资料种类与内容。除此之外，研究人员还与国务院秘书局、第一历

---

① 中国人民大学信息资源管理学院：《中国人民大学信息资源管理学院六十年纪事》，中国人民大学内部资料，2013年，第57页。

② 《中国人民大学档案教研室征集资料启示》，《档案工作》1954年第6期。

史档案馆、南京史料整理处、中央秘书局、国家交通部等部门建立了资料往来。① 1956年中国人民大学中国历史教研室编写的《中国通史讲义（第十五册）》② 也成为了当时档案学专业历史课程学习的必备资料。

在收集资料的同时，中国人民大学历史档案系组织力量研究中国国家机关史，后又在此基础上研究中国政治制度史。中国国家机关史是研究国家机关的产生与组织机构、任务与职权活动、变更与隶属关系等发展的历史，研究对象为各种类型的国家机关。在具体研究中，从"各个历史时期的法律汇编，编年史，政权机关与管理机关的工作总结与工作报告，机关内部材料，机关内定期出版物与刊物、报章杂志、一般历史书籍如工会历史、军事史等"③ 线索出发搜集国家机关史的材料。1959年，《中国国家机关发展史讲授提纲》④ 编写完成，从奴隶社会国家的形成、国家机关的设置开始，分章节依次对各朝代中央机关机构的职责、分化、改革及其与政权的关系进行概述。但由于仅是讲授提纲，其中很多内容均简化表述，并不全面。仅举一例，如第三章"秦汉时期的国家机关"部分，其主要如下：

> 第一节 中央机关：皇帝称号的建立。所谓"三公九卿"。三公职权的设立。尚书台。中书的设置。
> 第二节 地方机关：郡县制度的发展。郡县机关组织。乡官。首都机关。王、侯国机关。封国制度的没落。
> 第三节 监察机关：监察机关的建立。封建监察机关是维护君

---

① 资料来源于中国人民大学档案馆保存《国家机关史与文书学教研室规划》，1958年7月。查阅时间为2017年11月17日。资料中记述：国家机关史与国务院资料室建立了借用资料的办法；与第一历史档案馆进行了联系，利用该馆明清档案及其他资料研究当时的文件及国家机关情况，复制了当时的文件，为实验课及陈列室准备了条件，并准备复制有关机关史方面的图表和卡片；去南京史料整理处搜集了国民党统治时期汪伪统治时期的国家机关40万字，另有关国家机关的印制参考资料260万字；国家机关史还与中央秘书局三处、科学院历史研究三所研究员聂崇歧及中国人民大学革命史教研室、法律系建立了联系；以科学院所编历史论文索引为蓝本，参考其他书籍编成了一份有关中国国家机关史的参考论文索引。
② 中国人民大学中国历史教研室：《中国通史讲义（第十五册）》，中国人民大学内部资料，1956年。
③ 《谢列兹聂夫论文报告辅导记录集（1952—1955）·中国人民大学档案系专家辅导（第一部分）》，中国人民大学内部资料，1957年，第30—31页。该文于1953年9月记载。
④ 中国人民大学档案教研室：《中国国家机关发展史讲授提纲》，中国人民大学内部资料，1959年。

主专制制度的工具。监察机关在镇压人民方面的职能。中央监察机关。地方监察机关的发展，部刺史的设置。

全书的章节构篇基本如上所述，之所以没有详细的内容补充，正如书中前言所记述——"由于参考资料较少、这个提纲的内容还很不成熟。"尽管表述简略，但并不影响其对国家机关史的系统梳理及对资料开拓性的搜集。到了1964年，中国国家机关史研究渐趋成熟，资料也更为丰富，在延续1959年讲授提纲的基础上，《中国国家机关史》正式完成。该版本在封建社会各朝代国家机关的发展与变革方面的研究更加细化。如在明代国家机关部分就分十节内容介绍了明王朝各级政权机关的设置，明初国家机关变革的原因，中书省的撤销和内阁、通政使司的建立，中央行政管理机关六部、地方民政管理机关布政使司、府、城、县机关，土改制度，军事机关五军都督府、都司、卫、所，监察机关督察院和六科，司法机关"三法司"、按察使司机府、州、县的司法工作，文教卫生礼仪机关翰林院、詹事府、国子监、钦天监、太医院、太常、光禄、鸿胪寺、行人司等内容，十分具体全面。总体上，该著从奴隶社会至新中国成立前国民党统治时期国家机关的介绍连贯统一，系统而完整地勾勒出我国国家机关史的发展概况，资料十分丰富。

文书处理史的研究则是"对过去和现在国家政权机关和管理机关形成的一般和专门文件以及文书处理工作的发展历史的研究"[①]，它同文书处理工作原则与方法的研究共同构成了文书处理学的研究对象。当时认为研究文件材料的编目与鉴定，不能不研究文书制度与文书史。因此，研究中国档案史，就需要研究各个历史时期国家机关所产生的一般文书与特殊文书的历史情况。新中国成立后，文书处理史是在潘嘉[②]、张我德[③]和吴

---

① 吴宝康：《论文书处理学的创建及其对象与任务》，《教学与研究》1956年第2期。
② 潘嘉：中国人民大学档案班第一届研究生毕业生。
③ 张我德（1920—1996）：北平中国大学国文系肄业，北京华北大学国文系毕业。1957年从中国人民大学历史教研室调至历史档案系任教（参见《中国人民大学档案学院校友录（1952—1987）》，中国人民大学信息资源管理学院资料室；一并参见曹亦冰1991年主编《高校古籍整理研究学者名录》及《档案学通讯》1996年第2期《张我德同志风范长存》）。

奇衍[1]等带领下创办的。1956年开始，潘嘉、张我德和吴奇衍带领历史档案系第二届几名本科生组成了研究团队，共同开展文书处理史的研究工作，并将文书处理学的研究内容由以文书工作原则与方法为主，扩充为以文书和文书工作历史为主。在研究员的努力下，20世纪五六十年代对文书处理史资料的挖掘与收集达到了一个可观的程度。1961年，中国人民大学历史档案系文书学教研室将研究成果编写为《文书学讲义》[2]，系统研究了从殷商、西周文书工作的萌芽开始，历经春秋战国、秦汉、魏晋南北朝、隋唐宋元明清等各个朝代文书处理的历史情况，再到辛亥革命、北洋军阀时期外国入侵后文书工作的变化，直到革命根据地及新中国成立后文书工作的开展。该著可视为文书处理史研究的集大成之作，为后续研究奠定了基础。1981年，档案学通讯杂志社出版了潘嘉著《文书学纲要》一书，在出版说明中写道："本书原名《文书学讲义》，曾于1961年出版。现在将本书重新付印，基本保持原状。"[3]这也反映了20世纪五六十年代文书处理史研究的基础性作用。

（五）《世界档案史》研究的艰难开展

与中国档案史研究相比，世界档案史的研究成果在20世纪五六十年代相对匮乏。这主要受国家政策的影响，也受研究人员本身的限制。早在1957年，程桂芬就富有远见地归纳出世界档案史的研究对象为"世界各国档案工作的发展历史过程；资本主义国家与社会主义国家档案事业发展的区别以及它们的经验和学术方面的活动；世界各主要国家档案学派的理论"[4]。但与中国档案史研究一样，对世界档案史的研究，资料搜集是当时面临的一大难题。由于受档案学阶级性原则的影响，新中国成立初期对外国档案史的研究主要分两种：一种是对人民民主国家档案史的研究，以苏联档案史研究为主；另一种则是对资本主义国家档案史的研究。受国家政策和国际环境的影响，苏联档案史研究占主导地位，甚至由于谢列兹聂夫在华授课的原因，苏联档案史是档案教学的必

---

[1] 吴奇衍（1934—?）：1956年毕业于厦门大学历史系，毕业后调至中国人民大学历史档案系中国政治制度史教研室（参见《中国人民大学档案学院校友录（1952—1987）》，中国人民大学信息资源管理学院资料室）。

[2] 中国人民大学历史档案系文书学教研室编：《文书学讲义》，中国人民大学内部资料，1961年。

[3] 《档案学通讯》编：《文书学纲要》，中国档案学会筹备委员会，1981年。

[4] 程桂芬：《关于档案学问题》，《档案工作》1957年第1期。

授科目。而对其他国家档案史的了解则相对较少，尽管外交部和大使馆也帮助搜集一些相关资料供外国档案史的研究工作，国家图书馆①也购进了一些英美档案学原版刊物或著作，但这些努力却十分受限，一手研究资料十分匮乏，对其他国家档案史的了解渠道也主要是从苏联各类学术著作或教学材料中获知，从俄文转译成中文。

　　现可查考的20世纪五六十年代对欧美档案学最早的系统译介，当属1957年中国人民大学历史档案系翻译出版的《国际档案馆指南》②一书。该书为国际文化合作协会于1934年编写，内含德国、英国（联合王国）、奥地利、比利时、保加利亚、丹麦、西班牙、爱沙尼亚、芬兰、法国、希腊、匈牙利、意大利等欧洲国家的资料，主要论述了各国档案馆的性质、保管地点及其组织、档案保存和销毁条例、公众利用档案办法、档案安全保管技术问题等内容。这份译著与其说是为世界档案史研究提供资料参考，但更多的却是"当时"各国档案工作开展情况、档案事业发展情况的一个概述，并未体现出"发展历史过程"和"档案学派的理论"，"史"的意味十分不足。同样，在《外国档案工作简讯》及更名后的《外国档案工作参考资料》上刊登的译著（前面已详细论述，此处不再赘言）也以各国档案工作介绍为主，对外国档案史的研究尚未有类似于中国档案史那样的系统性著作。此外，由于民国时期的档案学人多有外国游学和访问的经历，这部分旧档案学家也是外国档案学资料的主要来源，如傅振伦《公文档案管理法》附载的《欧美档案学及档案馆学论文译丛提要》所包括的十篇译文③，就是欧美档案学的一手资料，傅振伦在新中国成立后也将此融入其档案学研究中来。

**五　从文件材料保管技术学到档案保管技术学**

（一）从档案管理业务中独立出来

　　新中国成立之初创建档案学时，档案保管本是作为档案管理的业务

---

① 当时称作北京图书馆。
② 该书于1957年作为世界档案史参考资料翻译出版。现在已无从考证，翻译的版本是英文原版还是其他转译版本。
③ 分别是：《德奥瑞档案馆考察报告书》《美国中央档案馆概况》《美国中央档案馆法案》《美国移交中央档案馆之档案管理条例》《美国中央档案馆中档案之修整及保藏》《欧美档案之编目》《普鲁士档案学教育之养成》《柏林普鲁士史学专科及档案学学院规程》《普鲁士国家档案馆档案学服务人员录用法》《关于苏联之档案机关》。

第四章　1949年至1966年中国档案学的内在观念建制

之一进行研究。但由于档案保管涉及技术方法较多，尤其是涉及物理学、化学、生物学、建筑学等领域的知识内容，这种广泛而复杂的研究范围，使得在档案管理学的保管部分进行论述显得不够透彻，有必要予以单独研究。加之苏联早已将档案保管作为一个单独的研究科目，"1953年初，谢列兹聂夫向吴宝康主任提了一项建议，希望建立一门新课《文件材料保管技术学》"[1]。吴宝康委托拥有一定化学知识基础的冯乐耘承担此项任务[2]，并请谢列兹聂夫给冯乐耘单独讲授《文件材料保管技术学》，由韩玉梅任翻译，刘凤志随后也参与听课。这样，"文件材料保管技术学"在我国逐渐发展起来，并随着研究对象的不断深化，逐渐演变为"档案保管技术学"，最终定名为"档案保护技术学"，从单纯的库房管理研究到技术性极强的害虫防治、温湿度调节等方面的研究，经历了一个极为艰难的过程。在对这些技术研究的过程中不断借鉴了有关造纸、环境、摄影等领域的专门知识，可谓是"技术性"与"管理性"兼备。由于档案保护之于档案其他管理环节的基础性地位，曾被冠以"档案学的半边天"[3]。

具体而言，20世纪50年代初，对于文件材料应如何保管的问题，尚未形成独特而专门的知识框架，只是作为档案理论与实践研究的一部分内容概要论述。随后，由于档案保管技术与档案管理学的内容密切相关，且讲述内容有所重复，在最早的研究中，即将保管技术作为档案管理学的一个章节。但随着保管技术知识内容的复杂化，仅将其作为档案管理学的一个章节已无法满足相关知识研究的需要。于是，1954年保管技术开始作为单独的科目予以专门化研究。但当时就如何准备这门课程、课堂讨论和实验开展如何设置等问题尚未形成明确的意见，关于这门课程的讲授内容和研究课题更是没有形成较为

---

[1] 冯乐耘手稿：《追思吴老三件事》。此手稿为笔者采访冯乐耘时所得。
[2] 据冯乐耘回忆："吴主任找我谈话，问我愿不愿意搞《文件材料保管技术学》，我当即表示愿意，吴主任说：这门课跟自然科学、化学关系密切，我告诉吴主任说：我非常喜欢化学。在中学我的化学得分最高。'四中'条件差，化学没有实验课，当时我得知金陵大学每周六举行化学示范会，我每周都赶去参加，一堂不落。同班同学给我起绰号叫'化学脑袋'。"（来源于笔者拜访冯乐耘时获得的回忆性资料，时间为2016年6月23日，冯乐耘在接受采访时也谈及此事。）
[3] 源自冯乐耘回忆吴宝康对档案保护技术学重要作用的阐述，后冯乐耘也对此有文字上的论述。口述史料采集时间为2016年6月23日。

系统化的纲领。鉴于这种情况，冯乐耘首先根据苏联经验，针对特别需要的内容如档案文件材料的修补、档案馆的设备、档案防虫技术等内容开展研究工作，而诸如摄影、录音档案的保管与保护问题则尚未列入研究议程。

同档案学其他科目的研究一样，苏联经验对我国建设档案保管技术学起到了很大的借鉴作用。苏联文件保管技术发展先进，自十月革命以来，苏维埃政府就非常重视保护苏联国家档案全宗内文件材料的完整性和安全性。1918年6月列宁签署了"关于改革与集中档案工作的法令"，着重强调了文件材料的安全保管。法令实施后，莫斯科和其他城市陆续建立了许多新型现代化建筑物作为档案保管场所，甚至还建立了专门的档案馆来保管影片照片录音文件。[①] 为了研究和采用专门技术修整破损的文件材料，苏联档案管理总局下设中央科学研究实验所和修复厂，并与苏联国立列宁图书馆和国立谢德林公共图书馆的图书保管技术互通有无；为了研究各种文件的耐久程度，制定有利于文件的保管制度并寻求专门用来修整文件的技术与方法，苏联还成立了科学研究实验所。鉴于以上研究机构的成立和科学实验的开展，苏联在文件材料的保护与保管方面取得了很多经验，关于空气、光、温湿度等影响档案文件保管与保存的外部因素有了深入研究，并对档案文件材料内在的理化特征及其理化特性变化的原因进行了深入探析。苏联这些关于文件材料保护与保管的理论、实践为新中国成立初期的档案保管技术研究提供了参考。此外，谢列兹聂夫来华讲学期间也对这一科目研究的重要性予以强调，并对档案保管技术学课程大纲和教材的编写提出建议，提倡在绪言中详细交代档案保管技术学的研究对象、研究问题和研究任务，并明确档案保管技术同档案理论与实践、物理学、化学、生物学等其他科目的关系。[②] 在谢列兹聂夫的建议下，在边研究边授课的实际状况下，档案保管技术学逐渐开展。在初期专门研究人员短缺的情况下，教学环节并未安排实验课程，而是由档案局所设置专门教研室的专家指导这些实验的开展。

---

① [苏]米津、采列维吉诺夫：《文件材料保管技术学（档案工作的理论与实践教材）》，孙敏译，吕洪宇等校，中国人民大学出版社1957年版，导言，第3—6页。

② 《谢列兹聂夫论文报告辅导记录集（1952—1955）·中国人民大学档案系专家辅导（第三部分）》，中国人民大学内部资料，1957年，第181页。该文于1950年5月5日经冯乐耘整理，命名《档案保管技术学专家辅导》。

考虑到中国档案文件的书写材料和制作特性不同于苏联，因此在开展中国档案保管技术学研究之初，就结合中国实际有针对性地开展研究。"如中国十五十六世纪的文件是用墨写的，现在研究如何保管这些文件就要研究这些问题，这就可以以此做科学研究、做科学论文，中国墨与苏联在保管方法上有何不同；又如铅笔应如何保持其笔迹也应很好地研究……这门课是研究中国的问题，不研究就失去这门课的价值，如与苏联有点区别都应去研究。"[①] 由此可见，在研究档案保管技术之初，在没有相关研究基础的情况下，采取双向策略，一是以苏联文件材料保管技术学的研究成果为学习借鉴对象，对苏联经验予以具体研究；二是为避免机械照搬现象的出现，结合中国的具体情况，并在观察与对比中发现新的研究课题，以彰显"中国特色"，提高学术研究水平。

（二）第一批保管技术学研究者及其研究成果

为了进行文件材料保管技术学及后来称之为档案保管技术学的研究工作，冯乐耘、刘凤志、胡让、范濯涟等第一批从事相关研究的学者四处搜集资料。1954年9月，明清档案馆选出有代表性的档案95件，由故宫照相室代为拍照送至中国人民大学档案教研室，预备编辑历史档案图录；同年10月，档案教研室为编写文件材料保管技术学，搜集关于历史档案保管工作的材料，向明清档案馆就档案的纸张及书写材料、保管档案的条件、修复工作的开展、保管制度及其执行等方面予以咨询。[②] 经过半年多的准备，1955年5月20日，中国人民大学档案学教研室编写了《文件材料保管技术学·绪论》[③]，明确了文件材料保管技术学在档案学中的地位，并将该科目的研究对象定位为各种文件材料的保管、修复及防腐等有关问题，诸如文件材料损毁的状况及原因，档案馆的建筑与内部设备，文件的防腐和修复以及文件材料的各种保管制度等，最终目的在于制定保管文件材料的科学方法，以延长文件材料的寿命，修复那些已经遭到损坏的文件，保证文件材料的完整性。绪论中对

---

① 《谢列兹聂夫论文报告辅导记录集（1952—1955）·中国人民大学档案系专家辅导（第三部分）》，中国人民大学内部资料，1957年，第181页。该文于1950年5月5日经冯乐耘整理，命名《档案保管技术学专家辅导》。

② 参见《张德泽回忆录》，现存于中国人民大学信息资源管理学院资料室。

③ 中国人民大学档案学教研室：《文件材料保管技术学·绪论》，中国人民大学内部资料，1955年。

新中国成立后文件保管技术学的发展与研究提出具体建议——鉴于制成文件所使用的材料是工业部门提供的，因此要将文件制成材料的研究与工业部门产品质量的提高相结合；鉴于文件材料保管技术学与物理、化学及生物学的密切关系，因此要在研究文件保管技术学过程中掌握这些学科的一般知识，利用物理、化学和生物学的某些科学原理解决文件保管中的技术问题；鉴于档案文件是历史的记录，且历史上遗留下很多有关档案文件保管技术方面的经验文献，因此要积极将这些零散的文献整理总结，正确对待文件保管技术学的历史遗产；鉴于苏联在文件材料保管技术方面的制度优越性和技术优越性，因此要积极学习苏联文件保管技术学的理论知识，并与我国的实践经验相结合——这也为我国文件材料保管技术学的开展指明了方向。该绪论除了确定文件材料保管技术学的研究方向和研究方法之外，还列举了这门课程的框架，包括书写材料及其特性、损坏文件材料的理化因素、档案馆的建筑设备及保管等几个方面。可以说这是对我国保管技术学理论的初步探索，但由于只是一个大纲性的"著作"，书中对于上述所列内容并未详细研究。

为了对文件材料保管技术学予以更为深入的研究，1957年，孙敏翻译、吕洪宇校对、苏联档案专家米津和采列维吉诺夫的著作《文件材料保管技术学》[①]由中国人民大学出版社正式出版。该书十分全面地研究了苏联档案文件保管的各项技术，颇具理论性与实践性。此外，1958年，我国司法鉴定科学研究所根据苏联高等教育部全苏法律函授学院犯罪对策学讲义翻译了捷尔基耶夫的《文件技术检验》[②]。书中对档案馆和档案室保护技术工作进行了详细介绍，尤其是对档案文件的技术鉴定和各种纸张载体的科学保护，以及破损文件恢复技术的研究十分具体。这两部苏联著作的翻译对我国起到了重要的参考和借鉴价值。

由此，在1955年《文件材料保管技术学》研究大纲的指引下，在苏联《文件材料保管技术学》《文件技术检验》研究内容的示范下，冯乐耘、刘凤志、胡让、范濯涟等新中国成立后第一批保管技术学研究者在调查各种档案制成材料、调查传统修裱技术、调查档案虫害、调查我

---

① ［苏］米津、采列维吉诺夫，历史学博士马雅可夫斯基教授校订：《文件材料保管技术学（档案工作的理论与实践教材）》，孙敏译，吕洪宇等校，中国人民大学出版社1957年版。
② 该书作为中国人民大学"内部用书"出版，并未公开发行。

国档案保管技术状况的基础上陆续发表和出版了相关论著。冯乐耘作为第一任技术档案管理教研室[①]副主任,领导保管技术教研组建立档案保管技术实验室,将理论研究与实验设计并举,并设计了十七个实验[②],以丰富1955年版《文件材料保管技术学》的内容。至"文化大革命"前夕,实验室的固定资产已达10万元,占地面积增到340平方米[③],是保管技术研究的重要基地。而为了迅速实现"中国化",第一批保管技术学研究者还深入实践、调查研究,曾先后前往安徽调查宣纸、徽墨,前往上海拜访裱画店[④],前往成都寺庙了解通风与温湿度设计。其中20世纪50年代中期,为了系统调查档案害虫,国家档案局、中科院昆虫研究所、中国人民大学历史档案系组成了档案害虫调查组,由副局长洛风主持、冯乐耘任组长,经过调查共发现害虫十种,其中一种对档案危害极大,经昆虫所害虫专家赵养昌鉴定命名为"档案窃蠹"。随后,1960年、1964年,调查组又先后对四川、湖南、广东等地进行害虫调查,丰富了档案害虫防治的知识。

1959年,中国人民大学历史档案系编印了《保管技术学讲义(初稿)》[⑤],1960年在此基础上又编印了《档案保管技术学(初稿)》[⑥],

---

[①] 1961年成立的技术档案管理教研室,下分技术档案管理学、档案保护技术学、影片照片录音档案管理三个教学组和档案保管技术、技术档案两个实验室。而在1961年领导干部名单里,显示技术档案学教研室主任为冯明,副主任为冯乐耘(参见中国人民大学档案馆保存《中国人民大学历史档案系1961年9月教工名册》,查阅时间为2017年11月17日。)

[②] 这十七个实验内容为:档案文件字迹材料的耐久性、二氧化硫的酸性及其对档案文件的某些破坏作用、酸对档案文件纸张纤维素的水解作用、档案文件的消毒、马铃薯洋菜培养基的制作及消毒质量的检查、档案文件上集中污斑的清除、档案文件纸张强度的加固及字迹的巩固、修复用糨糊的配制、档案文件的单面托裱、托裱破碎文件和修补技术图纸、感光层形成的简单原理、显影液及定影液的配制、翻拍档案文件、胶片的冲洗、档案文件的放印和冲洗、付印图线条和字迹的形成、影片照片档案的修复等。

[③] 源自冯乐耘的回忆及其回忆性记录。口述史料采集时间为2016年6月23日。

[④] 1954年开始建设中国档案修裱技术这门课程,冯乐耘与刘凤志于1957年拜访了上海裱画铺刘定芝,请教裱画的过程、工具、技法、历史等。(名画家傅抱石对刘定芝有极高评价:"上海刘定芝、周桂生是难得的裱画人才和有信誉的店家,一部赖古堂中精彩的画册,只不过是几个稀烂的纸团团,通过刘定芝,一部完整作品出现了,这是一绝。")口述史采集时间为2016年6月23日。

[⑤] 中国人民大学历史档案系:《保管技术学讲义(初稿)》,中国人民大学内部资料,1959年。

[⑥] 中国人民大学历史档案系:《档案保管技术学(初稿)》,中国人民大学内部资料,1960年。

将研究对象明确定位为"档案保管技术",即"根据各种档案制成材料的特性及损毁原因来研究科学的保管档案的技术与方法的科学"[①],涉及档案制成材料的质量及耐久程度、损坏档案文件的主要原因及防御方法、生物对档案的破坏作用及其损坏的类型和原因、档案文件的照相复制技术、档案馆的建筑和设备、档案的保管方法和制度、技术档案的保管、影片照片与录音档案的保管等十章内容。这本著作属于20世纪五六十年代关于档案保管技术研究领域的奠基性著作,为改革开放后档案保护学的继续发展提供了知识储备。但书中对档案保管方法和统计制度的研究,更适合于在档案管理学中进行阐述;再如对技术档案保管章节中所涉及的概念、管理方法,则更适合于技术档案管理学的研究框架。这些内容放在档案保管技术研究中稍显不协调,这既反映出课程之间的密切联系,也说明各科目对研究对象与研究范围还存在界定不清的现象。1961年,中国人民大学历史档案系正式编辑出版了《档案保管技术学》,其章节安排和内容结构与1960年版基本一致。复校之后,在1961年版本的基础上,冯乐耘、胡让、刘凤志、李鸿健等又将之修订再版。[②]

另外,在20世纪五六十年代对档案保管技术的研究中,还特别注重对我国历史上档案保管技术经验的研究。而对历史经验的研究伴随着考古学的有关发现成果,如通过在河南安阳发掘的甲骨档案研究殷商时代甲骨档案的保管场所与保管技术;还从史料中挖掘我国历代档案保管与保护的技术与方法,细致地研究两晋纸张普及以来各种不同类型的档案保管场所,如汉朝的石渠、兰台、东观,宋朝的架阁库,明朝的皇史宬和内阁大库。对于档案的保护与修复,各个朝代也有独特的技术,如两晋时期对装裱、染潢、挖补等修复技术的应用,唐宋以后各种装裱技术及档案书写材料的选用加工等。但是古代很少有对这些保护技术的经验总结,即使有部分记载也是非常零散的片段性记录,这对于研究历史上的档案保护技术十分不利。

(三)"以防为主,防治结合"方针的提出

自档案保管技术研究伊始,新中国成立后的第一批研究者就十

---

① 中国人民大学历史档案系:《档案保管技术学(初稿)》,中国人民大学内部资料,1960年,绪论。

② 冯乐耘、胡让、刘凤志、李鸿健:《档案保管技术学》,中国人民大学出版社1980年版。

分重视对档案损毁的内因和外因进行研究。内因即档案本身制成材料的质量因素，外因即档案保管的环境影响因素，如温湿度、水、火、灰尘、光线、有害气体、霉菌、昆虫等对档案的破坏作用，而研究档案保护就应该采用这种二分法分别对内因和外因的各种影响因素予以研究。对内因的研究，有助于在了解档案特性的基础上采取适当措施进行保管与修复，还有助于档案部门向生产部门和使用部门提出建议，从而生产和使用特定的制成材料；对外因的研究，有助于通过合适的技术和方法，防范档案的破坏因素，延长档案的寿命。两者综合起来，即将预防档案的损坏与治理已损毁的档案相结合。由此从内外因的思想出发，在1960年的《档案保管技术学（初稿）》中，研究者已经开始形成"以防为主，防治结合"的档案保护理念，这条指导思想至今仍是我国档案保护的主导思想，一直承袭至今，为我国档案保护指明了方向。其中主要观点认为："研究和寻找科学的保管技术方法，不外乎是这样的两种情况：一是属于如何预防档案损毁的问题，例如如何从物质技术和制度上来防止或减少各种外因对档案破坏的问题，如何对档案本身进行一定的技术处理；一是属于如何治理已经被损坏的档案问题，比如说如何恢复档案原有的机械强度，如何恢复字迹，如何去除文件上的污渍，如何除尘、杀虫……总体来说，就是预防和治理两个方面的问题，或者说是防和治的问题。"[①] 研究员在此基础上提出"防"是保管技术的根本，但也不能丝毫疏忽"治"的作用，建议执行"防"重于"治"，"防""治"并举的方针。

档案保管技术学实际上是一门技术性很强的科目，与物理学、化学、生物学等自然科学关系十分密切，需要在实验的基础上才能得出科学的结论，而仅依靠理论研究还远远不够。尤其是在内外因的研究中，更需要深入实际、开展调查。"保管技术学并不是脱离档案工作实践的要求，来单纯演绎技术的，而是首先要从档案工作的实践出发来研究技术，要密切注意档案工作人员在档案工作活动当中所进行的保管工作。否则就会使理论脱离实际同时也会过多的埋头在科学技术当中，而失去

---

① 中国人民大学历史档案系：《档案保管技术学（初稿）》，中国人民大学内部资料，1960年，绪论，第1—7页。

了研究业务的方向,这对档案保管来说是徒劳无益的。"① 虽然档案保管技术学具有极强的技术性特征,但基于当时的历史背景和社会环境,并未忽视其"政治目的"与"政治性"特征。其出发点基于"档案是生产斗争和阶级斗争的工具"的主要论调,目的在于维护档案的安全性与完整性以求档案在长期内发挥作用,为生产斗争和阶级斗争服务。

总之,自1953年初苏联专家谢列兹聂夫建议建立《文件材料保管技术学》以来,这一课程的名称几经更改,由《文件材料保管技术学》到《档案保管技术学》,名称的变化也体现了对这门课程研究对象和研究问题在认识层面上更加趋于深入。这一阶段"从调查研究到编写教材,从编写教材到调查研究,反复地、艰难地进行着,可以说这个阶段的教材建设取得了较大的成功"②,基本明确了研究的对象、任务、研究方法和指导思想。虽然尚未正式提出使用"档案保护"代替"档案保管",但这一阶段可谓是我国档案保护技术学创立的关键时期,无论是专有名词术语的确定,还是科目研究体系的初步设立,抑或是所取得的丰富调查资料,都为以后《档案保护技术学》的研究提供了指引,尤其是"以防为主、防治结合"方针的提出堪称我国的创新。

## 六 从文献公布学到文献编纂学

### (一)《苏联文献公布学》的翻译出版

我国对文献公布的认识,早在新中国成立前就有相关的实践活动,只不过那时没有上升为系统的学问。"中国在1929年就有故宫组成的一个委员会负责公布文件的工作,工作了十余年,编印丛编,应该说当时政府没有给予帮助,而是故宫档案馆自己来搞的。"③ 这些公布的文件其实就是档案。新中国成立后,对于档案是历史研究最真实可靠的史料有了更科学的认知,对档案的公布之于历史科学及社会发展的重要性有了更全面的解读,这促进了档案资料的公布与出版,也促进了档案公布

---

① 中国人民大学历史档案系:《档案保管技术学(初稿)》,中国人民大学内部资料,1960年,绪论,第1—7页。
② 中国档案学会档案老专家委员会编:《新中国档案事业发展历程——纪念国家档案局成立60周年文集》,中国文史出版社2015年版,第225—234页。
③ 《谢列兹聂夫论文报告辅导记录集(1952—1955)·中国人民大学档案专家辅导(第三部分)》,中国人民大学内部资料,1957年,第6页。该文于1955年4月11日记载。

这一科目的发展与研究。

新中国成立初期，我国对文献公布学的研究，受苏联影响较大，那时认为"苏联文献公布学是建立在马克思列宁主义的理论基础上的，它的存在与发展是完全合乎客观规律的，是由公布文件的实践来决定的"[①]。1954年，谢列兹聂夫在中国人民大学任教期间，将"苏联文献公布学"作为第一届研究生的主讲科目之一。1955年，韩玉梅、吕洪宇、苏秀云等将"苏联文献公布学"的讲义翻译出版，为中国文献公布学提供了效仿的对象。《苏联文献公布学》[②]主要研究了文献公布学的对象与历史、公布文件的原则与方法等内容，目的在于将档案文件通过原文或汇编的形式予以公布，提供社会利用。书中还对公布文件从选择到拟题、从考证到注释、从编辑出版说明到附注索引附录等内容均进行了十分详细的阐述，堪称指南。同年，中国人民大学历史档案系又出版了《文献公布学课程提纲》[③]。但该提纲实际上仍是苏联文献公布学的课程大纲，论述了苏联文献公布的理论与方法。可以说，《苏联文献公布学》对于新中国成立初期我国文献公布学的研究与建设具有重要的参考和借鉴意义。

于是，按照苏联模式，1955年9月中国人民大学历史档案系设立文献公布学教研室[④]。1956年，教研室研究员编写了《中国文献公布学》[⑤]一书，算是新中国成立以来对文献公布学的首次系统研究。同年9月，另一版本的《文献公布学》[⑥]应运而生。两版著作中将文献公布学定位为既是一门历史学的辅助科目、为历史科学服务——因历史档案是历史科学研究的重要素材，档案文献的公布为历史研究提供了一手资料；又是一门独立的科学课目、具有独特的研究对象和研究领域——文献公布学"是一门研究公布档案文件工作的历史和公布档案文件的原则

---

[①] 中国人民大学历史档案系：《文献公布学》，中国人民大学内部资料，1956年，绪论，第1—11页。
[②] 韩玉梅、吕洪宇、苏秀云译：《苏联文献公布学》，中国人民大学出版社1955年版。
[③] 中国人民大学历史档案系：《文献公布学课程提纲》，中国人民大学内部资料，1955年。
[④] 当时文献公布学教研室开设两门课程——史料学和文献公布学。教研室共7人，四个半人力量搞史料学，两个半人力量搞文献公布学。史料学搞一年后停下来，四个人转去搞国家机关史，余三个人继续搞文献公布学。1956年10月又增加一人，搞文献公布学的历史部分，1957年10月又放下来。（资料来源于中国人民大学档案馆保存的《文献公布学教研室规划（初稿）1959—1962》，1958年6月24日。查阅时间为2017年11月17日。）
[⑤] 中国人民大学历史档案系：《中国文献公布学》，中国人民大学内部资料，1956年。
[⑥] 中国人民大学历史档案系：《文献公布学》，中国人民大学内部资料，1956年。

与方法的科学课目"。1955年至1958年间，根据上述研究成果，文献公布学完成了两次教学任务①，积累了约计百万字的材料，其中卡片材料近34万字（历史部分占29万字左右），编、译印资料66万字。②

同文书学相似，文献公布学的研究内容具体也包括两大部分，一是历史部分；二是原则与方法部分。历史部分重在研究我国文献公布工作的产生及其在各朝各代的发展历程，对各个时期公布文献的特点、目的、方法和作用等进行分析与评价，正确认识我国文献公布的历史沿革与发展规律。原则与方法部分重在研究文献公布的具体流程，从文献公布的形式、题目的选择、文献的查找与挑选、正文的选择和转达、文件考证材料的提供、注释的编写、序言和出版说明等解释性文字的介绍，到文献公布编纂格式的说明等内容都构成了文献公布学的原则和方法部分。而我国发展文献公布学的目的就在于将文献公布的实践内容系统总结为理论，尤其是从历史的角度将文献公布的原则和方法提高到理论化的水平和高度，以促进文献公布的效率和质量。因此，文献公布学是在实际文献公布工作开展的需求下而逐步产生与发展的。

研究领域确定后，在历史部分，文献公布学研究了我国古代从春秋战国时期开始、到近代半殖民地半封建的旧中国、再到新中国成立后文件公布的历史进程，并结合文献公布所属时期社会制度和政治、经济、文化与阶级关系的分析，批判地看待历史上的文献公布行为及其方法与原则，这也是贯彻马克思列宁主义历史观的体现；在原则与方法部分，文献公布学研究了文件正文的选择与转达、文件标题的拟制、文件的考证与注释、文件出版物的编排格式及出版说明和序言等内容。但在文献公布学研究初期，对"文件公布""文献公布""档案公布"等术语混杂使用。另外，由于我国在研究文献公布学之初以苏联为蓝本，而苏联文献公布学是以马克思列宁主义的辩证唯物主义和历史唯物主义为方法论的科学，强调党性和阶级性。我国也受此影响，将文献公布学研究目的定位于通过文献公布活动开展阶级斗争。在此实践影响下，文献公布学的学术研究也被打上阶级性和党性的印记。

---

① 分别为第四届专修科及1958年的研究生课程。
② 资料来源于中国人民大学档案馆保存的《文献公布学教研室规划（初稿）1959—1962》，1958年6月24日。查阅时间为2017年11月17日。

为了进一步促进对文献公布学的研究，1957年，中国人民大学历史档案系文献公布学教研室翻译了苏联阿·阿·希洛夫的《文献公布学参考资料·十九世纪与二十世纪初期的文件公布》[①]，以及苏联科学院历史研究所、苏联档案管理总局、苏联国立历史档案学院编写的《历史文件公布条例》[②]一书。1958年，中国人民大学历史档案系编辑出版了《文献公布学参考资料》第一辑至第七辑[③]，收集了众多苏联档案学家有关文献公布的论著。这些苏联论著的翻译出版，进一步促进了我国对文献公布学的研究。

（二）由"公布学"转向"编纂学"

1959年，曾在民国时期故宫博物院文献馆从事文献编纂工作的张德泽根据明清档案馆史料编纂工作的经验与教训，将档案编纂从选题、挑选与集中文件、标点校对、标题拟定、审查删减与考证注释、史料的分类编排、参考工具的编制、序言与凡例的书写、复查与最后的付印等工作程序加以研究，供从事史料编辑相关研究的商榷，以提高出版史料的水平。[④] 张德泽在民国时期作为文献馆编委会成员，早期参与了包括《清季外交史料》《清季教案史料》等项目的编纂工作。新中国成立后，他又参与了《第二次鸦片战争》《清代地租剥削形态》等文献的编纂，具有丰富的档案文献编纂经验。同一时期，单士魁与单士元在文献编纂方面也颇有建树。单士元是北京大学历史学家孟森的高足，深具史料学研究功底，曾任《文献丛编》的主编。单士魁是民国大学国文系肄业生，曾任故宫博物院第一批职员和文献馆科员。新中国成立后，他们成为了中央档案馆明清档案部文献编纂组成员，开展文献编纂研究，总结档案文献编纂经验。20世纪五六十年代，从中央到地方，利用档案资料编写专题性汇编成为各档案馆工作的常态，各级档案馆汇编出版了总

---

① ［苏］阿·阿·希洛夫：《文献公布学参考资料·十九世纪与二十世纪初期的文件公布》，中国人民大学历史档案系译，中国人民大学内部资料，1957年。

② 《历史文件公布条例》十分详细地阐述了从文献公布的选题到文件的查找与挑选、正文的确定、标题的拟定、辅助与科学参考工具的编写、附录与图例材料的编排、出版物中独立部分和文件的排放、目录和出版物外形如幅面、字形、版权面、装订等一系列文献公布工作的进展等内容，整个条例类似于工具书式指南的作用。

③ 中国人民大学历史档案系：《文献公布学参考资料（第一辑）—（第七辑）》，中国人民大学内部资料，1958年。

④ 张德泽：《明清档案编辑出版工作方法之商榷》，《档案学研究》1959年第5期。

计千万余字的档案汇编成果（表4-7）。如中国第一历史档案馆在整理清代中央各部院衙门的档案时，将有关清代中央国家机关设置、职掌、组织机构、官员编制和历史沿革等资料汇集起来，编成《清代中央国家机关概述》，该汇编对于清代政治制度、国家机关等内容具有较为全面的介绍，为政治制度史和国家机关史研究提供了丰富的素材。

表4-7　　　　1949—1966年各级档案馆档案汇编出版物统计①

| 年份 | 出版物种数 | 出版物册数 | 出版物字数（万字） |
| --- | --- | --- | --- |
| 1955 | 1 | 7 | 278 |
| 1957 | 1 | 8 | 325 |
| 1959 | 4 | 5 | 264 |
| 1962 | 1 | 8 | 322 |

鉴于各级各地档案馆历史档案编纂实践的开展，加之古典文献学的研究源远流长，而且我国对档案鉴定的研究尚处于起步阶段，还不能像苏联那样将档案予以完全公布，这促成了我国逐渐从"公布学"中发展出具有中国特色的"编纂学"。而这一学科名称的确定也历经波折，从文献公布学到文献编纂学，再到改革开放后档案文献学、档案编纂学、档案文献编纂学等一系列的变化，其中字词的删增、组合都体现了研究者对这一科目所涉及研究内容的综合考量。

从"公布学"到"编纂学"的转折当属1961年中国人民大学出版的《文献编纂学讲义（初稿）》②。该讲义讨论了我国文献编纂工作的产生与在旧中国的发展、文献编纂的性质与任务、文献史料的搜集与选材以及编纂加工各环节等内容。书中明确了文献编纂学的研究对象与研究任务，明确了文献编纂学与文献史料学等其他专门学问的不同之处——文献编纂学是对文献史料编纂活动的原则与方法的研究。在明确了以上问题的基础上，1963年，中国人民大学历史档案系编写了《文献编纂

---

① 杨冬荃：《建国以来各级档案馆编纂出版档案情况分析》，载中国档案学会档案文献编纂学术委员会编《建国以来档案文献编纂工作得失研讨会文集》，档案出版社1988年版，第1—13页。

② 中国人民大学历史档案系：《文献编纂学讲义（初稿）》，中国人民大学内部资料，1961年。

学讲稿》①，将编纂活动的原则与方法予以细化。书中对理论部分进行了深入研究，首先明确了"文献"和"编纂"两个概念的基本含义，并将文献编纂学界定为"研究一定题目科学的编纂文件史料的原则和方法的学科，是指导文献编纂实践活动的理论"；其研究的特有矛盾在于"研究解决文件史料的浩繁、分散、副本不多的状况与人们要求按一定题目正确和广泛利用文件史料之间的矛盾"。②为了解决这一矛盾，研究和制定文献编纂的原则与方法，就需要对国内外历史上和现有的文献编纂经验加以研究和总结，既要批判性地继承我国历史上的文献编纂经验遗产，又要研究外国文献编纂的理论和方法，发展我国现代化的文献编纂学科目。书中还对文献编纂学与档案学其他科目的关系进行辨析，认为"它（文献编纂学）的存在和发展是借助于历史科学、其他的一些历史辅助课目以及有关学科的研究成果"③，因编纂文件史料，就需要按照一定的题目反映一定的历史事件，对历史事件本来面目的追溯也是历史学的研究任务；因在文献编纂过程中，编纂者需要对所选的史料进行内容和价值的甄别，而这又是史料学和考据学的主要任务；因在文献编纂中，要了解和确定文件的种类、剖析文书中各种标记的意义和作用，这就需要对文书学有所掌握；另外，如要确定已出版文件史料的版本信息，就需要版本学的知识；在挑选编纂合适的档案史料时，也需要利用档案管理学和目录学的相关知识；在正式从事文献编纂工作时还需要具有编辑学和出版学的相关理论。由此可见，文献编纂学与历史学、档案管理学、文书学、史料学、考据学、目录学、版本学、编辑学和出版学有着密切的联系，对文献编纂学的研究也离不开对这些相关学科研究成果的掌握与借鉴。

（三）《文献编纂学》的逐渐发展

为了促进《文献编纂学》的进一步发展，1962年，中国人民大学历史档案系出版了《文献编纂学参考资料》④，其中收录的资料与出版学、历史学关系十分密切。如历史学家罗尔纲的《太平天国资料的发

---

① 中国人民大学历史档案系：《文献编纂学讲稿》，中国人民大学内部资料，1963年。
② 中国人民大学历史档案系：《文献编纂学讲稿》，中国人民大学内部资料，1963年，绪论，第1—10页。
③ 中国人民大学历史档案系：《文献编纂学讲稿》，中国人民大学内部资料，1963年，绪论，第1—10页。
④ 中国人民大学历史档案系：《文献编纂学参考资料》，中国人民大学内部资料，1962年。

掘、编辑与出版》①《忠王李秀成自传原稿考证》②，陈克寒的《出版工作必须实行计划化》③，元皓的《试论鲁迅杂文的标题》④ 等文章。这些资料大多出自历史学家，这也印证了历史学出于历史研究的需要，促进了史料编纂学的研究。实际上，早在20世纪50年代初期，南京市成立了太平天国起义百年纪念史料编纂委员会⑤，主要进行太平天国文献和资料的编辑加工，其文献编纂的对象起初仅集中在南京市太平天国起义百年纪念展览会中陈列的文献，但随着太平天国研究的热潮、太平天国史料在全国范围陆续被发现，尤其是随着当时的南京图书馆颐和路书库中大量太平天国史料的发现，太平天国史料的编纂计划进一步扩大。罗尔纲根据发掘太平天国资料工作的经验写作了《太平天国资料的发掘、编纂和出版》，总结了太平天国资料编纂的原则、方法以及最终《太平天国资料丛编》的编辑过程。在史学研究中，诸如此类例子还有很多，史料的发掘与挖掘，对于文献编纂学的研究起到了促进作用。

1963年，中国人民大学历史档案系又汇编出版了《文献编纂学参考资料》⑥。其中既有文献编纂工作经验总结类的文章，如林言椒的《中国近代史资料的整理和出版》⑦、严中平的《编辑中国近代经济史参考资料工作的初步总结》⑧ 等文；也有关于文献编纂学理论研究的文章，如荣孟源的《文献编纂学诸问题》、南京史料处的《历史档案资料的编辑方法（节录）》、章锡琛的《校对工作与编辑工作的关系——介绍苏联的校勘工作》⑨ 等文章；还有关于特殊种类、某一专题史料编纂的研究，如史惠康的《关于企业史料工作的若干问题》⑩、洪葭管的

---

① 罗尔纲：《太平天国资料的发掘、编辑与出版》，《人民日报》1961年8月2日。
② 罗尔纲：《忠王李秀成自传原稿考证》，载罗尔纲《忠王李秀成自传原稿笺证》，北京开明书店印行1951年版，第13—52页。
③ 陈克寒：《出版工作必须实行计划化》，《人民日报》1957年9月10日。
④ 元皓：《试论鲁迅杂文的标题》，《新闻业务》1960年第8期。
⑤ 南京市太平天国起义百年纪念史料编纂委员会后经撤销、变更为南京太平天国纪念馆编制组、太平天国历史博物馆编纂部等。
⑥ 中国人民大学历史档案系档案学教研室编：《文献编纂学参考资料》，中国人民大学内部资料，1963年。
⑦ 林言椒：《中国近代史资料的整理和出版》，《历史教学》1963年第7期。
⑧ 严中平：《编辑中国近代经济史参考资料工作的初步总结》，《经济研究》1956年第4期。
⑨ 章锡琛：《校对工作与编辑工作的关系——介绍苏联的校勘工作》，《人民日报》1951年1月21日。
⑩ 史惠康：《关于企业史料工作的若干问题》，《学术月刊》1959年第10期。

《整理金融史料的初步体会》[①]、胡思庸《林文忠公家书考伪》等；还有关于文献编纂各环节的研究，如吴瑞武的《从选题谈起》、胡文龙的《话书序》等文章。这些均为文献编纂学研究提供了资料参考。其中，《历史档案资料的编辑方法》[②] 一书为南京史料整理处为配合历史科学研究的需要，对档案文献编纂经验从选题、按题分工和拟定选材方案、按一定的原则与方法进行选材、标题的拟制、考证注释、审材、分类与编排等方面的内容予以总结写作而成。

20世纪五六十年代，随着国家经济建设的开展，经济史料的汇编成为了文献编纂的重点。严中平等编的《中国近代经济史统计资料选辑》，汪敬虞编的《中国近代工业史资料》，彭泽益编的《中国近代手工业史料》，杨瑞六编著的《清代货币金融史稿》，刘秉麟编著的《近代中国外债史稿》等经济史料汇编成果纷纷涌现，加之个别企业、家族集团的发展史，如《北京同仁堂》等有关中国近代经济史中重要史实的调查和回忆录性质史料编纂成果的出版，极大地丰富了文献编纂工作的成果，也为文献编纂学的研究提供了极好的素材。与此同时，全国各地经济史料编纂小组相继成立，加强了地方经济史料的编纂工作。如1954年初中国科学院经济研究所成立了中国近代经济史工作组，从事中国近代经济史参考资料的收集整理与编纂工作；南开大学经济研究所也开展经济史料的研究工作，1963年出版了研究所内郭士浩、阎光华、孙兆录等研究员编写的《启新洋灰公司史料》一书。鉴于经济史料编纂的开展，关于经济史料编纂的学术研究也有所发展。

同期，明清史料的编纂工作呈现出繁荣景象，很多成果纷纷问世（表4-8）。北京大学文科研究所、北京大学历史系、东北图书馆、中国近代史研究所、国家档案局明清档案馆等对所藏明清档案进行了编纂工作，并陆续出版了编纂成果，"形成了建国后编纂出版明清档案史料的第一次高潮"[③]。正因文献编纂学与历史学的密切关系，新中国成立初期，文献编纂学的研究成果除了发表在档案学刊物之外，1954年创

---

[①] 洪葭管：《整理金融史料的初步体会》，《学术月刊》1963年第7期。
[②] 南京史料整理处：《历史档案资料的编辑方法》，原载于《文献编纂学参考资料上册》，1965年。
[③] 朱金甫：《建国以来明清档案史料编纂工作概论》，载中国档案学会档案文献编纂学术委员会编《建国以来档案文献编纂工作得失研讨会文集》，档案出版社1988年版，第14—35页。

刊的中国社会科学院近代史研究所编辑的《近代史资料》也成为了档案史料编纂研究的一个重要学术阵地。

表4-8　　　　1949—1966年明清史料编纂成果列举①

| 出版年月 | 出版物名称 | 册卷 | 编辑者 | 出版者 | 字数(万) |
|---|---|---|---|---|---|
| 1949.12 | 《明清内阁大库史料》第一辑② | 2册 | 金毓黻 | 东北图书馆印行 | 83 |
| 1952—1965 | 《帝国主义与中国海关》1—15编 | 15册 | 中国近代经济史资料丛编委员会 | 科学出版社、中华书局 | 300 |
| 1954 | 《明末农民起义史料》③ | 1册 | 郑天挺等 | 开明书店 | 40 |
| 1955 | 《中法战争》 | 7册 | 故宫档案馆 | 新知识出版社 | 88 |
| 1957 | 《辛亥革命》 | 8册 | 故宫档案馆 | 上海人民出版社 | 80 |
| 1957 | 《中外旧约章汇编》④ | 3卷 | 王铁崖 | 生活·读书·新知三联书店 | 未统计 |
| 1958 | 《吴煦档案中的太平天国史料选辑》⑤ | 1册 | 静吾、仲丁 | 生活·读书·新知三联书店 | 未统计 |
| 1959 | 《义和团档案史料》 | 2册 | 明清档案馆 | 中华书局 | 170 |
| 1959 | 《清代地震档案史料》 | 1册 | 明清档案馆 | 中华书局 | 15 |
| 1959 | 《戊戌变法档案史料》 | 1册 | 明清档案馆 | 中华书局 | 43 |
| 1959 | 《宋景诗档案史料》 | 1册 | 明清档案馆 | 中华书局 | 28 |
| 1959 | 《锡良遗稿》 | 2册 | 中国社会科学院近代史研究所 | 中华书局 | 101 |
| 1959 | 《刘坤一选集》 | 6册 | 中国社会科学院近代史研究所 | 中华书局 | 250 |
| 1959 | 《黄爵滋许乃济奏议合刊》 | 1册 | 齐思和整理 | 中华书局 | 15 |
| 1959 | 《十九世纪美国侵华档案资料选编》 | 2册 | 朱士嘉 | 中华书局 | 未统计 |

① 根据朱金甫《建国以来明清档案史料编纂工作概论》(载中国档案学会档案文献编纂学术委员会编《建国以来档案文献编纂工作得失研讨会文集》,档案出版社1988年版,第14—35页)以及曹喜琛、韩宝华《中国档案文献编纂史略》(高等教育出版社1999年版)中内容整理。
② 该史料汇编为新中国成立后最早出版的有关明代的档案史料。
③ 该史料汇编所选史料220件,对新中国成立以来农民起义史料编纂具有重要影响。
④ 该史料汇编对新中国成立前260年间中国对外订立约章以总结,开中外约章编纂之先河。
⑤ 该史料汇编为专家个人(合作)首次编纂的政治性专题档案史料。

续表

| 出版年月 | 出版物名称 | 册卷 | 编辑者 | 出版者 | 字数（万） |
|---|---|---|---|---|---|
| 1959 | 《曾国藩未刊信稿》 | 1册 | 江世荣编注 | 中华书局 | 27 |
| 1960 | 《盛宣怀未刊信稿》 | 1册 | 北京大学历史系 | 中华书局 | 25 |
| 1960 | 《李鸿章致潘鼎新书札》 | 1册 | 年子敏编注 | 中华书局 | 25 |
| 1962 | 《洋务运动》 | 8册 | 中央档案馆明清档案部等 | 上海人民出版社 | 175 |
| 1962—1965 | 《林则徐集（奏稿、日记、公牍）》 | 4册 | 中山大学历史系 | 中华书局 | 140 |
| 1964 | 《中国近代货币金融史资料》 | 2册 | 中国人民银行参事室 | 中华书局 | 140 |
| 1964 | 《故宫俄文史料》 | 1册 | 历史研究编辑部 | 历史研究编辑部印 | 40 |

同样，其他行业自20世纪50年代起也陆续关注本行业的文献编纂。20世纪50年代后半期，中国近代经济史资料丛刊编辑委员会与对外贸易部海关总署研究室合作，自1957年至1965年间编纂出版了《帝国主义与中国海关》丛书的10辑[①]内容，累计一百余万字，对我国近代海关史研究具有重要的史料价值。同期，法律汇编工作也取得进展。如法律出版社于1952年至1955年间出版了《中央人民政府法令汇编（1949—1954.9）》，于1956年至1964年间又继续出版了《中华人民共和国法规汇编（1954.9—1963）》，于1957年至1958年间，出版了《中华人民共和国法规选辑》等。另外，还有一些人物体裁的文献编纂成果，如1963年出版的《廖仲恺集》和《徐树铮电稿》等。除了对历史档案文献的编纂之外，还有少数对革命历史文献的整理与编纂，如1956年开始的《中央文件汇编》的编纂工作，1958年中国科学院历史研究所第三所编纂的《陕甘宁边区参议会文献会辑》。

这一时期，文献编纂学在研究中吸收了有关方面专家，尤其是史学

---

① 如《中国海关与中法战争》《中国海关与缅藏问题》《中国海关与中葡里斯本草约》《中国海关与中日战争》《中国海关与英德续借款》《中国海关与义和团运动》《中国海关与庚子赔款》《中国海关与邮政》《中国海关与辛亥革命》《一九三八年英日关于中国海关的非法协定》等。

家诸如荣孟源、罗尔纲、张舜徽、翦伯赞，经济学家诸如严中平、彭泽益等学者的相关著述和研究成果，他们将学术研究中史料编纂经验予以总结，并进行理论性探讨。彭泽益还于1962年11月20日和30日在中国人民大学历史档案系作了《关于中国近代经济史资料整理方法问题》的报告，讲述了经济史资料编纂的特点、方法和现有的几种编辑体例，以及利用地方志、官书和档案整理经济史资料中存在的问题等方面。1963年2月至5月期间，曹喜琛在中国科学院近代史研究所《近代史资料》编辑组从事三个月的史料编纂工作实习，负责《致荣禄信稿》的编辑工作[1]，荣孟源就是其实习指导老师。曹喜琛将荣孟源为其讲授文献编纂学若干问题时所作的笔记整理成《文献编纂学参考资料》一文，论述了荣孟源"竭泽而渔"与"选其精华"、"多闻阙疑"与实事求是、"去粗取精"与"去伪存真"的史料编纂原则。这些学者的研究对文献编纂学的深化起到了十分有益的补充。

总体来看，1949年至1966年，我国档案学界对文献编纂学的研究，受苏联文献公布学的启发与影响较大，但在研究过程中又结合我国的实际情况，逐渐抛弃了"公布"的思想，取而代之的是"编纂"的内涵。李毅、赵践是新中国成立后最早从事文献编纂学研究的档案学者，他们于1961年编写的《文献编纂学讲义（初稿）》就已经用"编纂"取代了"公布"一词。除了档案学界，史学界和经济学界、法学界等领域的部分学者也开始从理论上探讨文献编纂的原则与方法。各行各业文献编纂实践的盛行，为学术研究提供了丰厚的土壤，我国逐渐摆脱了苏联"公布学"的思想，结合实际情况，从理论上和实践上向"编纂学"靠拢。

## 七　档案学概论与档案学基础

### （一）从"芬特"与"全宗"出发看档案术语界定

新中国成立初期，档案工作理论与实践作为中国人民大学历史档案系最早成立的教研室之一，主要负责档案学理论问题的研究与教学工

---

[1] 具体任务是对已初步选定的161封信件予以复选，通过对信件内容的分析为全部信稿加注标点和分段，对信件的书写年代和作者加以考订，并为信稿加注标题、注释，编写说明、建立目录。曹喜琛对这次《致荣禄信稿》的编纂经验从思想准备、选材、史料的考订、史料的标题、注释、史料的排列等方面予以总结。（参见曹喜琛《编纂〈致荣禄信稿〉之管见发凡》，《档案学研究》1964年第6期。）

作,其中对档案学基础理论的探索汇集成了档案学概论和档案学基础课程的建制。档案学概论和档案学基础所研究的内容涉及档案学基本概念内涵的明晰、研究方法的探讨、研究体例的构架等问题。

在对基本概念的探讨中,对"芬特"的研究成为了档案学早期的重点议题。作为档案学术研究和档案实践管理的基础概念,对"芬特"这一术语的研究也经历了一个从未知到已知的过程。1952年专修科档案班刚成立时,"这个新兴专业的课堂,可以用12个字来形容——专家着急、翻译流汗、课堂混乱"[1]。这其中的重要原因是"有些东西没有对应的中国词,翻不出来"[2]。第一届档案专修班学生齐得平在课堂笔记中曾记录道:"档案芬特和芬特的那些部分……'芬特'一词反复出现。"[3]这种对"芬特"界定不清的现象持续了近两年,因"芬特"是俄文(Фонд)的音译词汇,从字面上无法理解其含义,无论是在学术研究中或是实际工作中,往往对这一词汇产生不少误解。于是1954年11月10日,《档案工作》内容解答板块刊登了《什么是芬特?什么是芬特构成者?》一文,对"芬特"这一术语进行了初步解释——按"芬特"整理和保管文件是苏联档案文件整理和保管的重要原则,而"芬特"是指"一定的机关、团体、企业、学校、部队或个人在它整个活动中所形成的全部文件材料的总和,它是一个不能分散和破坏的整体。对个人来说,如某一政治活动家或艺术家一生活动中所产生的文件集中起来也可以构成一个'芬特'"[4]。而"芬特构成者"应是独立的机关、团体、企业以及所属的独立部门或个人,对于"独立性"的判断,按照苏联的经验是,"根据该机关是否有不附属于任何机关以内的单独的预算和人员编制以及规定该部门任务、职权和确定其组织机构的立法文

---

[1] 参见北京卫视《档案》栏目2012年10月24日视频《中国人民大学档案学院诞生记》。另外程桂芬在《一个老档案工作者的回忆》中也写道:"三位翻译韩玉梅、苏秀云、吕洪宇,学了俄语,当时也不熟悉档案工作。一遇到专业名词及具体做法就很难准译,因此一开始上课,真热闹,台上是苏联专家讲一段,翻译翻一段。一堂课下来,翻译流汗,学生却茫然不知老师讲的是什么。于是乱哄哄的,三五成群,议论纷纷。"(参见程桂芬《一个老档案工作者的回忆》,中国档案出版社1999年版,第8页。)

[2] 纪录片《他是一座山——新中国档案教育开拓者吴宝康》中韩玉梅的口述内容。

[3] 参见北京卫视《档案》栏目2012年10月24日视频《中国人民大学档案学院诞生记》。

[4] 李毅:《什么是芬特?什么是芬特构成者?》,《档案工作》1954年第16期。

件如决议、章程等这三个条件来确定的"①。这也奠定了我国国家机关以上述三个条件来判断"芬特构成者"的基础。之所以按"芬特"整理档案、明确区分"芬特构成者",目的在于"保持文件之间的历史联系,以便能够从档案文件中系统地了解到每个机关、团体、企业或个人等从产生到结束、从出生到死亡的整个过程的活动情况,因此按'芬特'来整理与保管文件是遵循历史观点的,是一种科学的方法"②。这是对"芬特"概念以及"芬特构成者"术语的一次详细解答和细致说明,既表明了"芬特"的基本内涵,也阐述了如何组建"芬特",以及按"芬特"整理和保管档案的重要意义及理论依据。这是档案学基本术语研究的有益尝试。尽管按"芬特"管理档案符合历史主义、符合档案形成客观规律,且其含义也是科学的,但由于它是音译词汇,每次使用时,都要予以详细解释,不胜其烦。因此,在遵循档案本质属性、遵循档案管理原则的基础上,找一个通俗易懂的词汇代替"芬特"成为了档案学基本术语研究的一个重要而关键的问题。

此外,对"芬特"翻译的矫正还得益于档案宣传工作的开展。曾三于1955年在原大区档案整理工作座谈会开幕式上曾提到:"去年党中央档案工作会议以后,内务部谢觉哉部长看到我就说:'曾三同志,你作的报告很好,但是其中芬特两个字不懂是什么意思?'经过解释,他才明白。"③ 于是,曾三下定决心将"芬特"改作适合于中国习惯与称谓的词汇。经过档案学术界与实践界的反复讨论,1955年12月,《关于改"芬特"为"全宗"的通知》④ 正式由国家档案局颁布,"芬特"一词不再继续使用,"全宗"代替成为档案学的基本术语。"全宗"较"芬特"的含义并未有所改变,只是更为适应我国的实际情况,"芬特"在俄文中有"基金""总数""总额""总量"的含义⑤,在我国"宗"本有"数"之含义,而"全宗"则有"总数""综合"之意。此外,

---

① 李毅:《什么是芬特?什么是芬特构成者?》,《档案工作》1954年第16期。
② 李毅:《什么是芬特?什么是芬特构成者?》,《档案工作》1954年第16期。
③ 曾三:《在原大区档案整理工作座谈会开幕式上的讲话》,载国家档案局编《曾三档案工作文集》,档案出版社1990年版,第28—34页。此文为1955年11月17日曾三在国家档案局召开的原大区档案整理工作座谈会上的讲话。
④ 《关于改"芬特"为"全宗"的通知》,《档案工作》1955年第5期。
⑤ 胡明诚、高亚梅、张仲仁、陈远志:《论"芬特"改称"全宗"的必要》,《档案工作》1955年第5期。

在我国语境中,"全宗"有"全部卷宗"的意思,即"机关全部档案材料的综合",更加通俗易懂。而从我国历史上看,古代没有纸张时,文书抄写于丝帛上为"一卷",多卷捆在一起则为"卷宗"。因此,"全宗"更易理解、更易从字面上推测出其含义。随之,与"芬特"相关的术语也逐渐被"全宗"所替代。①

从"芬特"到"全宗"的改进,反映了档案术语研究对档案学发展的重要性。1957年,从"芬特"与"全宗"出发,《档案工作》第3期专门对档案术语问题展开讨论,并刊发了部分文章,来自档案学术界和实践领域的各方人士对档案术语问题纷纷发表看法,如《档案术语要简明》②《力求专用术语既通俗又确切》③ 等。1957年第4期又再次刊发了一批关于档案术语讨论的文章④,促进了档案术语的统一与规范。档案术语研究有助于促进学术共同体的专业交流,彰显了学科的专业性,也是明确学科独立研究对象与研究领域的重要话语表达,对于学科独立性地位的确立至关重要。

(二)《档案学概论》课程建设

20世纪50年代后半期,档案学者开始对档案学的学理问题进行探讨。1957年,程桂芬发表了《关于档案学问题》⑤,蒋有憎发表了《"关于档案学问题"的几个问题》⑥,吴宝康发表了《努力发展档案学》⑦,这可视为对档案学"元"问题的基础性研究,颇具学术价值。1961年,吴宝康对"档案学是一门科学"⑧ 进行了较为详细而系统的阐释。吴宝康从档案学的研究对象、档案和档案工作的重要意义、档案学作为"搜集事实的科学"的发展历史、档案理论研究人物等方面出发,认为档案学要研究档案的形成、特点及其在国家工作、社会生

---

① 如"芬特号""芬特库""芬特卡片""芬特一览""芬特构成者""国家统一档案芬特"等,均将"芬特"替换为"全宗"。
② 张志诚:《档案术语要简明》,《档案工作》1957年第3期。
③ 寇曾毅:《力求专用术语既通俗又确切》,《档案工作》1957年第3期。
④ 如《对三个专用术语的意见》《对个别术语通俗化的一些看法》《专用术语通俗化的原则》《对专用术语通俗化的意见》《对几个术语的看法》《对几个专用名词的看法》《三点通俗化的意见》等。
⑤ 程桂芬:《关于档案学问题》,《档案工作》1957年第1期。
⑥ 蒋有憎:《"关于档案学问题"的几个问题》,《档案工作》1957年第4期。
⑦ 吴宝康:《努力发展档案学》,《档案工作》1957年第2期。
⑧ 吴宝康:《档案学是一门科学(初稿)》,中国人民大学内部资料,1961年。

产中的作用,档案工作的性质及其在社会主义事业中的地位,档案工作的指导思想、基本原则、方针政策以及档案管理机关、档案馆、档案室等档案工作组织的性质、特点和体系,档案各项业务工作如档案的收集、整理、鉴定、保管、统计和提供利用的原则与方法,档案事业产生与发展的历史,有关档案学本身的基本问题如档案学的对象与任务、性质与特点、产生与发展等内容。吴宝康对档案学的思考,既是对20世纪50年代中国档案学创建过程中取得成果的一个总结,也是对20世纪60年代后中国档案学发展方向的一种指引。同年,《档案工作》第5期发表社论《总结经验,加强理论研究工作》[1],倡导档案理论研究的重要性,鼓励对档案理论的系统研究。随后,又相继有文章对档案自然形成规律进行探讨,如王乃林的《关于档案的自然形成规律的探讨》[2],东北档案馆根据实践经验撰写的《试谈整理历史档案利用原基础的问题》[3],张治民的《对保持文件历史联系问题的探讨》[4]等文章相继刊发。这些基础性问题的探索,为档案学核心理论的研究奠定了初步基础。

  至于档案学概论的课程建设,1988年,吴宝康任主编,和宝荣、丁永奎任副主编编写的《档案学概论》出版,该书的序言部分阐述了《档案学概论》建设的由来及其过程。"设置档案学概论课并编写出教材,应该说是中国人民大学档案系的夙愿"[5],追溯到1958年上半年,中国人民大学历史档案系为第一届档案学本科生开设了档案学理论与历史课程,由吴宝康负责该课程的讲授,即《档案学理论与历史初探》研究的肇始。1958年至1959年的教学改革中,丁永奎负责讲授档案学概论,并编写了讲义。档案学概论课程的开设及讲义教材的编写说明新中国成立后对档案学的研究开始从技术层面上升到理论层面,档案学各门具体应用科目有了理论性的概括和升华。随后,1960年5月,《档案

---

[1] 《社论:总结经验,加强理论研究工作》,《档案工作》1961年第5期。
[2] 王乃林:《关于档案的自然形成规律的探讨》,《档案工作》1961年第4期。
[3] 东北档案馆:《试谈整理历史档案利用原基础的问题》,《档案工作》1962年第5期。
[4] 张治民:《对保持文件历史联系问题的探讨》,《档案工作》1962年第6期。
[5] 吴宝康主编,和宝荣、丁永奎副主编:《档案学概论》,中国人民大学出版社1988年版,序言。

学概论讲义（初稿）》①出版，分上下两编论述了档案的定义、种类、作用，档案工作的基本内容、性质、组织、基本原则，档案学的学科独立性、实践性，档案学在旧中国的产生，在新中国的创建与发展等内容，进一步明晰了档案学的基础理论问题。其中对档案学的研究对象、研究内容与研究范围、基本研究任务等的规定，对档案定义与作用、档案学的特点及档案学发展历史的讨论，具有档案学"元"科学的意味，十分具有理论价值。

此外，当时"档案学概论"研究的一个重要内容包括对档案学著作的研究，带有学术评价的意味。吴宝康在新中国成立初期档案学创建过程中，就开始研究档案学著作。"他曾于1954年发表了《评陆晋蘧著"档案管理法"》，运用苏联档案学的理论与原则，对《档案管理法》进行深入分析和评价；此后，又以十三本旧著为主，对民国时期一些档案学著作进行初步研究，指出其特点，评价其得失。上述研究成果曾经成为他在中国人民大学讲授'档案学概论'的部分内容。"② 1962年，中国人民大学历史档案系资料室翻印了文华图书馆专科学校编著的《档案经营大纲》③一书，对该著作的翻印也是基于评价研究使用。总之，学术著作评价及基本原则讨论进一步丰富了《档案学概论》的课程建设。

（三）《档案学基础》——各分支学科知识的浓缩

1960年3月，国家档案局档案学研究室编写了《档案学基础》一书，书中涵盖了"档案学概论""档案的整理与编目""档案利用工作原则与方法"等科目知识内容，可视为档案学各分支科目的集大成与浓缩。但整部书更多的篇幅论述了档案工作的组织、档案管理环节、档案馆与档案室工作的概况等，更加趋近档案管理学的内容，似乎"基础性"和"概论性"体现得并不明显，可见当时对档案学基础这门课程或著作应研究什么的问题尚未十分清晰。

---

① 中国人民大学历史档案系档案学教研室：《档案学概论讲义（初稿）》，中国人民大学内部资料，1960年。

② 刘文杰：《中国档案学文书学要籍评述（1910—1986）》，四川大学出版社1987年版，第6页。

③ 即毛坤所著《档案经营法》。其中对档案的定义、档案的范围、档案的特性、档案的功用有所介绍，这是文华图书馆学专科学校对档案学研究成果的一个总结。

随即，1960年4月，中国人民大学历史档案系又出版了一版截然不同的《档案学基础（初稿）》[1]供审阅讨论用。此稿"作为树立中国新档案学理论的一个初步尝试，企图把一些基本的原理和方法加以阐述"[2]。其编写与出版正值20世纪60年代初党内领导干部反右派整风胜利结束、教育界掀起广泛而深入的科学大讨论热潮，该著作也是在为加快档案学研究进度、提升档案学教学质量的背景下出版的，完全是一部中国化的档案学著作。该著作名为《档案学基础》，即为对档案学这一学科基本内容的综合性研究，内容涵盖丰富、涉及范围广泛。在章节安排上，除了杜襟南撰写的绪论外，全书共分十编[3]，刘慧、刘正业、陈兆祦、赵践、吕殿楼、冯明、冯乐耘、吴宝康主笔各个章节，松世勤、吴奇衍、陆晋蘧、李毅、丁永奎、施淑贤、刘光禄、陈贻玺、吴以文等也参与了编写工作。可以说，这部《档案学基础（初稿）》集合了新中国成立后第一批档案学人的集体智慧。其编写过程仅用了一个半月时间（1960年2月下旬到3月底，4月出版）就突击完成，也反映了科学大跃进时期的学术研究速率。也正是由于其编写过程的仓促性，在内容、观点以及词章上，存在一些错误和矛盾、重复和冗余之处。

总体上，1949年至1966年，中国档案学学科体系建设基本完成，档案管理学、技术档案管理学、文书学、中国档案史、档案保管技术学、文献编纂学、档案学概论和档案学基础等科目相继建立，并编写出版了相对系统的学科教材。虽然研究成果多以教材论著和课程讲义的形式呈现，甚至绝大多数并未正式出版发行，因此，并不能算作理想的学问境界。再者，尽管这些"教科书"体系完整、四平八稳、面面俱到，但与那些"孤行其意""成一家之言"的"专家书"相比较，仍缺乏必要的学术张力。但正如前文所述，那时的教材与现在相比更富有原创

---

[1] 中国人民大学历史档案系：《档案学基础（初稿）》，中国人民大学内部资料，1960年。

[2] 中国人民大学历史档案系：《档案学基础（初稿）》，中国人民大学内部资料，1960年，绪论。

[3] 这十编内容分别是中国档案工作的历史，文件材料是补充党和国家档案基地的源泉，档案工作的组织领导，档案的收集、整理、鉴定和统计，档案的利用，档案文件的汇编，技术档案工作，影片照片和录音档案工作，档案的保管，我国档案学的产生与发展。

性，几乎是在零基础之上完成的。事实证明，这些教材类著作的编写为改革开放后档案学的恢复与繁荣奠定了坚实的基础。在改革开放后档案学的恢复过程中，这些科目的教材几乎未做修改即公开出版，也从侧面肯定了1949年至1966年档案学学科建制的成果。而且，这六门科目的"教科书"也为日后档案学"专家书"的撰写与出版提供了最为基础的知识储备，促使中国档案学从"作为一门独立学科的创建"逐步向"作为一门独立学科的成熟"演化。

# 第五章　1949年至1966年中国档案学的多维审视

在前几章档案学史"史实"呈现之后，回顾1949年至1966年的中国档案学发展历程，其在中国档案学史上具有何种地位、呈现出何种特点、具有哪些规律？笔者认为对于这个问题，本研究已经进行了解答——档案学作为一门独立的学科得以创建，而这种创建既是形式层面的，也是实质层面的，但这种创建过程却不同于传统的"由内而外"的学科建制，相反却是"由外而内"的创建历程。这种"学科视域"的审视透析了1949年至1966年中国档案学的发展脉络。

1949年至1966年的中国档案学为何会呈现以上特点和规律？笔者认为可以从两方面因素进行考量：一为内在理路，即推动1949年至1966年中国档案学发展的内在动因是什么，笔者将之归纳为档案学的"自我改造"能力及其明确的价值定位；二为外在环境，即1949年至1966年在档案学独立化建制过程中如何看待那些影响并形塑它的诸多外部因素，如遗留下来的民国时期档案思想、外来引进的苏联档案理论及日益丰富的我国档案实践。以上"学理视域"的审视和"历史视域"的审视从内、从外两方面勾勒出1949年至1966年中国档案学的特点。

在归纳与总结了1949年至1966年中国档案学的作用、特点、规律及其呈现动因之后，半个世纪后的中国档案学应何去何从？结合当今的社会背景及学科发展趋势，该坚守什么、该批判什么、该拓展什么、该反思什么？这种"现实视域"的审视姑且算是对档案学未来发展的一种指引。

由此，本章在"是什么""为什么""怎么做"的思路下，以学术史"史实"为基础,意图从"学科视域""学理视域""历史视域"与"现实视域"多个维度审视1949年至1966年的中国档案学,以探明发展规律、得到些许启迪。本章的研究思路与框架如图5-1所示。

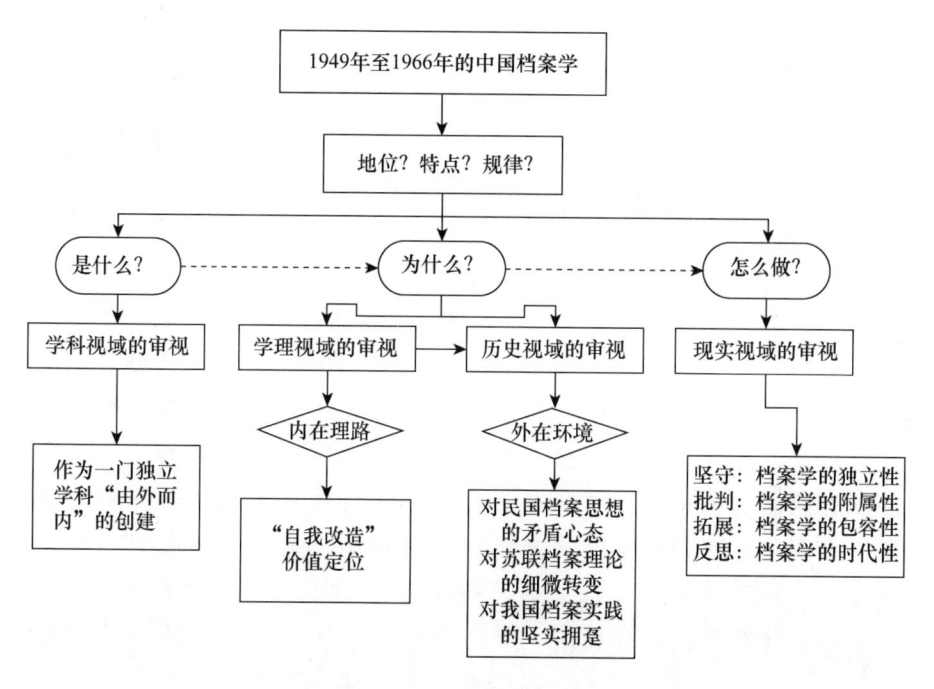

图 5-1　第五章研究框架

## 第一节　学科视域的审视:"由外而内"的学科创建路径

1949年至1966年的中国档案学在中国现代档案学史上起到了奠基性的作用。首先,这一时期中国档案学的外在社会建制基本形成:档案高等教育机构作为重要的学术研究承担部门已开始创办;专门的档案学术研究机构虽然只是昙花一现,但仍为档案学的建设储备了人才;档案学著作期刊相继发行、行业会议陆续召开,为档案学术交流提供了全国性的平台;最重要的是,这一时期形成了档案学专职研究群体,他们是新中国成立后的第一批档案学人,也是中国历史上第一批真正意义上的档案学研究者。其次，这一时期中国档案学的内在观念建制基本确立：一则，在新旧交替的特殊时代背景下，起步阶段的档案学在学科诸多基本问题的探索与争鸣中，逐渐明确了档案学的独立化学科意识；二则，档案学的学科框架基本搭建，其中各门科目的研究工作均取得了较为可观的成果，档案管理学、文书学、档案史、档案保管技术学、文献编纂学、档案学概论与档案学基础等档案学分支研究相继出版了较为系统的理论著作和辅助参考资料，档案学的学科独立化建制基本完成。无论是外在社会建制还是内在观念建制，都为改革开放后直至今日的档案学发展奠定了坚实的基础。

在档案学独立化学科创建过程中，有别于传统意义上"由内而外"的学科建制路径，1949年至1966年的中国档案学采取了完全相反的独立化学科建设路线，即"由外而内"的学科创建路径——从外在社会建制到内在观念建制。虽然档案学的学科外部建制和内在观念建制往往是相互交融、难分先后的，学科外部社会建制是内部观念建制的依托，而内部观念建制在学科外部建制的过程中逐渐得以呈现，这在档案学的独立化建制过程中体现得尤为明显。但如果仔细辨别二者的关系，实则档案学还是秉承着一种"由外而内"的学科创建路径，即在档案"学术内核"尚未明晰、在档案"理论构架"尚未健全的情况下，以档案为专门研究对象的专业、研究所（室）、刊物相继产生，培养了大批的档案研究人才和实践人才。在这些"外在依托"的平台下，档案的"学术内核"和"理论框架"才得以不断探索和明晰。也正是在"由外而内"学科创建路径的指引下，新中国成立后的第一批档案学人完成了他们将档案学建立为独立学科的使命。

## 一 1949年至1966年中国档案学的学科创建路径

传统意义上的学科建制过程是一种"由内而外"的过程，即学科知识经自然累积形成了或初步形成了其自身特有的知识体系、逻辑架构、精神风范和学科规范，然后才依据以上学科的内在观念建制组织建设学术的各种外在交流机制。"从学科和知识的逻辑看，应是先有内在知识的成熟，再有社会组织和建制形成，这种学科建设路线可以说是符合学科建设的基本规律的。"① 从学科发展史来看，这种规律在自然科学中已毋庸置疑，即使在社会科学中，19世纪的学科分化也是远远早于1880年至1945年间社会科学学科体系在大学中的设立。② 虽然如此，但不可否认，从内在观念建制到外在社会建制往往需要经历一条漫长的发展道路，其间经历数十年甚至上百年的发展历程，因为在自发性的、零星的、无序的、不成系统的、缺乏充分社会资源支持环境下的学科内在观念建制过程必然是缓慢的。但随着科学知识呈指数的增长与更新、社会实践的日新月异与迫切需求，这种"由内而外"的传统学科建制模式是否适应于所有学科的创建与发展，仍然值得深入探讨。

与传统学科不同，新中国成立后的档案学并未经过"由内而外"的学科建制历程，而是截然相反。因为20世纪五六十年代，基于对学科社会价值的准确判断，档案学率先确立了建设成一门独立学科的理念，但它又未经历传统学科那般"由内而外"的漫长时间历程，所以势必无法短期内遵循"由内而外"的学科创建路径。对民国时期档案思想基本摒弃而又亟须向苏联档案学"取经"的创建背景反映了新中国成立初期无论是内在观念建制还是外在社会建制的欠缺，出于档案事业发展的迫切需要，曾三"档案教育先行"方针的提出与实施开启了档案学外在社会建制的发端。这样，以教育为主要依托、以专业为主要载体的档案学得以独立化创建并逐步发展，但这也成为档案学"独立学科地位"不断遭受质疑与否定的主要原因。甚至到了改革开放后的20世纪80年代，档案学是否为一门独立学科的学术争议仍持续存在，社会对档案学学术价值与独立性的质疑仍时有发生。这也源于新中国成立后档案学独立化建制过程中"由外而内"的发展路径——创建伊始的档案学并非具有较为成熟的逻辑概念体系，其学科精神规范尚未形成、更遑论得到学科内外的公认，作为一门新兴的学科，档案学的学科价值和社会声誉在科学体系框架内并未彰显。因此在这种状态下，档案学教育机构、档案学研究团体、档案学专业期刊等承载了档案学独立化创建的重要任务。

---

① 刘小强：《学科建设：元视角的考察——关于高等教育学学科建设的反思》，广东高等教育出版社2011年版，第28页。

② [美]伊曼纽尔·沃勒斯坦：《所知世界的终结——二十一世纪的社会科学》，社会科学文献出版社2002年版，第173页。

综观对"档案学独立性"质疑的焦点，问题的关键无非在于——在"学科内核"尚未完善与成熟的状态下，学科所依附的"外壳"能否为其带来独立化的学科地位？笔者认为，此种质疑只看到了档案学"由外而内"创建的表象，而未深入了解伴随着档案学外在社会建制过程中逐渐发展并完善的档案学内在观念建制。事实上，学科的性质不同，其学科建制路径也应有所不同。档案学并非纯粹思辨性的学科，1949年至1966年档案学的研究成果也恰恰表明了档案学的实践性特征，无论是对旧档案学的研究、对档案术语的界定、对档案事业方针的探讨，还是各分支科目中对档案管理环节的研究、对档案保管技术原则的研究、对文献编纂方法与步骤的研究等，都紧密结合实践并为实践服务，甚至对档案史的研究也力图在时空的线索中找到能为"当下"档案实践提供指引与借鉴的经验，而非为研究而研究、为学术而学术。这种基于实践的理论研究特点也界定了档案学的学科性质、奠定了档案学术研究的基调。试想，倘若在档案学内在建制成熟的基础上再发展其外在建制，一则缺乏强大外在力量推动的档案学是否还能以如此的速度发展、壮大，二则历经长期无序与徘徊后的档案学能否为实践提供积极与及时的指导，也值得深思。而面对诸多的困境，新中国成立之初，建立档案高等教育、培养档案学专门人才、创办档案学专业期刊、组织档案学研究团队不仅是历史的选择，也是档案学自身发展的选择。恰恰是"由外而内"的创建路径，以档案教育为研究依托、以档案期刊为交流平台、以档案学人为研究群体的外在建制，极大地推动了档案学科体系的形成与完善，为档案学发展方向提供了明确的指引，促进了档案学科内在建制高效而快速地成长。继而，内在建制的逐步完善又进一步巩固了学科外在建制在社会中的存在与地位。对于档案学而言，外在社会建制的逐步完善与内在观念建制的逐步成熟相互促进，二者相得益彰。

## 二 1949年至1966年中国档案学的特点与规律

通过以上对学科建制模式的分析，回顾1949年至1966年中国档案学的发展历程，笔者认为，作为一门独立学科"由外而内"的创建可谓是这段学术史最为鲜明的特点。这一特点决定了新中国档案学自创建伊始就十分重视对实践经验的研究、重视应对本土化的挑战、重视人才队伍的建设。

首先，重视对实践经验的研究。1949年至1966年的中国档案学在基本概念尚未辨明、理论尚未完备、学科体系尚未明确的情况下，并未"停止"对档案学术的探讨，而是密切结合档案实践的开展情况，对实践经验予以总结，并试图将实践经验系统化、理论化。这种注重实践的特质与新中国成立后第一批档案学人的生活阅历和成长环境密切相关。笔者在前文论述中将1949年至1966年中国档案学研究主体分化为三种类别，其中以谢列兹聂夫为首的"外来专家型"档案学者群体在面对中国的档案实际时，并未一味地将苏联的档案理论灌输到教学指导中来，而是"将苏联经验与中国实践相结合，从而帮助创建新的基于中国国情的教学材料和学习课程"[①]。在这种治学态度的指引下，苏联专家积极调查中国的档案实际工作开展情况，并将其融入教学活动和讲义编写之中，谢列兹聂夫在华期间对南京史料整理处和明清档案部的调查就是其积极了解中国档案实践情况的写照。而"革命者型"档案学者群体在中国档案学发展史上是一批真正具有档案实践经验的理论研究者，他们从具体的档案工作环节中走来，并在马克思主义信仰的指导下、在苏联理论的熏陶下、在实践经验的摸索中，逐渐具备了理论素养，这种实践与理论兼备的品质使得他们的档案学术研究带有"经世致用之学""参政建议之考"的功效，而为档案事业、档案工作提供理论指导也成为了他们学术研究的重要动力。曾三、裴桐、吴宝康等学者从战火的历练中深知档案对于民族事业的重要性，王可风、韦庆远等历史研究者在治学过程中深感档案对于国家历史的重要性，第一批研究生和本科生群体在接受正规档案教育前也都具有档案与资料工作的经历，正是对档案实践的深刻感悟才促使他们在理论研究中对实践经验继续保持密切的关注。"民国遗老型"档案学者群体，他们更是新旧社会制度变迁的见证者，殷钟麒、傅振伦、张德泽不仅见证了新中国成立后社会主义制度下档案事业的发展与档案实践的进步，更亲历了民国时期的档案改革，甚至对西方国家的档案工作有所了解，这种"学贯中西、博通古今"的知识素养使得他们的档案学术研究更具现实关怀。

在新中国第一批档案学人的努力下，1949年至1966年的档案高等

---

[①] ［美］李滨：《苏联专家在中国人民大学（1950—1957年）》，杨京霞译，载李丹慧主编《冷战国际史研究》2010年第2期。

教育也将实践列为重要的教学环节，占有课程总学时的 20%—30%。当时的教学实践并非仅局限于简单的档案业务环节，而是深入到全宗内部，制作专题卡片目录、编写全宗介绍概览、进行历史事实考证、开展档案文献编纂……在实践过程及实习报告总结撰写中，很多档案学问题得以进一步明晰，如档案综合整理法的可行性、旧政权遗留档案分类方法的优劣、问题分类法的适用范围、利用原基础整理立卷的科学依据、编写案卷标题的历史观点、历史档案的鉴定及其方法、立卷工作的指导思想等档案管理的基本问题均在档案业务实践中得以解决，而对这些问题的理性思考也丰富了档案管理学、文献编纂学、档案学基础等科目的研究内容。难能可贵的是，很多对实践的感悟已经深入到档案的本质属性及档案学研究的基本方法，如整理档案过程中利用原基础、编写案卷标题时贯彻历史观点、修改案卷标题时"直书其事"等都体现了维护档案的原始记录性、秉承历史主义原则的档案观。这些实习体会及报告书的内容也融汇到了档案理论教学之中，实现了"实践—理论—实践"的良性循环。

  此外，档案学科知识体系内各科目的研究也十分重视对档案实践经验的总结与提炼：档案管理学中收集、整理、鉴定等环节的研究反映了实践工作的开展情况；技术档案管理学研究中积极与各业务部门交换资料以掌握技术档案各项管理工作的原则和方法；文书学研究中对文书处理部门立卷工作的调查反映了档案室与档案馆职能的分工，继而深入探究文书学与档案学的联系与区别；档案保管技术学研究中更是深入实践、开展实验、调查研究中国档案文献的书写材料与制作特性，调查研究各档案馆与档案室对温湿度的调控措施，调查研究传统的装裱技术与档案虫害；文献编纂学研究中也是通过编纂实践经验的总结逐渐明确了文献编纂的形式与选题、文献史料的搜集与选材、编纂加工各环节的任务与分工；等等。甚至档案学各教研室配有指定的生产实习教员作为指导员，专门负责与档案馆等实践单位的联系。总之，档案学学科构建及理论研究过程中对实践经验的重视，在 1949 年至 1966 年中国档案学研究中体现得淋漓尽致，那时档案理论界与实践界一直保持有密切的联系，但是，鉴于档案理论研究水平不高，理论研究的经验性特征也饱受诟病。尽管如此，从实践中来并经实践检验的档案理论深具现实生命力，也成为新中国第一批档案学人理论探究的持续性动力。

其次，重视应对本土化的挑战。1949年至1966年的中国档案学实则是在苏联影响下逐步创建并发展的，这与新政权建立后整个国家外交政策密不可分，也与中国高等教育发展背景密切吻合，况且以"苏联样板大学"——中国人民大学为发源地的档案高等教育很难不带有"苏化"的烙印。可以说，1949年至1966年中国档案学学科体系的设计、各科目研究内容的规划都是从效仿苏联档案学开始的，谢列兹聂夫作为新中国档案学的"开山之师"，其在不甚了解中国档案实践的基础上只能将苏联的档案理论与实践传授给迫切需要理论指导的中国档案界，而苏联专家也以主人翁的心态，"不觉得是客人或旁观者，而是这一过程的参与者。因为这个缘故，愿意将在34年社会主义建设中所获得的经验和知识全部贡献出来"[①]。苏联专家的奉献为中国档案学研究带来了良好的开端，但却不能一直指引中国档案学走向其光明的未来，这一点在中苏关系的微妙变化中也逐渐得以体现。事实上，除了政治因素的影响，新中国成立后第一批档案学人自根据地、解放区时期萌发出档案学研究的理性认识之后，在档案高等教育创办之初就开始积极思考档案学的"中国化"与"本土化"问题，逐步摆脱照搬苏联的研究模式。

1949年至1966年中国档案学学科创建过程中，应对本土化的挑战主要体现在两个方面：一是档案学理论的本土化；二是档案学教材的本土化。档案学理论的本土化可以追溯到20世纪50年代初关于档案与资料区分问题的大讨论，并深入到对档案本质属性的探讨。1953年吴宝康在《重新认识档案与资料的区分》一文中就已经认识到档案的原始记录性，并认识到全宗原则是档案工作者应遵循的基本原则。[②]此种观点在如今看来已经成为档案学理论中的"常识"，但在新中国成立之初，在苏联档案理论尚未全面引进、对世界档案学发展进程十分闭塞的时代背景下，这对于理论十分贫瘠的中国档案界而言已经颇具指导意义了，且相比于苏联的档案学理论已然具有一定的超前性。此外，1955年，历经了为期三年的档案术语迷惑之后，适应于中国实际情况并契合于中国传统语境的"全宗"概念应运而生，与之相关的全宗原则也成

---

① 《热烈庆祝建校一周年，我校举行盛大庆祝会》，《中国人民大学周报》1951年1月4日，第1页。

② 吴宝康：《重新认识档案与资料的区分》，《材料工作通讯》1953年第10期。

为指导中国档案实践的基本法则。从"芬特"到"全宗"的转变也是档案术语"本土化"的有益尝试，奠定了中国档案学的理论基础。

　　档案学教材的本土化是随着中国档案实践的开展而逐步实现的。1952年底谢列兹聂夫来华后第一年开设的六门课程全部冠以"苏联"的名称，"苏联档案工作理论与实践""苏联档案史""苏联文书处理工作""苏联文献公布学""苏联档案保护技术学""苏联科技档案"等完全是"苏联"档案学在中国的移植。但苏联的档案理论却无法完全指导中国的档案实践，诸如中国档案的书写材料有别于苏联，那么苏联的档案保护技术与原则就无法对中国的档案保护实践提供指导；再如苏联的档案公布已然较为成熟，但如果将苏联档案公布的一套原则与方法直接用于我国，不仅对我国尚不成熟的档案鉴定工作提出巨大挑战，而且有悖于我国传统的文献编纂理念。诸如此类的矛盾不断涌现，中国特色的档案学科体系及本土化的档案学教材呼之欲出。1961年，吴宝康撰写的《档案学是一门科学（初稿）》初步系统构建了中国化的档案学科体系，并详细阐明了各门科目的具体研究内容，算是对20世纪50年代中国档案学本土化努力成果的集中呈现，也为20世纪60年代档案学各科目研究内容的继续丰富与完善指明了方向。这一体系架构既包括档案学的基础性学科，也包括档案学的衍生类学科，同时还包括档案学的相关性学科，可谓较为完备。而且，鉴于对我国民国档案思想的反思性研究以及对世界档案学的选择性关注，档案学史也被列入档案学的学科体系框架中，这在苏联的档案学研究范围内是从未有过的，对于处在创建时期的中国档案学而言可谓是一种理念上的飞跃。

　　此外，在1949年至1966年中国档案学教材本土化过程中，教学参考资料的编写起到了十分重要的作用。虽然参考资料不是创造性的学术著作，但这种系统化、条理化、高度相关性的资料集合却为各科目学术研究提供了重要的参考。这些参考资料集中了古今中外、相关学科的研究成果，对于资料十分匮乏、通信欠发达的20世纪五六十年代而言，无疑是学科发展的重要学术资源。而且参考资料的选择并不拘泥于学科内部，这种"多多益善"的原则也加速了新中国档案学的创建。

　　再次，重视人才队伍的建设。学术与学人、学术与教育堪称一对孪生兄弟。学术的发展离不开学术人物，这是毋庸置疑的；而对于学术与教育的关系，近代哲学家、教育家吴康曾论述道："学为科学Science，其本谊为系统的知识,故学之广义,与知同涵;术为技能,本谊为艺术Arts亦兼及实用技术,故术之衍义,与用同科。教育之目的,在授人以求知之方,而靳施之于应用,则学术与教育关系之重大明密,其示义可谓极深切而著明。吾人倡现代的新人文主义教育之说,其第二纲领,即为'研学术'。"① 教育的"研学术"之功在吴康所处的民国时期极大地促进了学术的发展;而现代学术的进步也越来越依靠其学科专业教育的开展,这也是现代科学转型后与传统学科建制路径的不同之处。"学科外在社会建制极大地促进了学科知识的发展,这种促进作用表现在提供学科存在和发展的外部资源,组织和培养了学科的理智力量,建立了学科超时空的共同体,促进学科内同行的交流等几个方面。"② 对于1949年至1966年中国档案学的创建而言,档案高等教育的创办无疑是最有利的"外在社会建制"方式之一,正是档案高等教育的创办,集聚了一批专职的档案学研究者,并培养了新中国档案学发展的中坚力量。

新中国成立后,在特殊的时代背景下,中国人民大学作为档案高等教育的基地,不仅苏联档案专家在此讲学报告演讲、传道授业解惑;还凝聚了一批具有革命理想的档案实践家积极探索中国档案学的理论问题和学科建设问题,他们是新中国档案学和档案事业的奠基人;此外,民国遗留下来的档案学人也以其特有的学识阅历和实践经历,经过社会主义改造,被吸纳进档案学研究队伍中来。可以说,新中国成立之初的档案学人研究结构较为合理,既有苏联专家带来可供效仿与借鉴的档案理念与实践,又有本土化的研究队伍观照中国档案学的现实问题;既有诸如曾三、裴桐、王可风等为代表的实践家型研究人员,又有诸如吴宝康、韦庆远等为代表的理论家型研究人员,还有诸如殷钟麒、傅振伦、张德泽等为代表的民国档案学人参与到新中国档案学的学科建设。不同类型的档案学人因其特殊的学识背景和知识结构而各有所长、各有专攻、相互补充,共同促进了档案学研究内容的丰富与逐步完善,档案学系统化而专门化的研究团队初步形成。而且,新中国档案高等教育对人才的培养有着十分明确的目标,前期的职业培训阶段主要为全国档案事

---

① 吴康:《新人文教育论》,中华正气出版社1943年版,第32页。
② 刘小强:《学科建设:元视角的考察——关于高等教育学学科建设的反思》,广东高等教育出版社2011年版,第98页。

业输送实践型人才，后期的专业教育阶段主要为档案学各科目培养学术研究型人才，这种教学相长、学学相长、以学促思的模式固然是档案学科创建初期理论水平不高的产物，但也反过来促进了档案学知识体系内各科目研究工作的开展。在这一过程中，作为教学师资力量储备的研究生教育、作为学术研究力量储备的本科生教育很快成长起来，毕业生因其庞杂而专深的知识素养，加之参与具体档案学研究工作的历练，逐渐成长为中国档案学的中坚力量。

值得注意的是，1949年至1966年中国档案学的发展历程中，除了我们所熟知的档案学人之外，尚钺、向达、荣孟源、陈梦家、叶恭绰、王重民、刘国钧、于石生、彭泽益等文史专家、考古学家、图书馆学家、经济学家等各学科专家学者也受邀为档案学各科目的建设贡献智慧。这在中国档案史研究和文献编纂学研究中体现得尤为明显。他们或是针对档案学某一方面研究的知识需求开设讲座，或是结合自己的专业特长系统而全面地讲授某一知识领域，或是对档案学科建设提出建议。他们的智慧成果对于创建时期的中国档案学科而言弥足珍贵。

总之，从学科的视域下审视1949年至1966年的中国档案学，其在中国现代档案学史上起到了奠基性作用。这种奠基性作用体现在当今很多档案学成熟的观点及理论在那段时期已经开始萌芽并初步发展，并根植于档案学先辈们的学术信念之中，指引着档案学的学科建设之路。如档案学的支柱理论来源原则与文件生命周期理论，在档案管理环节研究、在档案学与文书学关系的探讨、在陆晋蓬的《档案管理法》、在"全宗"概念的提出等过程中即已闪现出历史主义的光芒。虽然那时对除苏联以外的西方档案学研究甚少，但这种基础理论的共振，正说明档案学作为一门独立学科的理论必然性。而现今档案学各分支科目的理论建设也透视着十七年中发展的影子，这种时代的延续，彰显了档案学在坚守中的创新与创新中的坚守。

但与传统学科"由内而外"建制路径不同，作为一门独立学科"由外而内"的创建模式可谓是这段学术史最为鲜明的特征。"由外而内"的特征决定了新中国档案学创建伊始就十分重视对实践经验的研究，以求理论探索的同时兼具现实关怀；十分重视应对本土化的挑战，以求谋取自主化的学术地位；十分重视人才队伍的建设，以求实现研究力量的扩充和学科体系的完备。

## 第二节 学理视域的审视：档案学的"自我改造"与价值定位

1949年至1966年的中国档案学，在面对复杂的政治形势、欠发达的经济形势、百废待兴的文化形势的背景下，之所以呈现出如上样态，表现出如上特点和规律，很大程度上取决于其内在的发展理路，而这种内在理路体现在1949年至1966年的中国档案学史上，即鲜明地表现在档案学的"自我改造"能力及其较为明确的价值定位。正是档案学在形成与发展过程中不断的"自我改造"和"自我调适"，形塑了其对待外部诸多影响因素的态度，从而实现了档案学较为合理的价值定位，并在社会科学学科体系中取得应有的学术地位。

### 一 档案学的"自我改造"

任何学科的发展都会经历一个从低级到高级、从初步到成熟的过程，在这一过程中，学科作为一个自组织系统，其内部各组成要素之间经过不断的相互作用而调整到最合适的状态，这一过程也是学科不断进步与发展的过程。在这一过程中，学科的研究边界不断拓展、研究对象不断深化、研究内容不断充实、研究领域不断丰富、研究模式不断成熟、研究话语表达不断完善，从而逐渐形成本学科学术共同体所共识的"学理意识"。正如劳凯声所认为的那样："社会科学的问题都来自于现实的社会生活，我们作为研究者所面对的问题其实别人也会面对。所不同的是社会科学的研究者是以学理的形式来描述和解决问题的。因此学理就是社会科学研究者独有的表达方式。"[①] 这种"独有的表达方式"构成了一门学科独立性的重要特征。回顾1949年至1966年的中国档案学，尽管处于独立学科的创建阶段和发展初期，理论水平尚且不高，但这一阶段的档案学仍在其学科定位的指引下，在研究对象、研究框架、研究方法等方面积极尝试着"自我改造"，以完成其独立化建制的过程。

---

① 劳凯声：《人文社会科学研究的问题意识、学理意识与方法意识》，《北京师范大学学报》（社会科学版）2009年第1期。

首先，在研究对象方面的"自我改造"。专门的研究对象是独立学科的重要表征之一，甚至决定了学科研究框架的设计与规范。传统意义上，专门的研究对象、独特的研究方法、逻辑严密统一的理论体系是一门独立学科的必备要素和自证方法。然而，有学者提出"严密逻辑统一的理论体系似乎永远是我们的一个梦想……综观经济学、社会学、管理学（均已有上百年发展史）的学科知识现状，我们仍然难以说它们中哪一个已经拥有了逻辑严密、统一的理论体系，有的甚至还可以说离这一点还相差甚远"[①]。至于"独特的研究方法"，在跨学科研究趋势的裹挟下，自然科学与人文社会科学的研究方法日益交融，尤其是社会科学自19世纪末受实证主义影响而开始注重定量方法，中间虽经历了20世纪六七十年代哲学式批判主义的盛行，近三十年来又回归到定量方法以证明其学术研究的"科学性"和"自洽性"，这种社会科学研究方法的"集体失语"抑或是"适时转变"也很难证明研究方法的"独特性"，而具体到每一个学科中，"独特的研究方法"似乎也不可及。那么，如此看来，"独立的研究对象"对于一门学科来说至关重要，1949年至1966年的中国档案学就是从确立研究对象开始进行学科构建的。

对档案学研究对象的探究自1957年程桂芬在《关于档案学问题》中予以阐述起，档案学人一直将其作为档案学研究的重要议题之一，并积极进行理论的探索。仅1957年至1962年间，关于对档案学研究对象的认识就有多种观点涌现：档案学是研究档案文件和档案工作的发展历史以及全部档案工作实践活动的理论体系（程桂芬）；是研究支配档案工作全部过程——从个别档案文件系统到具有真正科学含义的"档案"的特点和规律（蒋有恺）；是研究档案的基本概念和档案工作发展规律的科学，研究档案工作科学管理和提供利用的规律，也即研究六个环节工作的规律（丁永奎）；是研究档案和档案工作本身所特有的矛盾和发展的规律（杜襟南）；是研究档案的形成、管理和利用的规律，主要是管理的规律（陈兆祦）；是研究档案的形成、利用及其相互关系的规律以及管理档案的原则、方法的一门社会科学（吴宝康）；是研究档案和档案工作的矛盾和工作规律、研究档案的产生和利用档案的关系以及调

---

① 刘小强：《学科建设：元视角的考察——关于高等教育学学科建设的反思》，广东高等教育出版社2011年版，第160页。

整这个关系的档案工作的矛盾运动规律,即档案形成规律、利用档案的规律和档案工作的规律(郑玉豪);等等。这些观点显现出档案学人对档案学研究对象的早期探索,经历了从对档案现象的简单描述到揭示档案工作规律、探析"档案"科学含义及形成特点的逐步转变,正因为这一独立的研究对象,档案学才不可与其他学科相互混同、相互合并。档案学研究对象从"表象描述"到"规律揭示"的逐步转变与渐进深入,可视为档案学研究对象"自我改造"的一个重要方面,初步彰显出档案学作为一门学科的学理色彩。尽管当时对档案学研究对象的表述尚不精炼,对档案工作规律的探讨尚不全面,且也没有涉及更多关于档案学"元理论"的研究;但档案学在研究对象方面的"自我改造"适应了档案管理活动的发展,契合了档案学研究任务的要求,并与档案实践环节保持有密切的联系。虽然关于档案学研究对象这一问题在当今看来老生常谈、司空见惯,但在档案学科创建初期,在档案学人自主探索中国化档案理论的进程中却是一个非常重要的问题,指引着档案学的研究方向。而档案学在研究对象的"自我改造"中逐渐意识并深入到"规律"的探索,也逐步显现出档案学的学理性,为档案学独立化过程中的"内在观念建制"奠定了基础。

其次,在研究框架方面的"自我改造"。学科研究框架是一门学科建设方向与目标的浓缩,是学科专业化的外在形式,也是教学活动的重要依据。一门学科的研究框架既客观又主观:说它客观,是因为研究框架由研究对象所决定,不以人的主观意志为转移;说它主观,是因为研究框架并非一成不变,而是随着研究者思维模式的逐渐清晰而日益趋于完善,即此处笔者欲论述的档案学研究框架方面的"自我改造"。

综观前述档案学的内在观念建制与外在社会建制,1949年至1966年的中国档案学以学科体系取向为主、以问题研究取向为辅的学科研究框架占主导地位。在这一研究框架主导之下,档案学将其自身定位为应用型与理论性兼具的独立性学科,并试图以理论建构的主体性、学术研究的独立性、学术生产的合作性为追求目标,以求达到学科的"自我确证"。在这一过程中,以学科体系取向为主的学科逻辑和以问题研究取向为辅的问题逻辑,二者侧重虽有所不同,但却存在一定程度的交叉,这也符合1949年至1966年中国档案学科创建的阶段性特征。因为学科从无到有、从初建到完善的过程中,以学科体系为主的学术取向本身就是必要的和必然的，学科体系的构建与完善，对于学科存在的独立性、学科地位的合法性、学科专业教育的开展都具有十分重要的意义。实际上，如果从当时的学术立场和客观条件着眼，"在学科创建初期，研究者构建学科知识体系的努力，本身就是难能可贵的学术创新，其筚路蓝缕的开创之功，永远值得后学敬畏"①。

这种以学科逻辑为主、以问题逻辑为辅的学科研究框架，在1949年至1966年的中国档案学历程中也经过了不断调适及"自我改造"，从而发挥了其在学科创建时期的作用。虽然以学科逻辑为主，但问题逻辑同样一直贯穿于20世纪五六十年代中国档案学的研究历程，只不过对于创建时期的中国档案学而言，其效果并非"立竿见影"。无论是20世纪50年代初期档案与资料区分问题的大讨论以探究"档案"的定义与性质，还是50年代中期对陆晋蓬《档案管理法》的批判以表明对民国档案学和苏联档案学的立场，抑或是50年代后期到60年代初期对"以利用为纲"方针的争辩以明晰档案工作各环节的关系，都属于问题逻辑主导的档案学研究，涉及档案学理论与历史、档案管理与实践等方面的问题。虽然"问题是科学思考的焦点"②，但在当时这种探讨是零散而不成体系的，无法有效聚集专门的研究人员集中开展学术研究。那么，以学科体系构架为主导并寓研究问题于其中的学科逻辑就成为档案学人的主要选择。事实上，随后的档案学研究主要围绕着档案学的学科体系逐步开展。

档案学科体系的设计也经历了"自我改造"。1957年程桂芬③将档案学的科学课目划分为中国档案史、世界档案史、文书学、档案工作理论与实践（技术档案管理与组织、影片照片录音档案管理、档案文件保管技术学）、档案文件公布学等；1961年吴宝康④将档案学科体系内各科目明确为：档案学概论、档案管理学、技术档案学和影片照片录音档案管理、档案保管技术学、中国档案事业史、世界档案事业史、档案学史，并把文书学和经文献公布学演化而来的文献编纂学暂且界定为档案

---

① 董天策：《强化问题意识，深化学理内涵——论新闻传播学术创新》，载董天策《问题与学理：新闻传播论稿》，中国传媒大学出版社2011年版，第1—19页。
② 黄光国：《社会科学的理路》，中国人民大学出版社2006年版，第170—171页。
③ 程桂芬：《关于档案学问题》，《档案工作》1957年第1期。
④ 吴宝康：《档案学是一门科学（初稿）》，中国人民大学内部资料，1961年。

学的兄弟学科；1962年郑玉豪[①]将档案学的研究内容范围抽象化：档案的概念、范围、类型、性质和作用，档案工作的概念、性质、作用、地位、范围、原则和方法、组织和体制、业务指导和干部教育，档案、档案工作和档案学的产生与发展历史等，并认为档案学的内容范围并非固定，而是随着社会与实践的发展有所变化，但却不超出档案学研究对象与任务的约束范围。这种从具体科目的设计到抽象范围的概括，逐渐明确了档案学的研究边界，用于指导档案学研究队伍的组建和专业课程的规划。在具体课目设计中，随着实践的发展与思考的深化，一些不切实际的课目名称也随之更改，一些课目与档案学的关系也得到不断的审视，促进了档案学学科逻辑的逐步完善。

再次，在研究方法方面的"自我改造"。回顾1949年至1966年的中国档案学研究，似乎对研究方法的阐述少之又少。即使时至今日，关于档案学研究方法的问题仍然"理不清、道不明"——档案学是否拥有其独特的研究方法、档案学在跨学科研究中是否有效并恰当地应用了其他学科的研究方法、档案学在社会科学体系中有何方法论贡献……这些问题均涉及档案学的研究方法。20世纪五六十年代的档案学人在档案学科构建过程中，尚未意识到研究方法对于学术研究的重要性，抑或是他们在档案学问题研究中已经涉及研究方法的使用，但却未将研究方法作为单独的研究问题或进行较为系统化的阐释。但通过学术史回顾，不难发现，老一辈档案学人信奉马克思主义的世界观和历史观，并将这份信仰内化于档案学术研究。其中马克思主义的世界观和历史观折射到20世纪五六十年代的中国档案学研究中，一则体现在矛盾论的运用，二则体现在对历史主义的探索。

自1957年2月毛泽东提出正确解决人民内部矛盾的学说以来，档案学人就纷纷将矛盾论作为档案学研究的重要思想和基本方法。1961年中国人民大学历史档案系举行第五次科学讨论会上，吴宝康就发表了《关于档案工作矛盾问题的探讨——学习毛泽东同志的〈矛盾论〉笔记》，冯子直和曾三也相继发表了学习《矛盾论》的感悟；随即，《档案学研究》第5期刊登了关于档案学矛盾学说的系列文章，涉及档案工作中的矛盾问题、档案现象中的矛盾运动，并引申到对档案工作性质和

---

[①] 郑玉豪：《对于档案学几个问题的我见》，《档案学研究》1962年第4期。

规律的思考，对档案工作中的主要矛盾和次要矛盾、矛盾的主要方面与次要方面予以全方位的解读，进而运用此学说探讨"以利用为纲"方针的合理性与不当性。矛盾论在档案学研究领域中的运用，为探讨档案管理各环节的关系、档案工作的发展规律、档案理论研究与实践研究的关系等问题提供了方法论指导。由此可见，矛盾论学说对20世纪五六十年代中国档案学研究的作用是毋庸置疑的。

对历史主义的探索，在20世纪五六十年代的档案学研究中尚不成熟，且从《档案的整理与编目手册》翻译版前言中可以看出，当时虽然倡导历史主义，批判反历史主义，但却未对历史主义予以更深入的研究，只是进行了"蜻蜓点水"般的叙述，这与当时历史状况下知识的相对匮乏和不发达不无关系。1995年时任国际史学史委员会主席格奥尔格·G. 伊格尔斯（Georg G. Iggers）在《历史主义的由来及其含义》（Historicism: The History and the Meaning of the Term）一文中阐述道："近几年来，德国、美国和意大利出版了大量历史主义相关论著，但历史主义定义仍未达成共识。"① 20世纪末期的历史主义仍提法各异、莫衷一是，更何况20世纪五六十年代的中国档案界。这就造成了对历史主义的误解，这种误解表现在两个方面：其一，将历史主义与逻辑主义相互混淆；其二，"贬低型历史主义"（belittling historicism）② 盛行。

其一，20世纪五六十年代在档案学研究中将历史主义与逻辑主义相互混淆，认为"逻辑原则就是历史原则"③。虽然当时对历史主义的认识基本正确，即认为："档案工作中所有文件是按芬特整理的，芬特内则按科学的分类方案来整理的，这种整理方法与原则，是与唯物论哲学没有矛盾的，因按芬特整理及按分类方案整理芬特内部文件，这就是

---

① Georg G. Iggers, "Historicism: The History and the Meaning of the Term", *The Journal of the History of Ideas*, Vol. 56, No. 1, 1995, pp. 129 – 152.

② 哲学家尼采（Friedrich Wilhelm Nietzsche）1874年发表的论文《论历史对于生命的利弊》（On the Uses and Disadvantages of History for Life）中批判了三种对待历史的立场，分别为贬低往昔之历史（a criticism of history as belittling the past）、赞美现在之历史（a criticism of history as glorifying the present）和贬低现在之历史（a criticism of history as belittling the present）。后来波斯纳将前两者归纳为"贬低型历史主义"（belittling historicism），将后者归纳为"纪念型历史主义"（monumentalistic historicism）。（参见［美］理查德·A. 波斯纳《法律理论的前沿》，武欣、凌斌译，中国政法大学出版社2003年版，第149—155页。）

③ 《谢列兹聂夫论文报告辅导记录集（1952—1955）·中国人民大学档案系专家辅导（第一部分）》，中国人民大学内部资料，1957年，第57页。该文记载于1953年12月17日。

保持文件之间的联系,这与唯物论哲学不仅没有矛盾,而且还保持了他们之间的历史联系。"① 其中这种按芬特整理档案的方法就是坚持了历史原则,也是坚持了逻辑原则,进而认为历史主义与逻辑主义相等同,却是对历史主义的误读。

其二,"贬低型历史主义"即贬低往昔之历史(a criticism of history as belittling the past)、赞美现在之历史(a criticism of history as glorifying the present)②,具体表现在对待民国时期档案思想、对待新政权建立后的社会主义档案学、对待资本主义国家档案理论和对待苏联档案学的态度差异上。通过前文叙述可知,20世纪五六十年代,在档案学创建过程中对民国档案思想的矛盾心态以及对资本主义档案学的猛烈批判、对苏联档案理论和新中国成立后所创建的档案学的赞美,均是"贬低型历史主义"的体现。正如卡尔·波普尔对于学术创新和学术传统二者关系的阐述:"所有知识的增长都在于修改以前的知识——或者是改造它,或者是大规模地抛弃它。知识绝不能始于虚无,它总是起源于某些背景知识——即在当时被认为是理所当然的知识——和某些困难以及某些问题。"③ 但对待"以前的知识",无论是改造它或是抛弃它,如果以"贬低型历史主义"为方法论,那么学术创新目标的实现恐怕也会渐行渐远。

**二 档案学的价值定位**

学科的价值定位,既关涉学科的内在理路,又指引学科的发展方向。尽管1949年至1966年的中国档案学尚未有一个明确表述的价值定位,但综观这段时期的档案学术历程,可鲜明地感受到其以政治为导向、以人才培养为依托、以实践应用为指引、以理论阐述为目标的社会科学价值定位。档案学的社会科学属性在20世纪五六十年代已成为一种共识:1956年档案学被列入《1956—1967年哲学社会科学规划纲要

---

① 《谢列兹聂夫论文报告辅导记录集(1952—1955)·中国人民大学档案系专家辅导(第一部分)》,中国人民大学内部资料,1957年,第57页。该文记载于1953年12月17日。

② [美]理查德·A.波斯纳:《法律理论的前沿》,武欣、凌斌译,中国政法大学出版社2003年版,第149—155页。

③ [英]卡尔·波普尔:《客观知识——一个进化论的研究》,舒炜光等译,上海译文出版社1987年版,第75页。

(修订草案)》,成为所列16个独立学科之一,自此之后,档案学作为一门新兴的社会科学屹立于学科之林;1957年程桂芬在论述档案学问题时,从社会科学与社会实践和政治斗争的关系出发,认为:"档案学应属于社会科学是毋庸置疑的。……档案学既以研究作为社会现象之一的档案与档案馆为自己的对象,那么档案学是社会科学还有什么可怀疑的呢?"① 随后,1961年,吴宝康明确将档案学表述为"研究档案的形成、利用及其相互关系的规律以及管理档案的原则、方法的一门社会科学"②。虽然当时也强调"吸收自然科学的某些研究成果"③,但那时关于档案学是否属于社会科学与自然科学间的边缘学科、交叉学科、综合学科的争议尚未出现,档案学的社会科学属性得到了较为一致的认可。档案学的社会科学属性形塑了档案学发展的方方面面,即使在世界范围内也是如此。露西安娜·杜兰蒂曾论述道:"在过去的半个世纪,档案学慢慢发展成为了社会科学,主要原因在于在英语国家里,档案学被放在图书馆学和信息科学教育体系中,这对学科属性和研究特征具有重要影响。相应地,社会科学的方法开始应用于档案学的问题研究。尽管这些方法适用于某些特定问题的研究,如实践问题,而关系到档案理论的核心问题时就显示出强烈的缺陷。"④ 同样,档案学的社会科学价值定位,在20世纪五六十年代的中国也产生了多重影响。

首先,以政治为导向。20世纪五六十年代的中国档案学鲜明地表现出"上挂政治、下连教育"的特点,以政治为导向即为"上挂政治"的体现。不仅档案学如此,其他学科在当时的时代大背景下也是如此。即使在今日,"'学术'也并不'纯粹',与现实政治有千丝万缕的联系,假如一定要把自己封闭起来,追求不食人间烟火的'纯学术',起码在人文科学或社会科学这里,是行不通的"⑤。1949年至1966年间,以政治为导向的档案学研究鲜明地表现在其阶级性、党性特征和受此影响的社会主义档案学与资本主义档案学的二分法。

---

① 程桂芬:《关于档案学问题》,《档案工作》1957年第1期。
② 吴宝康:《档案学是一门科学(初稿)》,中国人民大学内部资料,1961年。
③ 中国人民大学历史档案系档案学教研室:《档案学概论讲义(初稿)》,中国人民大学内部资料,1960年,第100页。
④ Luciana Duranti and Giovanni Michetti. "The Archival Method", https://www.academia.edu/11567349/Archival_ Method_ - -_ Pre-print.
⑤ 陈平原:《"当代学术"如何成"史"》,《云梦学刊》2005年第4期。

中国人民大学1959年第一届档案本科毕业生曹广民以《论档案编目中的党性原则》、1961年第三届毕业生张湘琼以《论档案的阶级性》为毕业论文选题，足以说明阶级性和党性在档案学研究中不是一个"伪命题"。王可风在其《史料学概论（提纲）》中也将"史料学的党性和阶级性""史料工作应为政治斗争服务"作为重要内容。《档案工作》也刊登有大量关于服务国家大政方针政策、服务政治斗争与阶级斗争内容的文章。档案学各科目的研究也同样强调了阶级性的特点：文献公布学研究目的在于通过文献公布活动开展阶级斗争，世界档案史研究中以阶级性为主要原则，文书学研究中厚今薄古以突出新中国成立后无产阶级的先进性，等等。这些"适逢其时"的"政治类"文章的撰写凸显了档案学的阶级性特征。而在阶级性的指导思想下，世界上的档案学自然分化为两类：一是受资产阶级世界观指导的档案学；二是受马克思列宁主义世界观指导的档案学。在"二分法"的话语体系中，论述资产阶级档案学时，其基调为："为法西斯政策效劳的美国档案工作"，"美国、日本肯定是没有档案学的，他们就是图书档案不分家"；在论述社会主义档案学时，其基调为："先进的典型"，"唯一正确的至高无上的法宝"。这一评判标准影响到档案学术评价、档案史研究的方方面面，使得1949年至1966年的中国档案学在趋于"统一化""标准化"的政治环境下，将学科建设与"政治使命"紧密相连。

其次，以人才培养为依托。在现代治学模式中，学术、学科、专业教育三者相辅相成，因为"对于知识生产来说，体制化的力量是很大的。从晚清开始建立的一套学术体制，包括教学、撰述、评价、奖励等，影响非常深远"[①]。对于20世纪五六十年代的中国档案学而言，除了前述的"上挂政治"，此处笔者欲论述的"下连教育"则概括了档案学研究与档案教育的密切关系。

前文"档案学的学术研究机构"部分，笔者以大量篇幅论述了1949年至1966年中国档案学教育机构的建立，并以中国人民大学档案学职业教育到专业教育的发展为重点，说明了档案高等教育机构的建立对档案学人的凝聚、档案学科体系的构建、档案学术问题的研究所起到的重要作用。可以说，档案高等教育的创办成就了档案学术研究。但档

---

① 陈平原：《"当代学术"如何成"史"》，《云梦学刊》2005年第4期。

案高等教育的职能并不限于学术研究，它还肩负着人才培养的重任。这在1949年至1966年的中国档案学历程中体现得尤为明显，甚至1952年档案专修班的设立也是出于培养档案工作干部的考量，这也与社会主义建设初期中国教育现代化探索过程中的教育方针①相契合。

这种以人才培养为依托的教育模式，以及教研结合的研究模式一直沿袭至今，成为档案学科建设及档案学术进步的主要推动力量。但是，以人才培养为依托的制度化教育，不免因其对工具理性和规范性的日益强调而在一定程度上消解其学术创新探究的属性，毕竟"研究并不是制度化教育的专属活动，而是人们在对生活延续更新的共同参与中，为了更好地解决生存与发展问题而进行的探索"②，尤其是新中国成立初期档案职业教育的开展，势必会削弱或减缓档案学学术性的进展。

再次，以实践应用为指引。当代学术研究越来越强调实践转向的问题，外国有《当代理论的实践转向》③，我国有《知识转型与教育学知识的实践转向》④《教育的学术传统与教育研究的实践转向》⑤ 等著作。这些著作的理论根据无外乎学术研究始于问题，而问题源于实践。既然如此，问题的解决既包括理论层面的解决，也包括实践层面的解决。20世纪五六十年代，新中国成立后的第一批档案学人，他们虽然尚未进行如此深奥的反思性研究，也未探寻"实践转向"为何物，但在他们朴素的观念里，档案学作为新兴的社会科学，理应与社会保持有密切的联系，以实践应用为指引，并从实践中发现"真问题"。这也成为改革开放后系统研究档案学学科属性的雏形，档案学"理论性"与"应用性"兼备的属性已根植在"学科基因"之中。

---

① 在1957年2月至1958年9月一年半的时间里，新政权提出了两个教育方针，即毛泽东的"三句话"和"两个必须"。"三句话"为"我们的教育方针，应该使受教育者在德育、智育、体育几方面都得到发展，成为有社会主义觉悟有文化的劳动者"，"两个必须"为"教育必须为无产阶级政治服务，教育必须与生产劳动相结合"。参见顾明远、刘复兴《从新民主主义教育到社会主义教育》，教育科学出版社2015年版，第186页。

② 吴原：《教育的学术传统与教育研究的实践转向》，中国社会科学出版社2015年版，第62页。

③ [美] 西奥多·夏兹金（Theodore R. Schatzki）、[美] 卡琳·诺尔·塞蒂纳（Karin Knorr Cetina）、[德] 埃克·冯·萨维尼（Eike von Savigny）：《当代理论的实践转向》，柯文、石诚译，苏州大学出版社2010年版。

④ 申卫革：《知识转型与教育学知识的实践转向》，江苏大学出版社2013年版。

⑤ 吴原：《教育的学术传统与教育研究的实践转向》，中国社会科学出版社2015年版。

回顾1949年至1966年中国档案学的研究成果，不难发现其中很多是对档案实践问题的呼应，如对立卷、鉴定、分类、编目、修复等问题的研究，均是基于实践的需要、紧密结合实践开展情况而进行的探索。这些研究中绝大多数因类似于经验总结的性质而趋于"直白化"、缺乏理论深度，但在当时却赢得了实践者的信任和学术同行的认可。因为以实践应用为指引的现实关怀是档案学内生的特质，这种内生的特质不是由档案学存在的社会背景和文化思潮决定的，而是由档案学自身的价值定位及应用属性决定的，是档案学不可摆脱的学术传统。这种学术传统自然促进了档案学独立化建制过程中观照实践、注重实践、回归实践的特点与规律。

最后，以理论阐述为目标。"旧中国的档案学，是在没有足够的理论准备的情况下由于社会的客观需要而把它推上历史舞台的。这就决定了档案学从一开始就缺乏一种作为学科本身发展的内在逻辑规律的内动力和不断反思自身的自觉性。"[1] 新中国成立后，档案学之所以称为"学"并成为"学"，无论是正确反映客观事物系统知识的"学问"，还是较为专门与系统化的"学术"，抑或是对客观事物高度抽象与正确反映的"学理"，都离不开"理论"的建构，而理论正是由实践概括但却与具体实践剥离、知识性的、逻辑性的、系统性的概念与原理。20世纪五六十年代的中国档案学在独立化建制过程中，从描述档案现象开始，以揭示档案本质及档案工作规律的理论性阐述为目标，经历了由"术"到"学"、从"译介"到"研究"的逐步转变。

由"术"到"学"的逐步转变方面。按照与实践的不同联系，科学可以分为理论科学、技术科学和应用科学三种。[2] 其中，应用档案学多集中在"术"的层面，而理论档案学则多集中在"学"的层面。新中国成立初期，档案学研究中"术"的成分远大于"学"的成分，这是由档案学的研究对象和学科创建初始目的所决定的，体现在档案学论著中对实践经验的总结，以及档案职业教育中对技术与技能的传授等方面，但"术大于学"并不等于档案学"没有学问"。随着实践认识的深

---

[1] 陈永生：《档案学论衡》，中国档案出版社1994年版，第4页。
[2] 转引自唐远清《对"新闻无学论"的辨析及反思》，博士学位论文，中国人民大学，2006年。其中理论科学为 theoretical science，技术科学为 technoscience，应用科学为 applied science。

化以及档案专业教育的转向，档案学的研究视域和学术成果逐渐偏向于学科理论化的建构以及基本学术性问题的探索。

从"译介"到"研究"的逐步转变方面。根据前文论述，新中国成立初期的档案教育是根据苏联模式设立的，档案教学活动最初是由苏联专家完成的，档案学各科目的研究也是参照苏联经验开展的，第一批档案学论著是苏联著作的翻译版本，中国档案学科的创建可以说是开始于苏联档案著作的"译介"。但档案学人并未满足于苏联档案学的"照搬"，而是在"中国化"与"本土化"的道路上积极尝试，逐步实现自主授课、自主研究、自主探索，从而为改革开放后档案学的恢复与繁荣奠定了一定的基础。

总之，档案学的"自我改造"与价值定位内化于档案学科属性之中，在"自我改造"中对自身研究对象、研究框架与研究方法的思考，在价值定位中对档案学的政治、教育、实践、理论等要素的权衡，均一定程度上丰富了档案学的学理内涵，尽管这些探索仍是粗浅与初级的，甚至有些是不当的或适得其反。但不可否认，档案学的"自我改造"和价值定位与下文笔者欲论述的外在环境归因中"对民国档案思想的矛盾心态""对苏联档案理论的细微转变""对我国档案实践的坚实拥笃"相互印证、相互补充，共同促进了1949年至1966年中国档案学的独立化进程。

## 第三节 历史视域的审视：档案学的外在环境归因

档案学的样态、特点和规律，既决定于现代科学转型下档案学的"自我改造"及价值定位，也取决于档案学在"自我塑造"过程中如何看待与之相关的各种外在环境因素。正如马克思的经典论述：人"是一切社会关系的总和"①，如果将之引申到"学科"，学科的创建、发展、繁荣抑或是衰落，同样也受社会关系的影响，并形塑于社会环境的变迁。在此，笔者将之归纳为档案学的外在环境归因，即档案学是如何与这些外在环境进行互动的，具体涉及如何看待民国档案思想、如何看待

---

① 马克思在《关于费尔巴哈的提纲》中说："人的本质不是单个人所固有的抽象物，在其现实性上，它是一切社会关系的总和。"

苏联档案理论以及如何看待我国档案实践等三个方面的问题。

## 一　对民国档案思想的矛盾心态

综观1949年至1966年中国档案学的发展历程，不难发现，在对待民国档案思想的态度上，前后经历了转变，但却一直不算明朗，而是一种矛盾的心态——批判但又不彻底、继承但又不纯粹。之所以批判是因为新政权建立后，改弦更张的不仅是制度，还有旧政权的学科建设与学术思想；但之所以不彻底批判是因为新旧交替的时代背景下，"一片空白"的学术贫瘠之地仍需要对旧的学术思想予以反思性审视。之所以继承是因为中国传统学术深具理论价值和现实意义；但之所以不纯粹继承是因为"时过境迁"的时代背景下，学术话语权的转移势必要求衍生出一套全新的话语体系。正是这种矛盾的心态，导致在1949年至1966年中国档案学科创建的过程中，对民国档案思想持有一种"若即若离"的态度。

对民国档案思想这种矛盾的心态主要表现在三个方面：一是对民国档案学人的引进与吸纳；二是对民国档案著作的翻印与出版；三是对陆晋蘧《档案管理法》的讨论与批判。

首先，对民国档案学人的引进与吸纳方面。民国时期被誉为"人类历史上最大规模的中西古今学术的整合、调适、创新时期"，"学术方法上的交流渗透和融合创新可谓'于斯为盛'"。[1] 自由而包容的学术风气成就这个大师辈出的时代。民国档案学人在行政效率运动、文书档案改革、明清档案整理以及文华图书馆专科学校档案管理课程的教学探索中逐渐开始对档案学术的思考。甘乃光、滕固、傅振伦、周连宽、何鲁成、程长源、龙兆佛等被视为中国档案学的"启蒙者"[2]，"机关文书档案学派"和"历史档案学派"是中国档案学研究的第一代先驱者。[3] 然而，新中国成立后，这批"启蒙者"或先驱者绝大多数远赴台湾地区，留在大陆的部分学者也未继续从事档案学的研究工作，如著有《档

---

[1] 薛其林：《民国时期的学术研究方法及其研究现状》，载余三定主编，钟兴永、杨年保、鲁涛副主编《当代学术史研究》，人民出版社2009年版，第1—5页。
[2] 胡鸿杰：《中国档案学的理念与模式》，中国人民大学出版社2005年版，第114页。
[3] 王晓飞：《中国的四代档案学者》，《档案》1989年第4期。

案经营法》的毛坤、文华图书馆专科学校英文档案管理专职教员徐家麟①、"十三本旧著"之《公文处理法》和《档案管理法》的作者周连宽虽留在大陆但却未继续档案学研究。被"发现"并被吸纳进档案学研究队伍的仅有殷钟麒、傅振伦、张德泽等寥寥数人。正如笔者所言，他们是被"发现"的，即带有很大的偶然性因素，是因为在新中国档案高等教育创办之初，在"无教员"的情况下，只能从党中央和地方调配当时尚未具备学术研究经验和教学经验的档案干部，这些民国遗留下来的档案学人并未在考虑范围之内。这固然有经济极不发达状态下信息闭塞的原因，但即使在"发现"之后他们也未得以重用。这从前文的论述中可窥见一二，殷钟麒作为民国档案学研究与清代文书研究的集大成者，经吴宝康从旧书摊得来的线索方才进入新中国档案学研究的队伍；傅振伦作为精通欧美档案学术发展、在公文档案管理领域造诣颇深的档案学家也于1957年与中国人民大学历史档案系断绝了联系，自此脱离了档案学研究领域。可以说，他们在新旧制度转变之际，"二次进入"档案学研究领域在一定程度上具有一定的偶然性，而他们的"离开"也带有一定的悲情色彩。尽管他们积极参与社会主义改造，但他们得以"引进和吸纳"的原因在于他们熟谙民国档案思想，可以丰富新中国档案学的研究内容，但在需要建立新的学术话语体系的时代里，民国档案思想研究势必成不了学术的"主角"，在"不合时宜"的时代中，他们也必然无法成为学术研究的主要力量。因此，从对民国档案学人的发现、引进、吸纳，到他们因各种原因退出档案学术舞台，其中夹杂着时代与他们个人命运的复杂交织。他们携带的民国档案思想的"内在观念"萌芽及初步取得的理论成果并未改变新中国档案学"一穷二白"的困境，也不可能引发1949年之后档案学"由内而外"的学科建制。但不可否认的是，1949年至1966年中国档案学进程中对民国档案学人的引进与吸纳，确实丰富了档案学的研究内容，尤其是对民国档案学的研究成果有了初步的总结。

其次，对民国档案著作的翻印与出版方面。对民国档案思想的矛盾

---

① 文华图书馆专科学校中，档案管理法课程分中英文讲授，英文课程由美籍费锡恩（Grace P. Phillips）女士任教，其回国后由美籍郝乐德（R. A. Hill）、周爱德（Iris Johnston）讲授，其后由本校毕业生徐家麟接任。参见邵金耀《档案教育起源探究》，《档案学通讯》2006年第1期。

心态也体现在1949年至1966年对民国档案著作的翻印与出版方面。这种矛盾的复杂心态前后经历了三次转折——20世纪50年代初的"批判与否定"、50年代后半期的"批判地吸收"、60年代初期的"猛烈地批判"。这三次转折分别在对十进分类法、纲目分类法、类户分类法的批判，在对"旧中国档案学十三本旧著"的翻印出版，在对"行政效率改革运动"的定性中达到了顶峰。具体而言，以十进分类法为例，该分类法于1929年至1933年清华大学对清代兵部和陆军部历史档案的整理中得以运用[①]，随后故宫博物院文献馆方甦生拟定了《档案十进分类表》作为《文献馆所藏档案分类表》的依据；程长源在《县政府档案分类表》中借鉴"杜威十进制分类法"，以县政府组织机构为依据、以职能活动和问题为细分项、用阿拉伯数字逐层划分，将十进分类法达成统一。新中国成立初期，在尚未有科学分类方法的指导下，很多机构仍沿用十进分类法对历史档案进行分类，这固然有其不合理之处和历史的局限性。然而，新中国成立后对十进分类法的批判并非从档案的属性出发阐明此种图书分类法应用于档案领域的不适应性，而是以资产阶级与无产阶级的二分法作为此种方法不科学的依据，将其视为"旧中国半殖民地依赖性的结果"，显然那时对民国档案思想的批判与否定稍显盲从、不够理性，完全为了迎合新政权建设的需要而进行所谓的"学术批判"。

但这一期间部分档案学人还是对民国档案思想持有迫切了解的愿望，这从殷钟麒1959年出版的《国民党时期档案管理述要》的序言说明中可管窥一二："近年常有同志谈到这样一个问题：旧中国档案办法，究竟哪些可用哪些不可用？希望有人编写一本参考资料。"[②] 加之20世纪50年代后半期对历史遗产的重视，档案界已经认识到"在国民党反动统治时期已经建立并形成了档案学，这是无可否认的档案学的历史遗

---

① 即1929年至1933年清华大学从纸商、书摊购买了重约五六万斤的大批历史档案，内容涉及清代兵部和陆军部。依据档案的外形尺寸、地区、内容、机关、形成时间等进行分类。如吴晗在《清华大学所藏档案的分析》中介绍按档案外部形式特征，分为本子式、折子式、零纸三类，再予以细分。为方便对历史档案的利用，后创造了"十进分类法"和"机械分类法"两种不同的分类方法，用以编制分类目录。

② 殷钟麒：《国民党时期档案管理述要》，国家档案局档案学研究室内部资料，1959年，序言。

产，今天应该很好地继承下来"①。随后，1958年"十三本旧著"的翻印出版使得档案界对旧档案学的研究出现了转机，但却并不深入，也没有出现对这"十三本旧著"的内容或观点进行剖析的文章，自然，民国时期滕固、沈兼士等对"档案学"一般概念的探讨，何鲁成、龙兆佛等对"档案定义"的解析，殷钟麒、秦翰才等对"档案性质"的研究，周连宽、黄彝仲等对档案工作各环节的阐述，毛坤、傅振伦等对外国档案学的系列文章也没有得到足够的重视。但是，傅振伦、殷钟麒、张德泽、陆晋蘧曾先后受聘至中国人民大学从事档案教育和研究工作。如果仔细研究，不难发现，傅振伦所讲授的内容仍多为其民国时期的研究成果，且他还将所写论文捐献给中国人民大学，部分还被选编进1956年的《历史档案参考资料》。因此，20世纪50年代后半期，虽翻印并出版了民国档案著作但却不予以深入研究、虽不深入研究但仍以部分民国学说作为档案教学资料，这种"折中"的方法就是50年代后半期对民国档案思想"批判性吸收"的重要体现。到了20世纪60年代初期，在尚未对民国档案思想深入研究的情况下，对民国档案学著作的翻印出版、对旧档案思想的研究就被冠以"为国民党歌功颂德、涂脂抹粉"。在此种"舆论压力"下，民国档案思想迎来了更为猛烈的批判，"反民主反革命路线""代表大资产阶级""最为反动的表现"等观点相继出现，民国档案学人也多转向研究历史档案问题。这三次转折，体现了对民国档案思想的矛盾心态，也多有时代背景下诸多的"不得已"，这就导致民国档案思想在新中国档案学的建立过程中批判多于继承且对民国档案思想的研究也是形式多于实质。

再次，对陆晋蘧《档案管理法》的讨论与批判方面。20世纪50年代初期对陆晋蘧《档案管理法》的讨论与批判可谓是对民国档案思想矛盾心态的典型性体现。《档案管理法》1953年甫一出版即引起了档案实践界和档案理论界的广泛关注，赞誉者有之、批判者有之。实际上，陆晋蘧《档案管理法》的写作背景完全是在新中国成立之后，其于1949年12月调任中国人民银行北京分行担任文书股长及办公室秘书的经历，接下来两年的档案改革经验为陆晋蘧档案管理新法的提出奠定了坚实的实践基础。但这种"新"（脱离旧社会）的实践背景及后期所取

---

① 程桂芬：《关于档案学问题》，《档案工作》1957年第1期。

得的良好实际效果并未给这部著作带来更多的赞誉；相反，其观点的不成熟之处被冠以"对苏联先进的档案管理经验没有进行深入研究和完全融会贯通""分类方法带有一定的主观性和机械性""作者的著作的科学水平……还远没有超过解放前所流行的一些档案管理法的水平，而且还受着英美资本主义国家的档案管理法的许多影响"等，将其所谓的"新法"与"解放前的档案管理法"相提并论，甚至对其著作中的一些观点予以"曲解"，以达到"批判"的目的。诚然，陆晋蘧将图书分类法用于档案分类中、将档案工作与文书工作予以一定程度上的混淆，这些是不可取的。但是，对该著作批判的焦点却折射出对民国档案思想的不认可，并引申到对欧美档案学的抨击。事实上，现代档案学与近代档案学一个明显的分野是，民国时期学习欧美，不仅有学者访问欧美档案机构、撰写介绍类文章，美国图书馆协会还不定期赠送最新的档案理论与实践类书籍给文华图书馆专科学校供档案教学与研究参考，如詹金逊的《档案管理手册》就是在那时传入中国，最早的一批档案教员之毛坤、徐家麟就是结合这些欧美档案书籍的精髓撰写课程讲义、进行档案学研究和开展教学工作的。而新中国成立后，现代档案学在"重新建构"中不仅基本抛弃了民国时期的那班人马，还一同抛弃了欧美档案学术思想，抛弃了民国时期的研究基础，转而以学习苏联为主，在"一穷二白"的基础上重新创建新中国的档案学。由此可见，对陆晋蘧《档案管理法》的前期批判也只是这种"分野"的一个缩影。随后，1957年陆晋蘧正式成为中国人民大学历史档案系的教员，协助中国人民大学历史档案系编著了《档案学基础》（1960年出版）和《文书学纲要》（1961年出版）等著作。这一史实也从侧面反映出当时的批判只是源于其著作背后所秉承的所谓的民国档案残存思想，而非针对作者本人。1960年陆晋蘧与吴宝康共同出席了在人民大会堂举行的北京市文教系统群英大会，这固然与陆晋蘧接受社会主义思想改造有关，也与20世纪50年代后期档案界对民国档案思想的态度转变有关。

总之，从对民国档案学人的引进与吸纳、对民国档案著作的翻印与出版、对陆晋蘧《档案管理法》的讨论与批判中，我们可以看出1949年至1966年中国档案学科创建过程中对民国档案思想持有一种矛盾的心态，这种心态固然是时代的产物，但正是这种矛盾的心态，导致民国档案学已取得的研究基础并未得到很好的继承，新中国档案学"重新创建"过程中只能选择"由外而内"的创建路径。

## 二 对苏联档案理论的微妙转变

1949年至1966年中国档案学创建过程中之所以对苏联档案理论有细微转变，一是受国家外交政策的影响，二是档案学自身发展的结果。新中国成立伊始，"一边倒"的外交政策促成了为期30年的《中苏友好同盟互助条约》的签订，自此社会主义建设初期中国的经济、军事等各个方面都依据苏联模式开始发展，同时，新中国的高等教育也仿照苏联模式开始实行分科制，细化学科的研究边界。但中苏关系并非铁板一块，"30年的中苏友好同盟"还未走过它的十年历程，中苏之间的分歧即已开始公开化，此处不再详细赘言。中苏之间关系的微妙变化不仅关系到大国之间的外交政策，同时也牵连到前期各个领域的合作关系，教育也不可例外。诚如美国学者李滨（Douglas Stiffler）在《苏联专家在中国人民大学（1950—1957）》一文中所研究的那样，1950年至1953年间中国人民大学对待苏联专家的态度是无条件服从，但自1954年起中方态度悄然变化，不仅越来越指责苏联专家的教学不与中国实际相结合，而且苏联专家在华人数也逐渐减少，直至1957年悉数撤离。文章还令人信服地指出此种变化与斯大林逝世后中方对苏联尤其是苏联教育方式与知识分子的态度转变相契合，但根本原因在于"客观上，1953年后中共在国际共运中地位的提升"，以及"中国自己的主观自我评价与抱负发生了变化"。[①] 中国人民大学对苏联专家态度的转变只是中苏关系变化的一个缩影，但却不可避免地对1949年至1966年的中国档案学产生一定的影响。

其次，除了受国际外交政策的影响，对苏联档案理论的细微转变，还源自中国档案学自身发展的结果。毕竟任何一门学科，尤其是"由外而内"创建的学科从初创到成长的历程，均是逐渐摆脱对外在因素的依赖性并不断丰富自身理论与知识体系的过程。新中国成立后的第一批档案学人，他们在苦苦探索之初就深知，创建与发展中国的档案学必须立足于中国而非苏联更不是任何其他国家，必须立足于档案学，而非图书

---

① ［美］李滨（Douglas A. Stiffler）：《苏联专家在中国人民大学（1950—1957）》，杨京霞译，《冷战国际史研究》2010年第2期。

馆学、博物馆学或是三者合并而成的"资料学"[①]。因此，苏联档案学的引进、苏联档案著作的翻译、苏联档案专家的授课仅是"权宜之计"，当条件逐渐成熟，"中国化"的档案学理论及其知识体系才是创建中国档案学科的重要目标。再者，中国档案实践问题仅仅依靠苏联档案理论也难以得到有效的解决。前文已经叙述过的中国档案尤其是历史档案的制成材料和书写工具与苏联有很大不同，那么依靠苏联档案保护技术的知识与原理很难指导中国的档案保护实践；同样，中国文献编纂传统与档案文献编纂实践也亟须特有的方法与原则予以指导，而这也是苏联文献公布学所欠缺的；此外，中国档案史、中国文书处理史以及相关的中国政治制度史等科目的研究也是无法从苏联经验中直接获得或模仿的；等等。因此，随着中国档案实践的逐步深化、中国档案事业的深入发展、相关档案知识的逐渐积累，中国档案学也逐渐具备了脱离苏联模式而自主开展研究的资质，尽管苏联的译著仍持续影响着20世纪五六十年代中国档案学的学科建设，但从初步完备的知识体系及中国化的术语标准构建中可以看出，中国档案学逐渐走向了学术自觉。

在国家外交政策和档案学自身发展的影响与作用下，1949年至1966年对苏联档案理论的细微转变经历了一个循序渐进的过程。这一过程以苏联档案专家的来华与离开为分界点。1949年底新中国成立之初，米留申作为第一位来华的苏联档案专家，他以谦逊而真诚的品质，热情地为中国档案事业发展建言献策，并诚恳地批判了新中国成立初期档案工作中的诸多问题。他的热情与诚恳致使中国档案高等教育创办伊始在聘请苏联专家的考量时将其作为第一人选，但碍于其苏联中央档案管理局副局长的身份只能作罢。随后1952年底，谢列兹聂夫受邀帮助中国档案高等教育的创办与开展，在刘少奇提出的"有理扁担三，无理三扁担"[②]原则的指引下，当与苏联专家发生分歧或矛盾时，结果往往由中方人员承担处分。这在1954年9月《谢列兹聂夫论文报告辅导记

---

[①] 1960年5月，中国人民大学历史档案系档案学教研室出版的《档案学概论讲义（初稿）》中，指出："有的同志承认档案学是一门科学，但不承认档案学是一门独立的科学，认为档案学可与图书馆学、博物馆学合并，成立一门'资料学'，这些认识都是错误的。"（见讲义第47页。）

[②] 该原则为刘少奇率先提出，1956年10月11日周恩来主持国务院常务会议时又再次强调了该原则。

录集（1952—1955）》所载"专家对工作上的几点要求：对韩玉梅的意见"中有所体现："专家有一工作习惯，如计划、手稿……应在辅导之前弄清楚，才能辅导，在这工作上韩玉梅是有缺点的。"① 姑且不论"翻译速度较他人快、可以合乎专家要求"②的韩玉梅是否在翻译过程中犯有"粗枝大叶"的错误，但以上记载恰好反映了当时"困难都不归因于专家，而是归因于中国人没有努力让苏联专家熟悉中国情况，归因于中国翻译的工作缺陷"③的舆论取向。然而，与此同时，对于谢列兹聂夫的建议和要求中方也并非完全无条件接受。1954年12月，谢列兹聂夫建议聘请一位中国人教授中国档案史，但是档案教研室报告说这会有困难④，从而含蓄地拒绝了专家的建议。

待沃尔钦科夫于1956年底访华时，在华苏联专家与中方的矛盾开始显现并变得尖锐，苏联专家的工作热情大大减少，他们不再是毫无怨言的超人。沃尔钦科夫于1956年10月5日至1957年7月2日在华担任顾问期间，主要是为中国档案工作提供指导性咨询与建议，但他起初并未深入了解中国实际，只是把苏联档案理论与实践的一套经验照搬过来，而在为中国起草档案工作规章制度时，也只是把"苏联"二字替换为"中国"。尽管后来沃尔钦科夫根据调研经验、结合中国实际状况为中国起草了17份业务指导类文件，使得这一情况得以改观，但此时中方对苏联已不再像新中国成立初期时那样"迷信"，对苏方的态度也由"全面向苏联专家学习"逐渐转变为"以苏为鉴"。1959年10月中央档案馆正式开馆前夕，舍皮波娃受聘来华予以业务培训之后，加之国内外形势的变化，再无苏联档案专家来华讲学或指导工作。

而在与苏联档案专家的微妙关系变化中，对待苏联档案理论也出现了细微转变，从最初所认为的"苏联档案学有胜过资本主义档案学的无比优越性"，到后来的"要根据集中统一的原则来系统地建设我国的档

---

① 《谢列兹聂夫论文报告辅导记录集（1952—1955）·中国人民大学档案系专家辅导（第二部分）》，中国人民大学内部资料，1957年，第24页。
② 《谢列兹聂夫论文报告辅导记录集（1952—1955）·中国人民大学档案系专家辅导（第二部分）》，中国人民大学内部资料，1957年，第24页。
③ [美]李滨（Douglas A. Stiffler）：《苏联专家在中国人民大学（1950—1957）》，杨京霞译，《冷战国际史研究》2010年第2期。
④ 参见《档案专修科苏联专家谢列兹聂夫同志自1952年到1955年5月共提出重大建议十九项》（1955年）。该文件现保存于中国人民大学档案馆。

案事业，就只有向苏联学习。但还可以向资本主义国家的好经验学习"，再到有选择地消除苏联档案学对我国不适宜的影响，从而建立中国特色的档案学科体系，苏联档案学对我国档案学的直接影响逐渐降低。但即使对苏联档案理论有了细微的转变，也无法撼动苏联对新中国档案学的启蒙作用，无法磨灭苏联档案专家的历史性贡献。

综上所述，对苏联档案理论的细微转变既是国家外交政策的产物，也是档案学自身发展的结果，这种微妙转变尽管尚未使得1949年至1966年的中国档案学突破苏联的研究框架，但却体现了新中国成立后第一批档案学人的学术自觉，凸显了中国档案学自身的生命力。也正是对苏联档案理论的细微转变，中国档案学才没有成为苏联的翻版，而是在对自身档案历史的积极探索、对我国档案实践的密切关注、对中国化知识体系的积极构建中逐渐完成了其独立化建制的使命，中国档案学的"内在观念建制"方得以逐步完善。

### 三 对我国档案实践的坚实拥趸

前文"1949年至1966年中国档案学创建的成果与成就"中，笔者就将"与档案实践发展的互应——学理与术业关系辨析"作为一个重要的方面，本章"1949年至1966年中国档案学的特点与规律"中，笔者将"重视对档案实践经验的研究"作为其中重要的一点，足以见得档案实践在20世纪五六十年代中国档案学中的重要地位。正如对"档案学"概念界定中所探讨的那样——档案学是档案理论、档案方法论和档案实践的统一，由此可见，档案实践不仅是"档案学"的重要组成，而且还形塑并影响着"档案学"的学科界定以及"档案学"的发展样态。

由于新中国成立初期档案学人群体具有丰富的实践经验，且绝大多数档案学人是从档案实践中逐渐形成了档案学术研究的问题意识，因此他们对于档案学的思考更多着眼于其对档案实践的指导作用，这也促使20世纪五六十年代档案理论界与档案实践界关系尤为密切，并导致新中国成立后先有全国规模的档案教育（1952年中国人民大学的档案专修班）、后有全国规模的档案事业（20世纪50年代中后期的国家档案局及各级档案馆）这一"历史景观"。再者，正是对我国档案实践的坚实拥趸，才赋予了新中国成立后第一批档案学人极大的信心——

只要存在档案工作、存在档案管理活动，就需要一种知识体系来解决其中的矛盾与发展中的问题，无论这个知识体系以何种名称存在；而从科学的角度审视，档案学不仅是科学，而且还是一门独立的学科。具体而言，20世纪五六十年代对我国档案实践的坚实拥趸内化于档案学人的研究问题、研究机理和研究使命，而现代科学的研究正是起于问题、解于机理、归根于使命。

首先，档案实践内化于档案学人的研究问题，促进了档案学研究问题的丰富。回顾1949年至1966年的中国档案学，正是从苏联直译过来的"芬特"在中国档案实践中的"水土不服"，才导致了档案术语的规范与完善，引发了档案界对档案术语通俗化、确切化、简明化、专门化的讨论，为档案理论探讨和档案实践环节中术语的规范与统一奠定了基础。尽管这种探讨在当时尚且粗浅而直白，但却为创建初期的档案学科及档案学术交流发起了良好的开端。正是为了解决机关工作中文件立卷归档的乱象、规范归档流程、明晰机关档案室与档案馆的关系，才引发了1954年全国档案界对"谁负责立卷好"这一问题的探讨。理论界也开始对文书立卷的移交、立卷环节的选择及其原则与方法、案卷类目的编制与使用、案卷的整理与装订等问题纷纷著文，探讨文书立卷工作对档案工作的意义、文书部门立卷制度的理论依据、文书立卷工作的指导思想等，并促成了1956年《关于加强国家档案工作的决定》的出台，全面推行文书处理部门立卷制度。正是出于对档案管理活动中资料管理问题解决的迫切需求，明确档案工作的管理对象，1951年底档案界发起了档案与资料区分问题的大讨论，并相继扩展到对档案概念、档案本质属性、档案管理原则、档案学研究对象与研究范围等问题的探讨，触及档案学的基础理论问题。此外，档案学各分支学科中诸多问题的理论探讨也多源于实践，如对旧政权档案整理的需要促进了对档案分类问题的研究，"大跃进"以来日益增多的档案收集与征集活动促进了对档案鉴定问题的研究，第一个五年计划以来技术类档案资料的指数级增长促进了对技术档案管理问题的研究，档案损毁的环境因素和中国档案特殊的制成材质促进了档案保管中"以防为主、防治结合"方针的提出，等等。可以说，新中国成立后的第一批档案学人从朴素的问题意识出发，将档案实践中所面对的诸多问题转变为理论研究内容，并将其与档案教学活动和教材讲义的编写相结合。虽然这难免造成理论之于实践的被动性与滞后性，前瞻性和创新性稍显不足，但这却是那个时代社会环境和学术氛围状态下的特有产物，是学术发展水平从低到高的一个必然阶段。

其次，档案实践内化于档案学人的研究机理，促进了档案学研究体系的初步完备。"机理"即为实现某一特定功能系统内各要素相互联系、相互作用的运行规则和原理。档案学的研究机理表现为档案学的学科定位，以及在学科定位的指引下所构建的学科知识体系，及知识体系内各要素的相互作用和逻辑关系。1957年程桂芬在论述档案学的诸多基本问题时，就将档案学的研究对象界定为"档案文件和档案工作的发展历史以及全部档案工作实践活动的理论体系"，而这一理论体系包括中国档案史、世界档案史、文书学、档案工作理论与实践、档案文件公布学等。[1] 虽然当时的认识"并没有体现出档案学研究的特点来，而只不过是对档案工作领域全部现象的内容的概括罢了"[2]，但即便如此，那时已经认识到档案学应用性与理论性兼备的特质，即档案理论体系"全部"来源于"档案工作实践活动"，而且档案工作理论与实践中所包括的技术档案管理与组织、影片照片录音档案管理、档案文件保管技术学等科目虽来源于实践，但却绝不是"纯粹技术性的工作"[3]，摆正了技术因素之于档案理论及档案实践的不同定位。随后，吴宝康的档案学科谱系结构[4]阐述中，既包括"档案和档案工作的形成和发展的主要规律"以及"档案学理论的各种派别及其本质"等带有"元理论"色彩的核心知识，也包括"中国档案事业史"和"世界档案事业史"相辅相成的、"世界眼光与中国气派兼具"[5] 的宏观档案学理论建构，还包括探讨档案管理工作一般原则和科学方法的中层档案学理论系统，以解释档案现象、服务档案实践。可以说新中国成立后的第一批档案学人已经在理论建构与理论应用的逻辑下研究中国的档案学问题了，以求在回顾历史、展望世界（吴宝康的愿景是"研究世界各国档案事业发展

---

[1] 程桂芬：《关于档案学问题》，《档案工作》1957年第1期。
[2] 蒋有憕：《"关于档案学问题"的几个问题》，《档案工作》1957年第4期。
[3] 程桂芬：《关于档案学问题》，《档案工作》1957年第1期。
[4] 吴宝康：《档案学是一门科学（初稿）》，中国人民大学内部资料，1961年。
[5] 杨发祥、周贤润：《郑杭生社会学中层理论谱系研究——基于学术史的视角》，《福建论坛》（人文社会科学版）2015年第11期。

规律")的同时,探求具有"本土特质"的中国档案理论、建构中国特色的档案学研究体系。尽管受档案学发展水平的限制,以及社会形势的影响,1949年至1966年的中国档案学并未如所设计的那般在每一个研究领域取得迅速而突破性的发展,但从档案学的学科建制中,我们仍不可否认中国档案学的研究体系在20世纪五六十年代已初步完备。

再次,档案实践内化于档案学人的研究使命,促进了档案学研究使命的初步实现。"档案学的使命表现为:第一项使命是外在使命,要求研究者总结实践的经验,将经验上升为理论,以深刻和普遍的理论来指导直接和具体的实践;第二项使命是内在使命,要求研究者检验其概念、范畴和命题的理论形式,并哲学反思汇总形成规范理论,最终确立档案学的学科地位。"[①] 笔者认为,外在使命与内在使命的协调发展与相互促进是档案学研究的重要命题,而从外在使命的逐步实现到内在使命的逐步厘清也是档案学逐渐走向成熟的表现,尤其对于初级阶段的档案学而言,外在使命与内在使命二者呈现出循序渐进的发展样态。但对于研究使命的问题,不同学科的学人往往持有不同看法。史学大家顾颉刚的至理名言——"我们所要得到的是事实,我们愿意做的是研究;我们并不要把我们的机关改作教育的宣讲所,也不要把自己造成'劝人为善'的老道士"[②]——即表明学问是目的而非手段,是为了求真而非致用。较为不同的是,以吴宝康为代表的老一辈档案学家用其一生书写了他们的档案情怀——"半个世纪来,我铭记党交给我的任务:创办新中国的档案高等教育事业。几十年来呕心沥血,排除万难,终于为档案教育工作和国家档案事业的发展打下了一定的基础。"[③] 姑且不去探讨"学以致用"及"求真而非致用"孰对孰错,毕竟学科性质不同,其学人的学科使命和专业情怀也会有所不同。但对于档案学者而言,他们的研究问题是发源于实践的,他们的研究机理是以实践为基础的,那么他们的研究导向也应与实践发生密切的关系,否则就会丧失学科的基本特质。从这个角度来看,1949年至1966年的中国档案学创建过程中,档

---

① 高大伟:《档案学的元问题及可能的形而上》,博士学位论文,中国人民大学,2011年。
② 顾颉刚:《北京大学国学门周刊发刊词》,转引自王学典主撰《顾颉刚和他的弟子们》(增订本),中华书局2011年版,第42页。
③ 浙江省湖州市南浔区档案局(馆):《他是一座山——新中国档案教育开拓者吴宝康》,视频资料,内部发行,2017年。

案学人群体正是从"总结实践的经验,将经验上升为理论"的外在使命开始,逐渐"检验其概念、范畴和命题的理论形式,最终确立档案学的学科地位",而这种外在使命与内在使命兼具的情怀赋予了档案学人的学科自信与学术自觉,也使得1949年至1966年间尚未成熟的档案学朝向现实观照力和理论阐释力兼备的方向发展,尽管这个过程是缓慢的,并随着政治形势而一度中止,但正是因为档案实践的发展,档案理论方才不断进步。

综上所述,20世纪五六十年代档案学人对档案实践的拥趸,赋予了他们对档案学的学科自信,并指引着他们对档案学有了较为准确的学科定位。这份学科自信和学科定位内化于档案学人的研究问题、研究机理和研究使命,并促使他们对"中国化"和"本土化"的档案学科建设予以积极思考。虽然从今天的立场来看,1949年至1966年的中国档案学发展水平不高,理论研究多偏于经验性,甚至没有学界公认的公开出版的标志性学术著作,但这段时期的发展却为20世纪80年代以后档案学的恢复与繁荣打下了框架与基础。这也体现了一门学科发展历程的阶段性特征——从不成熟到逐步成熟。尤其对于档案学而言,它不同于以思辨性为主要特征的哲学、以缜密性为主要特征的数学、以实验为主要依托的化学,它的学科发展之路注定要与实践保持有密切的联系,而不至于陷入"为理论而理论"的思维怪圈。正是对档案实践的坚实拥趸,促使中国档案学科在20世纪五六十年代的创建过程中重视对实践经验的研究、从容应对本土化的挑战、吸纳档案实践家充实研究队伍,逐渐丰富档案学的研究内容和知识体系。

## 第四节 现实视域的审视:坚守、批判、拓展、反思

本章上述内容分别从学科视域、学理视域和历史视域审视了1949年至1966年的中国档案学,意在探讨这段学术史在中国档案学史中的地位、作用、特点和规律,并从内在理路(学理视域)和外在归因(历史视域)两方面分别究明这些特点与规律的促成要素。那么,回顾历史,对于这十七年的档案学术发展历程,其中有哪些是需要当代档案学人所反思与借鉴的呢?笔者认为,这就要求我们坚守档案学的独立性、批判档案学的附庸性、拓展档案学的包容性、反思档案学的时代性。

## 一　坚守档案学的独立性

档案学到底是不是一门独立的学科？这不仅是20世纪五六十年代新中国成立后第一批档案学人不断证明的问题，而且对这一问题的探讨一度延伸到20世纪80年代，这也从侧面印证了档案学初创与成长的不易，说明了一门新兴学科取得其"合法性"地位之艰难。尽管备受质疑，但以吴宝康为代表的档案学人群体在这一学科创建伊始就始终坚持它的独立性地位，并努力为之形式上的独立与实质上的独立而潜心钻研，取得了较为可观的学术成果，为中国现代档案学奠定了坚实基础。可以说，档案学能够以一门独立社会科学的姿态屹立于学科之林，其中饱含着老一辈档案学人的奉献与付出，凝结着他们的责任感与使命感。也正是坚持档案学的独立性，新中国成立后的第一批档案学人积极思考档案学的学科属性、档案学不可被其他学科所替代的特殊性、档案学科的知识体系、档案学科的组织建设等问题，而对这些问题的思考又反过来促进了档案学知识的发展与进步，促进了档案学的"自我改造"与"自我进化"。

进入21世纪以来，随着科学的转型，"有机整体的、复杂的、进化的本体论，有限理性认识论，互补的方法论"[1] 逐渐替代了机械主义本体论、全面理性与理性至上的认识论、实证主义的一元方法论。而作为科学具体类别与表现形式的学科在科学转型之下，也潜移默化地经历着学科框架的变革——客观、独特的研究对象逐渐转变为相对的、系统的研究对象，唯一、独特的研究方法逐渐转变为多元化的研究方法，线性、单向度的知识体系逐渐转变为球形、多向度的学科知识体系。[2] 这种转向也应和了学科之间分化与融合的发展趋势，使得学科边界变得越来越模糊，很多传统的、核心的知识框架受到挑战。尽管如此，科学转向之下学科内涵与外延的深化、拓展与融合并不能改变和动摇学科独立性的地位，档案学科亦是如此。

但是，近十年来，档案"有学"与"无学"之争虽鲜有热议，但

---

[1] 刘小强：《学科建设：元视角的考察——关于高等教育学学科建设的反思》，广东高等教育出版社2011年版，第73—88页。

[2] 刘小强：《学科建设：元视角的考察——关于高等教育学学科建设的反思》，广东高等教育出版社2011年版，第89—114页。

并未消失。2008年11月网名为"春风秋水"的网友以古论今,作《〈子虚赋〉新传:档案无学论》,假借子虚先生之口说道:"考诸自古以来诸般学问,闻有史学者,未闻有档案学也。史学,敷陈历代兴衰废举变革以究天人之际、通古今之变之学也。夫如是,何须乎特别之档案学欤?档案工作,与其谓之'学',毋宁谓之'术'。"① 行文最后就这一问题仍未达成共识——"'档案无学论'到底是什么意思?它到底是一种无知的妄言,还是一种深刻的洞见?档案到底有'学'无'学'?档案到底无'学'有'学',这还真是个问题啊。"② 其实时至今日,这一悲观的论调或疑惑在社会上仍旧存在。那么在科学转型与学科框架变革、"档案无学论"的双重压力下,坚守档案学的独立性就显得更加必要而且必须了。

坚守档案学的独立性,就要增强档案学的学科自信。徐拥军曾从学科的自觉意识、反思意识、自强意识出发,论述档案学如何增强学科自信,认为:"学科自觉既来自于理论研究、又来自于实践感悟,学科反思则来自于学术发展脉络,而学科自强既来自对学科自身特色的坚守、也来自档案学人对本学科理论深度的挖掘。"③ 对档案学学科自信的探讨实则是观照档案学过去、现在与未来的一种综合性思考,如此,学科自信才不会变成盲目的乐观。20世纪五六十年代新中国成立后的第一批档案学人,他们的学科自信大多是马克思主义世界观所赋予的,在此种学科自信的鼓舞下,档案学科体系初具规模,这也彰显了时代的特色。笔者认为,学科自信更多地来自于理论自信,尤其是当今的档案学发展,如果再将过多的笔墨或思考留给档案学科的设计,或是在学术研究尚未取得突破性成果时,一味地翻新知识体系,而消解了以问题为导向的学术研究,那么就会显得有些不合时宜。"从教材转向专著,从学科转向领域,从一般的知识性介绍转向问题研究"④,才是当今档案学

---

① 春风秋水:《〈子虚赋〉新传:档案无学论》,http://www.danganj.net/bbs/viewthread.php?tid=10901,2017年12月14日。
② 春风秋水:《〈子虚赋〉新传:档案无学论》,http://www.danganj.net/bbs/viewthread.php?tid=10901,2017年12月14日。
③ 徐拥军:《档案学的学科自信》,载赵彦昌主编《中国档案研究》(第四辑),辽宁大学出版社2017年版,卷首语。
④ 董天策:《强化问题意识,深化学理内涵——论新闻传播学术创新》,载董天策《问题与学理:新闻传播论稿》,中国传媒大学出版社2011年版,第1—19页。

取得理论自信的有效途径。毕竟时代不同，研究取向的转变也刻不容缓。

坚守档案学的独立性，就要倡导档案学人的人格独立性。"中国现代学人心中的'学术独立'，从大的方面说至少含有两层涵义：一国学术之独立，以及学者个人的学术独立。"[①] 学者的"独立精神"，有"以学术自身为目的"说、有"不为政治之工具"说、有"不为名利的工具"说[②]等，这些"独立精神"构成了学人人格独立性的重要方面。近年来，随着范式理论的引进，档案学术共同体研究进入了档案学研究的视野，有关学术共同体尊严的探讨也成为其中一个重要议题，而尊严则是人格独立性的重要表征。档案学人的人格独立性，重在强调学者的学术理想与学术抱负、强调学者合理而针砭的话语表达、强调学者不畏时势的学术勇气，尽管知易行难，在学术研究中难免受主客观原因的限制而使学术成为附庸品，但倘若在档案学研究中，档案学人缺乏人格独立性，何谈坚守学科的独立性。

坚守档案学的独立性，就要发挥档案学的想象力。美国社会学家赖特·米尔斯（C. Wright Mills）在其经典论著《社会学的想象力》（*The Sociological Imagination*）一书中，对传统学科的僵化与抽象予以批判，并认为"理论的想象力"比"理论的诠释力"内涵更为丰富："它是一种心智的品质，这种品质可以帮助人们超越自我与时代的局限，同时，它还是一种视角转换的能力，涵盖从最不个人化、最间接的社会变迁到人类自我最个人化的方面，能让人们了解周围的现实与更宏观的现实之间的联系，使人类理性本身在人类事务中发挥更大作用。"[③] 由此可见，想象力是突破学科僵化思维、引领学术创新的另一种方式。发挥档案学的想象力，需要关注多元认知、关注多重价值、关注多种可能，并与时代变革紧密接轨，逐步摆脱学科抽象与僵化的顽疾，避免从狭小经验范围出发进行理论的抽象，避免以意识形态话语统筹学术话语。当然，发挥档案学的想象力并不意味着只关注"未来档案学"、关注"档案多元论"（西方称为"档案多元宇宙观"Archival Multiverse），而忽视学科传

---

① 陈以爱：《中国现代学术研究机构的兴起》，江西教育出版社2002年版，第69、141页。
② 陈文忠：《走向学者之路》，安徽师范大学出版社2016年版，第31—32页。
③ [美] C. 赖特·米尔斯：《社会学的想象力》，陈强、张永强译，生活·读书·新知三联书店2016年第4版，第5—7页。

统的价值，因为学科传统以及由此衍生的经典理论及学科样态就如同"定海神针"一般，宣示着档案学在其自身特有研究领域的"学术主权"，也使得档案学的想象力更加趋于合理。

**二 批判档案学的附庸性**

学术研究，贵在批判。康德将"批判哲学"视为"学理的探究"，黑格尔将"反思性批判"作为哲学研究的起点，马克思将"批判"当作变革社会的利器，法兰克福学派的"批判理论"曾成为盛极一时的学术流行语。[1]"批判"话语在中国虽历经曲折，但却逐渐实现了学理性的回归。笔者认为，回顾20世纪五六十年代的中国档案学发展历程，除了继承之外，更加值得反思的是，哪些是应该摒弃或批判的。而这其中，档案学的附庸性当属最应探讨的问题之一。

档案学的附庸性表现在档案学的政治性方面。陈建在其博士论文《中国档案学的政治性格研究》中从中国档案学研究主体的行政特色、中国档案学研究对象的权力互构、中国档案学研究环境的政治熏染等方面阐述了中国档案学政治性格的形成、评价与发展问题，并总结了中国档案学政治性格存在的多重风险："研究主体的行政附庸风险威胁着中国档案学的独立性与自觉性，研究对象的权力强控风险威胁着中国档案学的学科性和客观性；研究体系的政治狭隘风险威胁着中国档案学的完整性与丰富性；研究环境的政治干预风险威胁着中国档案学的稳定性与自由性。"[2] 由此可见，政治性格对中国档案学的影响深远而又巨大。实际上，中国档案学的政治性格从古代萌芽的档案思想中即可管窥一二，中国古代从事档案管理的史官与政权有着天然联系，古代档案多为皇权的象征、资政的工具，古代社会的政治氛围严肃而又专制，因此，档案管理活动的政治色彩远大于其文化色彩。档案学的政治性经过近代的发酵，到新中国成立后被不断放大，直到20世纪80年代吴宝康还曾言："任何认为我们档案工作和档案学的研究工作与党的路线、方针、

---

[1] 具体内容可参见姚文放《从形式主义到历史主义：晚近文学理论"向外转"的深层机理探究》，北京大学出版社2017年版。书中第一章内容为"批判"话语的谱系学研究，多有涉及批判理论的演变历程及代表学说。

[2] 陈建：《中国档案学的政治性格研究》，博士学位论文，中国人民大学，2015年。

政策无关的思想认识都是不对的。"① 甚至在后现代思潮裹挟的今天，权力对档案学的解构与重构成为中外档案学者共同面对的课题。回到本研究的时间视域，20世纪五六十年代，档案学的政治性表现得更加鲜明，档案学的"阶级性"与"党性"、档案工作受"整风"与"大跃进"浪潮的影响、档案学人"厚今薄古""厚中薄西"的文字表述充斥着档案学研究的多个方面，这对崇尚自由的学术研究、对刚刚起步的档案学术探索而言，宛如无形的桎梏。诚然，不可否认的是，强大的体制力量促进了档案高等教育、档案研究机构的创办，这种制度上的保障加速了档案学科的发展进程，但尽管如此，在进行学科审视时，政治对学术的冲击也应成为理性面对的事实。

档案学的附庸性还表现在档案学术评价方面。"学术评价关乎学术的前途，关乎学者的处境，关乎学术机构的生存，其利其弊都能产生很大的后果，因而不可等闲视之。"② 可以说，良好的学术评价机制对于学术的发展与进步而言，其作用是不可低估的；言之有物、言之有理的学术评价类文章的学术价值理应不比原创类学术论文低下。加拿大档案工作者协会（The Association of Canadian Archivists）主办刊物《档案》(Archivaria)就将"书评"（Books Reviews）设为常规栏目之一，每期刊登三篇左右的学术评介类文章（在每期十篇左右的刊载量中已占很大比重），对时新的档案学论著予以评述，此种版面编排足以见得学术评价在学术研究领域的分量。但在我国档案界，据笔者浅见，时至今日仍未形成一个良好的学术评价机制，社会科学学术论著评鉴的唯实观、统一观和实践观③也尚未在学术评价中得以良好践行。尤其是本研究所涉及的20世纪五六十年代，本是一个学术争鸣与探索的时期，各种不同观点的涌现实属正常，但学术水平发展不高的事实限制了学术评价的合理性与科学性，学术评价与人格评价混为一谈，一定程度上制约了相关问题的厘清。

档案学的附庸性一定程度上影响了档案学的学术性和创新性。20

---

① 吴宝康：《档案学理论与历史初探》，四川科学技术出版社1986年版，第221页。
② 李剑鸣：《自律的学术共同体与合理的学术评价》，《清华大学学报》（哲学社会科学版）2014年第4期。
③ 具体参见郑东《学术发展的哲学思维与实践路径》，山东大学出版社2012年版，第64—71页。作者将唯实观、统一观和实践观视为社会科学学术论著评价的哲学观。

世纪五六十年代档案学鲜明的政治性格以及受此影响的学术评价,使得档案学的学术性和创新性受到一定的影响,一些"研究类文章"紧跟着政治形势的发展而纷纷产出,如论述档案工作党性原则和阶级性原则的、应和"多快好省"指导思想的、反映"亲苏批欧美"档案学观点的,等等。这些文章以及后续各类跟风式的研究,在学术史中的学术价值十分值得商榷,这些颇具"时代性"的"研究成果"对后世的影响恐怕也是"消极"多于"积极",从当今的视角来看,很难与"学术性"和"创新性"产生联系。当然,"学术研究上没有价值的东西未必在历史经验的总结上也毫无价值"[1],但这些研究的"价值"恐怕也只能局限在供"检讨缺陷"之用了。

实际上,学术的附庸性是一种较为普遍的现象,并非中国、并非档案学,也并非20世纪五六十年代的中国档案学所独有。归根结底,学术的附庸性实质上是对政治的附庸。正如"文化政治"[2] 倡导者们所共识的那样——任何东西都关乎政治。当然这里的"政治"不仅指"国家制度、经济体制、科层机构、国际关系、政党、议会、政府、工会等社会权力关系",在今天更多的是指"性别、种族、民族、族裔、性、年龄、地缘、生态等文化权力关系",[3] 而这些权力关系都会或多或少对学术发展产生影响。当代档案学研究已经开始慢慢关注到社会权力关系和文化权力关系对档案学的非难,并以辩证的方法看待权力之于档案学的作用,二者之间不只是附庸,还可以良性互动。档案学研究过程中也逐渐开始去中性化,逐渐摆脱唯上、唯书的认知模式,逐渐实现学术的多元表达。

### 三 拓展档案学的包容性

"包容性"一词在我国多用于经济研究中,如"包容性增长";用于科技发展中,如"包容性创新";用于社会治理进展中,如"包容性

---

[1] 左东岭:《我们需要什么样的学术史——以中国古代文学研究为中心》,《文史哲》2016年第1期。

[2] 1999年,美籍非裔作家贝尔·胡克斯(Bell Hooks)在名为《向往:种族、性别和文化政治学》(*Yearning: Race, Gender, and Cultural Politics*, Cambridge: South End Press, July 1999)中,提出"文化政治学概念"。

[3] 参见姚文放《从形式主义到历史主义:晚近文学理论"向外转"的深层机理探究》,北京大学出版社2017年版,第61页。

发展";等等。但最初,"包容性"是哲学中的一个伦理概念,诸如法国著名哲学家和评论家拜尔(Pierre Bayle)、葡萄牙—犹太裔的荷兰哲学家斯宾诺莎(Baruch de Spinoza)、法国启蒙思想家伏尔泰(François-Marie Arouet)等将"包容性"(尤其是宗教包容性)与政治权力相连接。而到了现代,美国政治哲学家约翰·罗尔斯(John Rawls)和美国法理学家罗纳德·德沃金(Ronald Dworkin)将"包容性"定义为伦理美德。但归根结底,"包容性"根植于历史政治之中、根植于国家治理框架之下——"重大的历史政治事件形成了包容性的说法……国家通过排除'异己'的态度和行为来确立自身的地位。"① 在当今社会,"包容性"则与"多元性"异曲同工:"多样性促进了多元化理念的发展,包括:种族多元论、道德多元论、宗教多元论、语言少数派的多元化。"② 既然"包容性"日益强调理念的多元,那么学术的包容性就日益进入了学者的研究视野。

笔者认为,档案学的包容性即为一种摒除狭隘认知偏见、走向开阔思维的档案观。早在1957年,吴宝康在倡导努力发展档案学时就提出"向苏联学习,这是应该肯定的……但是向我们国家自己的好传统学习,也是很重要的。此外,还可以向资本主义国家的好经验学习"③。在这一理念下,吴宝康在受命创建新中国档案高等教育时积极吸纳民国档案学人参与到这一进程中,这本身就可视为档案学包容性的体现,即包容不同性质的档案学术传统与治学经验。虽然由于时代的原因,这一理念在当时并未发挥其应有作用,但此种认知在那个时代的提出本就难能可贵。而到了全球互联、人人都是自媒体的时代,倡导档案学的包容性就更加恰逢其时。

首先,拓展档案学的包容性,就需要以一种独立客观的立场认清学术研究的"真问题"。这与上文所论述的批判档案学的附庸性相互呼应。回顾学术史,姓资与姓社的二元对立早已成为20世纪中期档案学

---

① [澳]苏菲·卡斯加迪费伊:《前言》,载[法]安妮·瓦格纳(Anne Wagner)、[印度]维杰·K. 巴蒂亚(Vijay K. Bhatia)编《社会法学的多样性与包容性——法律符号学之探索》,张法连、叶盛楠、吴萧、刘昕译,中国政法大学出版社2012年版,Ⅵ—Ⅷ。

② [澳]苏菲·卡斯加迪费伊:《前言》,载[法]安妮·瓦格纳(Anne Wagner)、[印度]维杰·K. 巴蒂亚(Vijay K. Bhatia)编《社会法学的多样性与包容性——法律符号学之探索》,张法连、叶盛楠、吴萧、刘昕译,中国政法大学出版社2012年版,Ⅵ—Ⅷ。

③ 吴宝康:《努力发展档案学》,《档案工作》1957年第2期。

的流行话语，当今时代如再谈论档案学的"阶级性"与"党性"显得不合时宜，但在那个时代这却是重要的研究命题，很多档案学者对此深信不疑。同理，现如今的当代档案学人是否也陷入了一个不自知的思维怪圈，并将许多研究命题同样视为"真命题"而予以反复探讨？对于此，身处当下的我们也许同样不自知，同样对所研究的议题深信不疑。这就是学术史研究的价值所在，它给予我们一种超越时空的视角，审视当时的种种问题。因此，过多的批判或是赞誉都不是研究学术史的最佳态度，过去的学术发展历程"就在那里"，尽管对其解读会随着不同研究者的立场而存在一定的主观倾向，但这却无法改变学术发展的客观性，就像无法改变学术史当中所凸显出来的那些学术著作的价值一样。正如前文所论述的20世纪五六十年代唯一的一部欧美档案学译著——《荷兰手册》，尽管在意识形态的影响下备受批判，但仍无法否定它在档案界"圣经"般的地位。因此，辨析档案学的"真问题"与"伪问题"，是开展学术研究的第一步，也是学术研究取得进步的关键。而进行此种辨析就需要站在一个客观中立的立场，尽量摒除主观性偏见，如此，方可实现学术的极大包容。

其次，拓展档案学的包容性，就要实现从"一体多源"的主导到"多元一体"的觉醒。"一体多源"的主导实则为20世纪五六十年代中国档案学以苏联档案学这"一体"为借鉴与参照的对象，在学科创建之初从研究术语到知识体系都以苏联为蓝本，并以苏联为窗口实现了解世界档案学的"愿望"。从前文所述《外国档案工作简讯》的译稿来源可知，1949年至1966年的我国除了对苏联档案学论著的译介之外，还对匈牙利、保加利亚、罗马尼亚、捷克斯洛伐克、德意志民主共和国等当时的社会主义国家的档案工作予以介绍；另外，还对资本主义阵营的美国、英国、法国、荷兰及国际档案理事会的档案学研究成果进行选择性翻译，所以当时并非对欧美档案学的发展状况一无所知，可谓是"多源"；但这种"多源"是以苏联为"一体"主导下的"多源"，是苏联视野之下世界档案学的缩影，其中的局限与偏见可想而知。"多元一体"则恰好相反，其中的"多元"是指世界上不同国家，无论国家性质和发展状况，其档案学发展模式的多元、档案理念的多元、档案实践的多元、档案关注焦点的多元、档案学研究方法与研究成果的多元。尤其是后现代主义思潮裹挟之下，"质疑性档案学范式"（Questioning archival paradigm）逐渐成为继三位荷兰先驱的《荷兰手册》、希拉里·詹金逊（Hilary Jenkinson）的古典档案学、西奥多·谢伦伯格（T. R. Schellenberg）的现代档案学之后的又一档案学范式①，档案学和档案职业的传统观念和固有模式受到挑战，档案世界呈现出多元化样态。但在了解这些多元化档案学样态并吸收这些多元化档案学理念的基础上，中国档案学的发展和创新仍要立足于自身，最终回归"中国""档案学"的语境，即将世界档案学的多元化融为中国档案学的一体化之中，从而在兼容并包的思想指引下，实现与国际档案学同步共振的中国档案学研究谱系。

早在1959年，赖特·米尔斯就断言："现在，影响每个人的历史是世界历史。现在，创造历史的进程超出了人们根据所珍视的价值调适自身的能力。"② 半个多世纪后的今天这段话仍然适用，且更加契合时代发展的轨迹。这就要求我们以更加包容的心态看待世界历史进程中的多元价值观，并将这种多元性融入学术研究的具体问题探索中，摒弃偏见，回归客观。近几年来，档案界对"档案多元论"（Archival Pluralism）或"档案多元宇宙观"（Archival Multiverse）③ 的呼吁正是对档案学包容性的最佳倡导。然而，从新中国成立初期的"步武苏联"到改革开放后的"西风东渐"，中国档案学对世界的了解虽趋于自主而有所扩展、但仍稍显局限，虽在国际舞台的话语表达日渐增多，但融入感仍旧不足。这也为中国档案学的后续扩展提供了合理的空间。

## 四 反思档案学的时代性

顾颉刚曾有言："凡是真实的学问，都是不受制于时代的古今，阶级的尊卑，价格的贵贱，应用的好坏的。研究的人只该问这是不是一件

---

① John Ridener, *From Polders to Postmodernism: A Concise History of Archival Theory*, Duluth: Litwin Books LLC, 2009.

② ［美］C. 赖特·米尔斯：《社会学的想象力》，陈强、张永强译，生活·读书·新知三联书店2016年第4版，第4页。

③ 注：国际档案界档案学家 Anne J. Gilliland, Sue McKemmish 和 Andrew J. Lau 于2017年最新编辑出版了名为 *Research in the Archival Multiverse*（Monash University Publishing）的论文集。此外，Anne J. Gilliland 作为"档案多元论"或"档案多元宇宙观"的倡导者在这一领域多有论著。

事实，他既不该支配事物的用途，也不该为事物的用途所支配。"① 但笔者认为，这是理想中的学术，而常态却是，每一个时代有每一个时代的学术，每一个时代有每一个时代特有的话语表达。就像学人个体会逐渐形成自己鲜明的风格一般，学术也会带有其时代性色彩。

如果将1949年至1966年的中国档案学放置于档案学史的发展历程中，那么就会发现其与民国档案学和20世纪八九十年代甚至当代的档案学相比，仍会有所不同。"在共和国五六十年历史上，前三十年政治在国家生活中占有核心的地位，政治压倒一切，政治冲击一切，政治是中心，学术服务政治，学术依附政治。历次政治运动一个非常重要的内容即是对知识分子进行所谓洗心革面的'改造'和规训，意识形态的运作很大程度上也是为了将学术研究纳入它指定的轨道。"② 此种时代印记在档案学科创建初期的十七年历程中表现得尤为明显，这在前文档案学的附庸性中均有所论述。当然，这仅仅是档案学时代性的一个缩影和折射。实际上，无论是在档案学的研究问题、研究方法、书写风格，还是在档案学人的知识结构、思维方式和生活阅历上，每一阶段的档案学都打上了时代的烙印、彰显了时代的特色。

档案学的时代性体现在档案学人对学术与人生的关系探索中。回顾1949年至1966年的中国档案学，这一时期的档案学人群体，他们并非是自主选择进入这一行业或职业的。档案学教育的首批教员队伍是从全国各地调来的档案干部，如吴宝康、田奇、田凤起、李凤楼等之前是从事秘书与资料工作的，韦庆远则是从事历史研究的，韩玉梅等是从事专职俄语翻译的，他们均是在组织的指派与任命下开始从事档案教育并逐步摸索开展档案学研究的。而在第一批作为师资队伍储备的学员中，很多人也是"被动"进入档案学的学习与研究的，如作为文献公布学和文献编纂学首批研究员之一的李毅在回忆时曾写道："其实我并不欢喜这个专业，怪死板的，但组织决定我不能不服从。"③ 作为中国档案史首批研究人员之一的周雪恒也在回忆中说道："那个时候总觉得这个专业满足不了年轻人对知识的渴求，因为当时我们是调干生从事这一学科

---

① 转引自王学典主撰《顾颉刚和他的弟子们》（增订本），中华书局2011年版，第42页。
② 欧阳哲生：《当代学术史研究刍议》，《云梦学刊》2005年第4期。
③ 李毅：《八十回顾》，未公开出版，第79—80页。（该书为笔者采访李毅时所得，并未公开出版，口述史料采集时间为2016年7月11日。）

的学习与研究，我原来是搞机要密码电报的，只能报考这个系。"① 由此可见，无论是教员还是学员，在特有的时代背景下，他们"被动选择"进入这一行业，但却以革命者的精神和热情"主动探索"这一学科的发展道路。在没有类似今天这种严格的等级评价体制和明确的激励机制之下，他们的治学态度反而更加"纯粹"、更加"自觉"。虽然他们并未"主动"将学术作为自己的人生选择，但在国家档案事业、档案学科建设选择了他们之后，他们全力以赴积极探索这一学科的建设与发展问题，并将此作为毕生的事业与奋斗目标，将革命理想变成他们的生活方式和治学态度，从而实现了学术与人生的融合。由此可见，这种"被动选择性"并未成为阻碍他们学术探索的因素，正如吴宝康所言："干一行、安一行、钻一行、爱一行"，这也成为了革命一代的治学理念。

档案学的时代性体现在档案学人的现实观照力方面。当代学术史家余三定认为："人文学者的学术研究一定要有时代性、现实性。"② 其实不只是人文学者，自然科学和社会科学研究者的学术研究也应具有一定的时代性与现实性，即所做的研究不仅要有理论阐释力，还应具有现实观照力——观照所处时代亟须解决的、颇具现实指导意义的那些问题。这就需要理性地审视时代性与现实性、时代性与未来性的关系，毕竟学术研究关乎过去、现在与未来的方方面面，且理论的作用不只在于阐释，还在于指引。这样看来，时代性、现实性与未来性三者并不矛盾，学术研究既要"脚踏实地"也要"仰望星空"。回顾1949年至1966年的中国档案学，其时代性更多地体现在档案学人的现实观照力方面，他们研究的问题多从现实出发，力求为档案实践活动的开展提供理论的解释和指导，他们当时研究的"学术热点"问题也多是基于实际的需要，自然吸引了理论界与实践界的广泛参与，理论界与实践界由此保持有密切的联系。可以说，对现实的观照力成为了20世纪五六十年代中国档案学生命力的源泉，这项学术传统仍值得当今档案学人秉承与发扬。但是，限于系统性档案学研究刚刚起步，档案学人并未开展也没有能力开展档案学所谓"元"理论的探索，这也造成了当时档案学学术水平不

---

① 口述史料采集时间为2017年11月3日。
② 余三定：《中国新时期学术热点研究》，北京大学出版社2012年版，第271页。

高、理论深度不够的状况；而且在历次政治运动中，档案学人也很难以清醒的理智维护档案学术研究的纯粹。

　　档案学的时代性需要以一种辩证的态度来看待。以上所论述的20世纪五六十年代中国档案学的政治附庸性、档案学人对学术与人生的关系探索、档案学人的现实观照力等方面均属于档案学时代性的体现，但档案学的时代性其实渗透到学术研究的各个方面，无形地影响着档案学人思考问题的方式、形塑着档案学的发展轨迹。而对于时代性赋予档案学的品质，我们也应以一种辩证的态度来看待，毕竟随着时代的变迁，对同一事物的理解力也会发生改变，正如何兆武所言："我们用今天的眼光、今天的感受、今天的思想来理解过去，跟过去的时代是完全不一样的。你说哪个是真的？两个都是真的。"[①] 因此，对于时代性所赋予的那些优秀传统我们理应继承，对于时代性所赋予的那些问题与缺陷我们也不可过于苛责，而应从中吸取教训。另外，每个时代的挑战赋予了学术研究特有的机遇。20世纪五六十年代的中国档案学面对的挑战是怎样以一门新兴学科的姿态独立于学科之林并得到应有的认可，因此选择了以学科为导向而非问题为导向的研究路径，这是时代性赋予档案学学科构建的选择。但到了今天，在学科基本成型、体系基本完备的情况下，以问题为导向的研究才应是学科不断走向完善与成熟的正确路径，这也要求当代档案学人强化问题意识、正确审视时代性赋予档案学发展的机遇、挑战、问题、困境与诘难。

　　由此，坚持档案学的独立性、批判档案学的附庸性、拓展档案学的包容性、反思档案学的时代性，不仅是对1949年至1966年中国档案学的现实审视，而且为档案学的未来发展提供了一种指引。

---

[①] 何兆武：《谈诗与真——历史和历史学》，载胡显章、曹莉主编《学术与人生》（清华大学新人文讲座·第五辑），清华大学出版社2011年版，第71—93页。

# 第六章　中国档案学的哲学反思

黑格尔在其经典论著《历史哲学》绪论中认为研究历史的方法包括原始的、反省的和哲学的，原始的方法即将自己熟知的行动、事件与社会状况转换为观念作品，并且了解其中所蕴含的精神；反省的方法包括按照自己的精神进行史料整理工作、并用"思想"概括一切以达到简明效果的普遍历史法，虽研究"过去"但却以着眼"现在"为酬劳、并从历史中获得道德训诫的实用历史法，批判各种历史记述以检验其真实性和可靠性、并从史料的字里行间寻出记载中未有内容的批判历史法，以一个民族历史中各种事件和行动为指导核心、继而发展到以普遍为观点的部分历史法；而哲学的方法则是对历史的思想考察、用"理性"来观察历史，并将精神的、变动的、理想的、内在的必然性视为对历史进行哲学式理解的灵魂。① 虽然黑格尔的历史哲学因唯心主义观点而在后期饱受批判，但其在历史哲学发展史中的地位却无法撼动，因为黑格尔提供了历史哲学的一般性框架（见图6-1）。

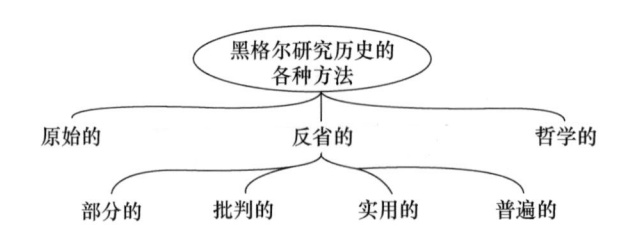

图6-1　黑格尔历史哲学框架图②

---

① ［德］黑格尔：《历史哲学》，张作成、车仁维编译，北京出版社2008年版，绪论。
② 图为笔者根据黑格尔《历史哲学》一书提炼绘制。

本研究前述部分可谓是一定程度上借助了原始的方法[①]对1949年至1966年中国档案学发展历程中的"行动、事件与社会状况"进行了一种分析的、批判的审视，即如何看待档案学史上那些具体和微观的"历史事实"，无论那些事实是客观的抑或是带有主观色彩的。那么此章即是对档案学元问题的一种反思，即如何看待档案学这种历史性建构，就如同一般意义上的历史哲学如何看待世界历史事件的进程一般，只不过笔者将此具象到档案学历史进程之中。因此，笔者意图跳出1949年至1966年的中国档案学，而是以此段学术史为"口径"管窥档案学史的共性问题，并力图进行一些方法论意义上的探索。正如笔者在绪论中辨明"学术史"概念及"档案学史"应研究的内容时所写的那样，"历史哲学"是学术史研究的一个落脚点，也是一种分析工具。但笔者在此并不想从历史哲学的起源、发展脉络、现状及未来写起，或是将历史哲学到底是什么、包括什么等条分缕析，一则这些内容本不属于本书的研究范畴，二则"作为哲学的一个分支，尽管自近代以来历史哲学已经有了一定的发展，但总体上说，她尚未形成一个完整统一的学科理论框架"[②]。换言之，历史哲学的基本内容及其相互逻辑关系如何，笔者只能根据自身的学识与理解、结合本研究的内容作出相关而融贯的抉择。

根据现有对历史哲学的研究，一般认为，第一部历史哲学著作始于奥格斯丁的《上帝之城》，随后历史哲学先后经历了思辨的历史哲学到分析/批判的历史哲学的转变。维科、伏尔泰、孔德、康德、亨普尔、黑格尔、斯宾格勒、汤因比、文德尔班、李凯尔特、克罗齐、柯林武德、福柯等都是历史哲学研究的典型代表。但可以说，他们对历史哲学的研究基点及理念却大为不同，且不断变化。李凯尔特[③]的历史哲学否认历史的客观规律性、反对辩证法和历史唯物主义，崇尚历史上的个体；罗兰·巴尔特[④]对历史进行了符号学式的分析以取消历史"事实"

---

[①] 即根据文献资料、原始档案、回忆录、口述史料探讨1949年至1966年与档案学发展相关的"行动、事件、社会状况"等。

[②] 周建漳：《历史哲学》，北京大学出版社2015年版，序，第Ⅰ—Ⅲ页。

[③] 亨利希·李凯尔特（H. Rickert, 1863—1936），德国唯心主义哲学家。著有《自然科学概念构成的界限》（1896—1902）、《文化科学和自然科学》（1899）、《历史哲学问题》（1905）、《康德——现代文化的哲学家》（1924）等。

[④] 罗兰·巴尔特（Roland Barthes, 1915—1980），法国结构主义思潮的代表人物之一，符号学家、美学家和文学理论家。著有《作品的零度》《结构主义选读》等。

概念本身,从而达到其历史虚无主义主张;柯林武德①认为,历史背后的精神活动,加之自身经验范围的反复思索是历史哲学的精髓;汤因比②将"文明"视为历史研究的最小单元,并认为哲学意义上的"文明"是"平行的""同时代的";等等。甚至这些历史哲学家在观点上的相互批判构成了历史哲学发展的重要脉络。而在中国,历史哲学又有了更多样、更全面、更融贯的解读,如梁漱溟从历史本体论、历史动力论、历史发展观、历史形态论、历史结构论、历史决定论、历史认识论等方面对历史发展规律与内在趋势、人生与现实等问题予以抉发。③ 翦伯赞出于对过渡时期的中国社会情势下理论歪曲化、玄学化的抨击,提出历史哲学的任务——"从一切错综复杂的历史事变中去认识人类社会之于历史阶段的发生发展与转化的规律性,没有正确的哲学做研究的工具,便无从下手。"④ 牟宗三以黑格尔的历史哲学为参照与批判对象、从中国历史的发展脉络出发,阐述历史哲学之重要以及其基本概念,论述了主观实践、客观实践、纯理智的思辨等内容。⑤ 王船山用"六经责我开生面"的方式统合中国历史上的思想资源、以探求华夏未来复兴的美好前景。⑥ 由于历史哲学即对人类各种历史现象的一种哲学式思考与解读,那么,不同时代、不同国度、不同背景下的历史哲学审思也有所不同,这本无可厚非。

综观中西历史哲学的发展,不论是唯心的还是唯物的,笔者认为"关联性"乃是历史哲学研究中的一个重要命题。诸如黑格尔倡导"精神""理性""思想",但却将地理基础产生的自然联系视为"精神"表演的场所,并认为这是一个重要而必要的基础。⑦ 利奥波德·冯·兰克将"条件"视为人类行为自由和决定论之间复杂关系的关键概念,且他认为"历史绝不可能具有哲学系统一样的统一性;但它也绝非毫无

---

① 罗宾·柯林武德(Robin George Collingwood,1889—1943),英国考古学家、历史学家和新黑格尔主义哲学家。著有《历史哲学论文集》《历史的观念》《哲学方法论》等。
② 阿诺尔德·汤因比(Arnold Joseph Toynbee,1889—1975),英国历史学家。著有《历史研究》《文明经受着考验》等。
③ 参见周良发、韩剑尘《梁漱溟历史哲学研究》,合肥工业大学出版社2017年版。
④ 参见翦伯赞《历史哲学教程》,生活·读书·新知三联书店2014年版,序,第3—4页。
⑤ 参见牟宗三《历史哲学》,吉林出版集团有限责任公司2010年版。
⑥ 参见邓辉《王船山历史哲学研究》,岳麓书社2004年版。
⑦ [德]黑格尔:《历史哲学》,张作成、车仁维编译,北京出版社2008年版,第33页。

内在关联。我们可以看到一系列相继发生、相互制约的事件"①。康德认为，人类的行为与自然事件一样，是由普遍自然规律决定的，历史是发展进化的过程，历史事件之间具有因果关系。② 此外，王船山的"时亟变而道皆常"的历史规律论、"人极立而道术正"的历史动力论、"理势相成"的历史趋势论等也体现了"关联性"重要命题；③ 而翦伯赞则以朴素的语言通俗地将历史的关联性问题解释为"历史之时间上的相续性，空间上的联系性以及客观条件与主观创造之不可分裂性的问题"，并认为"一个正确的史的唯物论者，是时时刻刻在把握这一历史的原理，以从事于人类历史之活生生的全面的究明"④。由于翦伯赞的理论更加朴素，更具有方法论的指导意义，故在这一章中，笔者将以翦伯赞的"历史关联性"阐述为理论架构，将此作为档案学元问题反思的依据，得出本章的研究框架（见图6-2）。

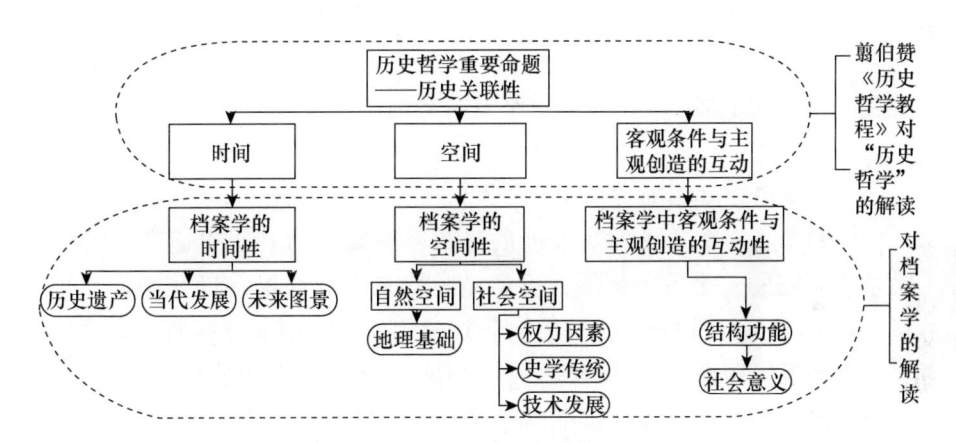

图6-2 第六章研究框架

---

① [德] 赫伯特·施奈德尔巴赫：《黑格尔之后的历史哲学》，励洁丹译，浙江大学出版社2014年版，第27页。
② [英] 汤因比等：《历史的话语：现代西方历史哲学译文集》，张文杰编译，中国人民大学出版社2011年版，译文集序，第1—10页。
③ 参见邓辉《王船山历史哲学研究》，岳麓书社2004年版。邓辉将王船山论"历史的哲学"诸问题总结为"时亟变而道皆常"的历史规律论，"人极立而道术正"的历史动力论，"一治一乱，一合一离"的历史形态论，"理势相成"的历史趋势论，"凝道生德而全质备文"的历史意义论等方面。
④ 翦伯赞：《历史哲学教程》，生活·读书·新知三联书店2012年版，第129页。

## 第一节 档案学的时间性

"历史哲学亦即时间哲学。时间之所以是有意义的,便在于它有始点和终点,有这两点之间的曲线。但时间之所以成为可能,又必须有一超时间的存在之存在。这一绝对的存在,不受时间的限制但却又可限制时间。"[①] 哲学强调时间性、历史也强调时间性,那么档案学史就是档案学基于时间性而构成的"一段"发展历程,无论这段历程是长是短。正如本书对1949年至1966年中国档案学的研究,这一期间档案学作为一门独立学科创建的曲折历程,及其在中国现代档案学史中的奠基性作用构成了中国档案学1949年至1966年的"曲线"。但是,档案学的某些特质又凸显了时间性,正如"苏联档案学""档案'芬特'""文献公布"等称谓只能是20世纪五六十年代中国档案学的"行话"。如果反思档案学的时间性,那么"历史""现状"和"未来"这三个时间的重要阶段成就了档案学的发展脉络及社会地位。

### 一 对待档案学的"历史遗产"

档案学是一个"纵向"发展的过程,档案学的"历史遗产"不仅是学术研究的一个重要领域,更彰显了档案学"在场"以及如何"出场"的姿态。回到本研究1949年至1966年的中国档案学历程,古人的档案思想及民国档案学可谓是那个时代的档案学"历史遗产",对待历史遗产的态度可以是继承、可以是摒弃、可以是二者兼之的折中态度。试想,如果新中国成立之初在"创建"档案学时继承了民国时期档案学的已有研究和学术成果,那么20世纪五六十年代的中国档案学以至于改革开放后期的档案学发展会呈现何种样态,可能会是另一番景象,而本研究中所言"创建"一词也会显得不合时宜,毕竟在已有研究基础之上的继承性发展应算作"建构"或"构建"。当然,历史没有假设,"反事实"的想象终归只存在于虚构的文本中,对待历史的选择往往内化于档案学所处的空间视域内(即下文即将论述的档案学的空间

---

① 参见邓辉《王船山历史哲学研究》,岳麓书社2004年版,序。

性），这也应和了何兆武所论述的"可能性、现实性和历史构图"[①] 的关系问题。另外，如果从今天的视角来看，1949 年至 1966 年的中国档案学也成为了"历史遗产"，而民国档案思想相比而言就更加具有"历史性"，但如今对民国档案思想的态度明显有所改观，有关民国档案思想研究的论著纷纷涌现，且"抨击性"的文字表述在学术话语中也早已丧失了一席之地。这种转变只能随着时间的流逝而悄然发生，因为伴随着时间的是各种因素之间的相互博弈和错综复杂的关系。但档案学的时间性并不仅仅是时间的流逝，而是在时间的维度下，档案学的外在结构与内在理路的变化，不管这种变化是朝向"进步的"方向、还是朝向"倒退的"方向，也不管这种变化是趋向"保守的"方向、还是趋向"革新的"方向。对待民国档案遗产的态度即是如何看待档案学"历史遗产"的最佳例证，这对于当今如何看待 20 世纪五六十年代的档案学颇富启迪，也为学术评价提供了素材。

然而，现状却是对档案学"历史遗产"缺乏应有的重视及客观的评价。首先是对档案学"历史遗产"的挖掘不够。比如一提到新中国成立初期对民国档案思想的态度就是"批判性继承"，那么当时具体有过哪些批判、批判的原因是什么、是何种原因促成了从批判到继承的转变、具体又有过哪些继承、此种态度（及态度的转变）对档案学而言产生了哪些或好或坏的影响等。又如一提及民国档案思想就必谈"十三本旧著"，研究民国学人的档案思想就必称"行政效率学派"的诸多代表性人物。诚然"十三本旧著"及"行政效率学派"确实在中国档案学史上留下了浓墨重彩的一笔，这些后人总结的称谓不仅是对"历史遗产"的极简凝练与最佳界定，但同时也为未来研究及后继挖掘设置了一个无形的"框架"，相关研究著述纷纷在这一"框架"内"推陈出新"。正如《从研究对象到研究视角——由吴宝康研究看档案学人研究的路径转换》一文中所言："学人研究到达一定程度，往往会出现研究路径的狭窄问题，研究选题、研究思路渐趋僵化。"[②] 其实不只是学人研究，

---

① 何兆武在《可能与现实：对历史学的若干反思》（北京大学出版社 2017 年版）中将"可能性、现实性和历史构图"及"历史研究中的一个假问题——从所谓中国封建社会的长期停滞论说起"等作为重要研究议题。

② 闫静、徐传信：《从研究对象到研究视角——由吴宝康研究看档案学人研究的路径转换》，《档案学通讯》2017 年第 4 期。

对于档案学"历史遗产"的诸多研究也是如此，诸如《中国近代"档案学"词源新考》①这种基于新史料、提出新观点、阐述新发现、为"档案学"词源及相关学者"正名"但却"费时又费力"的文章日趋少见，但这类研究对于学术史探索而言却又弥足珍贵。实际上，对于这些问题的深入挖掘不仅有"趣味"而且有"意义"，并彰显出档案学"历史遗产"的价值所在。但遗憾的是，渐趋"麦当劳化"②与技术化倾向的学术研究日趋消解了对档案学"历史遗产"应有的重视。

其次是对档案学"历史遗产"的评价趋于模式化。学术评价实则为通过文本的今昔对话，取其所长、弃其所短。"学术评价的基本方式主要有两种：一是基于成果内容的评价，即对成果内容的学术价值及其内容逻辑结构评价的方法；二是基于形式的评价，即通过客观描述学术成果的外在特征和学术成果之间的形式联系，绘制学术研究的形式化图谱，进而达到学术评价的目的。目前，无论是档案学科，还是其他人文社会科学，对学术成果形式的评价方法使用比较广泛。"③当前的现实是，对档案学"历史遗产"的评价深刻洞见者少之，反而是随着文献计量方法的普及，文献综述类评价增多。似乎只要掌握了一定的分析工具、研读了"一定量"的相关成果，那么综述类评价就成为了"人人可为之"的研究课题，评价的目标反而被弱化，抑或是学术评价的目标日趋统一化，或是"批判为主"或是"赞扬为主"，而"个中缘由"（及其合理性阐释）相对于"评价基调"而言却变得不那么重要。这也是为何现今一些学校的学术评估将综述类文章排除在学术成果之外的原因了。

因此，笔者认为对待档案学"历史遗产"正确的态度，应是将静态的"时间意识"转化为动态的"价值推动"。也就是说对待"历史遗产"不能轻视化、简单化，但对"历史遗产"的重视也并非是基于大量文本分析的基础上给出一个模式化的评价基调，而是要着眼于"历史遗产"研究的目的及其对档案学术研究的价值。这就要处理好"低头

---

① 梁继红：《中国近代"档案学"词源新考》，《档案学通讯》2010年第5期。
② 于英香在《档案学术研究"麦当劳化"置疑——从研究程序规范的视角考察》（《档案学通讯》2007年第5期）一文中提到了档案学术研究"麦当劳化"的问题。
③ 任越、王协舟、周林兴：《档案学经典著作评价研究论纲》，《档案学通讯》2017年第5期。

拉车"与"抬头看路"二者的关系，惯常的说法是"不要只顾着低头拉车，而忘记抬头看路"，但"抬头看路"看的不仅是"前方的路"，还应回顾"走过的路"，并将价值性、逻辑性、学理性等观念铭记于心。

**二 对待档案学的"当代发展"**

虽然在萨特的存在主义哲学看来，时间性并非由过去、现在和未来的瞬间组成的可分的集合。① 但为了研究的方便性往往将"时间性"予以具化，人类历史（或通常所说的各种"历史"）被笼统地分为过去、现在和未来。但"历史从其总的过程上说，在时间上不是'一瞬间的断面'，而是向着一个继起发展的总的前程进行一切依次继起的历史状态，不过是一大历史运动行程中诸历史阶段相续发展的诸过程，在其各个发展过程中，存在着严密的相互依存性制约性"②。以此类推，"当代发展"是一个积累的过程。当然，正如前文所述，"历史"是一个相对的概念，那么"当代发展"也是一个相对的概念。对于身处20世纪五六十年代的曾三、裴桐、吴宝康、王可风等学人而言，面对"一穷二白"的新中国档案事业和档案学术研究，他们承载的档案学"当代发展"任务即是将档案学创建为一门独立的学科，构建学科体系、编写学科教材、夯实学科基础、促进档案学的"中国化"进程；而到了20世纪80年代，以吴宝康为"总指挥"的、吸纳了一批新鲜血液的档案学人面对的"当代任务"恐怕更多的是恢复学科建制，并推动档案学研究从"学科导向"逐渐向"问题导向"的转化；新千年之后的档案学面对信息技术的汹涌浪潮，又不断地进行着自我调适，将"当代发展"的任务定位于学科转型之下档案学内涵与边界的扩充。可以说，档案学的"当代发展"是一个永无止境的过程。因此，面对档案学的"当代发展"，档案学人应兼具使命意识和务实精神，顺应时代但不迎合时代，深化学术研究的核心问题，反思"当代的"学术标准之建设与改进。

首先，档案学的"当代发展"应顺应时代，但却不迎合时代。顺应

---

① 转引自潘天波《时间性向度的工匠精神：重建困境与可能回答》，《西北师大学报》（社会科学版）2017年第7期。

② 翦伯赞：《历史哲学教程》，生活·读书·新知三联书店2012年版，第130—131页。

时代即响应时代发展对学术研究提出的挑战，不墨守成规、不违背时代规律；不迎合时代即学术研究不做时代的附庸，不盲从热点、不人云亦云。反观20世纪五六十年代的档案学研究，政治运动对学术的倾轧一定程度上造成了学术研究独立性的丧失，这属于时间性在极端历史情境下产生的"阵痛"，但这种"阵痛"却是在所难免的，因为"时间性是对时间的抽象和观念表达，其核心是情理形式或文化—心理结构。物理属性的时间在日常通过生活方式影响不同时代的主体，从而塑造出不同时代人的文化—心理结构，形成时代的文化观念与人格特质"[①]。而随着时代的发展、文化观念的渐趋成熟，档案学的"当代发展"也应走向更加自觉与理性之路。

其次，档案学的"当代发展"应对一些核心问题予以深化研究。学科的核心问题并非一成不变，但却始终围绕着学科的本质与特质而不断演进。档案学的支柱理论历经萌芽、确立、挑战、调整、完善的发展过程才逐渐成为学术共同体的"共同信仰"，这也正是支柱理论研究不断深化的结果。而从面对专业术语的表述不一、面对各分支科目知识结构的亟须完善，到面对多元文化强调的差异性，再到面对后现代主义强调的质疑与批判、解构与建构，"当代"档案学理论变得愈加具体化，但伴随而来的分歧也越来越大，正是分歧与争论导致档案学核心问题研究的逐渐深化，促使档案学保持生机与活力。但面对分歧与争论，那些"紧跟潮流""浅尝辄止"式的研究最终只能淹没在学术的汪洋之中，正如20世纪五六十年代档案与资料的区分、"以利用为纲"、档案术语的统一化与标准化等讨论一样，未经学术规训的部分低水平论述最终导致学术进展的缓慢。但今天在学术规训之下低水平的重复再次成为学术发展的顽疾与沉疴时，也提醒我们——核心问题的深化研究理应成为档案学"当代发展"的一个重要方面。

再次，档案学的"当代发展"应构建一套自洽的学术标准。20世纪五六十年代百废待兴的中国，学术标准的建立对于档案学甚至是人文社会科学而言似非当务之急，夹杂其中的各类政治运动也不断冲击着仅存的学术风气。尽管"大跃进"时期的"跃进式"研究盛极一时，但

---

[①] 张生虎、张立昌：《生成、建构到行动：教育的时间性考察》，《南京社会科学》2017年第2期。

老一辈档案学家以革命者的热情、以朴素的价值观、以言之有物持之有据的治学态度绘制了中国档案学的蓝图。然而时至今日，整体上"我国学术著作质量不佳，声誉日渐低落"，甚至"一位多年来一直积极关注国内学术动向的国外学者说：除了少数几位他们信得过的学者的著作之外，他们如今基本上不再阅读国内学者的著作了"①。这也凸显出学术标准建立的急迫性与重要性。那么档案学的"当代发展"应吸取历史教训，积极思考并尽早构建一套自洽的学术标准，提高学术质量，以免陷入"人人争做大题目、篇篇讨论大问题"②的不良循环。

### 三 对待档案学的"未来图景"

对未来的畅想已成为学科发展研究的一个必要环节，并成为学人进行学科建设时需要审慎思考的一个重要问题。对未来的畅想无非两种走向：一是给未来赋予美好的愿景，二是给未来以灾难性的警示，当然对学科的展望往往以前者居多。管理大师彼得·德鲁克（Peter Drucker）在《新现实——走向21世纪》一书中曾写道："我们不知道答案，但我们知道问题。摆在我们面前的行动方向清晰可辨。那些受人欢迎、但毫无益处或起反作用的行动方向是一目了然的……我们面临的一些最棘手的问题是那些由过去成功造成的问题。有效性面临的一些最大的障碍乃是那些口号、承诺和昨天的问题；这些仍然统摄着公开的演说，仍然限制着我们的视野。过去的一些几乎被人遗忘的教训再次变得与现实息息相关了。"③ 按照德鲁克的说法是，我们已然生活在下一个世纪。虽然德鲁克是对未来世界的畅想，但他的思想对于学科未来发展研究同样适用。试想，在学术研究中，那些受人欢迎的"口号"与"承诺"是否也变成了今天的"问题"，抑或是随着时间的流逝而"昙花一现"、变成了"毫无益处"的行动方向——正如20世纪50年代末期提出的"人人事事建档案，服务全面大生产"那样最终归结为"反作用"的行

---

① 李伯重：《论学术与学术标准》，《社会科学论坛》2005年第3期。
② 李伯重：《论学术与学术标准》，《社会科学论坛》2005年第3期。
③ ［美］彼得·德鲁克：《新现实——走向21世纪》，刘靖华、郭序、周晓慧等译，中国经济出版社1993年版，前言。原著名为《新现实——走向下一个世纪》，作者笔中的"下一个世纪"不是以时间或纪元为界限，作者认为我们已经身处下一个世纪，因为"下一个世纪"的精神早已产生。

动方向。但现如今，与德鲁克所言"那些受人欢迎、但毫无益处或起反作用的行动方向是一目了然的"有所不同的是，行动方向并没有一目了然，而是变得越来越模糊。紧跟潮流的"理念畅想"固然十分重要，且具有指引与启迪作用，但一味求新求变的思维又难免不会导致对新理念的吸收不深、消化不良。

在时间性的维度下，档案学的"未来图景"总是变化的、且愈加难以揣测。20世纪五六十年代档案学人对档案学的未来规划与畅想多是具体的、明确的、朴素的，在"将档案学创建为一门独立学科"的愿景之下，"未来图景"具象为研究规划、具体措施与承办单位。当然，那时的"未来图景"在今天看来似乎不够"高瞻远瞩"、不够"未来性"，但却带有时代的特有印记，在档案学科的建设过程中发挥了重要作用。随后，伴随着不规则与不连贯的档案学发展历程的推进，伴随着对"未来图景"的不断设想，档案学的整体性被不断拼接，并不断延展。然而，在"未来图景"的畅想中，如何规避"去档案化"的倾向，如何规避"夸夸其谈"式的"玄虚"，笔者认为，在这一过程中应秉持学科自信与危机意识的并重、秉持"内容图景"与"社会图景"的并重。

首先，秉持学科自信与危机意识并重。规避"去档案化"的倾向即坚守档案学不可被替代的特质，正如20世纪五六十年代档案学人坚持档案学不可与图书馆学、博物馆学合并为资料学那般坚守档案学的学科独立性一样，面对未来难以预测的技术革命及变幻莫测的社会思潮，档案学唯有以学科自信的姿态迎接挑战方可在学科体系中不断巩固自身的学科定位。而档案学的学科自信需要建立在对学科传统底蕴的挖掘、对世界优秀成果的解析、对自身发展趋势的妥当判断与合理认知的基础之上。但是，学科自信并非盲目的乐观，因为在日益市场化与功利化现实的冲击下，缺乏"实际效益"的学科不断遭受冷遇。这就要求档案学时刻保持有危机意识，一来积极思考"新环境"下如何准确进行自我定位，努力引导潮流但却不被潮流所左右，以免沦为"今之学者为物，其终至于丧己"[①]的实例；二来积极探索传统档案思想在现代社会如何展现出新价值，固本培元、纵横拓展、开阔格局，从而实现"学科突

---

① （宋）朱熹、吕祖谦：《近思录》，上海古籍出版社2010年版，第79页。

其次,秉持"内容图景"与"社会图景"并重。理论与实践的关系一直以来便是档案学科的重要问题,然而随着时间的流逝,二者之间的关系却从简单变得日趋复杂。理论界自恃所研究的课题源于实践但又领先于实践的发展,是实践界的保守制约了理论的应用;而实践界则认为档案理论只能算是"爬行的哲学",不能烛照和引领档案实践的未来,从普遍意义上看可实施性欠佳,只能算是自说自话、自娱自乐。当然,理论界和实践界的相互诟病并非绝对,但也绝非个例。这也为档案学的"未来图景"提供了反思的空间,即档案学术研究既要关注"内容图景",也要观照"社会图景"。笔者认为,档案学术研究的"内容图景"即倡导学术研究发挥预测性与前瞻性的引领作用,注重提出问题,对新趋势及跨学科抱有接纳的态度;而档案学术研究的"社会图景"则倡导学术研究要观照现实、并非故弄玄虚,要有社会价值、而非博得一时效应。举例而言,如果说智慧档案馆、互联网+、云计算、大数据等热门词汇在档案学研究中的嫁接是"内容图景"的畅想,那么关于这些热门词汇在档案领域中的研究可能在今后产生何种应用价值与社会效应的理性认识与深入思考即是"社会图景"的畅想。因此,在档案学的未来畅想中,对"内容图景"与"社会图景"予以综合考量,才不至于使"畅想"变成"空想"。

## 第二节 档案学的空间性

"存在"的最基本范畴除了时间,还有空间。作为维柯主要承继者之一的德国历史哲学家赫尔德(Johann Gottfried Herder)力图在多变的历史事实中去寻求不变的历史规律,并认为所谓历史的规律是由所处地区的状况及其需要、所处时代及其机会和人们的内在特征这三个因素所决定的,时间、空间和民族特性决定了历史的面貌。[1] 具体到档案学史中的档案学而言,时间范畴界定了档案学的核心呈现方式,空间范畴界定了档案学的外在社会关系,二者不可偏废。在此,笔者将档案学的空

---

[1] 杨耕、张立波:《历史哲学:从源起到后现代》,载[英]M. C. Lemon《历史哲学:思辨、分析及其当代走向》,毕芙蓉译,北京师范大学出版社2009年版,总序,第1—20页。

间性二分为自然空间和社会空间,其中,自然空间之地理基础,社会空间之权力因素、史学传统与技术发展形塑并影响了档案学的发展特色、学科定位、学术传统与演进未来。

## 一 自然空间之档案学进程中的地理基础

地理学是一门研究地表空间规律的学科,意在对物理空间予以探索。随着研究的深入,地理学中的空间概念逐渐冲出了物理性的限制而得以不断扩充。早在20世纪80年代,福柯在《关于地理学的若干问题》访谈中就注意到了空间概念在西方思想史中的命运。1984年,福柯又发表了《不同空间的正文与上下文》①,文中福柯预示了一个空间时代的到来,并认为我们正处于一个同时性(simultaneity)和并置性(juxtaposition)的时代,空间中的点与点相互联结、团与团相互缠绕的网络逐渐替代了传统意义上由时间演化而来的物质存在。② 随后,历史地理学、人文地理学、经济地理学、政治地理学等的兴起与发展将地理空间性的理解与应用推向了更为广阔的领域。同样,档案学的产生与发展毫无疑问地处于一定的地理空间之中,而不同地理空间之中的档案学又被赋予了不同的特质与学术传统。

综观档案学在世界范围内"横向"与"纵向"的发展脉络,地理因素对档案理论范式的影响可谓源远流长。约翰·利登讷(John Ridener)在《从滩涂荒地到后现代主义:档案理论简史》一书中就将多样化的地理位置所产生的特殊而独立的档案需求视为不同范式产生的一个重要基石,并直言"地理因素是区隔不同理论传统和形势下档案工作者特质的重要因素"③。在利登讷的研究中,正是19世纪晚期处于从微小地方型政府发展成为崭新政权的荷兰,方能产生巩固国家档案馆藏的强烈需求,而这种需求继而转化为对一种清晰工作指南的炽烈理论探索④;正

---

① 文中观点首次出现于1967年福柯的一次题为"关于其他的空间"的演讲之中。但其中的观点一直为世人所忽视,直到1984年法国的《建筑—动态效果—连贯性》杂志发表了这些观点。

② [法]米歇尔·福柯:《不同空间的正文与上下文》,载包亚明主编《后现代性与地理学的政治》,上海教育出版社2001年版,第18—28页。

③ John Ridener, *From Polders to Postmodernism: A Concise History of Archival Theory*, US: Litwin Books LLC, 2009, p.153.

④ 注:作者指的是《档案的整理与编目手册》的应运而生。

是与欧洲大陆相区隔、且有别于欧洲大陆及北美的民主制和君主制统辖方式、并免于战事的英国，才能保留有完备的档案设施以便接收一战期间的档案，这种自由的英国政体，方可孕育出詹金逊式的古典档案学；正是二战后独特的治理与文化环境、且缺乏中世纪档案管理传统的美国，方可催生出谢伦伯格式的档案管理新范式；正是国家边界日益交叉、对合作理念日益强调、后民族国家主张背景下的北美和西欧，方可产生出最新的质疑性档案学理论范式——可见，不同地理空间的档案工作者采取了适合自身的档案理论以促进档案实践的发展。[1] 那么，处于亚洲大陆的中国，相对封闭的地理环境及学术传统、独具一格的语言谱系与研究范式，使得中国档案学在世界范围内影响甚微，学术输出与输入处于严重不对等状态。无论是20世纪三四十年代学习欧美，还是本研究中五六十年代受政治影响而步武苏联，抑或是改革开放后开始放眼全世界、再次以学习欧美为主，这些转变虽然可喜，但受地理空间的影响，中国档案学在世界范围内的融入感仍然不强，世界眼光难免有所局限。时至今日，北美和欧洲仍然主导着世界档案学的发展方向与研究取向。

当然，地理空间在此更多的是一种隐喻，是一种场所概念，是一个有界限的区域。正如社会学家安东尼·吉登斯（Anthony Giddens）所注意的那样，地理空间在某种程度上类似于文化地理学家著述中的"位置"，场所则是"借用空间来提供互动的场景，而互动的场景反过来又是详细说明其语境性所必不可少的"。[2] 由此，在地理空间中的"位置"与"场所"可以具化为街角或村镇，也可以宏大如国家与区域，但其中互动性与语境性的聚集或凝集塑造了不同边界范围内档案学的呈现样态，作用于档案实践的发展、影响着档案理论与档案实践的互动，并一定程度上关乎中国档案学在世界档案学中的地位与影响力。而隐喻性的地理空间又与社会空间相互交织，甚至密不可分。对档案学而言，社会空间中的权力因素、史学传统与技术发展则不断塑造和重构档案学的研究视域和档案理论的发展转向。

---

[1] John Ridener, *From Polders to Postmodernism: A Concise History of Archival Theory*, US: Litwin Books LLC, 2009, pp. 153 - 154.

[2] ［美］爱德华·W. 苏贾：《后现代地理学——重申批判社会理论中的空间》，周宪、许钧主编，商务印书馆2004年版，第227页。

## 二 社会空间之权力因素、史学传统与技术发展

美国学者爱德华·W. 苏贾（Edward W. Soja）以三大空间化理论构建了其空间哲学，"企图重新平衡历史、地理和社会三者之间可以阐释的相互作用，进行社会—空间的重构，在文化和意识形态的重新变革中对现代性的经验性意义进行不断更新的界定"[①]。苏贾的空间哲学自然地将地理空间与社会空间相联系，并将社会空间视为后现代文化的重要场域。在空间哲学中，社会空间的"容器"里包含了诸多要素，涵盖了社会动力和社会意识的方方面面，这些因素扩展了空间问题分析的框架。处于社会空间中的档案学，笔者认为其在历史（时间性）中的样态更多地受权力因素、史学传统与技术发展的影响，这些因素的此消彼长不断作用于档案学的发展历程及其呈现面貌。

一是，权力因素对档案学的影响通常以一种隐性的方式呈现，虽不易察觉但却无处不在。正如前文所述，权力的概念日益宽泛化，除了"国家制度、经济体制、科层机构、国际关系、政党、议会、政府、工会等社会权力关系"之外，在今天更多的是指"性别、种族、民族、族裔、年龄、地缘、生态等文化权力关系"[②]。综观权力因素对档案学的影响，社会权力的影响逐渐淡化并转而以退为进，从直接影响转变为间接影响；而文化权力的影响后来居上，在潜移默化中强化了对档案学研究议题的引导与规制。

首先，社会权力对档案学的直接影响与间接影响。本研究中20世纪五六十年代的中国档案学是社会权力对档案学直接影响的最鲜明例证，彼时的国家制度与国际关系决定了作为一门独立学科的档案学在创建时期的效仿对象、发展样态、创建模式与研究基调，充满政治色彩的研究议题与赶赴潮流的学术口号充斥着档案学研究的各分支科目。但正如哲学中提出的二律背反，社会权力的直接影响又毫无疑问以一种强大的外在力量推动了档案学的发展步伐，并形塑了档案学研究的时代特色。随着形势的变化，尽管社会权力的影响力并未消减，但其对档案学

---

[①] [美]爱德华·W. 苏贾：《后现代地理学——重申批判社会理论中的空间》，周宪、许钧主编，商务印书馆2004年版，第93—95页。

[②] 参见姚文放《从形式主义到历史主义：晚近文学理论"向外转"的深层机理探究》，北京大学出版社2017年版，第61页。

的影响逐渐由直接性转为间接性，毕竟"控制知识生产的内容、方式和发展方向，使之服务于国家利益，是任何政权都无法遏制的冲动"①。这就导致社会权力不仅在档案学领域、而且在整个学术领域的直接干预作用逐渐消退，转而以一种"合乎规范"而又"普遍有效"的间接方式引导并规制档案学的发展方向，如各层级各类别科研基金项目的设立、申报、评审机制，各种学术奖项的审查与监督机制，学术著作的出版与评价机制，学科评估与"双一流"建设机制等，这些机制构成了社会权力对档案学发展间接影响的新形式。正如戴维·雷斯尼克（David Resnik）所著"科学独立性与政府监督之间的平衡"②，以及马克斯·韦伯（Max Weber）所著"学术贵族与政治饭碗"③中所传达的那样，权力与学术二者难以分割，只不过是影响方式不断调适而已。

其次，文化权力对档案学的引导与规制。随着社会权力对档案学影响方式的转移与逐渐淡化，文化权力开始发挥其引导与规制作用。性别、种族、民族、族裔、年龄、地缘、生态等文化权力逐渐渗透到档案学的方方面面，充实了档案学的研究议题，这在西方国家的档案学术研究转向中体现得尤为明显。西方档案界日益强调流动时代档案学的跨学科研究，运用诸如媒体考古学、言语行为理论、信息科学、数据科学、哲学、符号学、文类研究、组织科学等跨学科理论④，试图跨越学科的边界，研究少数族群、边缘群体、社会治理、伦理、社区等方面的档案问题。而从社会权力向文化权力的转向不仅是西方性的、同时也是世界性的。我国的档案学研究议题也日益受文化权力的影响，并与世界接轨，深入到记忆、认同、信任、人文等领域的研究中来。由此，如果将这些研究议题与20世纪五六十年代相比较，那么不难发现其差异之大与变化之迅速。这种研究的转向表面看来是学者关注焦点的转移，实则却是权力转向在档案学研究中的折射。处于文化权力空间的中国档案学不仅扩宽了其研究视域，还加速了与世界档案学"同步共振"的频率，

---

① 李智：《当代中国学术与政治互动研究》，南京大学出版社2014年版，第202—203页。

② 参见［美］戴维·雷斯尼克《政治与科学的博弈：科学独立性与政府监督之间的平衡》，陈光、白成太译，陈光、韩雪校，上海交通大学出版社2015年版。

③ 参见［德］马克斯·韦伯《学术贵族与政治饭碗》，刘富胜、李君华译，光明日报出版社2010年版。其中所收录的内容为韦伯的演讲"以学术为业""以政治为业"等。

④ 具体可参见Frans Smit, Arnoud Glaudemans and Rienk Jonker, *Archives in Liquid Times*, Amsterdam: Stichting Archiefpublicaties, 2017。

焕发了学术研究的生命力。

无论是社会权力还是文化权力如何明暗消长,学术并非权力的婢女,也非流俗的随从,档案学亦应如此。档案学从权力的附庸地位逐渐解放出来,也是学科走向成熟的一个表征。学者也将以更大的学术自由拓展档案学的研究疆域、增强档案学的学科自信、为档案学赢得更大的学术空间。

二是,史学传统对档案学的影响通常以一种若即若离的方式呈现,虽逐渐弱化但仍如影随形。档案学与历史学的密切关系笔者在前文已有相关论述,尤其是在本研究所涉及的20世纪五六十年代,中国人民大学历史档案系的成立使得档案与历史的关系趋于明朗化,档案学研究中的史学色彩和历史思维颇为盛行,历史学家在档案学研究中的作用也发挥得淋漓尽致——史学界出于学术研究的需要深入到档案编纂工作中来,档案界也出于学术研究的需要聘请历史学家作为学术顾问,诸如尚钺、向达、荣孟源、曾宪楷等历史学家与档案学研究保持有较为密切的联系,此时,档案界与史学界相互渗透。但随着档案学的信息化特征凸显,历史化特征逐渐淡化,史学传统对档案学的影响有所减弱,从学科分类上,档案学也从历史学的历史文献学类别转变为管理学类别。尽管史学传统在档案学领域的渗透逐渐式微,但历史学的基础性作用及其理性光芒仍一直伴随着档案学的学科发展与学术进步。

如果对档案学人进行研究,那么不难发现,西方世界早期很多档案学家均为训练有素的历史学家。即使到了现代,那些在世界上享有盛誉的档案学家也多有历史学背景,如特里·库克(Terry Cook)[1]、布莱恩·布罗斯曼(Brien Brothman)[2]、卡洛琳·希尔德(Carolyn Heald)[3]等。在西方档案学史上,实证主义史学向相对主义史学的转变,使得史学研究中对档案证据性的关注逐渐降低;同时,历史学研究从宏观史学

---

[1] 特里·库克(1947—2014),先后于加拿大阿尔伯塔大学(University of Alberta, 1969年)、卡尔顿大学(Carleton University, 1970年)、皇后大学(Queen's University in Kingston, 1977年)获得历史学学士、硕士和博士学位。

[2] 布莱恩·布罗斯曼(Brien Brothman)系魁北克市拉瓦尔大学(Université Laval)历史学博士,工作于加拿大国家档案馆(National Archives Canada),同时也是马萨诸塞州布里斯托学院(Bristol College in Massachusetts)欧洲史专业兼职教授。

[3] 卡洛琳·希尔德(Carolyn Heald)系金斯顿皇后大学(Queen's University in Kingston)历史学及多伦多大学(The University of Toronto)图书馆学双硕士。

到微观史学（尤其是"情感史"研究）的转向使得对档案素材的需求发生了变化，精英史观或英雄史观逐渐被民众史观所替代，无独有偶，档案学研究的关注视域也发生了变化，逐渐从公共空间扩展到了家庭私人空间。历史学与档案学不约而同的转向，既是巧合，又是必然，二者的协同式发展正彰显了史学传统对档案学的影响虽渐行渐远，但仍如影随形。这其中，史学传统之求真的探究精神、垂训的镜鉴精神、人本的人文精神潜移默化地影响着档案学的发展历程。

首先，史学传统之求真的探究精神促使着档案学的价值追问。史学强调"如实直书"及"严谨表述"，意在彰显史家修史的实事求是与科学考据。20世纪五六十年代档案编纂学研究中也强调"直书其事"，可谓是对史学传统的良好继承。随后，在档案学的发展历程中，"求真"也一直贯穿于档案学术研究的始终，档案"原始记录"的本质属性不仅奠定了档案学术的研究基础，而且还延伸到了档案价值及其鉴定、电子文件真实性与可靠性保证等方面的研究中来，此种"求真"的价值追问促使了"管档、守史、服务"的档案事业定位。

其次，史学传统之垂训的镜鉴精神促使档案学关注社会功能。史学强调"治史而知世"及"以史为鉴"，意在彰显历史对现实的指导和借鉴作用，以实现"无用之用"的治学境界。档案学虽有别于历史学的学科性质，但史学此种对"现实"的意义探索和实践观照更应是档案学所珍视的学科品格。作为一门应用型学科，唯有与社会相连、从库房走入社会、从幕后走向台前，档案学方可实现学科价值、展现理论魅力，而这也正是当前档案学理论研究者所呼吁和倡导的重要理念。

再次，史学传统之人本的人文精神促使档案学兼具人文情怀。史学作为一门人文学科强调人本理念、强调人文关怀、强调面向大众与面向社会，这对日益崛起的技术至上主义而言是一股强大的缓冲与牵制。技术与人文就如同一枚硬币的两面，是对飞速发展时代的最佳呈现，二者缺一不可。档案学在技术发展的浪潮中开始关注人文、关注技术与人文的结合，并将群体的符号、价值观和规范予以档案化的视角阐释，这种学术自觉既带有史学传统之人文精神的烙印，又满足了档案学研究的文化期许，促使档案学社会责任和文化价值追求的双重实现。

三是，技术发展对档案学的影响通常以一种显性的方式呈现，并逐渐引领档案学的发展方向。根据世界知识产权组织对"技术"的界定，它是一个广义的概念，信息技术只是人们观念中对"技术"的狭义代名词。因此，可以说，20世纪五六十年代对技术档案管理及档案保管技术问题的深入研究且最终将技术档案管理学和档案保管技术学发展为档案学的研究科目，即可谓是技术发展对档案学的一次深远影响。而这类影响随后以一种显性的姿态逐渐引领了档案学的研究方向、主宰了档案学的研究领域。

技术发展对档案理论最为直接的影响，在于每一次伴随着技术的发展，文件与档案的数量都会大幅度增加，这就需要新的档案理论范式和实践转向予以应对。[①] 纵观人类历史上的四次工业革命，恐怕只有蒸汽技术革命（第一次工业革命）对档案理论变革的影响最小或最不直接，而电力技术革命（第二次工业革命）中电话的发明及打字机的应用，计算机技术革命（第三次工业革命）中通信技术的大规模应用，全新技术革命（第四次工业革命）中互联网产业化、工业智能化、工业一体化的趋势，使得以人工智能和虚拟现实为代表的新型技术进一步改变着档案理论与档案实践的传统模式，档案保管理论、鉴定理论、利用理论随着技术的发展而不断革新，电子化、数字化、媒体化、数据化等词汇已然成为档案学研究无法忽略的新趋势。

其实不只是档案学科，科学分类体系中的所有学科都难逃技术化的影响。就是以人文学科著称的史学也不能忽视技术化的潮流，这在2015年第22届国际历史科学大会中已初见端倪——"数码技术在史学中的应用"作为大会四个主要议题之一被热烈讨论。而技术发展对学科的影响不仅是工具理性的，更是价值理性的，这就涉及技术哲学中所强调的工程学传统与人文主义传统[②]融合式发展对学科的导向作用。也就是说，在技术哲学的研究视域内，技术与人文并非壁垒分明，工程学传统与人文主义本就是技术哲学的两个重要方面。因此，对档案学日益技术化的趋势而言，技术哲学不仅是一种现实发展的指向，更是档案学技术化发展内在省思的理论指导。

---

① John Ridener, *From Polders to Postmodernism: A Concise History of Archival Theory*, US: Litwin Books LLC, 2009, p. 158.

② 美国技术哲学家卡尔·米切姆（Carl Mitcham）在《技术哲学概论》（殷登祥、曹南燕等译，天津科学技术出版社1999年版）中，将技术哲学概括为工程学传统和人文主义传统。米切姆对技术哲学传统的二分法广为流传，并得到很多学者的拥趸。

技术哲学的工程学传统强调科学精神，"着重从内部分析技术，体现的是技术自身的逻辑"[①]。档案学逐渐向技术靠拢，并将技术作为一种工具应用于档案学的研究议题之中，实则是在技术浪潮的裹挟之下，档案学所作出的一种被动式应对，因为这关乎那些有别于传统载体形式的档案或文件的管理与利用问题，涉及档案学的研究对象和研究方法等基本问题。但对"技术自身逻辑"的分析并非档案学的学科强项与学科特质，所以，如果过于强调技术，那么，档案学在信息科学和计算机科学的夹缝中则很难有所建树，档案学的学科属性也会消解在技术化的漩涡之中。正如 iSchool 运动在全球范围的迅速扩张，导致国内外院校在学院改名、学位改名与学科重组过程中，逐渐日益去"library \ archive"倾向，转而与计算机系/学院/学科合并。[②] 数据科学的兴起，有淘汰传统图情档学科之虞。因此，工程学传统中的技术对于档案学的发展而言，其工具性价值远大于理论指导意义。但技术哲学的人文主义传统则不然，人文主义传统强调人文精神，"侧重于从外部透视和解释技术，展现的是技术与社会文化之间的互动"[③]。技术与社会文化之间的互动，一则是对技术至上主义的反击，二则体现了技术应用的终极价值。档案学作为一门社会科学，其与社会的密切关系已内化于学科的发展脉络之中，因此以技术为工具、并与社会文化进行嫁接，则是档案学所作出的一种主动式迎合，无论是对"记忆"主题的挖掘，还是对"认同"主题的探究，抑或是对"数字人文"主题的观照，均说明档案学正在技术的价值理性中不断寻求突破。

综上所述，时间节点之历史遗产、当代发展与未来图景，社会空间之权力因素、史学传统与技术发展使得档案学在不同历史时期的研究内

---

[①] 王伯鲁：《技术究竟是什么？——广义技术世界的理论阐释》，科学出版社2005年版，第6页。

[②] 补充：2018年4月13日，德雷塞尔大学（Drexel University）计算与信息学院（College of Computing and Informatics）邓毅院长和林夏教授在学术报告中指出，目前国外学院改名与学位改名已成为一种趋势，如Drexel将学院改名为College of Computing and Informatics，Indiana将学院改名为School of Informatics, Computing and Engineering，Pittsburgh将学院改名为School of Computing and Information；而在学位改名方面，学位名称中也已去掉Library，变成Master of Information，MS in Information Science，Master of Human-computer interaction，Master of Data Science，等等。以上内容源于林夏于2018年4月13日在中国人民大学所作"新时代的信息科学"报告。

[③] 王伯鲁：《技术究竟是什么？——广义技术世界的理论阐释》，科学出版社2005年版，第6页。

容天壤之别,有时甚至会产生颠覆性的差异。但不论怎样,生存并发展于时间脉络与社会空间的档案学,唯有在坚守与变革的自我调适中,方能"发展一个更有创造性和批判性的在空间/地理与时间/历史印象之间有效平衡"[①] 的学科。

## 第三节 档案学中客观条件与主观创造的互动性

档案学中客观条件与主观创造的互动性体现在档案学的框架设计和前景彰显之中。框架即档案学的结构与功能,前景即档案学的社会意义及价值。对结构与功能的叙述是主观基于客观建构的结果,而学科的社会意义既是内生的,也是被主体赋予的,体现于时间的相续性和空间的相连性之中。因此,对档案学框架与前景的哲学思考,既是学科发展的内在需求,也是档案学人学术反思的重要起点。

### 一 框架——档案学的结构功能及其叙述

"任何事物都有自身特有的组织结构、功能特性和外在形态,什么样的组织结构及要素决定着什么样的功能特性、主体特征、行为方式和关系形态。"[②] 学科发展也不例外,一门学科的结构特征决定着并取决于学科的功能特性。而学科的结构和功能又是建构的结果,是基于客观社会环境和已有学科基础的主观性学术活动的产物。20世纪五六十年代中国档案学发展的整体社会环境和自身基础状况,影响了新中国成立后第一批档案学人的主观性学术活动,而随着整体社会环境和档案学自身基础状况的变化,档案学人的主观努力方向又不断调整,不断催生出新的学术热点和学术增长点,促进了档案学研究议题的更新,推动了档案学术的进步。由此,档案学的结构和功能是基于客观的主观性建构的结果。对于中国档案学而言,档案学的结构表现为学科结构和教材结构的同一性与互动性,档案学的功能表现为档案学在学科生态系统的自主性及其与社会发展进程的协同性,档案学结构与功能的叙述模式日益趋

---

① Barney Warf and Santa Arias, eds., *The Spatial Turn: Interdisciplinary Perspectives*, London & New York: Routledge, 2009, p. 12.
② 夏美武:《当代中国政治生态建设研究:基于结构功能分析视角》,中国社会科学出版社2014年版,第35页。

于开放性、多元性、关联性和动态性。

首先，档案学学科结构和教材结构的同一性与互动性彰显了档案学的结构特征。长期以来，档案学的学科结构与教材结构存在着高度的同一性。档案学的学科结构即档案学基础概念、原理、理论、原则、分支知识领域按照一定的逻辑联系所形成的知识体系，是档案学知识积累和系统化的结果，且随着档案学研究的不断深入而渐趋完善。档案学的教材结构是为了教学方便的需要和知识易接受的考量，将学科结构按照教学大纲予以适当转化的结果，以便教学目标的实现。由此可见，学科结构通过教材结构表述出来，但这并不意味着学科与教材之间的等同。教材的编写虽也属于学术研究的一种类别，但反过来，学术研究并不是编写教材。因此，这也构成了20世纪五六十年代中国档案学饱受诟病的原因。诚然，新中国成立后的第一批档案学人将档案学的学科建设等同于教材编写，但正如笔者在前文所言，彼时的档案学教材编写毫无基础可言，教材结构的设计及中国化的进程可谓是开创性的，与当今的档案学教材相比虽性质相同，但学术分量却大为不同。面对基础不牢、学科地位不稳的中国档案学，档案学人选择以构建学科体系为出发点，并将学科体系的构建活动具化为教材的编写活动。这种将学科建设与教材编写合二为一的做法一直影响着中国档案学的发展历程，甚至教材编写的研究模式也一直渗透并影响着学术著作的撰写模式，这在很长时间内影响着档案学的学术性和理论化水平，毕竟"教材式"的研究成果不仅读起来索然无味，其中所蕴含的思想性恐怕也要打些折扣。如果说"教材式"研究是一种"全面的肤浅"，包含着已初步达成共识的观点；"专著性"研究则是一种"片面的深刻"，包含着作者个人独到的见解。从此种意义来看，当学科发展到一定程度，那么让学科结构回归其应有之义就变得十分重要。学科结构不应仅限于单薄和浅显的知识体系，就如同美国教育家、课程理论家约瑟夫·施瓦布（Joseph J. Schwab）将学科结构界定为"规定了学科的研究对象并控制其探究方法的外加的概念"[1]那样，学科结构蕴含着一种关于研究对象性质的形而上学的观

---

[1] ［美］纳瑟夫·施瓦布：《作为探究的科学教学》，转引自徐玉珍《区分两种不同的学科结构理论——施瓦布与布鲁纳学科结构理论比较及其对我国科技教育的启示》，《课程·教材·教法》1996年第8期。

念,将研究的领域边界、探究活动所需合法的方法论、引导探究过程的观念与思想涵盖其中,方可实现学科结构的学术目的和教育目的。

其次,档案学在学科生态系统的独立性及其与社会发展进程的协同性彰显了档案学的功能特征。结构与功能之间合理性关系的探索,是现代哲学尤其是工具理性哲学的重要内容,依据哲学的观点,结构与功能的关系中包含着价值与工具关系这一朴素真理,即在系统中,功能彰显价值,结构就是工具。① 学科功能作为学科结构的生命外延,虽以学科结构为基础,但在内部多变的学科生态系统及外部复杂的社会发展进程中,不断突破学科旧有结构的限制,以彰显学科的生命力。档案学的功能即是如此,在学科结构与教材结构同一性的特征下,档案学的功能更偏向于实践总结性,但档案学又能够在学科发展过程中,突破既有的学科结构,试图激发出档案学的理论张力,凸显出档案学的现实观照力。在这其中,档案学的理论张力既来源于档案学在学科生态系统中与其他学科的互动交流,以跨学科研究为方法论合理吸纳其他学科的理论成果;又来自于档案学在学科生态系统中时刻保持自我特质,并以自身独特的理论和方法反哺其他学科的研究领域,在学科交流和学科对话中,档案学不再仅仅作为"学习者"与"效仿者",还可以作为输出的一端,为其他学科提供借鉴,以在学科生态系统中赢得地位。而档案学的现实观照力则来源于对社会发展进程的密切关注。随着社会发展多元化、全球互通网络化、生活方式智能化的趋势,档案学的研究对象与研究领域不断变化与拓展。不论这种变化与拓展是被动应对还是主动回应,档案学唯有把握时代变化的脉搏,才不至于与时代脱节,落后于时代的步伐;唯有观照现实,才能准确把握学科的功能定位,实现档案学当代功能的拓展与提升。

再次,档案学结构与功能叙述模式的开放性、多元性、关联性和动态性预示了档案学的未来走向。目前学界对档案学结构与功能的研究多以档案学分支学科为切入口,探讨具体的学科结构与功能设置二者之间的关系问题,如《论中国档案学的结构与功能——档案学概论评析》②

---

① 司汉武、傅朝荣:《结构与功能的哲学考察》,《汉中师范学院学报》2000年第4期。
② 胡鸿杰:《论中国档案学的结构与功能——档案学概论评析》,《档案学通讯》2002年第6期。

《论中国档案学的结构与功能——〈档案管理学〉评析》[①]等。根据现有研究,在档案学结构与功能的演进历程中,行政管理的外在干预力远大于科学理论发展的内在推动力,其中"社会需要"和"科学逻辑"因素有所欠缺。正如笔者前文对社会权力与文化权力的论述中所表明的那样,处于社会权力视域中的档案学建构,行政因素的作用总是不可避免的,但在社会权力向文化权力转移的背景下,档案学结构与功能所缺失的"社会需要"和"科学逻辑"是时发挥其应有作用了,档案学的结构与功能叙述模式也逐渐趋于开放、多元、关联和动态。开放即档案学的社会渗透性更强、多元即档案学的研究议题更多样、关联即档案学的认识之链更复杂、动态即档案学的研究理念更富时代性,这些趋势又进一步推动了档案学结构的优化和功能的拓展。在这其中,学术领袖对档案学结构与功能的叙述更具指导作用,他们的宏观规划更易转化为学科发展框架,正如吴宝康在20世纪60年代初对中国档案学的初步设计那般影响深远。但是,"科学理论的'人为因素'能够真正转化为科学发展的'有用功',只有依靠从事科学理论创造的主体对科学规律的感悟和把握"[②]。唯有如此,档案学的结构设计和功能表述方可指引档案学的未来走向。

## 二 前景——档案学的社会意义及其重读

学科的价值和生命力蕴含于学科的社会意义之中,即使深奥如哲学、浪漫如文学、玄思如史学也在学科定位中不断寻找与社会的契合点,"无用之用"从来都是辩证的、相对的。随着社会转型过程中社会形态与文化形态的演进与更迭,学科的未来性既得益于其源远流长的历史传统与理论传承,更得益于其社会意义的解读与探索。具体到档案学,其社会科学属性在20世纪50年代末、60年代初期即已得到明确的表述,档案学的社会意义更多地体现在为档案管理实践提供理论指导,档案学人的首要使命是将档案学建立为一门独立的学科。而在今天,档案学的独立学科地位已不再遭受质疑,档案学的社会意义仍体现在为档

---

[①] 方鲁:《论中国档案学的结构与功能——〈档案管理学〉评析》,《档案学通讯》2002年第5期。

[②] 胡鸿杰:《论中国档案学的结构与功能——档案学概论评析》,《档案学通讯》2002年第6期。

案实践提供理论指导，这是由学科性质、研究对象及其特征所决定的，是不容改变的事实，任何时代任何地理空间均是如此，但档案学的社会意义却早已不再局限于对档案管理实践的指导价值。尤其到了信息即是生产力、研究范式转换、核心价值重构的时空背景下，重新认识并评估档案学的社会意义，既是档案学自身发展的需要，也是档案学人对档案学发展前景的一次理性思考与回答。

档案学的社会价值根基在于档案的原始记录属性。档案学研究不仅需要向档案学家彰显其价值，还需要向学界同行、社会公众证明或显示其意义，如果只关注前者，忽视后者，那么这一学科在学术生态系统中、在社会大众心目中被轻视、忽视甚至无视也就难以避免了。虽然现如今早已没有诸如20世纪50年代"如果说档案学是科学，扫地也是科学"这种特殊时代背景下的偏激言论，但现实却是档案学的社会价值在社会系统中仍处于被轻视的状态，社会公众对档案学社会价值的感受力偏弱，这在长期以来史学界对档案开放的质疑与诟病中体现得尤为明显。其实不仅在史学界，在社会其他层面上，由于档案利用不畅所带来的学科声誉不佳的现象也是由来已久。当然，档案开放与否这种行为层面的实际推动不属于档案学的管辖范围，但却一直属于档案学的研究范围。另外，档案的开放性之所以饱受诟病，表面看来是因为对档案的利用颇受阻碍，实则却是基于对档案这一信息载体原始记录性的珍视，而档案的原始记录信息属性也是档案学社会价值的根基，是档案职业不可替代、档案事业持续发展、档案学术研究存在的依托和根本，是档案学术本身学理性的落脚点。档案学术研究唯有以维护档案的原始记录信息属性为使命，而无论档案是以何种载体形式存在，才能使档案学在学术生态系统中打造出自身的学术品牌，使档案学的社会价值富有现实意义。

档案学的社会价值归依在于档案学人的理论阐释。已故社会学家、思想家齐格蒙·鲍曼（Zygmunt Bauman）将知识分子分为"立法者"和"阐释者"两种，并认为："'立法者'角色这一隐喻，是对典型的现代型知识分子策略的最佳描述。立法者角色由对权威性话语的建构活动构成，这种权威性话语对争执不下的意见纠纷作出仲裁与抉择，并最终决定哪些意见是正确的和应该被遵守的。'阐释者'角色这一隐喻，是对典型的后现代型知识分子策略的最佳描述。阐释者角色由形成解释性话语的活动构成,这些解释性话语以某种共同体传统为基础,它的目的就是让形成于此一共同体传统之中的话语,能够被形成于彼一共同体传统之中的知识系统所理解。"① 处于学术象牙塔与社会公共空间的档案学人,也一直在"立法者"和"阐释者"之间寻找自身的定位与身份的平衡,而档案学人的身份定位也影响着档案学社会价值的发挥余地。档案学人一方面以"立法者"的心态,试图将所研究的理论问题转化为政策内容,从而使理论快速发挥出其实际效力;一方面以"阐释者"的心态,试图对现有政策予以解读、为政策的合理性或失范性提供注脚,抑或试图为现有学术现象提供档案学视角的阐释、拓展学术研究的多重可能,提高档案学的社会认知度和社会融入度。无论以何种心态开展研究,档案学人逐渐推动了档案学价值形态由"内隐"向"外显"的转化,从而,档案学的社会价值冲破了其对档案管理环节的理论指导作用,扩充了档案学的社会事务参与度,档案学在证据、记忆、认同以及社会/社区研究范式②的指引下实现了与社会的多重结合,并进一步丰富了档案学基础理论对档案学社会价值的理论阐释力,推动了档案学应用理论对档案实践转型的实际响应力。而随着文化的大发展与大繁荣,人文主义理念正日益成为主流的价值观念和社会思潮,人文主义研究范式逐渐成为学术研究的基本信念,与时代潮流保持有密切联系的档案学,其学科发展与学术转型正恰逢其时,档案学社会意义的彰显与重读势必会给档案学术研究及档案实践发展带来连锁反应,正如特里·库克所言,档案工作者终会"重新坐回上帝的身边,而不是坐在凄凉冷清的文件办公室或是静寂的档案架前"③。

---

① [英]鲍曼(Bauman Z.):《立法者与阐释者:论现代性、后现代性与知识分子》,洪涛译,上海人民出版社2000年版,第5—6页。
② [加]特里·库克:《四个范式:欧洲档案学的观念和战略的变化——1840年以来西方档案观念与战略的变化》,李音译,《档案学研究》2011年第3期。
③ [加]特里·库克:《后保管及后现代主义社会里信息与档案管理中面临的一场革命》,刘越男编译,《山西档案》1997年第2期。

# 第七章　结论：回顾·省思·前瞻

　　兴起于民国时期的中国档案学，在新中国成立后，再次历经初创、成长、中断、复兴的发展过程。虽历经起落、难免曲折，但综观中国档案学的发展历程，1949年至1966年是被轻视的一段时期。诚然，如果数百年后再回顾这段历程，这十七年仅是一个开始甚至是"拓荒"，但对于中国现代档案学而言，却至关重要。因为在新旧交替的时代背景下，新中国档案学第一批学者基本抛弃了民国时期的研究成果、弃用了民国档案学的研究人马，而是在苏联档案理论的指导下，应和档案事业及档案实践的发展要求，逐渐实现了档案学的"中国化"，并将档案学创建为一门独立的学科。这一过程与时代变迁相互交织，凝聚着档案学前辈们的努力与心血，最终奠定了中国现代档案学外在社会建制和内在观念建制的初步基础。虽然1949年至1966年间的很多规章文件、学术著作甚至所研究的档案学问题与档案管理方法，随着时代的发展，已然对目前的现实工作再无指导作用，这些研究成果与当前的形势也不再适应，但如今的档案学是与档案学所走过历程相关联的档案学，研究那段时期档案学的发展状况，对于我们了解我国现代档案学的发展历程仍具有重要的历史意义和参考价值，也唯有继承前辈留下的学术遗产，方可在此基础上促进档案学的延续和发展。

　　因此，为了梳理档案学的历史遗产，笔者进行了一次微观层面的学术史探索，以1949年至1966年的中国档案学为研究对象，力图以详尽的史料，勾勒出这段时期中国档案学在整个档案学史中的学术地位和历史贡献。从书写者和阅读者的角度考虑，书名明确反映出了本研究的时间视域、空间视域及主要内容。以"中国档案学如何创建为一门独立的学科"作为全书的主线，既是1949年至1966年中国档案学历史贡献的最好总结与最佳定位，也特别体现了新中国成立后档案学在"重建"过程中（相对于民国档案学而言）从"无学"到"有学"、从"附属"到"独立"、从"零散"到"相对系统"这一坎坷历程的主基调，暗示了新中国成立之初起伏跌宕的社会环境同步履维艰的中国档案学之间错综复杂的关系，同时也是对潜在的"档案无学论"的一个抨击与反驳。其实，从今天来讲，怎样以"有学"的事实、消除"无学"的误解，并逐渐摒弃"浅学"的论调，想必是所有从事这一学科研究和工作的同行们共同的心愿。而档案学从"形式上"和"实质上"作为一门独立学科的创建，正是对"档案无学论"最好的反击。虽然，在这一时期，"浅学"的事实我们无法忽视，还需实事求是地看待，不能过于拔高。但起码可以说，这一阶段，档案学先辈们的努力就是"以有学的事实、消除无学的误解"，从而逐渐确立了档案学的学科独立地位。由此，笔者研究了1949年至1966年中国档案学创建的社会背景、发展进路、成果与成就，档案学作为一门独立学科创建的内在理路与外在表征，进而对1949年至1966年中国档案学的发展历程予以历史反思和多维审视，最终，笔者欲以小见大，从对这十七年中国档案学研究的启示中，以哲学的思维探求档案学是什么以及档案学何去何从等根本性问题。

## 一 回顾：1949年至1966年中国档案学的外在社会建制与内在观念建制

档案学在现代中国确立之际就有着明确的目标——创建为一门独立的学科。这一目标在1949年至1966年先后经历了迷惘期（1949—1951）、摸索期（1952—1955）、基本成型期（1956—1962）和回落期（1963—1966），并通过对古代和近代档案思想的批判、继承与重新解读，通过对以苏联为主并包括少数西方资本主义国家档案思想的或认同或反对、或吸纳或摒弃、或诠释或译介等态度与途径，通过对我国档案实践经验的总结与互应，完成了从近代向现代的转型。这一时期，除了1956年发布的《1956—1967年哲学社会科学规划纲要（修订草案）》对档案学作为一门独立学科的地位予以"形式上"的规定之外，1949年至1966年，中国档案学外在社会建制和内在观念建制的初步完成，以及伴随而来的对档案学研究对象和知识体系的逐步明确，则可算作是

"实质性"的"革命行为"。正如施爱东所言:"反思只是学术革命的舆论准备。实质性的革命行为可以包括学术期刊的创刊、开创性学术成果的面世、专门研究机构的成立等,(甚至)以一次具有历史意义的会议为标志。"[①] 而这一时期,档案学学术研究机构、学术交流平台相继建立,档案学学术研究主体正式形成,档案学术的探索与争鸣陆续开展,档案学各分支科目不断完善,相对独立的知识体系初步构建,等等,档案学的外在社会建制和内在观念建制为档案学的后续发展奠定了坚实的基础。换言之,1949年至1966年的中国档案学以一个研究基地、一群档案学人、一个坚定的信念为根本,并在此基础上,成立研究团体、出版刊物、召开会议、探讨档案学的基础问题、研究各分支科目的知识体系,最终使得中国档案学屹立于学科之林。

具体来说,档案学能够在中国学术界以"独立学科"的姿态立足,并得以发展,起初是由于它作为一门学科在高等院校进行相关的教学和研究。其中,在创建档案专业教育伊始,1952年中国人民大学专修科档案班和1953年档案专修科的设立带有浓厚的职业培训色彩,其学员也是档案工作岗位上的档案干部,他们在专修班和专修科接受档案专业知识培训后,要返回到工作岗位继续从事具体的业务工作,很少涉及档案学术研究。1955年,中国人民大学成立了历史档案系,这可视为正规的、正式的档案学研究的科学基地,开始兼顾档案学术的研究任务。自此之后,档案学研究的学术性逐渐凸显,档案学研究更趋于系统化和科学化。在此过程中,起到关键作用的,是新中国第一批职业档案学人,他们扮演着学术研究的专业性角色。由于时代形势的影响,笔者将1949年至1966年的档案学人分化为三种类型:"外来专家型""革命者型"和"'民国遗老'型",这三类学人根据自身的经历背景和学术阅历开展档案学研究,以源自苏联的档案理论和实践方法研究中国的档案理论体系和实际问题,并逐步探索出一条符合中国实际的档案学发展之路。这其中,"革命者型"档案学者群体对中国档案学的发展起到了奠基性的重要作用,在他们的努力下,档案学研究所及后来的档案学研究室、中国科学院历史研究所第三所南京史料整理处、国家档案局档案科

---

① 施爱东:《学术行业生态志:以中国现代民俗学为例》,《清华大学学报》(哲学社会科学版)2010年第2期。

学技术研究所相继成立,《材料工作通讯》《档案工作》《技术资料工作通讯》《档案学研究》《技术档案资料研究》《外国档案工作简讯》等刊物纷纷刊印发行,各种事业指导类会议和学术研讨类会议纷纷召开,为档案学研究创造了良好的制度基础;对陆晋遵《档案管理法》的讨论与批评、档案与资料问题的大讨论、"以利用为纲"方针的提出与争辩、档案学学科意识的明确等问题的研究又进一步推动了档案学基本问题的明晰、推动了档案学的独立化建制,而这些问题也融入进档案学学科体系的建设中来,促进了档案管理学与技术档案管理学、文书学、中国档案史与世界档案史、档案保管技术学、文献编纂学、档案学概论与档案学基础等科目的建立与逐步完善。

总之,新中国成立后,档案学教育的兴起、档案学著作的问世、档案学学科意识的逐渐明确、档案学学科体系的初步建设使得中国现代档案学最终得到认可,并成为了一门独立的学科类别。在中国现代档案学的发轫之际,数以十计的档案学人,他们虽然具有不同的人生阅历和学术背景,但在新中国成立后的政治环境与学术氛围中,努力钻研、奋发图强、笔耕不辍,最终在档案学的外在社会建制和内在观念建制的创建与完善中作出了重要贡献。

## 二 省思:1949 年至 1966 年中国档案学的特点与偏弊

物理学家皮埃尔·迪昂(Pierre Duhem)从物理学研究出发,阐述了科学史的重要意义,他认为:"唯有科学史,才能使物理学家免于教条主义的狂热奢望以及怀疑主义的悲观绝望。……每当物理学家的心智就要走到某个极端之时,历史学习借助合适的矫正来纠正他。……历史于是使他维持在完美的平衡状态。"[①] 此番言论反映了学术史研究对学科省思的重要作用。如果我们将档案学史视为相互重叠的层面、相互冲突的观念丰富而抽象的拼贴,那些历史上曾经存在的观点可能会因其合理性而历久弥新,也可能因其不恰当而随时代远去,或者以新的形式出

---

① [法]皮埃尔·迪昂:《物理学理论的目的与结构》,李醒民译,商务印书馆 2011 年版,第 330、332、333 页。

现在后期的学术著作中而得以修正。而对这些观点的深刻把握，则需要对档案学史有较为深切的剖析。因此，笔者从学科视域、学理视域、历史视域和现实视域对1949年至1966年的中国档案学予以多维审视，以求进一步说明这段时期在中国档案学史上的地位，所呈现的特点、规律及其内外动因，历史启示及其当代意义等问题。

从学科视域来看，有别于传统意义上"由内而外"的学科建制路径，1949年至1966年的中国档案学采取了完全相反的独立化学科创建路线，即"由外而内"的学科创建路径——从外在社会建制到内在观念建制，即在档案"学术内核"尚未明晰、"理论构架"尚未健全的情况下，以"档案"为专门研究对象的专业、研究所（室）、刊物相继产生，培养了大批档案研究人才和管理人才。在这些"外在依托"的平台下，档案的"学术内核"和"理论框架"才得以不断探索和明晰。也正是在"由外而内"学科创建路径的指引下，老一辈档案学人完成了他们将档案学建立为独立学科的使命。因此，作为一门独立学科"由外而内"的创建可谓是这段学术史最为鲜明的特点，而这一特点决定了新中国档案学自创建伊始就十分重视对实践经验的研究，以求理论探索的同时兼具现实关怀；十分重视应对本土化的挑战，以求谋取自主化的学术地位；十分重视人才队伍的建设，以求实现研究力量的扩充与学科体系的完备。

从学理视域来看，1949年至1966年的中国档案学之所以表现出如上特点和规律，得益于档案学的"自我改造"能力及其较为明确的价值定位。这段时期的中国档案学，尽管处于独立学科的创建阶段和发展初期，理论水平尚且不高，但仍在其学科定位的指引下，在研究对象、研究框架、研究方法等方面积极尝试着"自我改造"，以完成独立化建制的过程。其中，档案学研究对象从"表象描述"到"规律揭示"的逐步转变与渐进深入，初步彰显出档案学作为一门学科的学理色彩，适应了档案管理活动的发展，契合了档案学研究任务的要求，并与档案实践环节保持有密切的联系。档案学研究框架中以学科体系取向为主、以问题研究取向为辅的模式占有主导地位，而学科体系则经历了从具体科目的设计到抽象范围的概况，逐渐明确了档案学的研究边界，指导了档案学研究队伍的组建和专业课程的规划。档案学研究方法虽处于"理不清、道不明"的状态，但以马克思主义世界观和历史观为主导的矛盾论思想和历史主义方法贯穿于档案学研究的各项议题，只是由于对研究方法缺乏深入的研究，档案学人存在对研究方法错解的现象。

从历史视域来看，任何一门学科的发展都与当时的社会历史背景密切相连，在考察一门学科的发展与演化时，要时刻以所处时代的中国社会与民众生活的大背景、大环境作为考量标准。既要从学科本身出发探求理论的演化与变迁规律，又要从历史发展的宏观角度审查这一学科的发轫、发展与演进。对于学科学术史的研究，从宏大的史学视野出发，将学科与学术的发展与社会时代背景紧密关联起来，既能洞察学科发展的历史动因，又能突出该学科的社会不可或缺性。而1949年至1966年的中国档案学在与民国档案思想、苏联档案理论、我国档案实践的互动中，塑造了其学科的"基本面貌"。首先，在对待民国档案思想方面持有一种矛盾的心态——批判但又不彻底、继承但又不纯粹，这种"若即若离"的态度体现在对民国档案学人的引进与吸纳、对民国档案著作的翻印与出版、对陆晋蓬《档案管理法》的讨论与批判等方面。其次，在对待苏联档案理论方面存在着一种细微的转变——随着国家外交政策的影响及中国档案学自身发展的进程而逐渐转变，这种转变体现在对待苏联档案专家及苏联档案理论的态度上。再次，在对待我国档案实践方面持有坚定拥趸的态度，档案学人将对档案实践的坚实拥趸内化于档案学的研究问题、研究机理和研究使命，促进了档案学人对"中国化"和"本土化"的档案学科建设予以积极思考。

从现实视域来看，回顾1949年至1966年的中国档案学，其中有哪些是需要当代档案学人反思与借鉴的呢？笔者认为，这就需要我们坚守档案学的独立性、批判档案学的附庸性、拓展档案学的包容性、反思档案学的时代性。坚守档案学的独立性，就要增强档案学的学科自信、倡导档案学人的人格独立性、发挥档案学的想象力。批判档案学的附庸性，就要认清档案学的政治性，认清档案学术评价中的偏见性，认清档案学的附庸性对档案学学术性和创新性的消极影响。拓展档案学的包容性，就要摒弃狭隘的认知偏见、走向开阔思维的档案观，以一种独立客观的立场认清学术研究的"真问题"，实现从"一体多源"到"多元一体"的学术觉醒。反思档案学的时代性，就要全面认知并试图理解档案学人对学术与人生的关系探索，以一种辩证的态度看待并承继档案学人的学科情怀。

从学科视域、学理视域、历史视域和现实视域对1949年至1966年中国档案学的省思,意在相对客观地看待这段学术史的发展历程、历史贡献、学术特点与研究偏弊,从而为档案学的未来发展提供一种指引。而档案学的未来发展,虽与学科的过去及现在密切相连,但却不能沉溺于过去的成就或浅薄,更要基于学科的特性及时代的潮流。学科的特性早已根植于学科的历史基因之中,这也是为何20世纪五六十年代档案学人对档案学研究对象及研究领域的明确在今天看来仍然如此重要的原因。而时代的潮流瞬息万变,唯有在坚守自身特性的基础上,加强档案学对时代的适应能力和理论的更新能力,才是寻求学科突破的关键。

## 三　前瞻:中国档案学的历史基因与后续命题
### ——从独立学科走向成熟学科

后瞻的是历史,前瞻的是未来。任何一段学术史都可视为一个结束,但却也是另一个开始,也即特里·库克借用莎士比亚之语所言"过去即为序曲"[①]。学术史研究除了研究成果的总结与记述,还包括哲学层面的思考与启发,即奥地利物理学家、哲学家马赫(Ernst Mach)所称之为"启迪源泉和工具"的历史研究之最终目的——"让我们不要松开历史引导之手。历史造就了一切;历史能够改变一切。但是,首先让我们从历史期待一切。"[②] 笔者虽意图抛弃或降低"生物学的进化论"和"物理学的规律论"对学术史研究的影响,因为有时候,学术的复杂性决定了它的发展规律和进化历程难以说清辨明,就如同历史学者经常探讨"历史是什么""历史学研究为什么"等元问题时所常说的"无用之处乃大用"一样,学术史研究有时也不能承载太多明显而沉重的目的论。但我们却可以从中"期待"些什么,即笔者意图从哲学思维对档案学观点予以反思,并试图思考那个老生常谈的问题——档案学是什么,档案学该何去何从?

历史哲学家的观点与理念各有不同,甚至相异与排斥,但"关联

---

① Terry Cook, "What is Past is Prologue: A History of Archival Ideas Since 1898, and the Future Paradigm Shift", *Archivaria*, Vol. 43, 1997, pp. 17-63.

② E. Mach, *History and Root of the Principle of the Conservation of Energy*, trans. Philip E. B., Chicago: Open Court Publishing Co., 1911, p. 18.

性"却是其中的一个重要议题,赢得了唯心主义者与唯物主义者的共同认可。翦伯赞朴素的"历史之时间上的相续性,空间上的联系性以及客观条件与主观创造之不可分裂性"将历史的关联性推向了一种可理解的普适状态,也为档案学元问题的反思提供了理论架构。笔者认为,中国档案学是基于时间性、空间性、客观条件与主观创造互动性的结果,档案学的历史基因和后续命题也印刻和孕育在时空交错的关系图谱中,在历史阐释的客观性维度和主观性维度中得以不断延续。

首先,档案学的时间性。档案学史是档案学基于时间性而构成的"一段"发展历程,"历史""现状"和"未来"这三个时间性的重要节点成就了档案学的发展脉络及社会地位。档案学的"历史遗产"不仅是学术研究的一个重要领域,更彰显了档案学"在场"以及如何"出场"的姿态。然而,现状却是对档案学的"历史遗产"缺乏应有的重视及客观的评价,对"历史遗产"的挖掘不够,评价趋于模式化。这就要求将静态的"时间意识"转化为动态的"价值推动"。而档案学的"当代发展"是一个累积的过程,是一个相对的概念,是一个永无止境的状态。面对档案学的"当代发展",档案学人应兼具使命意识和务实精神,顺应时代但不迎合时代,深化学术研究的核心问题,反思"当代的"学术标准之建设与改进。"当代发展"势必无法避开对未来的畅想,未来孕育在当代之中。对未来的畅想也已成为学科发展研究的一个必要环节,并成为学人进行学科建设时需要审慎思考的一个重要问题。而在时间性的维度下,档案学的"未来图景"总是变化的、且愈加难以揣测,如何避免"去档案化"的倾向、避免"夸夸其谈"式的"玄虚",就需要秉持学科自信与危机意识的并重、秉持"内容图景"与"社会图景"的并重。

其次,档案学的空间性。"存在"的基本范畴除了时间,还有空间。时间范畴界定了档案学的核心呈现方式,空间范畴界定了档案学的外在社会关系。档案学的空间性体现在自然空间之地理基础,社会空间之权力因素、史学传统与技术发展等方面。档案学的空间性形塑并影响了档案学的发展特色、学科定位、学术传统与演进未来。档案学的地理因素对档案理论范式的影响可谓源远流长,受地理空间的影响,中国档案学在世界范围内的融入感仍然不强,世界眼光难免有所局限。当然,地理空间更多的是一种隐喻、一种场所概念,其中互动性和语境性的凝聚塑造了不同边界范围内档案学的呈现样态，影响着档案实践的发展、影响着档案理论与档案实践的互动，并在一定程度上关乎中国档案学在世界档案学中的地位与影响力。档案学在历史（时间性）中的样态还受权力因素、史学传统与技术发展等的影响，这些因素的此消彼长不断作用于档案学的发展历程及其呈现面貌。其中，权力因素对档案学的影响通常以一种隐性的方式呈现，虽不易察觉但却无处不在，尤其是社会权力向文化权力的过渡，对档案学的影响更加深入；史学传统对档案学的影响通常以一种若即若离的方式呈现，虽逐渐弱化但却如影随形，史学传统之求真的探索精神、垂训的镜鉴精神、人本的人文精神促使着档案学的价值追问、功能探究与人文思索；技术发展对档案学的影响通常以一种显性的方式呈现，并逐渐引领档案学的发展方向，技术的工具理性与价值理性构成了档案学技术化发展内在省思的理论指导。

再次，档案学中客观条件与主观创造的互动性。在复杂多变的世界中，模糊视线的是时间与空间的复杂交织，但拨开迷雾的却是主观与客观的互动。档案学中客观条件与主观创造的互动性体现在一代代档案学人对档案学的框架设计与前景思考之中。档案学的框架设计体现了档案学的结构和功能，而档案学的结构和功能是基于客观的主观性建构的结果，档案学的结构表现为学科结构和教材结构的同一性与互动性，档案学的功能表现为档案学在学科生态系统的自主性及其与社会发展进程的协同性，结构与功能的叙述模式日益趋于开放性、多元性、关联性和动态性。档案学的前景思考体现在档案学的社会意义之中，而学科的社会意义既是内生的，又是构建的结果。为档案实践提供理论指导，这是档案学社会意义的最根本体现，是由学科性质、研究对象及其特征所决定的。但档案学在核心价值重构的时空背景下，其社会意义也会不断被重新解读。但不论如何，档案学的社会价值根基在于档案的原始记录信息属性，这一属性是档案职业不可替代、档案事业持续发展、档案学术研究存在的依托和根本，是档案学术本身学理性的基石。而档案学的社会价值归依在于档案学人的理论阐释，无论是作为"立法者"还是作为"阐释者"，档案学人逐渐推动了档案学价值形态由"内隐"向"外显"的转化，从而，档案学的社会价值冲破了其对档案管理环节的理论指导作用，并在广泛的社会参与度中不断扩充。档案学社会意义的彰显与重读势必会给档案学术研究及档案实践发展带来连锁反应，使得档案学在充满机遇与挑战、新旧事物同存性震荡的每一个时代中，都能够有所建树。

可以说，中国档案学经过时间的洗礼，在空间的延展中，在档案学人的代际承袭与主观努力下，逐渐演变为当今这般模样。半个世纪前，中国现代档案学先驱们以一己之力将中国档案学从形式上和实质上创建为一门独立的学科。那么，当今及未来档案学研究者们的使命则是推动档案学在独立性的基础上，逐步发展成为一门完善与成熟的学科，这也应是无数以档案学为志业的学人们共同的目标。正如笔者对"学科"论述的主要基调所认为的那样，独立的学科并非意味着成型的学科，也并非意味着其学科内部理论与方法的成熟，学科的创建可能在较短的时间内完成，但学科的完善与成熟却绝非一时之功。因此，1949年至1966年中国档案学作为一门独立学科的创建仅是一个起点，而以此为起点走向成熟仍然需要很长的路。就像瞿葆奎在谈及学科成熟的指标与标准时所言："一是属于'理论'方面的——对象、方法（或理论体系）；一是属于'实践'方面的——是否有代表性人物、著作、学术组织、学术刊物等。这就是说，成熟意味着是否满足了所有这些方面？满足的程度又如何？"[1] 尽管瞿葆奎的观点只是一家之言，但不可否认的是，独立学科的创建是基于研究领域的某些固有属性，而成熟学科的完善则要通过对该领域认识程度与组织程度的深化。档案学人基于学科创建目的的档案学社会建构，继而进行有意识、有目的的不懈努力，从而推动档案学学术内核与知识体系的趋于成熟、推动档案学运行机制的逐步完备，这正是未来档案学向成熟学科逼近的努力方向，也是未来档案学人前进方向的风帆与灯塔。

总之，从历史审视现在，再展望未来，客观来说，相比于其他学科，中国档案学属于生逢其时，但也在曲折中摸索了数十年，其间历经发轫时期的迷茫、成长过程的欣喜、中断时期的混乱、复兴时期的重获新生。1949年至1966年，中国档案学作为一门独立学科得以创建并经过初步发展，尽管尚不成熟，但却寻找着一次又一次的突破。播下的种子终得生根发芽。我们期待，档案学能如现代先驱所期望的那样，以坚挺的姿态屹立于现代科学体系之林。我们更加期待，一个不断更新的、充满活力的档案学，在应对不断变化的世界所带来的挑战中，为时代作出贡献。

---

[1] 唐莹：《元教育学》，人民教育出版社2002年版，序言。

# 参考文献

# 图 书

### 公开出版图书

(宋)朱熹、吕祖谦:《近思录》,上海古籍出版社2010年版。

《档案学词典》编委会:《档案学词典》,上海辞书出版社1994年版。

《档案学通讯》编:《文书学纲要》,中国档案学会筹备委员会出版1981年版。

《社会科学交叉科学学科辞典》,大连海事大学出版社1999年版。

《文史知识》编辑部编:《文史专家谈治学》,中华书局1994年版。

柏桦:《庆祝王钟翰教授八十五暨韦庆远教授七十华诞学术论文合集》,黄山书社1999年版。

包亚明:《后现代性与地理学的政治》,上海教育出版社2001年版。

曹喜琛、韩宝华:《中国档案文献编纂史略》,高等教育出版社1999年版。

曹亦冰:《高校古籍整理研究学者名录》,北京师范大学出版社1991年版。

陈文忠:《走向学者之路》,安徽师范大学出版社2016年版。

陈燮君:《学科学导论——学科发展理论探索》,上海三联书店1991年版。

陈以爱:《中国现代学术研究机构的兴起》,江西教育出版社2002

年版。

陈永生：《档案学论衡》，中国档案出版社1994年版。

陈兆祦、王德俊：《档案学基础》，中国档案出版社1995年版。

程桂芬：《人生不是梦》，中国妇女出版社1998年版。

程桂芬：《新四军两姐妹程桂芬、程兰芬自述》，人民出版社2014年版。

程桂芬：《一个老档案工作者的回忆》，中国档案出版社1999年版。

党跃武、姚乐野：《毛坤先生纪念文集——纪念著名图书馆学家和档案学家毛坤先生诞辰110周年》，四川大学出版社2010年版。

邓辉：《王船山历史哲学研究》，岳麓书社2004年版。

邓绍兴、邹步英、王光越：《中国档案分类的演变与发展》，档案出版社1992年版。

东北英文研究会编译：《苏联的大学》，苏南新华书店1949年版。

董天策：《问题与学理：新闻传播论稿》，中国传媒大学出版社2011年版。

董之林：《热风时节——当代中国"十七年"小说史论（1949—1966）》，上海书店出版社2008年版。

范并思：《图书馆学理论变革：观念与思潮》，北京图书馆出版社2007年版。

范并思等：《20世纪西方与中国的图书馆学——基于德尔菲法测评的理论史纲》，北京图书馆出版社2004年版。

方泽强：《高等教育学的学科建设研究》，广东高等教育出版社2014年版。

冯广京：《土地科学学科独立性及学科体系研究框架》，中国社会科学出版社2015年版。

冯广京等：《中国土地科学学科建设研究》，中国社会科学出版社2015年版。

冯乐耘、胡让、刘凤志、李鸿健：《档案保管技术学》，中国人民大学出版社1980年版。

傅斯年：《傅斯年谈教育》，辽宁人民出版社2015年版。

傅振伦：《傅振伦学述》，陈怡整理，浙江人民出版社1999年版。

傅振伦：《蒲梢沧桑·九十忆往》，华东师范大学出版社1997年版。

顾明远、刘复兴：《从新民主主义教育到社会主义教育》，教育科学出版社2015年版。

郭冰茹：《十七年（1949—1966）小说的叙事张力》，岳麓书社2007年版。

国家档案局编，刘国能、黄子林主编：《中国档案事业概述》，档案出版社1993年版。

国家档案局编：《档案工作文件汇集（第一集）》，档案出版社1986年版。

国家档案局编：《曾三档案工作文集》，档案出版社1990年版。

国家档案局档案干部教育中心编：《回顾与展望——第五期全国档案学研讨班论文选集》，档案出版社1991年版。

国家档案局档案工作社编：《文书处理和档案工作文辑》，工人出版社1956年版。

韩玉梅、吕洪宇、苏秀云译：《苏联文献公布学》，中国人民大学出版社1955年版。

韩玉梅、苏秀云、吕洪宇译：《苏联档案史》（简明教材）修订本，中国人民大学出版社1955年版。

何兆武：《可能与现实：对历史学的若干反思》，北京大学出版社2017年版。

贺昌盛：《晚清民初"文学"学科的学术谱系》，中国社会科学出版社2012年版。

胡鸿杰：《中国档案学的理念与模式》，中国人民大学出版社2005年版。

胡显章、曹莉：《学术与人生（清华大学新人文讲座·第五辑）》，清华大学出版社2011年版。

黄光国：《社会科学的理路》，中国人民大学出版社2006年版。

黄世喆、陈勇、麻新纯等：《边疆地区档案学高等教育教学改革理论与实践》，广西人民出版社2009年版。

贾鸽：《新中国成立初期天津的疫病及其防治：1949—1966》，天津人民出版社2014年版。

翦伯赞：《历史哲学教程》，生活·读书·新知三联书店2014年版。

焦润明：《当代中国社会文化变迁录：1949—1966》，沈阳出版社2001

年版。

金吾伦：《跨学科研究引论》，中央编译出版社1997年版。

李财富：《中国档案学史论》，安徽大学出版社2005年版。

李丹慧：《冷战国际史研究》，世界知识出版社2010年版。

李慧波：《北京市婚姻文化嬗变研究：1949—1966》，社会科学文献出版社2014年版。

李均：《中国高等教育研究史》，广东高等教育出版社2005年版。

李蓉：《"十七年文学"（1949—1966）的身体阐释》，人民出版社2014年版。

李铁君：《大学学科建设与发展论纲》，中国社会科学出版社2004年版。

李醒民：《科学与人文》，中国科学技术出版社2015年版。

李秀云：《中国新闻学术史（1834—1949）》，新华出版社2004年版。

李智：《当代中国学术与政治互动研究》，南京大学出版社2014年版。

梁启超：《清代学术概论》，朱维铮校注：《梁启超论清学史二种》，复旦大学出版社1985年版。

梁启超：《中国近三百年学术史》，中国人民大学出版社2012年版。

梁启超：《中国历史研究法（附补编）》，东方出版社1996年版。

刘国能：《中国当代档案事业史》，中国文史出版社2016年版。

刘国能：《中华人民共和国档案事业史》，中国文史出版社2016年版。

刘梦义、陶德荣：《中国当代哲学史稿：1949—1966》，四川人民出版社1987年版。

刘文杰：《中国档案学文书学要籍评述（1910—1986）》，四川大学出版社1987年版。

刘小强：《学科建设：元视角的考察——关于高等教育学学科建设的反思》，广东高等教育出版社2011年版。

刘仲林：《跨学科学导论》，浙江教育出版社1990年版。

陆晋蘧：《档案管理法》，工人出版社1953年版。

吕智新：《记忆之光》，贵州人民出版社2017年版。

罗尔纲：《忠王李秀成自传原稿笺证》，北京开明书店印行1951年版。

牟宗三：《历史哲学》，吉林出版集团有限责任公司2010年版。

裴桐主编：《当代中国的档案事业》，中国社会科学出版社1987年版。

戚学英：《作家身份认同与中国当代文学的生成（1949—1966）》，华中师范大学出版社 2013 年版。

祁进玉：《历史记忆与认同重构：土著民族识别的历史人类学研究》，学苑出版社 2014 年版。

申卫革：《知识转型与教育学知识的实践转向》，江苏大学出版社 2013 年版。

施爱东：《倡立一门新学科：中国现代民俗学的鼓吹、经营与中落》，中国社会科学出版社 2011 年版。

施宣岑、华明编著：《王可风档案史料工作文集》，档案出版社 1989 年版。

唐莹：《元教育学》，人民教育出版社 2002 年版。

王伯鲁：《技术究竟是什么？——广义技术世界的理论阐释》，科学出版社 2005 年版。

王洪涛：《翻译学的学科建构与文化转向：当代西方翻译研究学派理论研究》，上海译文出版社 2008 年版。

王景高、冯伯群、李向罡：《当代中国档案事业实录》，档案出版社 1993 年版。

王素：《故宫学学科建设初探》，故宫出版社 2016 年版。

王学典：《顾颉刚和他的弟子们》（增订本），中华书局 2011 年版。

韦庆远：《档房论史文编》，福建人民出版社 1984 年版。

吴宝康：《档案学理论与历史初探》，四川科学技术出版社 1986 年版。

吴宝康：《论新时期档案学与档案事业》，中国档案出版社 1997 年版。

吴宝康、邹家炜、董俭、周雪恒编：《中华人民共和国档案工作纪实：1949—1981》，青海人民出版社 1983 年版。

吴宝康主编，和宝荣、丁永奎副主编：《档案学概论》，中国人民大学出版社 1988 年版。

吴康：《新人文教育论》，中华正气出版社 1943 年版。

吴原：《教育的学术传统与教育研究的实践转向》，中国社会科学出版社 2015 年版。

吴仲强等：《中国图书馆学史》，湖南出版社 1991 年版。

夏美武：《当代中国政治生态建设研究：基于结构功能分析视角》，中国社会科学出版社 2014 年版。

谢波：《媒介与文艺形态——〈文艺报〉研究（1949—1966）》，复旦大学出版社2013年版。

谢桂华：《高等学校学科建设论》，高等教育出版社2011年版。

熊先觉、徐葵：《法学摇篮朝阳大学》，燕山出版社1997年版。

徐贲：《走向后现代与后殖民》，中国社会科学出版社1996年版。

徐培汀：《中国新闻传播学说史：1949—1966》，重庆出版社2006年版。

杨念群：《中层理论：东西方思想会通下的中国史研究》，江西教育出版社2001年版。

姚蒙：《法国当代史学主流——从年鉴派到新史学》，香港三联书店1988年版。

姚若冰：《中国教育（1949—1982）》，香港华凤书局1984年版。

姚文放：《从形式主义到历史主义：晚近文学理论"向外转"的深层机理探究》，北京大学出版社2017年版。

余三定：《中国新时期学术热点研究》，北京大学出版社2012年版。

余三定主编，钟兴永、杨年保、鲁涛副主编：《当代学术史研究》，人民出版社2009年版。

袁曦临：《学科的迷思》，东南大学出版社2017年版。

张德泽：《清代国家机关考略》，故宫出版社2012年版。

张关雄：《档案工作简史》，人民日报出版社1992年版。

张克复、丁海斌：《中国科技档案史纲》，甘肃文化出版社1999年版。

张柠：《再造文学巴别塔：1949—1966》，广东教育出版社2009年版。

张世林：《学林春秋 二编下册》，朝华出版社1999年版。

张紫晨：《民俗学讲演集》，书目文献出版社1986年版。

赵彦昌：《中国档案史研究史》，世界图书出版公司2012年版。

赵彦昌：《中国档案研究》（第四辑），辽宁大学出版社2017年版。

赵彦昌：《中国古代档案管理制度研究》，人民出版社2011年版。

郑东：《学术发展的哲学思维与实践路径》，山东大学出版社2012年版。

中国档案学会编：《中国档案学会第三次讨论会论文专集：档案学基础理论（中）》，档案出版社1990年版。

中国档案学会档案老专家委员会编：《新中国档案事业发展历程——纪

念国家档案局成立 60 周年文集》，中国文史出版社 2015 年版。
中国档案学会档案文献编纂学术委员会编：《建国以来档案文献编纂工作得失研讨会文集》，档案出版社 1988 年版。
中国第二历史档案馆：《中国档案史资料丛书之三——民国时期文书工作和档案工作资料选编》，档案出版社 1987 年版。
中国人民大学研究生院编：《中国人民大学研究生教育三十年》，中国人民大学出版社 2015 年版。
中央档案馆编：《裴桐档案工作文集》，中国档案出版社 1995 年版。
周洪宇：《不朽的文华——从文华公书林到文华图书馆学专科学校》，华中师范大学出版社 2013 年版。
周建漳：《历史哲学》，北京大学出版社 2015 年版。
周良发、韩剑尘：《梁漱溟历史哲学研究》，合肥工业大学出版社 2017 年版。
周雪恒：《中国档案事业史》，中国人民大学出版社 1994 年版。
邹家炜、董俭、周雪恒：《中国档案事业简史》，中国人民大学出版社 1985 年版。
［美］费正清：《美国与中国》，张理京译，世界知识出版社 1999 年第 4 版。
［德］赫伯特·施奈德尔巴赫：《黑格尔之后的历史哲学》，励洁丹译，浙江大学出版社 2014 年版。
［德］黑格尔：《历史哲学》，张作成、车仁维编译，北京出版社 2008 年版。
［德］卡尔·雅斯贝斯：《历史的起源与目标》，魏楚雄、俞新天译，华夏出版社 1989 年版。
［德］马克斯·韦伯：《学术贵族与政治饭碗》，刘富胜、李君华译，光明日报出版社 2010 年版。
［法］安妮·瓦格纳，［印度］维杰·K. 巴蒂亚编：《社会法学的多样性与包容性——法律符号学之探索》，张法连、叶盛楠、吴萧、刘昕译，中国政法大学出版社 2012 年版。
［法］皮埃尔·迪昂：《物理学理论的目的与结构》，李醒民译，商务印书馆 2011 年版。
［美］伊曼纽尔·沃勒斯坦：《所知世界的终结——二十一世纪的社会科

学》，冯炳昆译，社会科学文献出版社 2002 年版。

[美] C. 赖特·米尔斯：《社会学的想象力》，陈强、张永强译，生活·读书·新知三联书店 2016 年第 4 版。

[美] 爱德华·W. 苏贾：《后现代地理学——重申批判社会理论中的空间》，周宪、许钧主编，商务印书馆 2004 年版。

[美] 彼得·德鲁克：《新现实——走向 21 世纪》，刘靖华、郭序、周晓慧等译，中国经济出版社 1993 年版。

[美] 戴维·雷斯尼克：《政治与科学的博弈：科学独立性与政府监督之间的平衡》，陈光、白成太译，陈光、韩雪校，上海交通大学出版社 2015 年版。

[美] 华勒斯坦等：《学科·知识·权力》，刘健芝等编译，生活·读书·新知三联书店 1999 年版。

[美] 卡尔·米切姆：《技术哲学概论》，殷登祥、曹南燕等译，天津科学技术出版社 1999 年版。

[美] 理查德·A. 波斯纳：《法律理论的前沿》，武欣、凌斌译，中国政法大学出版社 2003 年版。

[美] 沃勒斯坦：《知识的不确定性》，王昺等译，山东大学出版社 2006 年版。

[美] 西奥多·夏兹金、卡琳·诺尔·塞蒂纳，[德] 埃克·冯·萨维尼：《当代理论的实践转向》，柯文、石诚译，苏州大学出版社 2010 年版。

[苏] 米加耶夫：《档案工作的理论与实践教材》，中国人民大学历史档案系译，中国人民大学出版社 1959 年版。

[苏] 米津、采列维吉诺夫：《文件材料保管技术学（档案工作的理论与实践教材）》，孙敏译，吕洪宇等校，中国人民大学出版社 1957 年版。

[英] 莱蒙：《历史哲学：思辨、分析及其当代走向》，毕芙蓉译，北京师范大学出版社 2009 年版。

[英] 鲍曼：《立法者与阐释者：论现代性、后现代性与知识分子》，洪涛译，上海人民出版社 2000 年版。

[英] 卡尔·波普尔：《客观知识——一个进化论的研究》，舒炜光等译，上海译文出版社 1987 年版。

［英］汤因比等：《历史的话语：现代西方历史哲学译文集》，张文杰编，中国人民大学出版社2011年版。

Anne J. Gilliland, Sue McKemmish, and Andrew J. Lau, *Research in the Archival Multiverse*, Melboume: Monash University Publishing, 2017.

A. E. J. Hollander, ed. , *Essays in memory of Sir Hilary Jenkinson*, London, Society of Archivists, 1962.

Barney Warf and Santa Arias, eds. , *The Spatial Turn: Interdisciplinary Perspectives*, London & New York: Routledge, 2009.

Bell Hooks, *Yearning: Race, Gender, and Cultural Politics*, Cambridge: South End Press, 1999.

Borje Justrell, *What Is This Thing We Call Archival Science? A Report on an International Survey*, Sweden: Tryckeri AB Smaland Quebecor, 1999.

Caroline Brown, *Archives and Recordkeeping: Theory into Practice*, London: Facet Publishing, 2014.

Chu-Yuan Cheng, *Scientific and Engineering Manpower in Communist China, 1949 – 1963*, Washington D. C. : National Science Foundation, 1965.

Doheny, Margaret O. , Christina Cook, and Mary Stopper, *The Discipline of Nursing: an introduction* , 2$^{nd}$ edition, Appleton & Lange: Norwalk, Connecticut, 1987.

E. Mach, *History and Root of the Principle of the Conservation of Energy*, trans. Philip E. B. Jourdain, Chicago: Open Court Publishing Co. , 1911.

Frans Smit, Arnoud Glaudemans, and Rienk Jonker, *Archives in Liquid Times*, Amsterdam: Stichting Archiefpublicaties, 2017.

Hershatter, Gail, *The Gender of Memory: Rural Women and China's Collective Past*, Berkeley: University of California Press, 2011.

John Ridener, *From Polders to Postmodernism: A Concise History of Archival Theory*, US: Litwin Books LLC, 2009.

Krishnan, A. , *What Are Academic Disciplines? Some Observation on the Disciplinarity vs. Interdisiciplinarity Debate*, Southampton: University of Southampton, 2009.

Luciana Duranti and Patricia C. Franks, eds. , *Encyclopedia of Archival Science*, Maryland: Rowman & Littlefield, 2015.

Peter Biskup, Kathryn Dan, Colleen McEwen, Greg O'Shea, and Graeme Powell, *Debates and Discourses: Selected Australian Writings on Archival Theory 1951 – 1990*, Canberra: Australian Society of Archivists, 1995.

Richard C. Berner, *Archival Theory and Practice in the United States: A Historical Analysis*, Seattle and London: The University of Washington Press, 1983.

Richard J. Cox, *Closing an Era: Historical Perspectives on Modern Archives and Records Management*, London: Greenwood Press, 2000.

R. C. Sharman, *Causation in Historical Study*, Proceedings of the 15$^{th}$ Biennial Conference of the Library Association of Australia, Sydney: The Library Association of Australia, 1971.

Shepherd, E., *Towards Professionalism? Archives and Archivists in England in the Twentieth Century*, Aldershot, Hants: Ashgate, 2009.

Trevor Livelton, *Archival Theory, Records, and the Public*, London: The Scarecrow Press, 1996.

Anthony Snodgrass, *An Archaeology of Greece: The Present State and Future Scope of a Discipline*, Berkeley: University of California Press, 1987.

Verne Harris, *Exploring Archives: An Introduction to Archival Ideas and Practice in South Africa*, Pretoria: National Archives of South Africa, Second Edition, 2000.

## 未公开出版图书

［荷］斯·缪勒，伊·阿·斐斯，阿·福罗英：《档案的整理与编目手册》，中国人民大学历史档案系档案史教研室译，1959年。

［苏］阿·阿·希洛夫：《文献公布学参考资料·十九世纪与二十世纪初期的文件公布》，中国人民大学历史档案系译，1957年。

《档案保管技术学实验讲义》，年代及出版信息不全，但根据书籍保存及内部记录内容，可断定为20世纪60年代书籍。

《全国档案资料工作展览会技术档案部分（技术档案参考资料）》，1959年。

《谢列兹聂夫论文报告辅导记录集（1952—1955）》，1957年。

《中国人民大学档案学院校友录（1952—1987）》《中国人民大学档案学院校友录（1952—1992）》。

《中国人民大学信息资源管理学院六十年纪事》，2013年。
档案工作社编：《县档案馆介绍》，1958年。
丁永奎：《档案管理学讲稿》，1961年。
傅振伦：《档案与资料（讲义）》，北京大学图书馆学专修科印，1951年。
国家档案局办公室编：《县档案馆工作参考资料》，1959年。
国家档案局编：《档案保管技术资料选编》，1960年。
河北省档案馆编：《中国人民大学历史档案系保定实习队·实习文集》，1963年。
河南省太康县档案馆编：《太康文书档案》，1959年。
贾翰文：《拾零集》，时间不详，1996年。
李毅：《八十回顾》，该书为笔者采访李毅时所得。
唐山市档案管理科编：《文书处理与档案工作学习参考材料》，1961年。
吴宝康：《档案学是一门科学（初稿）》，1961年。
殷钟麒：《国民党统治时期档案分类法概要介绍》，时间不详。
殷钟麒：《清代文书工作述要（初稿）·上》，1983年。
殷钟麒：《国民党时期档案管理述要》，1959年。
张德泽：《从事历史档案事业与语言工作六十五年回忆录》，1989年。
张德泽：《张德泽回忆录》，时间不详，中国人民大学信息资源管理学院保存手稿复印版。
中国第一历史档案馆编：《明清档案工作资料汇编（第一集）》，1962年。
中国人民大学档案教研室编：《评陆晋蓬著〈档案管理法〉》（翻印），1954年。
中国人民大学档案教研室编：《苏联档案史绪论》，1953年。
中国人民大学档案教研室编：《中国档案史讲稿（第一—十一讲）》，1953年。
中国人民大学档案教研室编：《中国国家机关发展史讲授提纲》，1954年。
中国人民大学档案历史教研室编：《中国档案史讲稿（第1—7章）》，1955年。
中国人民大学档案系编：《档案工作文件和论文选编（第二集，1958—

1965)》，1986年。

中国人民大学档案系文书学教研室编：《文书学讲义（初稿）》，1979年。

中国人民大学档案学教研室、档案学资料室编：《档案价值的鉴定·档案管理学参考资料之四》，1980年。

中国人民大学档案学教研室编：《文件材料保管技术学·绪论》，1955年。

中国人民大学历史档案系编：《〈档案管理学〉教学大纲》，1964年。

中国人民大学历史档案系编：《保管技术学讲义（初稿）》，1959年。

中国人民大学历史档案系编：《档案保管技术学（初稿）》，1960年。

中国人民大学历史档案系编：《档案保管技术学教学大纲（初稿）》，1964年。

中国人民大学历史档案系编：《档案保管价值的鉴定·档案管理学参考资料》，1966年。

中国人民大学历史档案系编：《档案的收集与整理（初稿）》，1960年。

中国人民大学历史档案系编：《档案工作文件和论文选编（第一集，1931—1957）》，1961年。

中国人民大学历史档案系编：《档案管理学》，1962年。

中国人民大学历史档案系编：《档案管理学参考材料·档案的收集》，1965年。

中国人民大学历史档案系编：《档案管理学参考资料·档案的整理》，1964年。

中国人民大学历史档案系编：《档案学参考资料（第一辑）》，1959年。

中国人民大学历史档案系编：《档案学参考资料（第二辑）》，1959年。

中国人民大学历史档案系编：《档案学参考资料（第三辑）》，1960年。

中国人民大学历史档案系编：《档案学参考资料（技术档案部分）》，1956年。

中国人民大学历史档案系编：《档案学参考资料（文书整理法理论与实践）》，1955年。

中国人民大学历史档案系编：《档案学基础（初稿）》，1960年。

中国人民大学历史档案系编：《国际档案馆指南》，1957年。

中国人民大学历史档案系编：《技术档案管理学（讲稿）》，1966年。

中国人民大学历史档案系编：《技术档案管理与组织（绪论）（共七讲）》，1956年。

中国人民大学历史档案系编：《人民公社文书档案选编》，1959年。

中国人民大学历史档案系编：《文书学（讲稿）》，1958年。

中国人民大学历史档案系编：《文书学（讲义）》，1964年。

中国人民大学历史档案系编：《文书学参考资料》，1962年。

中国人民大学历史档案系编：《文书学参考资料理论部分》，1956年。

中国人民大学历史档案系编：《文献编纂学参考资料》，1962年。

中国人民大学历史档案系编：《文献编纂学讲稿》，1963年。

中国人民大学历史档案系编：《文献编纂学讲义（初稿）》，1961年。

中国人民大学历史档案系编：《文献公布学》，1956年。

中国人民大学历史档案系编：《文献公布学参考资料（第一辑）—（第七辑）》，1958年。

中国人民大学历史档案系编：《文献公布学课程提纲》，1955年。

中国人民大学历史档案系编：《学生实习报告书与实习作业选编（1958年6月35日至8月2日）》，1959年。

中国人民大学历史档案系编：《中国档案史（绪论·第一章）》，1956年。

中国人民大学历史档案系编：《中国档案史参考资料（第一至三辑）》，1957年。

中国人民大学历史档案系编：《中国文献公布学》，1956年。

中国人民大学历史档案系档案史教研室编：《中国档案史参考资料（半殖民地半封建社会时期）》，1962年。

中国人民大学历史档案系档案史教研室编：《中国档案史讲义（初稿）》，1961年。

中国人民大学历史档案系档案史教研室编：《中国档案史教学参考资料（新民主主义革命和社会主义革命与建设时期）》，1956年。

中国人民大学历史档案系档案史教研室编：《中国档案史教学参考资料（新民主主义革命和社会主义革命与建设时期）》，1961年。

中国人民大学历史档案系档案史教研室编：《中国档案史教学参考资料（新民主主义革命和社会主义革命与建设时期）》，1962年。

中国人民大学历史档案系档案学教研室编：《技术档案管理学（讲义，初稿）》，1961年。

中国人民大学历史档案系档案学教研室编：《文献编纂学参考资料》，1963年。

中国人民大学历史档案系档案学教研室编：《档案学概论讲义（初稿）》，1960年。

中国人民大学历史档案系国家机关史与文书学教研室编：《文书学参考资料历史部分——华北解放区国民党反动政府》，1956年。

中国人民大学历史档案系技术档案学教研室编：《档案保管技术学参考资料（第一辑）》，1963年。

中国人民大学历史档案系文书学教研室编：《文书学讲义（初稿）》，1961年。

中国人民大学历史档案系文书学教研室编：《文书学讲义》，1961年。

中国人民大学历史档案系资料室编：《档案学论文著作目录》，1961年。

中国人民大学历史档案系资料室编：《贯彻执行中共中央关于"以党的方针政策为纲整理档案"原则指示的参考资料》，1960年。

中国人民大学信息资源管理学院编：《中国人民大学信息资源管理学院（1952—2012）简史》，2013年。

中央档案馆明清档案部整理组编：《清朝档案整理工作资料汇编（第二集）(1960—1962)》，时间不详，资料来源于笔者前往张德泽之女张碧君家中获得。

邹家炜、周雪恒：《中国档案事业史函授学习指导书》，1985年。

## 期刊论文

《编辑前言》，《外国档案工作简讯》1960年第1期。

《编者按》，《材料工作通讯》1951年第4期。

《编者的话》，《材料工作通讯》1951年第4期。

《编者的话》，《档案工作》1953年第1期。

《编者话》，《档案学研究》1959年第1期。

《创刊的话》，《材料工作通讯》1951年第1期。

《大力开展档案资料的整理和利用，为社会主义全面大跃进服务——曾三同志在第一届全国人民代表大会第五次会议上的发言》，《档案工作》1958年第3期。

《档案工作者动员起来！争取档案工作大跃进！》，《档案工作》1958年第3期。

《档案资料工作者在技术革命运动中的学习与创造》，《技术档案资料研究》1959年第1期。

《关于改"芬特"为"全宗"的通知》，《档案工作》1955年第5期。

《关于陆晋蘧著〈档案管理法〉一书的读者来信综合叙述》，《档案工作》1954年第9期。

《技术档案资料管理与组织名词解释》，《技术档案资料研究》1959年第1期。

《全国档案资料工作出现跃进局面》，《档案工作》1958年第10期。

《社论：档案、资料工作应该跃进，可以跃进！》，《档案工作》1958年第3期。

《社论：档案工作人员应该积极参加整风运动和响应下放劳动锻炼的号召》，《档案工作》1958年第1期。

《社论：多快好省地开展档案、资料的利用工作》，《档案工作》1958年第5期。

《社论：总结经验，加强理论研究工作》，《档案工作》1961年第5期。

《说在刊前》，《技术档案资料研究》1958年第1期。

《浙江省委秘书处档案与资料划分问题的情况》，《材料工作通讯》1951年第6期。

《征稿》，《技术档案资料研究》1959年第3期。

《中共中央档案馆筹备处全体工作人员反右派大会声讨书》，《档案工作》1957年第4期。

《中国人民大学档案教研室科学讨论会简记》，《档案工作》1954年第11期。

《中国人民大学档案教研室征集资料启示》，《档案工作》1954年第6期。

《中国人民大学档案系准备开设第二期技术档案资料专修科》，《技术档案资料研究》1959年第3期。

《中国人民大学档案专修班关于第一期教学工作的基本总结》，《档案工作》1953年第3期。

《中国人民大学档案专修班招生简讯》，《档案工作》1953年第2期。

《中国人民大学历史档案系招生消息》,《档案工作》1955 年第 2 期。

蔡曙山:《科学与学科的关系及我国的学科制度建设》,《中国社会科学》2002 年第 3 期。

曹喜琛:《编纂〈致荣禄信稿〉之管见发凡》,《档案学研究》1964 年第 6 期。

陈大康:《关于古典文学研究中的一些现象的思考》,《文学遗产》2004 年第 1 期。

陈光祚:《重视图书馆学学术史研究》,《图书馆论坛》2006 年第 12 期。

陈金权:《我对档案修复工作的认识》,《档案工作》1965 年第 2 期。

陈平原:《"当代学术"如何成"史"》,《云梦学刊》2005 年第 4 期。

程桂芬:《关于档案学问题》,《档案工作》1957 年第 1 期。

程焕文:《周连宽先生生平事迹与学术贡献——〈周连宽教授论文集〉前言》,《图书情报知识》2008 年第 1 期。

戴登云:《中国学术话语体系的创新何以可能?——基于当代中国学术史和思想史的反思》,《西南民族大学学报》2015 年第 8 期。

档案工作编辑委员会:《〈档案工作〉的新阶段》,《档案工作》1955 年第 1 期。

档案工作编辑委员会:《本刊征求通讯员启示》,《档案工作》1953 年第 4 期。

档案工作编辑委员会:《为停刊敬告读者、作者》,《档案工作》1965 年第 6 期。

丁明:《我们整理抗日战争时期档案文件的情况介绍》,《档案工作》1954 年第 15 期。

丁昔:《中国人民大学档案系右派分子的锣鼓》,《档案工作》1957 年第 4 期。

东北档案馆:《试谈整理历史档案利用原基础的问题》,《档案工作》1962 年第 5 期。

杜春昊:《不应该片面地要求越通俗越好》,《档案工作》1957 年第 3 期。

方鲁:《论中国档案学的结构与功能——〈档案管理学〉评析》,《档案学通讯》2002 年第 5 期。

费孝通:《略谈中国的社会学》,《高等教育研究》1993 年第 4 期。

费云东：《司马迁——汉代的史学家和档案工作者》，《档案工作》1964年第4期。

冯济平：《可贵的学术史探索——评夏中义等〈从王瑶到王元化〉》，《云梦学刊》2007年第6期。

冯乐耘：《关于资料与档案划分等问题的意见》，《材料工作通讯》1951年第5期。

冯子直：《档案工作者应当进行一些历史研究》，《档案工作》1964年第1期。

冯子直：《老子和档案工作》，《档案工作》1963年第6期。

冯子直：《希冀中国档案文化史取得新的研究成果——在〈中国档案事业史〉学术讨论会上的发言》，《档案学研究》2013年第1期。

傅振伦：《革命历史档案的收集与整理》，《档案工作》1957年第4期。

傅振伦：《章学诚在史学上的贡献》，《史学月刊》1964年第9期。

高放：《人生有为 学术无涯——恭贺史学家韦庆远教授七十华诞》，《广东社会科学》1998年第3期。

顾金龙：《坚持检查文书部门立卷制度》，《档案工作》1964年第2期。

国忱：《术语具备两个条件就通俗了》，《档案工作》1957年第3期。

河北省委办公室档案资料科：《我们对区分档案与资料的意见》，《材料工作通讯》，1951年第5期。

洪葭管：《整理金融史料的初步体会》，《学术月刊》1963年第7期。

胡鸿杰：《论档案学人》，《档案学通讯》2002年第2期。

胡鸿杰：《论中国档案学的结构与功能——档案学概论评析》，《档案学通讯》2002年第6期。

胡明诚、高亚梅、张仲仁、陈远志：《论"芬特"改称"全宗"的必要》，《档案工作》1955年第5期。

胡让：《档案馆库房建筑中的几个问题》，《档案工作》1964年第1期。

嵇文甫：《档案工作与历史研究》，《档案工作》1960年第5期。

蒋有恺：《"关于档案学问题"的几个问题》，《档案工作》1957年第4期。

靳云峰：《苏联〈历史档案〉杂志简介》，《档案工作》1960年第3期。

鞠松涛：《让技术档案资料更好地为技术革命和文化革命服务》，《技术档案资料研究》1958年第1期。

寇曾毅：《力求专用术语既通俗又确切》，《档案工作》1957 年第 3 期。

劳凯声：《人文社会科学研究的问题意识、学理意识与方法意识》，《北京师范大学学报》（社会科学版）2009 年第 1 期。

雷颐：《"精神年轮"：学术史与思想史的统一》，《博览群书》2012 年第 11 期。

李伯重：《论学术与学术标准》，《社会科学论坛》2005 年第 3 期。

李道新：《重构中国电影——从学术史的角度观照改革开放以来的中国电影史研究》，《当代电影》2008 年第 11 期。

李凤楼：《苏联档案建设的历史道路》，《档案工作》1957 年第 1 期。

李光：《目前档案工作中的基本问题及其解决办法》，《材料工作通讯》1951 年第 3 期。

李剑鸣：《自律的学术共同体与合理的学术评价》，《清华大学学报》（哲学社会科学版）2014 年第 4 期。

李毅：《略谈文献公布学》，《档案工作》1958 年第 4 期。

李毅：《什么是芬特？什么是芬特构成者？》，《档案工作》1954 年第 16 期。

李毅、冯明：《中国人民大学档案专修科实验课中进行零散文件立卷工作的几点体会》，《档案工作》1954 年第 15 期。

梁继红：《中国近代"档案学"词源新考》，《档案学通讯》2010 年第 5 期。

梁建洲：《中国档案管理专业教育的开拓者——记文华图书馆专科学校（上）（下）》，《档案与史学》1998 年第 3 期、第 4 期。

辽宁省档案技术室：《加固档案纸张字迹的探索》，《档案工作》1964 年第 4 期。

林乐明、胡管文：《关于档案库房内防潮降湿的研究》，《档案工作》1962 年第 1 期。

林言椒：《中国近代史资料的整理和出版》，《历史教学》1963 年第 7 期。

刘正业：《中国人民大学历史档案系师生下放锻炼的收获》，《档案工作》1959 年第 2 期。

吕声：《欢送苏联档案专家沃尔钦科夫同志》，《档案工作》1957 年第 4 期。

罗德运：《荒谬年代荒谬事——皮高品、徐家麟教授"文革"二三事》，《图书与情报》2010年第5期。

罗敏：《〈不同空间的正文与上下文〉的翻译出版考察》，《外国语文》2013年第4期。

罗贤春、姚明：《近代文化变迁中的图书馆学思想》，《图书情报知识》2015年第5期。

罗志田：《探索学术与思想之间的历史》，《四川大学学报》（哲学社会科学版）2002年第3期。

骆伟：《一代恩师 风范长存》，《图书情报知识》2007年第3期。

毛坤：《标题目录与科学研究》，《图书馆学通讯》1957年第2期。

毛坤：《高等学校中的资料工作》，《图书馆学通讯》1957年第3期。

毛坤：《试论联合目录》，《图书馆学通讯》1957年第6期。

毛相骞：《毛坤先生的最后十年——忆父亲晚年岁月片段》，《图书情报知识》2009年第7期。

欧阳哲生：《当代学术史研究刍议》，《云梦学刊》2005年第4期。

潘嘉：《苏联机关文书处理工作中监督制度的介绍》，《档案工作》1955年第1期。

潘天波：《时间性向度的工匠精神：重建困境与可能回答》，《西北师大学报》（社会科学版）2017年第7期。

裴桐：《档案与资料的划分和整理》，《材料工作通讯》1951年第3期。

齐靖：《试论技术档案资料工作和保密工作的关系》，《技术档案资料研究》1959年第4期。

邱焕星：《学术史合法性的元理论探讨》，《史学理论研究》2014年第3期。

任越、王协舟、周林兴：《档案学经典著作评价研究论纲》，《档案学通讯》2017年第5期。

散木：《"批儒评法"运动中王重民之死》，《文史精华》2005年第11期。

散木：《向达先生四十年祭》，《书屋》2005年第9期。

尚小明：《抗战前北大史学系的课程变革》，《近代史研究》2006年第1期。

邵金耀：《档案教育起源探究》，《档案学通讯》2006年第1期。

沈占云、张彦文：《中国图书馆学理论史诗（1986—2005年）——读范并思〈图书馆学理论变革：观念与思潮〉》，《图书馆》2017年第1期。

施爱东：《学术行业生态志：以中国现代民俗学为例》，《清华大学学报》（哲学社会科学版）2010年第2期。

谭红：《物转星移文章在 流芳百世道德新——毛坤先生小传（1899—1960年）》，《图书情报知识》2010年第1期。

谭荣波：《"源"与"流"：学科、专业及其关系的辨析》，《教育发展研究》2002年第11期。

唐文文、吴汉全：《继承中的创新：苏联政治经济学体系与建国初期的中国经济学》，《宁夏师范学院学报》（社会科学版）2015年第2期。

滕固：《档案整理处的任务及其初步工作》，《行政效率》1935年第2卷第9、10期合刊。

王德俊：《荷兰手册评述》，《档案学研究》1998年第1期。

王德俊：《世界档案学名著——荷兰手册评述（为纪念荷兰手册出版100周年而作）》，《档案与缩微》1998年海峡两岸档案学术交流特刊春季版。

王德俊：《中国人民大学档案系历次科学讨论会简介》，《档案学通讯》，1984年第6期。

王德俊、冯立华：《浅谈中国档案教育的起源》，《档案管理》1997年第3期。

王德生：《论结构和功能》，《吉林大学社会科学学报》1993年第1期。

王方：《论苏联机关的文书处理和归档制度——学习苏联专家谢列兹聂夫关于"苏联文书处理工作中的几个问题"的笔记》，《档案工作》1953年第6期。

王可风：《建国十年来南京史料整理处的工作概况》，《档案工作》1959年第8期。

王可风：《历史研究与档案工作》，《学术月刊》1959年第1期。

王可风：《刘知几论编史修志与档案的关系——纪念刘知几诞生1300周年》，《档案工作》1961年第3期。

王可风：《南京史料整理处对历史档案的搜集整理和利用》，《历史研究》1958年第7期。

王可风：《清代全祖望怎样搜集作家手稿》，《档案工作》1958 年第 3 期。

王可风：《中国科学院历史研究所第三所南京史料整理处保管和整理档案的情况介绍》，《档案工作》1954 年第 13 期。

王梅玲：《台湾图书馆学教育史》，《图书与资讯学刊》2007 年总第 63 期。

王明哲：《试谈根据苏联经验编制案卷类目的原则和方法》，《档案工作》1953 年第 8 期。

王明哲：《苏联机关团体和企业中文件登记工作的介绍》，《档案工作》1953 年第 5 期。

王明哲：《苏联机关组织文书处理工作的原则》，《档案工作》1954 年第 14 期。

王乃林：《关于档案的自然形成规律的探讨》，《档案工作》1961 年第 4 期。

王向女：《中国档案学史研究述评》，《档案学研究》2016 年第 5 期。

王元化：《关于近年的反思答问》，《文艺理论研究》1995 年第 1 期。

韦庆远：《试论档案工作与历史学研究的关系》，《人文杂志》1957 年第 4 期。

韦庆远：《中国档案史稿（前言）》，《档案工作》1957 年第 1 期。

韦庆远：《中国档案史稿》，《档案工作》1957 年第 1 期、第 3 期、第 5 期、第 6 期。

韦庆远、何其燔：《辛亥革命前中国档案工作发展概述》，《档案工作》1955 年第 1 期。

吴宝康：《国家过渡时期档案工作的任务及其改革》，《教学与研究》1954 年第 6 期。

吴宝康：《加强档案学理论研究》，《上海档案》1986 年第 2 期。

吴宝康：《论文书处理学的创建及其对象与任务》，《教学与研究》1956 年第 2 期。

吴宝康：《努力发展档案学》，《档案工作》1957 年第 2 期。

吴宝康：《评陆晋蓬著"档案管理法"》，《档案工作》1954 年第 11 期。

吴宝康：《区分档案与资料问题的我见》，《材料工作通讯》1951 年第 4 期。

吴宝康：《我的回忆》，《档案学通讯》1997年第1期、1997年第2期。

吴宝康：《中国人民大学档案专修班立卷实验工作的初步研究》，《档案工作》1953年第2期。

吴宝康：《重新认识档案与资料的区分》，《材料工作通讯》1953年第10期。

吴宝康、程桂芬：《中国档案近现代史稿》，《兰台世界》1994年第1期至1995年第11期。

吴海江：《中国大学学术生态的历史反思与现代重构》，《复旦教育论坛》2014年第6期。

吴稌年：《近代图书馆学人对学术史的研究》，《山东图书馆学刊》2014年第2期。

肖永英：《周连宽先生个人著述简目》，《图书馆论坛》1999年第6期。

熊墨兰：《人民大学档案系技术档案专修科第一、二期学员即将毕业》，《档案工作》1960年第7—8期合刊，封底。

徐拥军、闫静：《论曾三档案思想的演变》，《档案学通讯》2016年第4期。

徐拥军、张斌：《中国大陆档案高等教育发展研究》，《档案与缩微》2012年夏季刊（第105期）。

徐玉珍：《区分两种不同的学科结构理论——施瓦布与布鲁纳学科结构理论比较及其对我国科技教育的启示》，《课程·教材·教法》1996年第8期。

闫静、徐传信：《从研究对象到研究视角——由吴宝康研究看档案学人研究的路径转换》，《档案学通讯》2017年第4期。

严中平：《编辑中国近代经济史参考资料工作的初步总结》，《经济研究》1956年第4期。

杨发祥、周贤润：《郑杭生社会学中层理论谱系研究——基于学术史的视角》，《福建论坛》（人文社会科学版）2015年第11期。

杨耕、张立波：《历史哲学：从源起到后现代》，《学术月刊》2008年第4期。

杨显光：《整理中共万县地委一九五三年档案文件的初步总结》，《档案工作》1954年第15期。

叶险明：《中国学术话语体系超越"西方中心主义"的逻辑和方法》，

《中共中央党校学报》2015年第8期。

殷钟麒：《出席全国档案工作会议的感想》，《档案工作》1957年第1期。

殷钟麒：《某些档案名词应该修改》，《档案工作》1957年第2期。

殷钟麒：《十年来档案事业的辉煌成就》，《档案工作》1959年第8期。

殷钟麒：《我国倡议地方档案馆学说的先验者——章学诚》，《档案工作》1957年第6期。

殷钟麒：《怎样研究纲目分类法》，《档案工作》1958年第7期。

殷钟麒：《怎样研究类户分类法》，《档案工作》1959年第3期。

殷钟麒：《整理清代历史档案的意义及其收获》，《档案学研究》1959年第3期。

于英香：《档案学术研究"麦当劳化"置疑——从研究程序规范的视角考察》，《档案学通讯》2007年第5期。

元皓：《试论鲁迅杂文的标题》，《新闻业务》1960年第8期。

曾三：《技术档案工作、技术资料工作和科学情报工作》，《档案工作》1959年第8期。

张德祥：《1949年以来中国大学治理的历史变迁——基于政策变革的思考》，《中国高教研究》2016年第2期。

张德泽：《第一历史档案馆概况》，《档案工作》1956年第9期。

张德泽：《明清档案编辑工作方法之商榷》，《档案学研究》1962年第5期。

张德泽：《清代历史档案分类立卷问题》，《档案学研究》1960年第3期。

张德泽：《清军机处的文书处理与档案工作》，《档案工作》1956年第12期。

张德泽：《清内阁大库档案分散与变迁的情况》，《档案工作》1957年第3期。

张德泽：《太平天国革命运动对清廷财政的打击——清内务府"奏销档"之反映》，《历史教学》1964年第5期。

张立文：《中国学术的界说、演替和创新——兼论中国学术史与思想史、哲学史的分殊》，《中国人民大学学报》2004年第1期。

张盼：《试论我国档案学术共同体形成与发展》，《档案管理》2013年第 6 期。

张生虎、张立昌：《生成、建构到行动：教育的时间性考察》，《南京社会科学》2017 年第 2 期。

张志诚：《档案术语要简明》，《档案工作》1957 年第 3 期。

张治民：《对保持文件历史联系问题的探讨》，《档案工作》1962 年第 6 期。

张忠：《试论技术档案资料工作的规律性》，《技术档案资料研究》1959 年第 5 期。

郑皓：《关于档案资料编号方法的研究》，《技术档案资料研究》1959 年第 3 期。

郑玉豪：《对于档案学几个问题的我见》，《档案学研究》1962 年第 4 期。

中国人民大学历史档案系办公室：《档案学研究所成立》，《档案工作》1959 年第 2 期。

仲一：《对立卷工作的一些认识和体会》，《档案工作》1964 年第 2 期。

周永珍：《怀念陈梦家先生》，《考古》1981 年第 5 期。

左东岭：《我们需要什么样的学术史——以中国古代文学研究为中心》，《文史哲》2016 年第 1 期。

[德] 赫尔穆特·略茨克：《德意志民主共和国档案学院教学和科学研究的成就和任务》，《外国档案工作参考资料》1963 年第 8 期。

[加] 特里·库克：《后保管及后现代主义社会里信息与档案管理中面临的一场革命》，刘越男编译，《山西档案》1997 年第 2 期。

[加] 特里·库克：《四个范式：欧洲档案学的观念和战略的变化——1840 年以来西方档案观念与战略的变化》，李音译，《档案学研究》2011 年第 3 期。

[捷] 鲁道夫·雷曼：《对新型档案馆建筑问题的研究》，韩玉梅译，《外国档案工作参考资料》1963 年第 9 期。

[苏] A. A. 库金：《技术档案室科学参考工具书的形式》，《技术档案资料研究》1958 年第 2 期。

[苏] P. B. 欧夫齐尼珂夫，π. A. 高尔金别克：《"技术档案的管理"教材介绍》，于寿令译，陈永芳校，《技术档案资料研究》1958 年第 2 期。

［苏］格·伊·沃尔钦科夫：《苏联档案工作的组织（在1956年12月22日全国档案工作会议上的报告）》，《档案工作》1957年第1期；《苏联档案管理机关和档案馆鉴定工作的经验》，《档案工作》1957年第2期；《苏联地方国家档案馆的建立及其接收档案的工作》，《档案工作》1957年第3期；《苏联档案机关利用文件材料的工作经验》，《档案工作》1957年第5期、第6期。

［苏］姆·斯·谢列兹聂夫：《中华人民共和国的档案建设》，《教学与研究》1956年第6期。

Barbara L. Craig, "Outward Visions, Inward Glance: Archives History and Professional Identity", *Archival Issues*, Vol. 17, No. 2, 1992.

Berndt Fredriksson, "Postmodernistic Archival Science-Rethinking the Methodology of a Science", *Archival Science*, No. 3, 2003.

Burke, F. G., "The Future of Archival Theory in the United States", *The American Archivist*, Vol. 44, No. 1, 1981.

Fernanda Ribeiro, "Archival Science and Changes in the Paradigm", *The Archival Science*, No. 1, 2001.

Frank B. Evans, "Archivists and Records Managers: Variations on a Theme", *The American Archivist*, Vol. 30, No. 1, 1967.

Georg G. Iggers, "Historicism: The History and the Meaning of the Term", *The Journal of the History of Ideas*, Vol. 56, No. 1, 1995.

G. L. Fischer, "The Clock of History", *Archives and Manuscripts*, No. 7, 1979.

Hermann Rumschöttel, "The Development of Archival Science as a Scholarly Discipline", *Archival Science*, No. 1, 2001.

John Roberts, "Archival Theory: Much Ado about Shelving", *The American Archivist*, Vol. 50, No. 1, 1987.

John Roberts, "Archival Theory: Myth or Banality?" *The American Archivist*, Vol. 53, No. 1, 1987.

Kimball, G. D., "The Burke-Cappon Debate: Some Further Criticisms and Considerations for Archival Theory", *The American Archivist*, Vol. 48, No. 4, 1985.

Luciana Duranti, "The Archival Body of Knowledge: Archival Theory, Method, and Practice, and Graduate and Continuing Education", *Journal of Education* for *Library and Information Science*, Vol. 34, No. 1, 1993.

Nesmith, T., "Seeing Archives: Postmodernism and the Changing Intellectual Place of Archives", *The American Archivist*, Vol. 65, No. 1, 2002.

Nils Rruebach, "Archival Science in Germany-Traditions, Developments and Perspective", *Archival Science*, No. 3, 2003.

Reto Tschan, "A Comparison of Jenkinson and Schellenberg on Appraisal", *The American Archivist*, Vol. 65, No. 2, 2002.

Roberts, J. W., "Much Ado about Shelving", *The American Archivist*, Vol. 50, No. 1, 1987.

Terry Cook, "Archival science and Postmodernism: New Formulations for Old Concepts", *Archival Science*, No. 1, 2001.

Terry Cook, "An Archival Revolution: W. Kaye Lamb and the Transformation of the Archival Profession", *Archivaria*, Vol. 60, 2005.

Terry Cook, "Evidence, Memory, Identity and Community: Four Shifting Archival Paradigms", *Archival Science*, No. 2, 2013.

Terry Cook, "What is Past is Prologue: A History of Archival Ideas Since 1898, and the Future Paradigm Shift", *Archivaria*, Vol. 43, 1997.

Terry Eastwood, "Nailing a Little Jelly to the Wall of Archival Studies", *Archivaria*, Vol. 35, 1993.

Terry Eastwood, "What is Archival Theory and Why is it Important?" *Archivaria*, Vol. 35, 1993.

T. R. Schellenberg, "The Description of Private Papers", *Archives and Manuscripts*, Vol. 1, No. 5, 1958.

T. R. Schellenberg, "The Arrangement of Private Papers", *Archives and Manuscripts*, Vol. 1, No. 4, 1957.

William G. Ormsby, "The Public Archives of Canada, 1948-1968", *Archiviaria*, Vo. 15, 1982-1983.

# 学位论文

陈建:《中国档案学的政治性格研究》,博士学位论文,中国人民大学,2015年。

陈祖芬：《档案范式论》，博士学位论文，中国人民大学，2007年。

高大伟：《档案学的元问题及可能的形而上》，博士学位论文，中国人民大学，2011年。

李孟珂：《殷钟麒档案学思想研究》，硕士学位论文，云南大学，2014年。

唐远清：《对"新闻无学论"的辨析及反思》，博士学位论文，中国人民大学，2006年。

张海星：《新中国在华外国专家管理工作史研究（1949—1966）》，博士学位论文，中国人民大学，2010年。

张会超：《民国时期明清档案整理研究》，博士学位论文，中国人民大学，2008年。

张衍：《海峡两岸档案学教育之沿革与发展研究》，博士学位论文，台湾政治大学，2017年。

Douglas A. Stiffler, "Building Socialism at Chinese People's University: Chinese Cadres and Soviet Experts in the People's Republic of China, 1949 – 1957", Ph. D. dissertation, University of California, San Diego, 2002.

# 报　纸

《热烈庆祝建校一周年，我校举行盛大庆祝会》，《中国人民大学周报》，1951年1月14日。

陈克寒：《出版工作必须实行计划化》，《人民日报》1957年9月10日。

冯惠玲：《细雨闲花处，杳然天界高——怀念恩师陈兆祦先生》，《中国档案报》2016年4月25日。

韩玉梅：《新中国档案高等教育的开山之师——忆 M. C. 谢列兹聂夫教授在华执教》，《中国档案报》2009年5月28日。

金作善：《中国近代经济史资料的整理出版工作》，《光明日报》1962年9月12日。

罗尔纲：《太平天国资料的发掘、编辑与出版》，《人民日报》1961年8月2日。

腾维藻：《一本质量较好的经济史资料书——〈启新洋灰公司史料〉》，《天津日报》1963年11月6日。

王德俊：《历史学家与档案》，《中国档案报》1999年4月22日。

殷钟麒：《清代的题奏谕旨档案》，《人民日报》1964年。

张碧君：《回忆我的父亲张德泽》，《中国档案报》2000年1月13日。

张虹：《开拓者的足迹——张德泽先生学术思想研究》，《中国档案报》1997年8月7日。

张健：《克服高等教育中强调数量忽略质量的倾向》，《人民日报》1956年12月15日。

张锡琛：《校对工作与编辑工作的关系——介绍苏联的校勘工作》，《人民日报》1951年1月21日。

周晓菲：《传承中华民族的历史文脉——国家社科基金重大项目"中国档案事业史"研究掠影》，《光明日报》2013年9月18日。

## 口述访谈资料

2016年6月22日，笔者对韩玉梅进行访谈。

2016年6月23日，笔者对冯乐耘、吴以文、黄坤坊（2017年8月25日去世，享年91岁）进行访谈。

2016年7月11日，2017年11月3日，笔者对周雪恒进行两次访谈。

2016年7月上旬，笔者对韩宝华、李毅进行访谈。

2016年8月18日，笔者对陈智为进行访谈。

2017年11月16日，笔者对吴宝康之女吴稼青进行访谈。

2017年11月4日，笔者对王德俊进行访谈。

2017年11月9日，笔者对张德泽之女张碧君进行访谈。

## 网络资源

Luciana Duranti and Giovanni Michetti, "The Archival Method", https：//www. academia. edu/11567349/Archival_ Method_ －－_ Pre－print. UBC。

春风秋水：《〈子虚赋〉新传：档案无学论》，http：//www. danganj. net/bbs/viewthread. php? tid＝10901，2017年12月14日。

黄子欣，陈静昕编辑：《以文献库为方法》，http：//www. aaa. org. hk/FieldNotes/Details/1201? lang＝chi，2016年12月20日。

上海市地方志办公室：《上海专业志－上海档案志－大事记》，http：//www.shtong.gov.cn/node2/node2245/node4511/node54552/index.html，2017年9月20日。

## 其 他

北京卫视《档案》栏目：《中国人大学档案学院诞生记》视频，2012年10月24日。

冯惠玲：《档案学理论与前沿问题研究》，中国人民大学，《档案学前沿研究》课堂讲座报告，北京，2016年4月。

林夏：《新时代的信息科学》，中国人民大学，讲座报告，北京，2018年4月13日。

彭泽益：《关于中国近代经济史资料整理方法问题》，中国人民大学历史档案系讲课内容，北京，1962年11月20日、11月30日。

谭必勇：《南京国民政府时期筹建"国家档案馆运动"的回顾与反思》，第四届档案学博士论坛，北京，2017年10月28日。

张德泽手稿：《中国第一历史档案馆退休的副研究馆员张德泽档案事业方面的贡献》，系笔者于2017年11月9日拜访张泽德之女张碧君获悉。

浙江省湖州市南浔区档案局（馆）：《他是一座山——新中国档案教育开拓者吴宝康》视频资料，内部发行，2017年。

中华人民共和国国家质量监督检验总局，中国国家标准化管理委员会：《中华人民共和国学科分类与代码国家标准（GB/T 13745－2009）》，2009年5月6日发布。

S. F. Wise, in opening remarks to his graduate seminar on intellectual history at Carleton University, September 1969.

存于中国人民大学档案馆的文件资料：《程桂芬毕业证书》（1954年）、《档案专家姆·斯·谢列兹聂夫同志在校工作的总结报告》（1955年6月）、《历史档案系五年规划纲要草案（1958—1962）》（1958年7月）、《油印教材字数统计表（1952年11月—1957年5月15日）》、《档案系各门课程教师编写讲稿、搜集材料和科学研究字数统计表（1953—1957年5月）》、《档案业务书籍出版发行数量统计表（1953

年1月到1957年5月15日)》、《系与各业务部门交换资料情况》、《文书学课讲授历史发展概况（1955—1979）》、《国家机关史与文书学教研室规划》（1958年7月）、《中国人民大学历史档案系1961年9月教工名册》、《文献公布学教研室规划（初稿）1959—1962》（1958年6月24日）、《档案专修科苏联专家谢列兹聂夫同志自1952年到1955年5月共提出重大建议十九项》（1955年）、《历史档案系历年组织机构发展情况》以及有关吴宝康人物档案全宗。